做优秀的
保教管理者

——幼儿园保教管理实用手册

刘亚明　刘晓颖　主编

中国农业出版社

图书在版编目（CIP）数据

做优秀的保教管理者：幼儿园保教管理实用手册 /
刘亚明，刘晓颖主编. —北京：中国农业出版社，
2017.5（2023.12重印）
　　ISBN 978-7-109-22797-2

　　Ⅰ．①做…　Ⅱ．①刘…②刘…　Ⅲ．①幼儿园–教育
管理–手册　Ⅳ．①G617-62

中国版本图书馆CIP数据核字（2017）第053068号

中国农业出版社出版
（北京市朝阳区麦子店街18号楼）
（邮政编码 100125）
责任编辑　张　志　马英连
———————————
北京印刷一厂印刷　　新华书店北京发行所发行
2017年5月第1版　　2023年12月北京第7次印刷
———————————
开本：700mm×1000mm　1/16　　印张：24.5
字数：588千字
定价：58.00元
（凡本版图书出现印刷、装订错误，请向出版社发行部调换）

编 委 会

探寻教育的本质

在幼儿园管理工作中，从事保教管理工作的主要是业务园长或保教主任，她们的业务能力直接影响着幼儿园保教工作的质量。保教工作是幼儿园工作的生命线，是幼儿园质量最直接、最明显的体现。保教工作及其管理直接影响着幼儿园的保教质量，进而决定着幼儿的发展、幼儿园的办园质量和办园水平以及家长和社会对园所的认可程度。本书是《西城区优秀人才培养专项课题——幼儿园业务工作管理标准的研究》的研究成果，聚焦于幼儿园保教干部管理能力的培养，内容深入浅出，通俗易懂，对于幼儿园保教管理者的工作具有很强的实践指导意义。

在深入贯彻、落实《3～6岁儿童学习与发展指南》（以下简称《指南》）的过程中，我们要在不断扩大规模、调整结构、建立可持续发展机制的同时，进一步练好内功，促内涵发展，提升质量。因为"没有质量或低质量的学前教育，是愧对儿童、家长和政府的"，而"提升学前教育质量，是当前和今后学前教育必须努力的方向"。如何进一步贯彻、落实《指南》精神，提升保教质量，转变教育观念，提高从业人员的专业化水平是我们必须回答的问题。

目前，世界范围的教育改革越来越关注教育的本质问题。要提高学前教育质量，教师首先应该树立正确的教育观和儿童观。我们应该清晰地认识到，我们的教育工作实际上是我们所持有的儿童观的产物，是我们对教育本质理解的产物。正如一位外国学者的观点，"我们每个人都要依据自己对童年的理解，对儿童是什么及儿童应该是什么的理解来建构关于每个儿童和童年的不同概念"。我国东汉年间许慎所著的《说文解字》中，这样解释——教，上所施下所效也；育，养子使作善也。简单来说，教育就是使人向善，方法是以身作则。因此，我们要做好榜样，引导孩子向善，和孩子进行越来越多的正面、积极的互动，传递满满的正能量。

谈到教育，最根本、最实质的问题不得不落到"关系"二字上。保教管理就是处理好保教管理者和基层保教人员的关系。保教管理者作为领头人，对保教工作的开展起着至关重要的作用。可以说，一个好的保教干部决定了整个幼儿园保教人员的水平和保教工作开展的质量。所以，保教干部要首先提高自身的业务能力，不断丰富和提升专业知识、管理经验和教育理念。

本书的作者们长期扎根于幼儿园，从事保教管理工作，有着丰富的经验，对当前幼儿园保教管理存在的问题更加敏感，书中的指导建议均是从她们多年的工作经验中总结、提炼、梳理而来，具有从实践中来，到实践中去的指导意义。

同时，书中对幼儿园保教管理工作的内容以问题的系列形成了完整体系，对保教干部在工作中容易出现的疑问进行了详细的解答和分析，结构清晰，指导策略明确，对保教管理者的工作具有可查阅性和借鉴意义，是幼儿园保教管理工作的实用手册。希望本书可以帮助保教管理者强大自己，提高自身的学习力、思考力和行动力，最终带动整个团队不断前行！

——北京教育科学研究院早期教育研究所所长　苏　婧

凝聚智慧共成长

　　本书是《西城区优秀人才培养专项课题——幼儿园业务工作管理标准的研究》的研究成果。此课题是由宣武分院祁建新副院长负责，并由我牵头带领学前教研室的老师及本区各类型幼儿园业务干部共同进行的一项研究。

　　该课题伴随《幼儿园教育指导纲要（试行）》（以下简称《纲要》）及《指南》的学习与落实，是根据党和政府对办人民满意的幼儿园，解决入园难的要求，针对百姓对上好园、享受优质学前教育的期盼，而确定开展的一项研究。课题聚焦幼儿园保教工作，以培养业务干部管理能力为核心，以此作为提升幼儿园保教工作质量的重要保障。

　　该课题的研究主体和研究对象是我区幼儿园的业务干部，这是幼儿园建设与发展中的重要力量，她们既是上级领导的得力参谋，又是坚强的支持者与执行者，还要对教师做好组织、协调与引导工作。她们当中很多人都会身兼数职，面对的工作对象既有领导，又有教师，还有家长，这样的工作性质与角色，要求业务干部既要有强烈的事业心、责任感，又要有高超的工作能力，会运用沟通的艺术，有良好的工作策略。但随着学前教育事业的发展，新办园数量的不断增加，涌现了一大批年轻的保教干部，仅2013年我区在教委办园范围内，新任上岗不满3年的业务干部占93%，这些干部有较强的事业心和一定的研究能力，但由于她们从事业务管理工作的时间短，缺少管理经验。这种情况在全国范围内也是如此，因此幼儿园的业务管理工作急需通过研究来规范和提高业务干部的指导与管理能力，从而发挥区域对各幼儿园业务工作的管理作用。

为此，我们立项该课题，在边干中边学、边研，发挥各自的长项，借鉴前人的经验，聚集大家的智慧，对规范化的工作及其难点、重点进行了研究，并总结、梳理出一套有关幼儿园保教工作的管理标准及落实管理工作的要求与指导方案，旨在使业务干部在纷杂的工作中，学习借鉴他人的经验，梳理出自己的工作思路，在熟知岗位工作要求、工作内容与策略的同时，进行更加符合园本特点的思路拓展与有效创新，在更加明确自己职能的同时，依照标准的要求来提升幼儿园的保教管理质量，最终起到整体提高幼儿园的办园质量的目的。

本书的意义在于较为系统地梳理了幼儿园保教工作管理中的共性问题，较为全面地收录了解决这些共性问题的个性化实践经验，使读者可以从书中一览幼儿园保教工作管理全貌。本书的目标是使业务干部明确和完善自身的职责，认识幼儿园各项保教管理制度实施落实的有效过程与策略，在课程管理中提升本园基础课程与园本课程的建设，在教科研工作中加强园本科研兴教的作用，在队伍建设中有效、快速培养教师的专业能力，并在这样的研究过程中增强提炼、梳理和整合经验的工作效能，依据保教工作管理标准，来规范和提高幼儿园的业务管理工作。

真切地期望本书可以给读者带来帮助，解决保教管理工作中遇到的疑难，为提高幼儿园的保教质量献出我们的绵薄之力！

北京教育学院宣武分院学前教研室　刘亚明

追求艺术的管理方式

　　作为一名幼儿园保教干部，我们在努力工作的同时，内心也十分渴望能早日成为一名"优秀"的保教管理者。有人说：管理是一门科学，也是一门艺术。如何掌握保教管理中的一些基本规律和分析问题、解决问题的一套方法？如何实现保教管理的创新与发展，因地制宜地将先进的保教管理理念、方法与具体保教工作相结合？这两个问题是保教管理中最本质，也是最重要的问题。

　　幼儿园保教管理工作涉及的事务包罗万象，繁杂而又琐碎。对于保教管理者来说，幼儿园保教工作犹如北宋诗人苏轼诗中所描述的那样——"横看成岭侧成峰，远近高低各不同。不识庐山真面目，只缘身在此山中。"我们很多的管理人员，都是从本园实际出发去贯彻落实教育理念，实施教育改革的，虽然每个幼儿园的保教工作都有各自的特点，但我们有时就像盲人摸象一样，我们所看到、所想到的往往都只是自己幼儿园中保教管理工作的一部分。

　　做一个优秀的管理者，胜任并很好地完成各项工作，这个要求对于新时期下幼儿园保教管理者来说是一件不太容易的事。这主要是因为我们国家在"全面二孩"人口新战略背景下，大量新建和扩建幼儿园，很多新人被提到管理岗位上来。面对学前教育的新理念、新要求，面对幼儿园里充满变化的保教工作，面对既需要呵护又需要放手的孩子，保教管理干部常常迷茫、困惑，不知该如何着手。

本书不仅有关于保教管理理论的全面阐述，还收录了大量具体的案例、计划、方案，可以为保教管理者顺利开展保教管理工作提供有力抓手。作为幼儿园保教干部，我们可以用各自不同的视角在书中发现和理解自己所需要的管理内容与方法。如果你是一名新手管理者，你可以通过本书直观地了解保教管理是什么，保教干部都要做什么，保教管理怎么管；如果你是一名有经验的管理者，你可以从本书中发现一些新点子，学习借鉴到别人的新做法；如果你是一名即将上岗或具有管理志向的一线教师，你可以在书中寻找到自己在实践工作中所说、所做的理论源头，通过对接自己的工作实践，加深对保教工作的理解、认识。保教干部们既能从书中看到幼儿园保教管理的全局，还能从书中找到有关保教管理创新与个性化的探索。虽然小小的一本书并不能完全涵盖幼儿园保教管理工作的全部，但是书中聚集了北京市西城区十几所幼儿园对于保教管理工作的研究和实践的成果、经验，站在巨人的肩膀上可以让我们看得更远，这对于幼儿园保教管理者来说是非常有意义的。

"优秀"不仅仅是指按时完成任务，还是在工作中不断创新求进，百尺竿头更上一层。本书帮助保教干部和一线教师"跳出庐山看庐山"，从认识、理解保教管理工作全貌入手，学习、借鉴保教管理工作经验，突破管理思路的瓶颈，努力创新保教工作局面，最终成为一名优秀且具有创新力的保教管理者。

在本书的出版过程中，我们得到了西城区教委、北京教育学院宣武分院等上级领导的大力支持。同时，我们还得到了西城（南）33所幼儿园园长们的大力支持。谨此致谢！由于水平有限，书中有可能还有纰漏亦或不准确的地方，也请幼教管理的内行、专家们给我们提出宝贵的意见，以便我们能做进一步的修改和完善。

北京市西城区三义里第一幼儿园园长　刘晓颖

目　录

探寻教育的本质

凝聚智慧共成长

追求艺术的管理方式

第一章　幼儿园保教管理工作的职责及实施 / 1

一、幼儿园保教工作管理的意义 / 3

二、幼儿园保教工作管理的原则 / 4

三、幼儿园应该有哪些保教制度 / 6

四、幼儿园保教干部的职责 / 13

五、怎样做才能胜任保教干部 / 16

六、如何做好对上对下的沟通 / 17

七、如何制定园所学期保教计划 / 18

（一）如何制定保教计划 / 18

（二）如何撰写保教工作总结 / 29

八、如何有效地开展幼儿园的园本教研工作 / 36

（一）如何确定园本教研的内容 / 36

（二）如何组织开展园本教研活动 / 40

（三）如何进行园本教研制度建设 / 49

九、如何有效地管理保教工作 / 52

十、如何通过检查与评价推进幼儿园的保教工作 / 56

（一）管理者角色作用如何体现 / 56

（二）管理者如何实施检查与评价 / 57

（三）检查与评价如何体现管理艺术 / 58

十一、如何更好、更快地提升自己的工作能力 / 61

第二章　指导教师开展好幼儿园的日常保教工作 / 65

一、如何指导教师科学有序地组织幼儿一日生活 / 67

（一）如何客观理性地分析本园的日常保教工作 / 67

（二）教师在组织一日活动中容易出现哪些具体性问题，
保教干部应如何指导 / 70

二、如何指导教师开展优质的区域游戏 / 94

（一）优质的幼儿园区域游戏是什么样子的 / 94

（二）如何指导教师投放孩子喜欢并能促其发展的游戏材料 / 96

（三）教师在区域游戏中对孩子干预过多或者放任自流，
保教干部如何处理 / 99

（四）如何指导教师发现幼儿在区域游戏中的发展点 / 102

（五）如何指导教师有效地组织游戏回顾环节 / 104

三、如何指导教师开展集体教学活动 / 106

（一）开展集体教学活动的意义 / 106

（二）如何提高教师的集体教学能力 / 107

（三）如何帮助教师在集体教学活动中与幼儿有效的互动 / 110

（四）如何指导教师利用生活活动的内容开展集体教学活动 / 113

四、如何指导教师开展户外体育活动 / 116

（一）组织户外活动的原则 / 117

（二）如何指导教师合理地组织集体与户外分散游戏 / 119

（三）如何指导教师保障幼儿户外活动的安全 / 121

（四）教师在组织幼儿进行体育锻炼时，保教干部应
　　　关注哪些安全问题 / 122

（五）如何指导教师做好幼儿户外体育活动的准备活动 / 124

五、如何指导教师开展室内体育游戏活动 / 126

（一）指导教师开展室内体育游戏活动应遵循的原则 / 126

（二）室内体育游戏可以有哪些活动内容 / 128

（三）为幼儿提供的室内游戏材料应注意哪些问题 / 129

（四）各年龄段幼儿室内体育活动的特点 / 130

六、如何指导教师通过有效的体能活动达成体能测试目标 / 135

七、如何指导教师因地制宜地开展循环体育游戏 / 138

（一）时间上的循环安排 / 139

（二）场地上的循环游戏 / 139

（三）户外循环体育游戏设置的原则 / 140

（四）开展户外循环体育游戏需要注意的问题 / 142

第三章　幼儿园基础保教工作管理内容与指导 / 145

一、幼儿园的环境创设 / 147

（一）理想的幼儿园环境应该是什么样子的 / 148

（二）幼儿园环境创设的重要性 / 149

（三）幼儿园的院落环境可以怎样安排 / 152

（四）幼儿园的楼道环境应怎样布置 / 157

（五）如何创设让幼儿喜欢并促进幼儿发展的环境 / 159

（六）如何指导教师进行班级活动区的布局 / 163

（七）如何指导教师使班级活动区的材料看得见、
　　　拿得着、收得回 / 165

（八）如何指导教师创设支持儿童学习探究的墙饰环境 / 166

（九）如何指导教师创设支持儿童生活习惯培养的墙饰 / 169

（十）幼儿园教育理念、文化建设怎样展示在环境中 / 173

（十一）如何指导教师创设幼儿园的艺术环境和氛围 / 184

（十二）如何通过评价提高幼儿园环境创设的质量 / 194

二、如何指导教师对幼儿进行观察 / 198

（一）为什么要强调教师对幼儿进行观察 / 198

（二）观察中教师的角色定位 / 200

（三）如何评价教师的观察 / 203

三、如何指导教师制定教育计划 / 204

（一）如何引领教师明确制定教育计划的意义 / 204

（二）教育计划的基本种类及内容要求 / 205

（三）如何指导教师制定班级计划 / 209

（四）如何指导教师制定教育教学计划 / 217

四、如何组织开展幼儿园大型活动 / 220

（一）幼儿园大型活动的类型 / 220

（二）幼儿园为什么要开展大型活动 / 221

（三）目前幼儿园大型活动的发展存在哪些问题 / 223

（四）如何组织开展幼儿园大型活动 / 225

（五）保教干部在大型活动中应发挥什么作用 / 233

五、如何组织开展家园共育工作 / 237

（一）如何指导教师开好家长会 / 237

（二）如何指导教师做好家访工作 / 246

（三）如何指导教师创设家长园地 / 260

（四）如何发挥家委会的作用 / 264

（五）如何引领教师利用家长资源 / 266

（六）如何针对青年教师开展家长工作时易出现的问题进行指导 / 268

第四章　园本课程的开发与指导 / 273

一、幼儿园领域课程的选择与建设 / 275

（一）幼儿园领域课程的特点 / 275

（二）如何指导教师实施领域课程 / 276

（三）开展领域课程应注意的问题 / 280

（四）开展领域课程的原则 / 281

二、幼儿园特色课程的开发与建设 / 283

（一）什么是幼儿园特色课程 / 283

（二）为什么要建立幼儿园特色课程 / 287

（三）幼儿园特色课程与领域课程的关系 / 287

（四）建立幼儿园特色课程的原则 / 290

（五）组织实施幼儿园特色课程的策略 / 291

三、幼儿园主题活动课程的开展与建设 / 300

（一）为什么要开展主题活动课程 / 301

（二）指导教师开展主题活动的原则 / 302

（三）如何指导教师了解主题活动课程的内容与要求 / 303

（四）如何指导教师掌握并确定主题活动目标 / 304

（五）如何指导教师设计主题系列活动的内容 / 306

（六）如何指导教师依据幼儿的特点，把握主题活动的
　　　走向与进程 / 309

（七）如何指导教师解决开展主题活动时容易出现的问题 / 314

（八）如何评价教师开展的主题活动 / 323

第五章　对教师的指导与培养 / 325

一、对骨干教师的指导与培养 / 327

（一）骨干教师有哪些特点 / 327

（二）如何更好地发挥骨干教师的作用 / 329

（三）如何培养骨干教师 / 331

二、对青年教师的培养 / 333

（一）青年教师有哪些特点 / 333

（二）如何能让青年教师成长得更快 / 336

（三）指导青年教师时应注意哪些问题 / 340

三、对成熟期教师的培养 / 342

（一）成熟期教师有哪些特点 / 342

（二）指导成熟期教师的工作中会遇到哪些问题 / 343

（三）培养成熟期教师的策略 / 344

四、对保育教师的培养 / 346

（一）如何激发保育教师的工作热情 / 346

（二）如何指导保育教师规范化的工作 / 348

（三）指导保育教师工作的策略 / 355

附录 / 359

附录1：幼儿园业务工作评价标准 / 359

附录2：幼儿园主题活动评价标准 / 360

附录3：幼儿园教师半日工作评价标准 / 361

附录4：幼儿园区域活动评价标准 / 363

附录5：幼儿园集体教学活动评价标准 / 367

附录6：幼儿园体育教学活动评价标准 / 369

附录7：幼儿园阳光体育活动方案评价标准 / 371

参考文献 / 374

后记 / 375

第 一 章

幼儿园保教管理工作的
职责及实施

　　幼儿园保教管理工作是幼儿园管理工作的核心和关键。保教干部是实施保教管理工作的主体，其业务水平直接影响着保教工作的质量。因此，保教干部要在了解自身职责的基础上定位自己的角色，重视幼儿园的保教工作，不断提升自身的工作能力和基本素质，增强管理的艺术性。

幼儿园保教管理是幼儿园管理工作的核心和关键，保教管理工作的质量决定着幼儿园的办园质量和办园水平，也是幼儿园管理质量最直接、最明显的体现。保教干部是实施保教工作管理的主体，其业务水平直接影响保教工作的质量。随着当前学前教育改革的进一步深入，保教工作管理的质量也应不断提高，保教干部不仅应是保教工作管理的组织者、实施者，更应成为示范者和引领者，需要在建立完善制度、监督提高质量、培养打造队伍、统筹协调资源等方面发挥重要作用。

一、幼儿园保教工作管理的意义

保教工作质量是幼儿园可持续发展的生命线。幼儿园保教工作管理是在一定的教育价值观的指导下，对幼儿园的保教工作质量进行价值判断的过程，是以控制和提高幼儿园保教工作质量为目的的活动。保教工作管理的质量关系到幼儿在园的学习与生活质量，影响着幼儿园的生存和发展。因此，努力提高幼儿园保教工作管理的质量是幼儿园全部工作的出发点和落脚点。

幼儿园保教工作管理要以强化保教人员的质量意识为基础，运用科学的手段和方法，统筹与协调各种教育资源，计划、组织、实施、评价并指导幼儿园保教工作。科学、系统、规范的保教管理工作有助于幼儿园保教质量的改善与提高。提高幼儿园保教工作管理的质量，对园所和社会都具有重要的意义。

1. 抓好保教工作管理是实现幼儿园双重任务的保证

幼儿园承担着双重任务，即教育幼儿、服务家长。首先，幼儿园教育是基础教育的重要组成部分，在完成教育任务中承担着重要的职责。为了充分发挥教育对幼儿成长的促进作用，幼儿园必须加强保教工作管理，遵循幼儿的发展规律和年龄特点，坚持保教并重，促进幼儿体、智、德、美诸方面全面发展。只有这样，才能在幼儿园教育中实现既培养幼儿健康的体质、良好的生活习惯，又增长幼儿知识、开发幼儿智力的目标，不断促进幼儿全面协调的发展。其次，父母重视幼儿的教育，但由于人们生活和工作节奏的加快，父母照顾幼儿的时间越来越少，希望通过幼儿园为孩子提供良好的保育、教育。幼儿园保教工作管理加强，一方面可以为幼儿提供适宜的照顾，另一方面可以解决家长没有时间或教育方法不适宜等方面的后顾之忧，从而减轻家长育儿的压力和负担。

幼儿园的双重任务是相辅相成的，教育幼儿是基础，服务家长主要是通过教育幼儿实现的，而无论哪一方面都需要通过有效的保教工作管理来实现。

2. 抓好保教工作管理才能保证教育投入的有效性

众所周知，幼儿园能否赢得良好的社会声誉，得到教育部门的支持和肯定，关键在于管理。切实抓好保教工作管理才能让幼儿园走上规范化的轨道，才能保证教育投入获得良好的效益。保教工作管理有其特有的科学程序和方法，它不仅能够监督保教工作的质量，还能预警可能出现的问题，防患于未然，从而有效减少教育资源的浪费。

3. 抓好保教工作管理提供了客观评价幼儿园保教工作的标准与手段

保教工作管理在本质上是一个控制过程，其核心是信息反馈。也就是说，在及时、准确地获得信息并正确判断的基础上，采取措施保证保教工作达到一定的标准要求。保教工作管理的控制行为是建立在科学和规范的基础之上的，从而为人们客观严谨地评价幼儿园保教工作的质量提供了依据和方法。

二、幼儿园保教工作管理的原则

幼儿园保教工作管理的原则，是根据幼儿园的教育任务、教育特点和管理规律提出的，是幼儿园保教工作管理的基本规范。

1. 以促进幼儿发展为本的原则

幼儿园教育的基本任务是促进幼儿体、智、德、美全面和谐发展。幼儿园保教工作管理要全面推进素质教育，保证实现幼儿身心和谐发展的目标。以促进幼儿发展为本的原则，要求保教工作管理要结合儿童身心发展的特点和规律，科学、有效的实施，努力提高保教工作管理的质量。总之，要把促进幼儿发展的意识和行为要求摆在首位，并渗透到保教工作管理的过程之中。

2. 保教结合的原则

保教结合中"保"是指保育，即为保护幼儿的身体，增强幼儿的体质，促进幼儿健康成长而进行的各种活动。"教"即教育，通常是指有目的、有计划、有系统地影响幼儿身心发展的活动。幼儿园的"教"要考虑幼儿的年龄特点和能力需要，要符合幼儿的发展规律，科学有效的实施。保育和教育虽然是两个不同的概念，但是它们对幼儿的发展却具有整体性的影响。保与教既有区别，又有联系，它们之间相互结合，相互渗透，相互促进，构成不可分割的统一体。"保教结合"原则指教中有保、保中有教的工作方向和实施途径。它强调寓保教于幼儿一日生活之中，保证把培养幼儿的知、情、意、行和能力融于体、智、德、美的全面教育之中。这一原则，既反映了幼儿教育的特点、幼儿身心发展的需求和幼儿园工作的规律，也突出了幼儿教师职责的特性，既是开展保教工作管理的核心内容和要求，也是管理过程的出发点和归宿。

3. 一切从实际出发的原则

保教工作管理是有针对性和目的性的活动。只有从幼儿园实际的保教工作出发，切实加强保教工作目标管理、计划管理、质量管理和评价活动，不断探索保教工作管理规律、提高管理水平，管理才能有效，才能保证本园的保教工作管理质量呈现螺旋上升的效果。

4. 制度化、规范化的原则

提高保教工作管理的质量，必须建立较完善的岗位责任制和保教制度，即依靠制度来保证保教管理工作的有效组织和实施，依靠规范化来促进保教管理工作的良性循环。制度化是规范化的基础，规范化是制度化的进一步发展。遵循制度化和规范化原则，关键在于保教管理人员要学会依制度治园，一方面要使制度的制定切合客观实际，充分符合保教工作的需要，用科学性和严谨性来增强制度的权威性；另一方面，保教管理者要身先士卒，加强制度的宣传并模范执行，带动全体保教人员自觉接受制度的约束，并不断培养行为习惯，形成良好园风，确保制度化和规范化原则渗透于保教工作管理的全过程。

三、幼儿园应该有哪些保教制度

1. 为什么要进行保教制度建设

制度建设，是幼儿园保教工作管理中一项重要的基础工作。保教制度建设是对幼儿园教育理念以及保教工作流程进行梳理的过程，通过制度建设实现提炼、凝聚和固化幼儿园园所教育理念的目的。保教制度作为文本性的载体，可以加强保教人员的思想意识、规范保教人员的施教行为、提高保教队伍的素质。通过建立完善的规章制度可以规范幼儿园的保教工作管理、提高保教工作管理的效率，最终实现提高保教工作质量的目的。

加强保教制度建设是幼儿园保教工作有效开展的基础，是幼儿园健康有序发展的有力保障。保教制度管理同时也是提高保教工作的效率及工作质量的重要手段，缺少规范制度管理的园所必将是一盘散沙。

2. 保教制度的建设过程

保教制度建设的基本流程为制度的制定、制度的执行、制度的修订和完善，这三个环节的规范性与系统性对逐步形成适应园所发展需求的规范制度体系有着决定性的作用，也是促进幼儿园保教工作管理规范化的关键所在。

（1）**保教制度的制定。** 为使保教工作管理更加系统、有条理，使管理过程更加科学、有效，保教管理者、保教人员会基于日常保教工作的实践需要共同制定相应的保教工作管理制度。

保教制度的制定一般会经历一个自上而下以及自下而上相结合的过程。随着理念的调整和转变，很多园所保教制度制定的过程，更加关注教师在过程中的主观能动性，关注制度的科学性和适用性，以及制度执行层面的可操作性。保教制度在经历保教管理者起草草案、提交教代会代表或教师大会讨论审议通过之后，方可实行。

（2）**保教制度的执行。** 保教制度的制定使保教工作管理摆脱了盲目性，使保教工作更有计划性，更具实效性，客观上提高了保教工作管理的效率，促进了幼儿园保教工作的规范化管理。

一方面，保教管理者要注意提高保教人员的制度执行意识。执行意识是执行的驱动力，因为思想决定行动，态度决定一切。如果保教人员认识不到执行制度的重要性，把制度当成束缚或负担，就可能在行动上消极应付，制度就发挥不出应有的有效作用，制度最终就会形成摆设。另一方面，保教管理者还要关注制度执行的过程，及时发现执行环节的问题，分析问题背后的原因，确保保教制度能不折不扣地落实，提高制度的执行力。

（3）保教制度的修订与完善。幼儿园的保教制度不是一成不变的，更不是一个"封闭、静止"的系统，随着工作流程、组织构架的变化，制度也需要被不断地修订、废止和更新，力求不断保持其有效性和适用性，适应幼儿园保教工作管理和发展的需要。园所内部的任何一位保教人员都可以对制度提出修订和完善的建议。保教制度的编制工作与保教制度修订完善的原则，都应充分考虑制度的可操作性、系统性、合理性和公正性。

首先，保教制度的修订完善应具有时效性。没有及时修订制度或是没有致力于制度建设而导致保教制度失去适用性，将会影响制度的权威性，甚至给工作带来一定的负面影响，因此对保教制度的有效性、适宜性进行不断地评审与更新，是幼儿园保教管理部门不可忽视的工作。要想较好地保证制度的时效性，幼儿园内部要定期投入一定的精力来致力于制度建设工作。

其次，保教制度的建设过程应坚持"边制订、边执行、边完善、边备案"。在工作过程中，随时可能碰到一些不确定的管理事项，甚至一些管理漏洞，这就需要我们通过完善制度来规范工作。但制度的修订完善和正式发布需要一定的时间，为弥补因缺少明文规定的制度可能给保教管理工作带来的不良影响的缺陷，及时避免和减少不规范的行为和做法，就需要采取"边制订、边执行、边完善、边备案"的方法来解决此类问题。同时，这也是较好地保证制度时效性的一个有效方法。

3. 幼儿园保教工作管理制度

幼儿园保教工作管理制度是指导幼儿园保教工作的行动准则，是为实现幼儿园保教工作的目标，正确处理保教管理过程中一系列矛盾、各种关系或问题的指导原则，是对幼儿园保教管理系统提出的基本要求。幼儿园保教工作制度一般包括：保教工作岗位聘任管理制度，如各岗位工作职责、常规工作流程、管理办法，教师、保育员、幼儿一日常规及要求；教育教学管理制度，如教科研制度、业务活动制度、听课评课制度、生活作息制度、教学资料管理制度、幼儿园教学管理制度、教育评价制度、教科研课题管理制度、幼儿发展情况报告制度、交接班制度、家长联系制度、家长工作分析报告制度、教师分层培养制度、业务档案管理制度等。

附：部分保教工作管理制度

教科研制度

1. 认真贯彻落实《指南》与《纲要》的核心理念，准确把握幼教改革动向，根据本园教育教学实践，有目的、有计划地开展教研、科研活动。

2. 教科研工作要有专人负责，科研课题应有立项证书，根据教科研专题设立课题研究组，课题组成员应形成基本相同的价值观、教育观念和研究模式，成员之间职责明确，能有效地合作与互助，成为有扎实作风的研究团队。

3. 倡导科学的研究风气，研究专题应有切实可行的方案，注重研究过程，注重理论与实践的结合，注重案例积累，注重反思调整、总结与经验提升，及时推进研究进程。

4. 加强研究资料的积累和整理，定期组织观摩学习与评析，及时推广研究成果，做好教科研队伍的建设。

5. 定期进行教科研成果交流和汇报活动，每学期召开一次交流会，汇报研究进度、介绍研究成果或经验。及时整理、撰写研究报告或论文，参加学术年会或教科研论文评选。

6. 积极参加各级教育部门组织的各种教研活动。

业务活动制度

1. 业务、教科研活动由业务园长或教研组长主持。

2. 各教科研组分别有专人负责，教研组活动由各组负责人组织，组员应积极参与研讨，不得随意请假。

3. 教研组的各项活动应有计划、有记录、有分析、有总结，注意及时收集、整理教科研及业务活动资料。

4. 业务、教科研活动的形式应灵活多样，可根据具体专题和内容灵活采用实践观摩、反思研讨、专题讲座、交流汇报、学习参观等形式。

5. 主管教科研的领导应做到率先垂范，在教科研活动前必须熟悉了解研究内容，确定研究主题，保证教研活动的有效性。

听课、备课制度

1. 教师必须认真学习《幼儿园工作规程》(以下简称《规程》)《纲要》以及《指南》，研究制定好各类教育教学计划。

2. 认真学习教育理论知识，不断吸收新的信息，按时将下周计划和笔记交给园领导审阅。

3. 备课时间除做好案头工作以外，还必须制作教育活动所需的各种教具、学具，准备提供各种玩具、材料。

4. 坚持集体备课与个人备课相结合。主班教师每天上、下午准时备课。

5. 备课时不得外出或闲谈，不做与备课无关的事情。需要外出时向领导请假，经同意后，方可外出。

6. 鼓励改革、创新，每学期进行一次评比，对设计新颖、富有创造性的计划、笔记、教案、教育活动设计等予以奖励。

7. 每学期组织相互听课、相互学习，取长补短，并认真做好记录和评议工作。

8. 园长、业务园长、保教主任每学期必须有针对性地进班听课，做好听课记录，及时进行评议，肯定成绩，找出差距，提出建议和希望。

生活作息制度

培养幼儿良好的生活习惯，有利于幼儿神经系统的正常发育，保护消化系统的功能。

1. 根据幼儿年龄特点安排进餐、睡眠、教育活动、户外活动、游戏活动的时间，培养良好的卫生习惯和独立生活能力，严格遵守幼儿作息时间，按一日生活各环节的要求准时开展各项活动。

2. 合理地组织幼儿进餐：

（1）培养良好的卫生习惯，组织幼儿用肥皂、流动水洗手，做到随洗随吃，年幼、体弱儿、吃饭慢的幼儿先洗先吃，洗手和吃饭都要有人照顾，教育幼儿不掉饭菜；

（2）饭前不做剧烈活动，两餐之间的时间间隔不能少于 3.5 小时，除特殊情况外，不得提前或推迟开饭；

（3）培养幼儿独立进餐的能力，中班开始使用筷子，幼儿进餐时间不得少于 20 分钟，不催饭；

（4）培养幼儿不挑食的好习惯，掌握幼儿进食量，保证幼儿吃完应吃的一份食物，对食欲不好的幼儿要分析原因，予以照顾；

（5）吃饭过程中不擦地、不扫地、不铺床、保证进餐时的卫生；

（6）餐后培养幼儿擦桌子、送餐具、漱口、擦嘴、摆椅子的习惯。

3. 严格按照幼儿园规定的幼儿午睡时间，安排幼儿按时上床、起床：

（1）睡前避免过度兴奋，情绪稳定，要求提醒小便；

（2）创设良好的睡眠环境，及时关、拉窗帘；

（3）整个睡眠中，保教人员要以幼儿为中心，随时纠正不良习惯；

（4）体弱儿床位根据季节安排在保暖和通风处，要先睡后起床。

4. 保证幼儿每天有 2 小时户外活动时间（分上、下午）。

5. 保证幼儿有充分的游戏活动时间，保教人员参与到游戏中去，与幼儿一起玩，充当角色，并给以陪伴指导。

6. 各项活动过渡自然，减少不必要的排队及等待，活动内容符合幼儿年龄特点，有情趣，有教育意义，使幼儿能愉快地参与。

7. 在活动中注意根据季节为体弱儿增减衣服，掌握活动量（对肥胖儿增加活动量）。

8. 除每日上、下午各安排三次饮水外，允许幼儿根据需要喝水和排便。

教学资料管理制度

1. 做好图书、资料、磁带、光盘等的管理，严格履行借阅制度，每学期结束前要求归还，进行整理、清点。

2. 管理好服装，各班借出服装，用完后及时归还，由管理员统一登记入册，收放有条理。

3. 每日耐心、细心、精心准备教具及教师用品，必要时及时制作相关用品以充实教育活动。

业务档案管理制度

1. 认真学习档案工作有关文件和基本知识，努力提高档案人员自身的政治思想素质和业务素质，认真接受上级领导检查，不断改进工作。

2. 做好文书材料的整理归档工作，收文、发文登记工作。健全业务档案，教职工业务档案，做好各类档案的收集和归类整理工作。

3. 管理好档案，切实做好防潮、防湿、防蛀和安全工作。

4. 严格执行档案借阅和档案保密制度，防止人为散失、泄密和缺损，确保档案完整、安全。

5. 每学年末整理一份教师业务情况入档。

幼儿园教学管理制度

1. 幼儿园应当通过科学的保育教育活动，促进幼儿身心健康快乐的成长，使幼儿的兴趣、特长、才智得以开发，养成良好的品德和行为习惯，实现体、智、德、美等方面均衡发展。

2. 幼儿园必须坚持教学活动化、活动游戏化的原则，在游戏、运动、生活、学习四大方面创造性地设计各种游戏活动，使幼儿的情感、知识和技能等素质得到全面提升，获得完整经验，杜绝"小学化"教育倾向。

3. 幼儿教育在面向全体的同时必须注重个体差异，对不同年龄体质、不同兴趣爱好、不同性格特长的幼儿，采取不同的教育方式，提供不同的游戏平台，确保不同的幼儿在原有基础上的共同进步。

4. 幼儿教师必须学会尊重、理解、欣赏、激励幼儿。要微笑、和善、亲切地面对每名幼儿。严禁训斥、侮辱、体罚或变相体罚幼儿。

5. 幼儿园要制定教育教学管理评价奖励办法，对在活动设计、环境创设和自制玩教具、活动组织、幼儿心理研究等保育教育方面取得突出成绩的优秀教师进行表彰。

6. 幼儿教师要使用普通话，书写规范字，穿着整洁，仪表端庄，要密切与家长的沟通与合作。

7. 幼儿园必须健全教师业务档案和教育管理档案。

幼儿园课题管理制度

1. 园课题组在分管园长的领导下开展课题研究活动。

2. 幼儿园设立总课题。

3. 课题组成员必须认真负责自己所承担的课题研究任务，积极参与教科研的一切活动。

4. 课题组成员必须每个研究阶段有相应的阶段总结并撰写研究性的论文。

5. 为保证课题研究活动正常有序地开展下去，由园长组织，定期检查考核研究活动情况。

6. 由分管园长定期安排理论学习、业务学习，每次活动时间不少于2小时。

7. 教师积极参与教科研活动的表现将作为考核、晋升职务、入党、提干等重要依据之一。

8. 对凡参加各级论文评比获奖或在各类报刊上发表文章的教师给予奖励。

四、幼儿园保教干部的职责

幼儿园保教干部一般是由本园的副园长或保教主任担当。 在园领导的指导下，承担幼儿园的保教管理工作。保教干部开展工作需根据幼儿园的三年规划和本学期全园的工作计划与重点工作，团结园内的干部、教师，全面落实保教工作计划并指导教师创设教育环境、观察与了解幼儿、合理制定与落实学期及月、周、日等工作计划、科学开展一日生活活动、有效开展家长工作，并对教师的工作进行评价等。在这些工作中，通过制度建设、相关的研究活动和具体的指导，不断引领教师树立正确的教育观念，指导教师更加科学有效地进行教育实践工作。

其工作职责有：

1. 负责制定幼儿园的保教计划、园本教科研计划、园本培训计划等，并组织相关人员有效开展适宜的教科研工作，保障工作的落实。

2. 指导教师定期进行幼儿发展评估工作，并指导教师使用评估材料制定工作计划。

3. 负责督促检查与指导各班学期、月、周等教育教学计划的制定与落实，以保证各班科学有效地开展教育教学活动。

4. 深入班级进行指导，及时发现普遍问题和特殊问题，指导教师不断解决问题，并梳理、总结经验，提高班级教育教学质量。

5. 审阅教师的各种文本资料，如计划、方案、观察记录、反思、论文等，从多方面了解教师的工作及发展状况，根据教师的发展状况与需要进行有针对性的指导与培养。

6. 组织园内的评价小组，定期对班级和教师工作进行全面或有重点的评价。

7. 通过家委会、问卷等方式了解家长的需求，有效开展园级家长会及家长学校，并指导教师开展好多种形式的班级家长工作。

8. 配合园里做好相关事务性工作，如招生、分班、大型活动的策划与组织落实。

各幼儿园应根据本园的实际情况制定保教干部的职责，并在适宜的情况下，进行调整。

附：幼儿园保教干部工作职责

××幼儿园业务园长工作职责

一、负责制定落实每学期保教工作计划，学期末完成保教工作总结。

二、组织开展园本培训活动，全面负责全园科研课题研究工作。

三、负责指导高级教师开展伙伴行动计划教研活动小组的研究。

四、每月组织一次教研会议（副园长、保教主任、教研组长），每周组织一次大型教研活动（班长），每两周至少参加一次伙伴行动的小组研究活动。

五、全面管理教育教学工作，每周进班听课不少于6小时。

六、定期（每周五）审阅各班教师制定的计划和撰写的反思，管理好教师的各种文字档案。

七、负责全园各班日常教育常规管理、检查考核并做好记录。

八、制定招生计划，配合园长完成好暑期招生工作。

九、配合园长做好幼儿园内外部教育环境的创设工作，落实幼儿园的特色发展目标。

十、组织协调各层教师收集、整理园本教材，逐步建立幼儿园园本课程模式。

十一、每学期开设家长讲座1～2次。听取本园家长对学校工作的意见和建议，指导教师做好家园共育的工作。

××幼儿园保教主任工作职责

一、负责制定落实教研工作、教师继续教育工作计划，学期末完成教研、继续教育工作总结。

二、负责管理继续教育工作，做好教师学分统计与继续教育课程安排。

三、重点组织大班教研，根据幼小衔接任务开展相应的教育研究。每周进班听课不少于8小时。

四、负责亲子班教育教学管理，指导亲子班教师开展社区工作。

五、每周组织一次大型教研活动（班员），每两周至少参加一次伙伴行动的小组研究活动。

六、负责伙伴行动计划六个课题资料的收集与管理工作，指导并参与到小组活动中来。

七、有兼课任务或班上临时缺编时，及时补充上岗，完成教学任务。

八、督促、指导各班完成每学年一次的幼儿发展测评工作，并提交全园汇总情况。

九、协助业务园长做好园本课程的文字梳理工作，及时总结幼儿园特色发展成果。

十、重点指导各班家长园地及楼道为家长服务环境的创设，落实园内处处有教育的环境。

十一、协助业务园长完成好新生招生、分班和新生入园适应工作。

点评：

这是一所幼儿园业务副园长与保教主任的职责，体现了该幼儿园的各项保教工作及其分工，其特点突出了：

1. 全——全面反映出幼儿园从环境创设到指导教师对幼儿的了解、班级保教工作、家长工作和教科研等各项工作，比较全面地表明了保教干部应负有的职责。

2. 细——比较细致地将幼儿园副园长与保教主任这两位保教干部的工作职责系统化地进行合理的分工，既体现出上级对下级的指导，又体现出幼儿园的重点工作。

3. 明——两份职责将幼儿园的保教工作内容明确地表述出来，体现出工作内容有明确的合作与分工。

4. 实——这份职责很实际地反映出幼儿园的各项保教工作，并体现出通过自己的职责扎实推进的过程。

总之，幼儿园保教工作的职责应有全面的工作、细致的分工、明确的工作内容和实在实际的工作过程，才能保证保教工作全面、高效的完成。

五、怎样做才能胜任保教干部

"管理者"——一个让人羡慕的称谓！在幼儿园中，保教干部是一个非常重要的管理者，成为保教干部也是很多热爱学前教育事业的教师的目标。那么怎样做才能胜任幼儿园的保教干部呢？

首先，在做一线教师时，就是一名具备良好的师德修养、为人师表的好老师。在幼儿园这方净土上，这样的骨干教师爱每个孩子，以母亲般的胸襟温暖着他们，使他们在爱的怀抱里健康快乐的成长；这样的骨干教师还爱家长，热情与家长沟通，积极想办法为家长排忧解难，经常和他们探讨教育良方，使他们的教育理念更科学，更完善；这样的骨干教师爱事业，以园为家，尊重领导，关心同事，把爱心传递给每一个人，以诚挚的态度对待每一位教师、幼儿及家长。

其次，要有较高的悟性和较强的执行力。在做一线教师并担任班长时，他们以饱满的工作热情、严谨的工作态度、扎实的工作作风、科学的幼教理念兢兢业业地工作。服从园领导的工作安排，积极配合园领导完成各项活动，为幼儿园的发展出谋划策，始终起模范带头作用，带领班集体蒸蒸日上，做上层领导与基层教师充满正能量的"传声筒"，激发班中教师、家长、幼儿的热情。

再有，能潜心学习，专业精湛。在工作经历中，最好是带过各个年龄班，担任过班长及年级组长等工作。在工作实践中，认真钻研教材，积极参加学习教研，会引他人之长为己用，不断学习给自己充电。不断加强自身综合素质的提高，发扬奉献精神，以高标准要求自己。每次园里派出学习，都能将学习的内容与收获带回来与园里老师分享。在日常课程开展中，不断丰富、积累教学经验，在一线教师心中成为教育专家；当老师们有困难时，乐于助人，尽力给予帮助，是老师们心目中的"万能百宝箱"。

六、如何做好对上对下的沟通

幼儿园中层干部的职责之一是要做好疏导、疏通工作，在与上层领导和基层教师的沟通中要做到尊重、理解、倾听，这样才能发挥协调的作用。

中层"管理者"是园长的得力助手，更是一线教师的模范榜样。作为中层"管理者"，对幼儿园要有奉献精神，对上层领导要怀着一颗真诚的心，要善于思考、反思，善于理解并认真贯彻执行园长的想法，有效推进工作。对一线教师要善解人意，以多鼓励少批评的方式巧妙沟通。当教师在工作中遇到问题、困难时，中层干部要学会站在教师的角度换位思考，要认真地倾听，并对教师进行积极的引导，以此达到事半功倍的效果。

案例：学会换位思考，三思而后行

刚当保教干部时，园里即将面临验收工作，我去班上巡视日常工作。发现A老师还没有按时到岗，为了不影响晨间接待，我临时进行了补位。十分钟后，A老师气喘吁吁地跑来了，对我解释说："B老师，不好意思，我今天堵车有点晚了。"我没有思考便脱口而出："怎么又堵车了？应该早点出来。""我也不愿意堵车呀！我都是跑了两站地到的"。A老师的情绪有些急了，语气态度也变了，"我家离得远，我很早就出门了，路上堵车我也没办法，扣钱就扣钱吧！"接着又急着向我解释如何堵车、如何早出来。看着她急躁的表情和不安的话语，我有点后悔刚才脱口而出的话，当时自己并没有换位去理解带班老师，没有安抚她急躁的心情。随后为了能让A老师专心地投入工作，我连忙温和地安抚她："没关系，别着急，你先吃点早饭，刚才我有些着急，我能理解，你也不想迟到……"A老师听了我的话，她的态度也平稳下来去带班了，一上午我都有些担心，便随时关注、了解她的情绪和工作状态。

分析：事后回想起A老师当时激动、愤怒的情绪，我知道我的话使她本来就忐忑不安的情绪爆发了。这种不假思索、脱口而出的表达方式，不但没有起到沟通作用，反而影响了我们彼此间的信任，也影响了工作情绪。有人曾说"站起来讲话需要勇气，坐下来倾听更需要勇气"。在倾听的过程中，给老师一个表达宣泄的空间，并寻找问题发生的真正原因，思考解决问题的策略。在解决问题的过程中，要有沟通的艺术，一句贴心的话语、一个理解的眼神、一个温暖的微笑，都可能让沟通变得更为有效。

启示：由此我感悟到，作为中层干部，我们所承担的职责是执行层面的工作，要把各项工作任务以及指示精神贯彻和执行下去，如果因为说话的不得当，沟通方式不恰当，就会造成适得其反的后果。因为中层干部在执行工作时说出的话，并不代表着个人而是代表着幼儿园，教师对你所传达的内容、态度，就会理解为幼儿园的意图，因此我们在工作中更应该讲究说话的方式，注重沟通的策略和方法，任何说出的话和要做的事情都要三思而后行。

因此细致地做好沟通工作，对于中层干部来说非常重要。每个老师的性格不同，在解决问题的过程中就要特别注意沟通的方式：有些老师直接沟通效果会好，但有些老师就要委婉地沟通，还有的青年教师需要有一个过程，我们要学会耐心等待……要有针对性地去工作。

作为中层干部，要学会做领导的助手，不是突出个人功绩，而是在恰当的时候学会合作与补台，让工作成为一盘棋，让园内成为一个和谐的团队，要学会换位思考，理解基层，善于有效沟通，这样才能成为一名真正的助手。我相信，只要做适合自己的事，摆正自己的位置，发挥自己的优势，就能真正地履行职责，做好管理工作。

七、如何制定园所学期保教计划

（一）如何制定保教计划

保教工作计划是在一个学期内，为了实现幼儿园保教工作目标和任务，结合幼儿园现状，对保教工作的内容、措施等问题进行合理安排，进而达到目标的具体行动方案。

保教工作计划主要从四个方面制定，书写框架如下所示。

具体而言，制定保教工作计划需明确以上内容构成，有重点地进行分析。

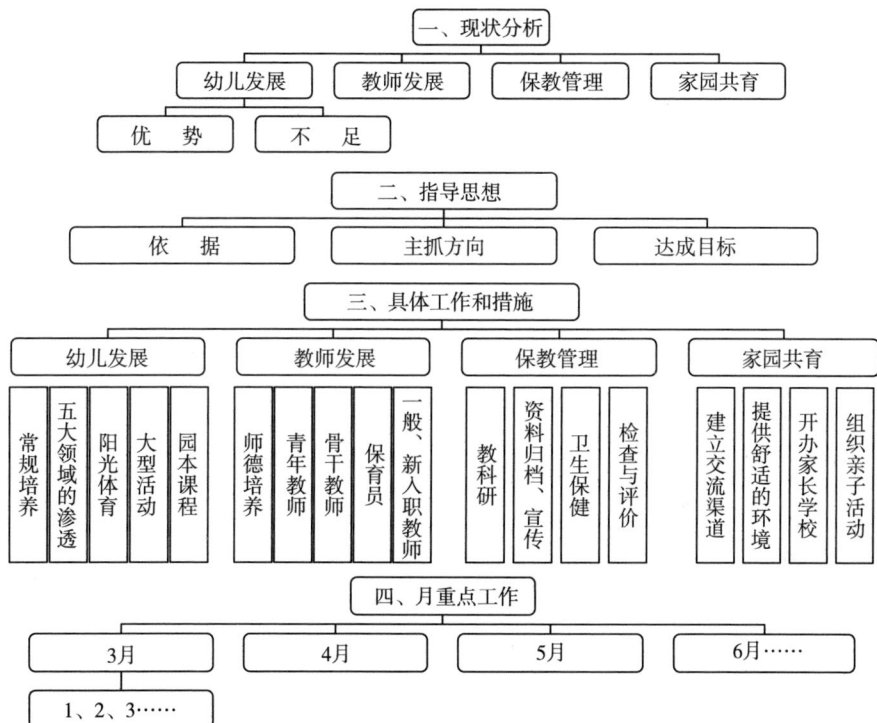

1. 幼儿园保教工作现状分析

保教干部在制定计划前，要通过多种途径，对幼儿园前一阶段的保教工作质量，以及已经取得的成绩和保教工作中确实存在的问题，问题存在的原因进行全面调查与分析。最终在分析的基础上，制定切实可行的保教计划。

内容要点的分析：

（1）**幼儿发展水平分析：**分析不同年龄段幼儿五大领域的发展水平，找出优势与不足，明确问题所在，结合问题制定教育措施。

（2）**教师发展现状分析**：结合前一阶段各个活动的反馈，总结成绩，以分析教师发展现状，通过各种途径了解老师们的真实需要及问题困惑，制定有针对性的近期目标。

（3）**保教管理工作现状分析**：业务干部在制定保教计划的过程中，应结合幼儿园保教工作现阶段的实际问题，以及对上学期保教工作的完成情况进行阶段性的分析，找出优势、成绩和问题。如还有哪些工作没有完成，下一步如何做；幼儿园的环境创设是否适宜有效；教科研工作是否能够提高教师专业能力，能否解决老师们在实际工作中得真实问题，老师们从中是否有收获；幼儿园日常生活活动和游戏活动是否科学合理等。根据实际问题，进行调查、分析，调整管理内容及方式，确定本学期的重点工作。

（4）**家园社区工作分析**：结合上一阶段的家园社区工作内容，总结成绩，分析不足，思考如何进一步提高家园社区工作的质量，通过哪些方式实现，制定重点内容。

2. 要有明确的指导思想

计划内容的确定、计划的开展及主抓方向都需要依据一个指导思想，因此在制定计划前要结合以下几个方面进行思考：

（1）依据幼儿园的全园工作计划，有针对性地对重点任务做深入、细致的思考；

（2）依据本园教师队伍的现有水平、保教工作质量以及全园幼儿发展评估分析，有针对性地开展保教工作；

（3）依据幼儿、教师、家长、社会等调查分析结果，确定幼儿园保教工作的重点任务；

（4）依据验收、考核、督导等部门领导的指导建议，思考计划内容。

3. 明确保教工作目标，安排具体工作，提出具体措施

通过对幼儿园各项保教工作内容的分析，确定各项工作内容的具体目标。保教工作的目的就是要全面提升幼儿园保教质量，所以每一项工作内容都要明确具体目标，不是为了写而写，而是要做到具体可实施，操作性强。目标确定了，保教干部就能明确工作方向和重点工作内容，提出具体

实施途径，有计划地开展组织各项保教工作，从而使得幼儿园的各项工作能够围绕一个共同目标有效开展。

其目标指向的要点分析：

（1）**幼儿发展工作**。依据《纲要》中的五大领域以及一日常规，分年龄段地分析幼儿发展现状，明确发展目标。制定有效的具体措施，通过保教工作不断促进幼儿发展，提高教育教学水平。例如下文保教计划案例中：通过测查分析，幼儿语言领域的个体差异性较大，这与幼儿的个性、表达方式以及交流环境等方面有较大关系；幼儿普遍在阅读文学作品、理解作品方面需要提高，因此幼儿园就在保教计划中制定了具体措施：开展分享阅读活动，在一楼门厅创设亲子乐读园，开展每日亲子阅读、图书借阅活动，制定阅读及借阅制度；设专人管理并指导家长开展亲子阅读；为幼儿添置适宜各年龄段幼儿阅读的图书，丰富各班阅读区图书。幼儿园通过以上措施，给幼儿们创造了发展语言的机会，同时也培养了幼儿爱看图书、会看图书的良好阅读习惯。

（2）**教师发展工作**。在学期前，结合日常工作以及教学实践观摩、研讨，分析教师发展现状，通过多种途径了解教师的真实需要与困惑问题，尊重教师内心的真实想法，开展多种学习活动，促进教师专业化成长。例如下文保教计划案例中：围绕主题活动，开展了多种观摩、研讨、经验交流、学习培训等活动，帮助青年教师了解主题脉络，提高了创设主题活动环境的能力与水平。

（3）**教科研工作**。保教干部在开展教科研活动时，一定要注重理论与实践相结合，根据园里的真问题开展系列研究，幼儿园需要解决的问题多，要抓住教育中的重点问题开展系列研究。制定教研计划要具体，切记范围不要太大，指向性要明确。在保教计划中可以简单写，详细内容体现在教研计划中。

（4）**保教管理工作**。提高教师日常保教工作方面的专业能力，是管理工作的重点。结合幼儿园保教工作现状，制定各项重点工作。例如下文保教计划案例中：考虑到肥胖儿的管理工作需要加强，计划中就将其作为重点内容，展开工作，制定运动计划并检测，在不同季节有针对性地为幼儿提供不同的营养水，通过在班级中开展相关主题活动，请厨师和保健老师给幼儿讲解营养健康知识，引导幼儿不挑食、合理选择食品，逐渐改善肥胖儿问题。

（5）**家园社区工作。** 幼儿园与社区是紧密联系在一起的，社区蕴含着丰富的教育资源，是幼儿成长的重要环境，结合幼儿园现状，开展多种形式的活动。例如下文保教计划案例中：针对小班家长下发远足指导方案，开展"登长城""采摘"亲子远足、秋游活动，在活动中请家长当教师为幼儿普及相关知识，通过野餐、小组游戏等形式提高家园共育成效。还可通过加强网站建设工作、专题讲座、收集亲子阅读收获和体会等活动，拉近家长与幼儿园的距离，达到共建的目标。

4. 列出逐月重点工作安排

为了更清楚有序地开展工作，可将重点工作分配到每个月份以及周工作中，围绕总目标，层层落实。建议保教干部利用表格的形式将工作内容体现出来，这样更清晰，指向性强，更能有条理地指引自己落实完成各项工作。

具体内容如下：

（1）**常规工作：** 每学年例行要做的事情，简单写即可，可以把与之前不同的地方体现出来。

（2）**重点任务：** 具体的专项任务，要详细写清楚，包括起始时间。

附：保教计划案例

××幼儿园2010—2011年度第一学期保教工作计划

一、现状分析

（一）幼儿发展现状分析

成绩：

幼儿整体发展均衡，健康、社会、科学、艺术领域达标率均在85%

以上。

在健康方面，幼儿各项动作发展协调、灵活，生活卫生习惯良好。

科学和艺术领域发展有明显进步。幼儿发展符合认知经验测评能力各项要求。幼儿喜欢参与唱歌、绘画等艺术活动，能够大胆表现表达，审美能力有所提升。

不足：

1. 幼儿自我服务能力与独立性有待提高。

2. 幼儿良好的阅读习惯的还需进一步培养。

（二）教师发展现状分析

成绩：

1. 通过培训、专题讲座、读书会活动，教师教育观念得到了进一步转化与提升。

2. 通过参与园"进取杯"教学评优、区"芳星杯"创新评优活动，教师把握教育教学的能力得到整体提升。

3. 在市区骨干评选中，2名教师被评为市骨干教师、区学科带头人；2名教师被评为区骨干教师；2名教师被评为区希望之星。教师梯队结构逐渐形成。

4. 在"伙伴行动"研究成果的推广过程中，教师理论水平、科研意识和教学能力都得到了较大的提高。

不足：

1. 青年教师把握主题活动脉络、创设主题活动环境的整体能力有待提高，应加强有针对性的理论学习与实操性培训。

2. 骨干教师的自主发展与传帮带作用有待进一步加强。

（三）保教管理工作现状分析

成绩：

1. 提高了教师学习运用理论的积极性。有针对性的专家讲座、图书推荐活动帮助教师解决了实际工作中的困惑。

2. 通过室内体育游戏区的创建，提高了教师对活动区材料投放与游戏指导的能力，通过研讨等活动帮助教师了解了活动区环境创设与指导的重要性。

3.重新修订了"幼儿评价标准"，建立了"幼儿评价手册"，更加科学地规范了幼儿发展测评工作。

4.教科研工作以"伙伴行动"研究成果推广的方式开展，进一步提高了教师研究与解决实际问题的能力。

不足：

1.幼儿一日生活常规管理是否能进一步促进幼儿自主意识的发展，需要全面并深入探讨。

2.各伙伴小组围绕课题项目的研究中，深入性理论学习不足，有待提出具体要求与指导。

（四）家园社区工作

成绩：

1.积极开展家长课堂及家长参与性开放性活动，家园共育工作进一步加强，通过下发幼儿远足宣传单，指导家长掌握组织幼儿外出远足锻炼的方法。

2.通过北京市早期教育示范基地验收工作，促进了我园早教工作的整体提升。

不足：

1.幼儿园网站作为家园沟通、对外宣传平台的使用功能有待进一步完善。

2.家园社区共育活动的形式、内容形成一定模式，有待进一步探索创新。

二、本学期工作指导思想

以北京市市级示范园验收工作为契机，深入贯彻《纲要》精神，学习领悟、查找不足、努力践行《北京市快乐发展课程》的教育理念与方法策略。深入、扎实地开展日常保教工作，在争创市级示范园的过程中，努力提升保教工作质量。

三、具体工作及与措施安排

（一）幼儿发展方面

1. 在幼儿良好常规习惯的基础上，调整生活活动的常规要求，提高幼儿自我服务意识，促进幼儿更加主动的发展。

（1）进行常规检查，查找常规中制约幼儿自我服务能力提升的因素，调整幼儿一日生活（进餐、喝水、午睡、午点、值日生工作）常规，并与教师、保育员座谈沟通再次调整改进《一日生活常规细则》。

（2）积极发现教师在常规培养中对幼儿自我服务能力培养的有效方法，总结其经验，并在教师团队中分享。

（3）开展平行班之间的常规观摩互评；组织常规培养教育经验文章交流活动。

2. 开展丰富多彩的活动，积极促进幼儿在五大领域获得均衡发展。

（1）健康领域方面：利用多种资源和途径开展"阳光体育"活动。引进体育专职男教师负责中大班体育活动的管理，设置一名体育专职教师负责小班幼儿体育活动管理。冬季开展全园性室内体育游戏活动。

（2）语言领域方面：继续开展分享阅读活动，在一楼门厅创设亲子乐读园，开展每日亲子阅读、图书借阅活动；制定阅读及借阅制度，设专人管理并指导家长开展亲子阅读；为幼儿添置适宜各年龄班幼儿阅读的图书，丰富各班阅读区图书，培养幼儿爱看图书、会看图书的良好阅读习惯。

（3）社会性领域方面：根据幼儿发展需要，每月围绕一个主题，动员全园幼儿及家长参与到大型活动中来，每个活动做好"制定计划—详细分工—展开宣传—组织活动—资料整理"工作。创建幼儿厨艺实操教室，探索开展幼儿厨艺活动，促进幼儿社会适应能力、动手操作能力以及交往能力的提升。

（4）科学领域方面：在主题活动和区域游戏中为幼儿提供低结构材料，支持幼儿的探究和记录。组织幼儿开展班级自然角、园开心小农场种植和观察活动，鼓励幼儿照顾喂养小动物，了解小动物的习性。

（5）艺术领域方面：在美劳室的创建过程中激发幼儿参与艺术创造活动的兴趣，用幼儿的作品布置教室、楼道环境，让幼儿时时得到美的熏陶。

通过"希望杯"青年教师单项技能技巧评比活动，提高青年教师边弹边唱的能力，促进幼儿音乐活动质量的提升。

（二）教师发展方面

1. 青年教师把握主题活动脉络、创设主题活动环境的整体能力有待提高，应加强有针对性的理论学习与实操性培训。

（1）组织青年教师学习《北京市快乐发展课程》、《园本课程模式探索》，研讨"如何通过丰富的活动有效支撑主题活动的开展"，提高青年教师根据幼儿需要创设教学环境、组织教育活动的教育意识与水平。

（2）通过"伙伴行动"研究成果推广活动，推广主题环境创设经验及策略。

（3）学期中开展环境创设自评与互评活动，重点围绕"主题活动如何在环境中呈现、主题环境如何体现幼儿的学习过程"这一教师普遍困惑的问题，进行观摩研讨。

2. 发挥骨干教师模范带头作用，带动教师队伍整体发展。

（1）制定骨干教师管理办法，向骨干教师提出发挥传帮带作用的具体要求。

（2）于××、于×、孙×三位骨干教师组织并开展"伙伴行动"子课题成果推广与展示活动。

（3）2名骨干教师做示范展示活动，2名骨干教师做教育经验交流。

（三）教科研工作

（1）确立"十二五"园本研究课题，收集资料，撰写开题报告。课题名称为《在生活化活动中培养幼儿自主意识的实践研究》。

（2）重新规划"伙伴行动"计划实施方案，围绕园本研究课题分年龄班进行研究。

（3）开展主题为《在生活活动中培养幼儿自主意识的有效方法》的叙事性研究案例评选工作。

（4）加强对特色课程和功能教室的管理工作，制定并下发《特色活动安排表》，各班按指定时间开展活动。

（四）保教管理工作

1.加强资料留档与管理工作。

（1）细化电教与档案资料员的岗位职责与工作细则。

（2）继续完善上学期资料归档与整理工作。

2.加强幼儿膳食及健康管理，提高幼儿防病抗病能力。

（1）加强对肥胖儿的管理，制定运动计划并监测。

（2）在不同季节有针对性地为幼儿提供不同的营养水，本学期开展一次幼儿自助餐活动。通过班级主题活动《食物营养多又多》、小厨房厨艺活动普及营养健康知识，引导幼儿不挑食，合理选择食品。

3.调整并提高《幼儿评价手册》填写的质量。

（1）收集《幼儿评价手册》使用中的困惑与问题，调整个别版面。为提高《幼儿评价手册》填写质量打好基础。

（2）组织《幼儿评价手册》展览交流，通过观摩研讨活动，提高教师评价及填写《手册》的业务水平。

（五）家园社区工作

1.针对小班家长下发远足指导方案，开展"登长城"、"采摘"亲子远足、秋游活动，在活动中请家长当教师为幼儿普及相关知识，通过野餐、小组游戏等形式提高家园共育成效。

2.加强网站建设工作，提高网站图片、文章的更换频率，发挥互动作用。通过家长会等途径宣传推广网站的交流平台作用。

3.收集亲子阅读收获和体会，向家长发放幼儿每学期阅读量调查表。分析总结调查情况并对家长提出有针对性的指导意见。

4.为小班幼儿家长聘请专家，针对幼儿阅读兴趣、习惯培养方面的问题开办专题讲座，解答家长指导亲子阅读中的困惑问题。聘请特级教师为中大班家长开展《在生活中培养幼儿自主意识的有效方法》方面的专题讲座。

四、月工作重点

9月：

1.布置保教、教研工作计划、特色活动安排。

2. 开展系列大型活动"大手拉小手"。

3. 家长园地检查交流工作。

4. 各班主题活动内容讨论与开展。

5. 调整改进《一日生活常规细则》。

6. 组织亲子远足、采摘活动。（大班——居庸关；中小班——采摘）

7. 小班适应期组织窍门研讨。（王老师）

8. 各班完成《幼儿发展评价手册》的学期初测评工作。

10月：

1. 开展系列大型活动"大脚小脚走天下"。

2. "伙伴行动"研究成果推广活动。（于静老师环境创设）

3. 初步完成特色教室环境创设工作。

4. 完成"室外开放区体育活动"和"室内体育游戏活动"部分内容的调整和更换。

5. 开办家长课堂。（小班阅读策略专题讲座；中大班听特级教师李玉英"生活中的教育智慧"讲座）

6. 制定并讨论通过"伙伴行动"子课题研究计划。

7. 做好示范园验收工作中保教方面的准备工作。

11月：

1. 开展系列大型活动"你我做朋友"。

2. 接待示范园验收工作。

3. 伙伴行动研究成果推广活动。（于瑾老师室内体育游戏）

4. 组织进取杯教学展示。（赵春燕、齐彤）

12月：

1. 开展系列大型活动"新年美食节"。

2. 收集教师实施生活自理能力培养的实践研究叙事性案例并交流。

3. "伙伴行动"研究成果推广活动。（孙秋老师音乐活动）

4. 组织希望杯技能展示。（青年教师边弹边唱）

5. 各项工作总结。

（二）如何撰写保教工作总结

保教工作总结主要是一学期结束后，保教干部对本学期保教工作各个方面的开展情况进行总结。介绍学期重点工作及其实施效果，总结主要成绩，分析问题与不足，为下学期保教工作的开展打下基础。保教总结书写框架如下：

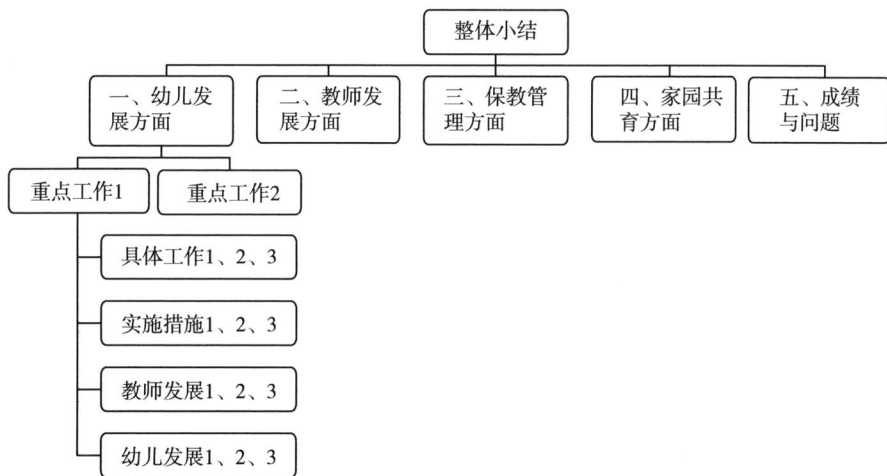

```
                        ┌──────────┐
                        │  整体小结  │
                        └──────────┘
  ┌────────┬────────┬────────┬────────┬────────┐
┌──────┐ ┌──────┐ ┌──────┐ ┌──────┐ ┌──────┐
│一、幼儿发│ │二、教师发│ │三、保教管│ │四、家园共│ │五、成绩│
│展方面  │ │展方面  │ │理方面  │ │育方面  │ │与问题  │
└──────┘ └──────┘ └──────┘ └──────┘ └──────┘
┌──────┐ ┌──────┐
│重点工作1│ │重点工作2│
└──────┘ └──────┘
  ┌──────────────┐
  │具体工作1、2、3│
  └──────────────┘
  ┌──────────────┐
  │实施措施1、2、3│
  └──────────────┘
  ┌──────────────┐
  │教师发展1、2、3│
  └──────────────┘
  ┌──────────────┐
  │幼儿发展1、2、3│
  └──────────────┘
```

附：保教工作总结案例

××幼儿园 2010—2011 学年度第一学期保教工作总结

本学期我园深入贯彻落实《纲要》的精神，以北京市市级示范园验收工作为契机，努力践行《北京市快乐发展课程》的教育理念与方法策略。深入、扎实地开展日常保教工作，在幼儿自我服务意识培养、班级主题活动的开展、园级各领域丰富活动的开展、家园社区沟通多元化、信息化、规范各项资料整理管理、提升资料的有效价值几项工作中大胆摸索和实践，有效提升了教师队伍的专业化，促进了幼儿更加自主、全面的发展，显著提高了保教质量水平。以下从具体措施、实施效果、教师专业成长、幼儿发展四方面进行总结。

一、有效调整《幼儿一日生活常规细则》，提高幼儿自我服务意识

(一) 具体措施

1. 查找常规中制约幼儿自我服务能力提升的因素，调整改进幼儿《一日生活常规细则》。

2. 将大一班、小二班在常规培养工作上的有效方法总结其经验，在教师团队中分享。

3. 通过座谈、学习、观摩、分享的方法提升教师和保育员的实施效果。

(二) 实施效果

1. 使幼儿一日生活 (进餐、喝水、午睡、午点、值日生工作) 的环节过渡更加轻松紧凑，减少等待现象。

2. 幼儿喜欢生活活动；自我服务意识增强。

(三) 教师发展

1. 教师们在实践中理解了规则与幼儿发展的相互关系，尊重班级幼儿的发展水平、灵活调整各项生活活动，有效促进幼儿的自主发展。如：小班教师敢于提供机会、幼儿敢于寻求帮助和表达 (自己取放餐具、主食等)；中班教师创造选择条件、幼儿愿意尝试和挑战 (选择使用筷子或勺)；大班教师创设平等、合作空间，幼儿在合作中学习 (值日生工作)。

2. 教师充分考虑教室、睡眠室、盥洗室的位置，合理安排教师的站位及孩子们的活动，有效利用时间和空间，使过渡环节更加自然流畅。

3. 教师"放开手、拍拍手"的意识明显增强，更加尊重幼儿的需要、个性和发展水平，能在环境创设、主题活动中自然融合生活能力的培养。

(四) 幼儿成长

1. 幼儿的自主意识、主动性提高，在生活活动中敢于大胆尝试和学习；愿意自己的事情自己做、不会的事情学着做、他人的事情帮助做、集体的事情合作做。

2. 幼儿在穿脱衣服、叠被子、饮水、进餐、值日生等自我服务能力方面有较大的进步，尤其是中班上学期，孩子们比较愉快地掌握了使用筷子、叠被子、书写名字等技能。

二、整合主题活动，促进孩子全面发展

（一）具体措施

1. 教研活动、平行班研讨等形式共同确定调整主题活动的内容、目标。

2. 副园长、保教主任、教研组长分别负责各年龄班主题活动开展的指导。

3. 进行"和谐课程"艺术领域验证活动。

4. 于静老师"主题活动开展与环境创设"的子课题结题总结汇报。

5. 全园观摩大一班"我爱运动"主题的"亲子运动会"和环境创设。

6. 教师们总结主题活动开展的经验、体会，并相互分享。

（二）实施效果

1. 主题活动的开展在示范园验收中得到了各位专家和教师们的好评。

2. 幼儿关注班级的活动，积极参与各种环境创设和表现与表达。

（三）教师发展

1. 通过理论学习、收集资料、相互观摩、反复尝试和实践探索，教师们注重主题活动的选择更加儿童化、生活化；主题环境创设凸显互动性、学习研究性；主题活动的内容体现趣味性、整合性；使主题活动的开展有了一定的层次和深度。

2. 逐步关注到幼儿在主题活动下的学习方式，逐步从教师预设到活动生成、学会关注孩子的兴趣并引发活动。如：大一班亲子运动会。

3. 教师们学会利用多种资源、与家长合力开展主题活动，使教育效果最大化。

4. 环境创设的艺术性、整体性、学习性、互动性有了明显的提升。

5. 多名教师在全国、市、区的教育教学论文评选中获奖。

（四）幼儿成长

1. 孩子们知道班级的活动及与自己的关系，关注并积极参加到活动中，主动性、探索性增强。

2. 能主动与喜欢的环境、游戏进行互动，情绪更加积极。

三、开展丰富多彩的活动，促进幼儿在五大领域的均衡发展

（一）具体措施

1. 健康领域：利用多种资源和途径开展"阳光体育"活动。专职男教师负责中大班体育管理；体育专职教师负责小班幼儿体育活动管理；更新全园性室内体育游戏活动；并组织了大班"登居庸关"的亲子活动。

2. 语言领域：继续开展分享阅读活动。开展亲子"乐读园"——每日亲子阅读、图书借阅活动；十一、二月进行了全园的"读书节"的大型活动，各班级开展了交换读书、参观书店、木偶戏表演等丰富的系列活动。

3. 社会性领域：每月开展一个大型活动，将教师、孩子、家长吸引到活动中，九月——大手拉小手、十月——大脚小脚走天下、十一二月——读书节；探索开展幼儿厨艺活动；新年全园游艺活动；促进幼儿社会适应能力、动手操作能力、交往能力的提升。

4. 科学领域：在主题活动和区域游戏中为幼儿提供低结构材料，支持幼儿的探究和记录。组织幼儿开展班级自然角、园开心小农场种植和观察活动，鼓励幼儿照顾喂养小动物，了解小动物的习性。组织中小班秋季采摘的亲子活动。

5. 艺术领域：美术专职教师策划、管理全园整体环境的创设及美劳室的美术活动，定期更换楼道环境线描画"登居庸关"、粘贴画"采摘花生"、"雪人体操"、拓印画"冬日印迹"、"快乐新年"等。开展"希望杯"青年教师单项技能技巧评比活动和"和谐课程"美术领域的验证活动。

（二）实施效果

1. 丰富多彩的活动焕发了教师们的热情、激发了孩子们的兴趣、赢得了家长们的赞誉。

2. 幼儿积极参与各种活动，合作能力、表达能力以及个性表现都得到了充分的体现。

（三）教师发展

1. 全园组织、开展大型活动的能力得到提升，从策划、组织、开展到

收集资料形成初步的模式。

2. 教师把握教育契机的意识逐步增强，能根据园内活动开展适宜的个性化的班级活动。如：推荐好书、爸爸妈妈讲故事、亲子厨艺等。

3. 教师们能合理利用家长资源，使家长参与到活动中，共同实施教育；教师的沟通能力、合作意识、组织能力获得提升。

4. 在不同活动中发现每一个孩子的兴趣、优势，学习欣赏、赞美每一个个体。

（四）幼儿成长

1. 多样化的活动使每一个幼儿都感兴趣，并获得展示自我的机会，促进积极个性的发展。

2. 通过与爸爸妈妈共同参加活动，亲子关系更加密切，会与成人分享感受。

3. 喜欢幼儿园，情绪情感更加积极；喜爱阅读，逐步养成爱读书、会读书的良好习惯。

四、实现家园社区沟通多元化、信息化

（一）具体措施

1. 学期初开展新生家长会，新年大班进行参观教室和参与活动的互动沟通。

2. 规范《家长园地》创设的要求及更换时间，各年龄组专人负责每月的检查与记录。

3. 完善网站建设工作，及时更换网站图片、文章，每月更新各班级活动照片；突出介绍大型活动和家长互动内容，充分发挥网站的便捷性、全面性、直观性和互动性。通过网站的在线交流版块提高针对性和有效性。

4. 针对小班家长下发远足指导方案，开展"登长城""采摘"亲子远足、秋游活动，在活动中请家长当教师为幼儿普及相关知识，通过野餐、小组游戏等形式提高家园共育成效。

5. 为小班幼儿家长聘请专家，针对幼儿阅读兴趣、习惯培养方面的问题开办专题讲座，解答家长在指导亲子阅读中的困惑与问题。聘请特级教师李玉英为中大班家长开展《在生活中培养幼儿自主意识的有效方法》的专题讲座。

6. 专人负责定期更换园内宣传栏，介绍园内特色活动；及时出示信息板帮助家长了解各种通知和信息。

（二）实施效果

1. 园所家园互动活动突破了以往节日汇报、展板展示的固定模式，园内大型活动凸显了整体性、连续性的优势，使家长逐步体会园所的教育内涵，并积极参与到活动中，获得了良好的社会效应。

2. 班级家园互动活动改变了长期问卷调查、离园交流的模式，突出了班级的特色，体现了个性化、实效性（如教师博客、班级空间等）；同时增进了家长对活动的了解和教育行为的认同，家长积极支持班级各项工作的开展，并且对孩子们的表现和教师的工作给予了充分的肯定。

3. 网站较好地发挥了互动平台的作用，浏览量和留言都有了显著增长。

（三）教师发展

1. 教师通过微信、QQ、个人博客、班级空间、飞信、MSN等方式搭建了互动平台，提升了教师利用信息技术的能力和意识，得到了由于工作繁忙无法与教师及时沟通的家长们认可和支持，并且成为家长们相互学习、交流的空间，使教育影响更加深远。

2. 通过多元化的亲子活动、互动活动，有效提升了教师的组织能力、与家长互动沟通的能力，教师更加主动地开展家园活动。

（四）幼儿成长

1. 能够与家长共同及时了解园所多种活动，增进亲子情感的交流和共同话题的讨论。

2. 通过教师与家长的有效沟通，幼儿更加信任和亲近教师，愿意主动和同伴、教师交流、沟通。

五、规范资料整理管理制度、提升资料的有效价值

（一）具体措施

1. 继续完善上学期资料归档与整理工作。

2. 加强资料留档与管理工作，细化电教与档案资料员的岗位职责与工作细则。

3. 调整并提高《幼儿评价手册》的填写的质量；通过观摩研讨活动提高教师评价及填写《手册》的业务水平。

4. 制定幼儿一日常规工作细则；家长园地检查记录细则；教师计划、笔记检查细则；青年教师边弹边唱评价细则；通过检查、记录、分析、资料整理留档，提升保教工作的规范性和有效性。

5. 加强各项活动资料的整理和归档；使资料更加有效和实用。

（二）实施效果

1. 两名资料员分工明确，在信息管理使用和文本资料留档方面更加规范和及时。

2. 园内各项活动开展均制定了评价标准、检查记录和分析，便于以后的日常工作开展和改进。

（三）教师发展

1. 教师们提高了对资料保存、整理的意识；对日常工作更加主动，提升了工作自觉性和积极性。

2. 青年教师的边弹边唱技能有所进步。

（四）幼儿成长

1. 幼儿音乐活动内容更加丰富，喜欢音乐活动。

2. 幼儿参与《幼儿评价手册》的填写，使评价手册体现了个体的发展。

六、成绩和不足

本学期我园保教工作利用市级示范园验收工作的契机更加稳步、深入的开展，在全体教师不断实践和努力下，保教质量有明显提升。

成绩：

1. 本学期无传染病发生，预防接种率100%。

2. 幼儿出勤率85%，身高达标100%。

3. 较好地完成了北京市市级示范园验收工作。

4. 园所被评为宣武区文明单位、十一五继教先进单位、教师艺术节舞蹈比赛三等奖、小合唱二等奖。

5. 四名教师分获西城区模范教师、优秀教师、先进教师、优秀团员称号。

6. 本学期10次接待全国、市、区的教育活动、游戏活动、环境观摩。

7. 18名教师43篇论文获全国、市、区奖项。

8. 专用教室的使用、专职教师的引用，有效地丰富了园所的各项活动；提升了教师的专业素质，促进孩子们均衡发展。

9. 园所大型活动、网站完善、班级特色活动使保教工作质量得到提升，赢得了家长们的好评。

不足及努力方向：

1. 幼儿心理健康发展及健康的行为需要得到关注和培养。

2. 教师较好地组织一节课的能力还有待进一步地提高。

本学期园所、教师、幼儿都取得了一些成绩，同时也明确了努力的方向：打造特色鲜明的学前教育品牌和园所文化，培养一支优秀专业的教师队伍，积极探索幼儿园、家庭、社会三位一体的共赢之路，实现示范辐射作用。

八、如何有效地开展幼儿园的园本教研工作

（一）如何确定园本教研的内容

园本教研是以园为本的教学研究活动，开展好园本教研活动要把握住两个关键点。一是以园为本，即以幼儿园实际发展中遇到的困难作为研究对象，以园所幼儿或教职工作为研究主体。因此，园本教研内容具有很强的针对性和独特性。二是把握住研究活动，教研活动是实践性研究，而非理论性研究，是以解决幼儿园发展、教师专业发展中的问题为目的进行的研究，因此特别注重实效性。这个过程中教师是主要研究力量，因此研究过程特别要注重调动教师的研究热情、提升教师的研究能力。那么我们如何来选择和确定园本教研的内容呢？一般说来可以从以下五个角度考虑。

1. 抓住园本问题

所谓园本问题就是要分析本园保教工作、教师工作、幼儿发展、教师

发展等方方面面呈现出的实际情况，以问题为驱动，以研究为导引。这个思考角度特别符合实际需求，从实践中来，到实践中去。问题要抓得住，原因要分析得准。这也是这个角度确立选题相对难的地方。引领者不仅要明确本园在发展中存在哪些问题，分析这些问题是哪些原因造成的，还要从零零碎碎的问题中汇总出一个关键问题，确立这个问题为研究问题，从而制定教研工作计划并落实。

案例：某新建幼儿园年轻教师很多，刚刚毕业就走上工作岗位，不了解幼儿园一日工作流程，不懂幼儿的心理需要，不懂幼儿园的工作要求。虽然青春活力、充满热情的工作着，却总是会出现这样、那样的问题。幼儿园很好地分析了幼儿园发展需求与教师的发展需求，形成了新建园教师培训课程这样的研究选择，并进行实践研究。本园教师受益，在工作方面得到了长足的发展，同时研究的成果对其它新建园也有很好的借鉴和启发作用。这就是抓住了本园的实践问题开展研究，促进幼儿园发展和教师们的专业化发展。

2. 围绕重点问题

重点问题主要是指本园的工作计划中提到的重点工作。一般来说，每学期初幼儿园园长都会和业务园长商讨制定幼儿园工作计划，计划中一定有一部分是关于保教工作或教科研工作或幼儿发展的，总之是属于业务园长分管工作中的内容。在商讨这部分工作时相当于园长已经为本学期的工作指明了方向，需要业务园长做的事情就是要将具体工作落实。那么这时候园长的工作思路就非常重要，需要我们在理解园长意图的基础上，将园长的想法与具体实践工作对接。在对接时要考虑到老师们的研究基础是什么？怎么能将前一阶段的研究与本学期的重点工作相结合，使教师能在已有经验上继续研究、迁移经验或丰富完善经验。从而制定形成连续性的、不断深入的教研工作计划，促进教师们的专业发展。从这个角度思考确定教研工作的选题最大的优势就是会和幼儿园工作保持高度一致，和园长的配合也会非常默契。因为是学期计划中列出的重点工作，我们若把它当作教研活动的选题也会得到园长和全园上下的大力支持。容易调动起教师们的工作热情，全园工作聚焦、重点问题突出，执行起来也会事半功倍。

案例：某幼儿园在学期工作计划中提到要创新生成园本课程中关于幼儿戏剧方面的园级主题活动，并在学期末进行戏剧节展示活动。于是形成了围绕如何建构生成幼儿戏剧主题活动的园本教研内容，伴随着一个学期的学习讨论、头脑风暴、班级主题活动计划交流等，一次次教研活动落实，引领教师们共同围绕幼儿戏剧主题活动的开展进行研究。最终每个班级结合本班幼儿兴趣和已有经验形成了主题活动并实施，在期末的展示中成果显著，得到市区领导的高度评价。

3. 突破难点问题

难点问题一定是教师们在施教过程中存在的瓶颈问题或是一个时期内幼教届普遍存在的教育中的难点问题。这其实也有两个角度，一是关注本园，认真观察、分析教师们在教育过程中普遍存在的问题，一定是大家共性的，而不是对某个教师的难点问题。这个问题的解决直接决定着教师们专业化水平的提升，因此研究的价值和意义都非常重大。二是关注整个学前教育界，专家学者、专业期刊杂志、区级科室引领等提出的难点问题，这类问题是相当具有普遍性的，其研究成果对整个学前教育界都很有贡献。但很有难度的是这类问题相对较宏观，还需要业务园长进行一次转化，结合本园的情况选择具体的途径和内容进行研究。

案例：近来幼教届的学者、专家们不断提出幼儿游戏中玩与学的两难问题，并提出了解决这个问题的诸多方法。这个问题既是困扰全国幼儿教师的难点问题，同时也是本园教师在教育实践中的缺失。业务园长经过精准的分析后，玩与学的问题与幼儿园当前户外体育游戏研究的内容巧妙结合，形成了"在户外游戏中教师如何面对幼儿的玩与学"的问题。这样一来幼儿园的园本研究不仅是实践研究，还找到了理论支持，使实践研究更有据可依。

4. 针对焦点问题

焦点问题同样有两个角度。一是本园教师在教育工作中所持的不同态度、不同思想、不同做法等形成讨论的焦点问题。可以让老师们说一说、辩一辩来帮助教师开阔思路。二是幼教改革中最前沿的信息和问题，大家都在关注和讨论的话题，也是当前时期的焦点问题。这类问题具有很强的方向性，引领者需要带领老师们关注和了解，甚至积极开始教育实践研究。

案例：这类的选题普遍是要解决教师们的观念问题。业务园长不能只会低头干事、还必须抬头看路。只扎在自己的研究中不去关注大家都在说什么、做什么，所做的研究也如井底之蛙。有些幼儿园善于借助这些焦点问题引领教师们开展研究，促进了教师教育行为的转变和园所的发展。例如不久前"幼儿学习故事"刚刚在国内出现，掀起了一阵学习的热潮。有的幼儿园抓住机会，带领教师们深入学习，大胆改革现有的保教工作模式，为幼儿创设自由、自主的游戏空间提出四个调整，并积极实践。一段时间过后看到了教师在教育行为上学会了如何支持幼儿的游戏，也成功打造了该园所的教育特色。

5. 整合科研课题

有些幼儿园直接将所申报的科研课题作为教研活动的内容。以科研引领教研，教研活动更具系统性、连续性和深入性。以科研的方式做教研，研究过程更科学、严谨，研究成果显著。而且在一段时间内，教师们的研究目标明确，研究任务具体，操作性强，更有利于教师研究能力和水平的提升。教师的研究能力和水平提升了，也会辐射到其教育工作的开展，最终受益的是幼儿。所以很多幼儿园以这样的方式开展教研工作，从而形成园本教育特色，促进幼儿园的发展。

以上几种常见的选题方式我们在幼儿园会经常用到，有时主要从某一个角度进行思考，更多的时候是几种思考方式并用，在研究过程中也是交替使用。例如我们围绕幼儿园重点工作的开展制定了教研工作计划，在执行计划的过程中发现了教师们的瓶颈问题，此刻我们又要生成关于难点问题的教研行动。与此同时我们通过理论学习讲座等了解到了目前市区幼教行政部门、教研部门在大力推广的新视角、新理念和新尝试，我们又会调整计划带领教师们了解和学习，并将这种新理念融入到我们的具体研究中。我们研究中伴随着思考，又可能会把前期研究的内容申报成为科研课题，接下来进行更为系统、科学的梳理。可见开展教研活动其实和我们教师备活动有异曲同工之处，都是要心中有预成，实践中生成的循环着。

（二）如何组织开展园本教研活动

1. 园本教研活动的分类

（1）按照教研重点分类

①教学型教研：以教为着眼点，以课例为载体。

②研究型教研：以研为着眼点，以课题为载体。

③学习型教研：以学为着眼点，已阅读为主线。

（2）按照教研活动形式分类

①正式教研活动	②非正式教研活动
※备课、说课、听课、评课 ※参观考察、学术会议、进修 ※专家报告、合作研究、示范交流 ※师带徒（实习、职初/骨干） ※专题研讨活动 ※业务考核	※围绕教学工作随意交流 ※针对个别幼儿的"集体会诊"，疑难问题咨询、商讨，学习心得分享，对焦点问题自由讨论 ※教师自发的学术聚会、对话 ※教师撰写反思、随笔、论文

2. 如何策划园本教研活动

（1）确定活动主题、目标、具体内容。主要从三个方面出发，包括从幼儿园教研特色需求和本学期教研计划出发，从教师关心的热点和教育教学的实际问题出发，以及从日常教研管理发现的普遍问题出发。

（2）确定活动的形式。园本教研活动的形式主要包括共同学习、专家讲座、观摩研讨、案例分析、个性指导、经验互享、头脑风暴七种。

·共同学习——教师通过一起学习相关的理论知识，提高自己的专业水平

·专家讲座——通过讲座，更新教师观念，获得教学策略的提升

·观摩研讨——通过观摩，进行研讨活动

·案例分析——通过研究课，教师分析、研讨，进一步归纳语言活动有效提问、反馈的策略

·个性指导——根据不同层次、班级教师的需要，有针对性地解决教师在教学活动设计、环境创设、区域游戏中遇到的困惑，进行一对一、有针对性的指导

·经验互享——教师交流分享自己的体会和经验

·头脑风暴——小组成员就某一问题畅所欲言，提出自己的看法和意见

（3）**预设活动出现的问题**。可从教师的理论认知层面、教师的经验理解层面、教师的参与层面三方面分析问题。

（4）**对各环节调控的策略**。包括如何调动教师参与的积极性（如何顾及不同特点的教师）、如何引导教师围绕主题展开活动。

（5）**教研有效性的检验**。即对已获知识的应用和巩固阶段，检验学习者是否真正学以致用，是否达到学习的效果，确定这一阶段是否生成下一阶段新的教研主题。可以通过检查备课、跟班看活动组织、听教师的交流、看活动反思等措施进行检验。

3. **园本教研活动的组织过程**

开展一次专题教研活动，一般要经历五个阶段。

（1）**学习阶段**：这一阶段主要是进行理论学习，通过学习达到理解教研题目的目的。明确研究此题的意义，深入理解这个题目所包括的范围、内容。

（2）**研究阶段**：这个阶段是将所学的理论初步联系实际的阶段。解决教研题目的构思、设想、方案、步骤。

（3）**实践阶段**：这个阶段是执行上一阶段讨论的方案的过程。目的是对集体智慧结晶做一次实际的检验。这一过程一般是使用观摩、评议的方法，在评议的过程中关键要注意的是用练习本专题所学的新的内容，而不是就事论事。

（4）**总结反思阶段**：这一阶段是对最初设想的教育方案进行反思，并就教研活动过程予以总结。

（5）**成果的推广与应用阶段**：这一阶段是对前面四个阶段的巩固，重在教师对教研成果的推广和应用。

4. 怎样制定教研活动方案

教研活动方案可参照以下内容制定。

活动主题：提问的预设与生成

活动目标：通过教研想要达到的预期效果

活动准备：知识储备（教师、组织者），实践活动设计与实施，物质材料支持

活动时间：

活动地点：

参加人员：

活动过程：

（1）概要介绍"提问的含义"及其重要性。

（2）执教老师简要介绍活动设计的思路以及对现场活动的实施进行反思。关键点聚焦。

（3）分组交流：自由组合，以小组形式展开讨论，并以"大字报"形式呈现各组观点。关键点聚焦。

（4）交流分享，小组代表发言，其他组员积极补充，参与讨论，畅所欲言。

（5）梳理、提升：组织者根据现场教研情况进行梳理、提升。

备注：

在提问预设过程中应关注以下几个方面：

·教师提前准备的作业

·下次活动的要求

·活动反思及下一次研究与思考点

教研现场掌控：

（1）明确目标，紧紧围绕中心议题，不跑题，切忌拉家常。

（2）从实际问题出发，步步展开，突出重点。

（3）及时把脉、营造气氛、提供信息、有牵引、有梳理和提升，使困惑得以澄清，为研究做铺垫。

（4）显现出平等基础上畅所欲言，引发教师的思考，激活教师们的思维，实现教研价值。

- 对话——推波助澜
- 启发——点到为止
- 倾听——海纳百川
- 小结——画龙点睛
- 实践——现身说法

附：园本教研活动方案案例

园本教研活动方案

时间：2016年5月20日

主持人：×××

参加人员：中大班教师、教研组长、园长

主题：从游戏中幼儿的玩与学看教师的支持策略

研究来源：

本学期我园承担教委委托课题《幼儿足球游戏活动的探索与实践研究》，在前期查阅资料、反思目前幼儿园开展的足球活动，准备进行课题答辩中，我们清晰明确了本课题要解决的问题之一是改变目前比较普遍的以训练的方式开展足球活动的现状，提出尊重幼儿年龄特点，以游戏的方式进行足球活动，支持幼儿主动获得经验，感受足球活动的快乐。因此本学期教研活动我们引领教师们进行以游戏为主的足球集体活动的游戏案例研究。通过前两年的足球活动研究，教师们积累了班级足球主题活动、大班足球竞赛、足球亲子活动及以教学为主的活动案例，借助他们的已有经验，本学期我们明确提出要改变目前足球活动中训练、教师教、幼儿学的学习方式，探索更有利于幼儿主动游戏获得经验的游戏活动形式。这也是刚刚开始的研究。前期，教师们在思想观点上有不同的看法，教师设计的游戏活动目标清晰、层层递进、活动流畅，但是没能改变以教学为主的活动方式，跟随幼儿、鼓励幼儿设计游戏玩法、规则又有时跟不上幼儿的脚步，于是他们也有些质疑体育活动中适不适合幼儿主动学习。经过分析教师们目前的困惑，发现其实老师们并不是观念的问题，他们也非常愿意呈现出以幼儿为主体的足球游戏活动，但是真正让他们感到困难的是怎样能将足球技能和游戏巧妙的结合。由于以游戏为主的集体活动面临太多的变化，当面对这些变化时教师有时不能很好地因势利导（支持策略），推动游戏的进行。所以我们一直鼓励老师们大胆尝试，从实践中提取方法、完善不足。

活动目的：

1.寻找和发现在足球游戏中教师支持幼儿玩与学的策略方法。

2.在教师思想观点的碰撞中进一步领悟《指南》精神，并结合案例落实《指南》精神。

活动过程：

一、观摩大班区域游戏和足球游戏

二、研讨问题

1. 在区域游戏中你发现孩子是怎样玩和学的、教师是怎样支持的？有什么建议。

2. 在足球游戏中你发现孩子是怎样玩和学的、教师是怎样支持的？

3. 在足球游戏中教师的支持行为有什么不适宜的地方，如果是你，你会怎样支持孩子？

三、梳理总结

1. 小结教师在研讨活动中提到的支持策略、方法。

2. 总结今天研讨解决了哪些问题。

四、自主研习

1. 大班教师在研讨基础上完善观摩的足球游戏案例，在其他班进行实践，以观调整后的效果。

2. 中班教师和孩子一起生成一个突出足球技能的游戏案例（以游戏为

主的集体活动）。

5.怎样制定园本教研计划

（1）制定计划前的思考。

（2）撰写计划。

包括：标题、正文、附件。

标题：要写清计划的名称。

正文：主要包括指导思想、现状分析（寻找问题）、教研目标、具体措施、具体时间安排等。

具体阐述：

指导思想：交待依据，分析形势，找出需要解决的问题，以及预期达到的效果。

现状分析（寻找问题）：

①寻找教学真实、实际问题或者自己的问题从个性问题到课题的问题，从不同的问题之间寻找共同主题。

②寻找在总结上学期工作中存在的问题。

③结合幼儿园教育教学工作计划重点内容寻找真问题。

教研目标：主要阐述通过园本教研活动中的各种策略所达到的预期效果。

具体措施：按照园本教研内容分阶段落实实施的内容。

具体时间安排：以表格形式呈现，包括月份、内容、形式、负责人、时间、预期成果等。如下表所示。

月份	内　容	形　式	负责人	时　间	预期成果
九月	理论学习	1.自学查找资料 2.专家引领	班长 业务园长	第二周 第三周	形成文献资料
十月	1.设计研究方案 2.二次问题研讨	研讨交流	教研组长 业务园长	第一周 第三周	汇集问题、参与互动、做好记录形成方案文稿
十一月	1.调整设计方案 2.各组教学观摩	1.全园研讨 2.汇报交流	年级组长 业务园长	第二周 第四周	1.执行完善方案 2.活动设计
十二月	活动小结	案例征集	业务园长	第一周	注意研训活动的实践操作成册

附：园本教研计划案例

××幼儿园2015—2016学年度第一学期教研工作计划

一、教研工作现状分析

（一）研究成绩

1. 通过研究"分享阅读"导入的有效方式，使教师了解了语言导入环节的多种形式和方法，通过各班观摩活动——教研梳理——集体备课——实践观摩——总结提升，提高教师对语言活动的驾驭能力。

2. 通过《语言区创设与指导策略的实践研究》，教师能结合本班幼儿的年龄特点，创设适宜本班幼儿发展需要的语言区环境、投放适宜、丰富的材料支持幼儿区域游戏，并与幼儿互动，促进幼儿语言能力的提高。

（二）存在问题

1. 园内大型活动，教师的组织、策划能力和创新能力有待提高。

2. 教师在与幼儿互动中，提问方式单一，缺乏灵活性和互动性。

3. 班级活动和环境创设上，班级特色和特点不突出。

二、指导思想

继续贯彻、落实《纲要》和《指南》的精神，以"班班精彩，人人成功"为目标，鼓励、支持教师创造性地开展各项工作，形成"班班有特色，班班充满爱"的教育环境，实现以游戏促幼儿发展的目标。

三、研究专题和内容

研究专题1：开展"语言活动有效提问与反馈的研究"

继续学习《指南》中语言领域的内容，了解语言领域的核心价值，掌握各年龄段的学习特点。借助《分享阅读》的载体，开展相关研究。

研究内容：

1. 学习《指南》中语言领域的内容，帮助教师掌握幼儿各年龄段的目标和教育建议。

2. 聆听相关讲座。

3. 通过看课、说课、评课、研讨等形式，研究"语言活动有效提问反馈的方式"，提高教师对语言活动的驾驭能力。

4. 总结语言活动提问、反馈的策略。

研究专题2：如何创设亮点区域

1. 自学区域游戏的相关书籍。

2. 结合本班幼儿的年龄特点和兴趣点，学习研究创设适宜本班幼儿发展需要亮点区域。

研究专题3：分享交流活动

1. 结合秋游采摘、观看童话剧、迎新年等主题策划活动，分享交流。

2. 外出参观学习的教师在分享会上分享经验。

3. 收集、总结班级活动方案。

四、研究步骤与途径

阶段一：理论先行，聚焦问题，确立研究方向

1. 通过自学，进一步理解《指南》中语言领域的内容，掌握语言领域的核心价值。

2. 了解各阶段幼儿学习和年龄特点。

3. 通过讲座等形式，掌握"语言活动有效提问、反馈"的方法。

阶段二：通过看、说、评等实践，探究问题，提升教师专业能力

1. 设计观摩。

·根据学习研讨梳理的幼儿语言活动提问及反馈的一些方法，进行实践观摩。

·班级创设适宜本班幼儿年龄特点和兴趣需要的班级环境、区域游戏，进行观摩、交流。

2. 研究解决语言领域"分享阅读"有效提问反馈的策略。

·通过观摩交流，研究语言活动有效提问反馈的方式。

阶段三：总结反思，梳理提炼策略

·总结梳理"语言领域有效提问反馈"的方法。

·教师交流自己的收获与经验。

五、研讨活动组织形式

1. 共同学习——教师通过一起学习相关的理论知识，提高自己的专业水平。

2. 专家讲座——通过讲座，更新教师观念，获得教学策略的提升。

3. 观摩研讨——通过观摩，进行研讨活动。

4. 案例分析——通过研究课，教师分析、研讨，进一步归纳语言活动有效提问、反馈的策略。

5. 个性指导——根据不同层次教师的需要，有针对性地解决教师在教学活动设计、环境创设、区域游戏中遇到的困惑，进行一对一、有针对性的指导。

6. 经验互享——教师交流分享自己的体会和经验。

六、预期研究成果

1. 通过研究，收集、整理成功语言活动的案例。

2. 提高教师把握年龄特点、兴趣需要的能力，关注幼儿整体发展，创设幼儿喜爱、利于幼儿发展的区域游戏。

七、具体活动安排

月份	研讨内容	研讨问题	研讨形式	教师准备
九月	布置、交流教研计划	针对教研计划制定的研究方向，教师可提出困惑的问题	集中交流	针对教研计划和自己在工作中的困惑提出建议
	策划秋游采摘方案	设计、讨论适宜的班级活动内容	交流	了解本班幼儿发展现状、游戏水平
	语言活动的有效提问与反馈	语言活动的有效提问与反馈	讲座	针对语言活动的提问、反馈你的困惑问题
	教师常规工作	在各个环节中自己的站位及要求？	讲座	

（续）

月份	研讨内容	研讨问题	研讨形式	教师准备
十月	反思秋游采摘活动	活动中的闪光点和有待提高的地方？	交流、讨论	班级进行相关内容班会讨论
	创设班级特色环境	如何创设有班级特色的环境？	分析、交流（以平行班组为单位进行）	了解班级幼儿兴趣，初步创设环境、区域方案
十一月	班级环境、特色区域交流	1. 幼儿喜欢吗？为什么？ 2. 有哪些材料进行支持？ 3. 你认为区域的亮点在哪？	现场教研	班级环境创设
	参观学习	教师在游戏中如何发挥作用，支持幼儿的学习和发展？	观摩、交流	带着自己的问题去参观
十二月	语言活动实验课	1. 哪个提问反馈是有效的，为什么？ 2. 我们如何反馈幼儿？	观摩研讨	观摩前集体备课
	迎新年活动方案	1. 明确新年主题活动的价值，意义 2. 通过主题活动交流，确定促进幼儿发展的落脚点，形成本班的特色，明确幼儿发展目标 3. 落实、完善主题方案	交流研讨	各班初步商讨新年主题方案
	教研总结	交流本学年新年活动组织的心得体会	交流分享	交流活动的课件开班会讨论，选代表发言

（三）如何进行园本教研制度建设

1. 关注教师发展为本，确立制度价值取向

幼儿园管理者应摒弃过去所认为的"制度是由管理者制定的"，"是标准的章程"，"是约束教师行为的"等错误的价值观念，而应认真学习《纲要》精神以及当前"以教师发展为本"的先进思想及理念，积极转变观念，树立"制度是为人而设，而非人为制度而设"的价值取向，避免制度建设

以权为本，全凭领导主观决定；避免制度建设过于章程化，见章不见人；避免制度建设过于考评化，简单地与考评结果挂钩。

在充分确立制度的价值取向后，积极关注制度与教师发展的关系。在教师中开展"幼儿园园本教研制度建设之我见"大讨论，教师们通过查找学习资料，学习相关信息，反思教研过程，针对幼儿园教研组提出的问题，发表自己的意见和想法，达成共识，包括：园本教研制度保障教研工作顺利推进，有存在的必要性；园本教研制度不仅仅是约束，更是对教师专业发展的促进，有重要意义和作用；园本教研制度应该是一个有序规范的整体；园本教研制度的建立应针对教研问题和教师问题，是为教师的需要而设。

通过开展大讨论活动，从园长、业务园长、教研组长等管理层到普通教师的思想观念都发生质的变化，对园本教研制度建设在思想层面上的认识有了不同的角度和新的高度，思想认识的变化对园本教研制度建设的后续研究奠定了较好的基础。

2. 民主推进制度建设，完善制度建设程序

（1）自下而上查找问题。制度是为教师服务的，教师也是制定制度的主体，只有让教师真正认识到问题，并拥有解决问题的意识和愿望，有制度保障问题解决的需要，制度才能充分地发挥作用，呈现出它的意义和价值。因此在制定制度的过程中，首要是考虑教师的需要和想法，广泛听取教师的意见，坚持自下而上和自上而下相结合的方式，而非单一的"上令下行"。

（2）内容制定全面明确。园本教研制度的内容虽然没有统一的模式和严格的标准，制度的范式也各不相同，有描述式、条款式、表格式等，但都要求必须全面具体、明确清晰，是一个有序的整合体，而非毫无关联的文字条款。制定内容的分类角度可以不同，如可以从园本教研工作的几个方面，以及制度的名称、制度的具体要求、监督人的职责任务作描述性分类；也可以分为常规制度、研究制度、激励制度等。怎样分类不重要，重要的是，是否适宜本园、是否来源于实际、是否得到教师的认同。

3. 提升制度的执行力

只有制度的执行力得到优化，才能保障制度的可行和有效实施。

（1）**积极宣传**。利用各种形式对由教师参与制定的制度进行宣传，组织教师认真学习和了解。制度宣传要达成教师对园本教研制度的实施在意义、作用、目标、程序等方面的深度共识和关系确认。同时，要具体明确、实事求是，忌讳夸大其词，也要克服一阵风式的宣传。

（2）**建立监督机制**。监督是园本教研制度执行力得以贯穿始终的保证。建立监督机制首先要根据实际建立监督组织，保证有必要的组织成员进行监督；其次，有具体的督检计划和切实的监察措施；再次，建立有效的教研信息反馈机制，及时、准确掌握一线制度实践情况，及时发现偏离制度目标的行为和问题，适时反馈、解决；最后，察而严管，对督检人员有严格具体的要求，对有制不行的督察人员严肃纪律，维护监督的权威性，保障制度的执行力。

4. 强化制度建设的互通力

制度建设的互通力包括园本教研制度中多个制度的整合有序以及园本教研制度与其他常规管理制度的相互联通。二者关系类同宪法与一般法律的关系。关联性制度是园本教研本体性制度的细化、支撑和落实，是本体性制度精神的实践者。二者有机的关联应做到'一就是多，多就是一'的实践佳境。

5. 增强制度建设的文化渗透

园本教研制度建设的真正目的不是制定规范几个章程条款，而是要通过制度建设，形成教研文化。即要形成教师间相互尊重、敢于批判的合作性教研。

幼儿园教研制度建设不仅可以规范幼儿园的教研工作，而且能有效促进教师的专业发展，更重要的是制度建设是形成教研文化的关键前提。在加强教研制度建设的过程中，通过前面所述的转变制度价值观、完善制度建设程序、提升制度建设的执行力等措施积极推进园本教研制度建设，同时还应着力加强制度建设中的文化渗透，努力营造浓厚的教研氛围，并引导教师热爱教研、勤于教研、善于教研，主要从以下途径推进。

（1）**搭建平台体验成功，使教师热爱教研。**这些平台包括有效支持教师对教育经验的总结和提升，使教师能看到自己研究的物化成果，获得成功体验；有效关注教师研究过程，帮助教师解决实际问题，使教师能看到研究的实际价值。

（2）**积极创建正式和非正式的研究共同体，营造学习、研究的文化氛围，使教师勤于教研。**例如从领域活动的角度建立健康、艺术、语言、数学、社会研究小组；从教师专业发展的不同需要建立导研组、研修组、新秀组；从利用教师发展差异实现资源互助的角度建立不同的研究团队。教师参与多层面、多类型的研究小组，教师的研究处于多样化、常态化和经常化的状态中，研究意识得以强化。同时，非正式研究团队的组织成员、学习时间、学习场所、讨论话题虽不固定，学习过程虽无连续性，但也可有效引发教师的专业思考和专业感触。在非正式场合积极引导教师们围绕幼儿园教育实践工作进行随意交谈、针对个别孩子的问题"集体会诊"、对幼儿园焦点、热点问题自由讨论等，使教师勤于教研。

九、如何有效地管理保教工作

幼儿园的保教工作是保育和教育工作的简称。"保"是指保护幼儿的身体发育和心理发育，包括保障幼儿的身体健康和安全，培养良好的生活、卫生习惯，促进幼儿良好个性的发展及社会适应能力的提高。"教"是指依据我国的教育方针和培养目标，结合幼儿的年龄特征，专门设计的影响幼儿身体、认知、情感、社会性等方面发展的有目的的教育活动。幼儿园保教工作的内容主要包括师资队伍的建设，保育、教育工作，卫生保健及后勤保障工作，家园共育工作四个方面。

1. 全面促进教师的专业化成长

（1）**开展各类活动，提升教师队伍素质。**为促进每位教职工的教学水平在原有基础上得到提高，可以开展一系列活动，如开展教学练兵活动、示范课观摩活动、幼儿教师技能技巧展示活动，教职工自制玩、教具展评，组织教师参加市、区级课件制作比赛、论文比赛、师德演讲比赛等活动。这些活动的开展，能够激发教职工的工作积极性，切实提高教师的整体素质。

（2）针对各园实际情况，开展新教师培训。制定《新教师培训帮扶计划》，骨干教师对新教师的一对一帮扶，并根据岗位的不同，采取菜单式的学习与培训方式，在充分发挥园级、区级骨干教师和学科带头人的模范带头作用的基础上，促进并帮助新教师更好更快的发展和成长。

（3）加强园本培训，鼓励教师接受继续教育。注重和鼓励教师的继续教育，大力支持并积极鼓励教师参加各种形式和途径的学历进修。开展园本培训、教师的业务技能培训、创设学习环境培训、入学准备活动培训、制定教学计划培训、幼儿园教师指导手册培训、《纲要》实施与语言、科学、健康、艺术、社会领域的活动设计培训、幼儿园教育活动的设计原则与评析、《指南》的解读，通过培训，增加教师的知识储备、提高教师的教育教学驾驭能力。

（4）建立完善教师学习机制。为实现教师观念的转变，引导教师走专业化发展的道路，结合教研工作要求，对教师学习提出要求：教师每个活动有反思，每周有典型个案、随笔。幼儿园通过定期检查评比教师完成情况，形成良好的学习氛围。

（5）建立听课、评课制度。实行每学期一次公开课活动，保教干部亲自听课、评课，指导教学工作。评课抓关键点，抓课堂效果，增加教师的感性认识，帮助教师快速提高驾驭课堂的能力。

（6）采用请进来，走出去的方法，送教师外出参观、培训、学习、研讨，取人之长，补己之短。帮助教师尽快成长，帮助教师树立正确的时代观，最大限度地发挥教师的积极性和创造性，挖掘出最大的能量，培养一支思想素质良好、业务能力过硬、学历达标、骨干充足、结构合理、相对稳定的教师队伍，使教师的素质结构与当今时代发展需要相适应，促进教师专业化成长。

2. 提高保教质量，促进幼儿全面发展

幼儿园要坚持保教结合的原则，遵循幼儿身心健康发展的特点和需要，合理利用空间，积极为幼儿创设适宜的游戏、生活和学习环境。

（1）**工作常规**。保教人员一日工作程序化、规范化，确保幼儿生活制度与常规得到有效的落实。保证保教工作科学、有序地运转和推进。保教干部坚持一日三巡制度，客观地分析园所保教工作现状，查找存在问题和主要原因，紧密结合园所实际，制定符合实际、操作性强、便于检查落实的细则措施，确保幼儿园保教工作融合并渗透在一日生活的各个环节之中。

（2）**教育教学**。教育教学工作要以正确理念为指导，坚持正确的儿童观、教育观，设计组织丰富多彩的教育活动，促进幼儿的全面发展。教师注重创设良好的环境与师幼关系，制定切实可行的教育工作计划，灵活运用集体、小组、个人等组织形式，引导幼儿主动活动，尊重幼儿身心发展规律，关注幼儿经验，为幼儿提供更大的发展空间，促进幼儿全面发展。

（3）**以幼儿为主体，开展丰富多彩的活动**。在保证幼儿正常教学活动的基础上，幼儿园要定期组织幼儿开展实践活动，以达到体、智、德、美等方面全面发展的目的，如：幼儿运动会、幼儿采摘活动、幼儿竞赛活动、幼儿环保安全活动、各大节日活动、庆六一文艺汇演等，以这些活动的开展促进幼儿情感、态度、能力、知识、技能等方面的发展。

3. 强化安全、卫生保健工作

（1）**安全工作**。幼儿园安全工作事关重大，保教干部要把确保幼儿在园的安全作为幼儿园各项工作的头等大事，常抓不懈。

第一，引导保教人员，从自己做起，从身边的小事做起，关心每个孩子，关心园内的每一件设施、设备，发现隐患，及时汇报、及时解决。

第二，建立安全检查制度，定期检查设备的安全状况。

第三，不断完善接送制度，充分发动全体教职工严把接送关，入园离园时凭接送卡进出，层层把关，把幼儿接送时的安全工作落到实处。

第四，户外活动时，要求保教人员全部到位，以确保幼儿的安全。

第五，加强晨间一看、二问、三摸、四查，严禁幼儿带危险品入园。

第六、每周制定科学合理的食谱，注意做好配餐搭配，保证食物的多样性、丰富性。

（2）**卫生保健工作**。关心和注重每个孩子的健康成长，是幼儿园卫生保健工作的首要职责。保教干部要严格要求并坚持检查教师。

一是严格按消毒常规做好消毒工作。幼儿年龄小、体质弱，很容易受病毒的侵害，为保证每个孩子的健康，严把新生入园关。每年妇幼保健院对在园教师和幼儿进行一次体检，若发现问题及时请其接受治疗，健康后才接纳。

二是每日坚持晨午检制度，做到四心（爱心、细心、耐心、责任心），四查（一看、二问、三摸、四查）。

三是重视班级及公共环境卫生，开展保健知识宣传和环保主题活动。

四是开展季节性疾病防控工作，完成预防接种工作。

4. 注重家园合作，形成合力教育网络

家园联系、家园共育是幼教工作中一个必不可少的关键环节。我国著名教育家陈鹤琴说过，"幼儿教育是一种很复杂的事情，不是家庭一方面可以单独胜任的，也不是幼稚园一方面能单独胜任的，必定要两方面共同合作方能得到充分的功效。"加强幼儿园和家庭之间的联系与合作，可以最大程度保证幼儿教育的质量。具体方法包括：

一是成立家长委员会，积极参与园内各项活动。

二是定期组织教师根据日常幼教管理情况认真填写《家园联系册》，将幼儿在园的日常生活、学习情况、幼儿评价及科学育儿知识等内容，送交家长参阅。

三是每学期发放《致家长一封信》及家长问卷调查，广泛征求家长意见及建议，了解幼儿在家生活和学习情况，认真分析汇总，提出改进意见和措施，使幼儿得到较为全面的发展。

四是每学期组织召开一次家长会，开展一系列的家园共育活动。如：家长走进课堂、亲子运动会、家长志愿者等活动。一系列活动的开展可以

加强家园之间的交流与沟通，更好地发挥家园共育的职能，形成社会、家庭、幼儿园三方面的合力。

十、如何通过检查与评价推进幼儿园的保教工作

幼儿园保教工作是与人事、基建、保健等相比下重中之重的工作内容，幼儿园教育保育结合的特殊性就意味着，保教工作不能独立成事，而应与其他工作融合、互动，所以要求领导者依据理念和原则去发挥"领先一步、导人一程"的作用：做到有前瞻性的持续学习，有关爱心的协同他人，有创新性的设定方向，有真实作用地启发他人，这样才能逐渐完善并实现"激发团队力量、赋予教师权力、创设更优条件、促进发展提升能力"的目标。

（一）管理者角色作用如何体现

管理者与领导者有着截然不同的作用，管理者要艺术地起到维持秩序的作用，所谓"艺术"就是在遵循幼儿园教育理念和文化传承的基础上，围绕《幼儿园发展规划》制定《保教工作计划》，然后依法依律开展工作，其内容和步骤大致如下：

制定计划——以过程为导向

组织安排——以细节为导向

监督监控——以目标为导向

反思调整——以方法为导向

解决方案——以结果为导向

这里可以看到：第一步是来源与基础，第二步是实施与协调，第三步是标准与方向，第四步是评价与检查，第五步是成绩与调整。其中第四步是与教师密切相关的，也是实现管理目标、运用管理策略的重要途径，更是管理者与教师建立互赖、互信、互助、互促、互补的螺旋前进的过程。那么这个过程的实施不能仅靠管理者口传声达，更不能单方施压、颐指气

使，而应该使用多种方法、借助多种手段和形式，将管理者与教师之间建立起纽带，而最终实现的是，从管理到自理到共理，使管理者与教师共同推进保教工作的开展。

（二）管理者如何实施检查与评价

为了更加客观地检查评价幼儿园保育、教育各项工作的实施情况，保教干部可以借助表格，将各项工作的内容具体为可操作性的评价标准（见附录），建立检查评价制度。以下介绍各项评价标准的主要维度。

《幼儿园业务工作评价标准》包括：教育环境巡导，观察记录批阅，教育计划调整与指导，一日生活常规管理，区域游戏活动的指导，教育活动指导，户外活动指导。

《幼儿园公共环境创设评价标准》包括：门厅内外环境，楼道环境，户外环境。

《幼儿园班级环境创设评价标准》包括：整体环境，区域划分，区域材料投放，主题墙饰，区域墙饰，作品墙饰，提示墙饰，班级窗口。

《幼儿园主题活动评价标准》包括：主题来源，主题名称，主题目标，主题框架，主题线索，活动方式，活动组织，主题墙饰，幼儿表现。

《幼儿园教师半日工作评价标准》包括：教育环境，生活活动，活动区活动，学与教活动，户外活动，综合评价。

《幼儿园游戏活动评价标准》包括：游戏环境创设，区域材料提供，师生互动指导，幼儿表现，区域评价。

《幼儿园表演体验活动区评价标准》包括：环境创设，材料投放，教师指导，幼儿表现，活动评价。

《幼儿园创意表现区评价标准》包括：环境创设，材料投放，教师指导，幼儿表现，活动评价。

《幼儿园自然观察区评价标准》包括：教育目标，环境创设，材料投放，教师指导，幼儿表现。

《幼儿园集体教学活动评价标准》包括：预设部分——学情分析，内容选择，活动目标，过程设计，环境支持；实施部分——活动导入，活动结构，方式方法，重点难点，互动状态，活动效果；反思部分——说思路，说经验，说调整。

《阳光体育活动评价标准》包括：目标内容，活动准备，活动过程，活动效果。

《日常检查工作评价与记录》包括：教育活动，师德，计划与执行，游戏与执导，实录情况。

《环境创设评价与记录》包括：物质环境，实录情况。

这些表格中的检查评价内容可根据幼儿园教育理念、文化建设及研究成果进行调整与改进，做到实际与文案相符，实践与研究相应。而表格式检查评价方式的运用，可以帮助管理者明确方向与内容，按部就班地实施管理，但同时应该注意，内容在心、目标在人、理念在园，所以检查与评价的目标和内容必须与时俱进，与正确的儿童观、教育观、学习与发展观相辅相成，如果一个幼儿园的教育理念与文化是尊重、互惠、信任、理解，那么表格式检查评价就要弱化功能性而突出指导性，可以引导教师根据表格内容自我衡量和评价班级管理中的各项工作，并赋权给教师，根据自己班的需求和现状将表格内容做出更适宜的调整。

（三）检查与评价如何体现管理艺术

管理者在检查评价中的角色定位由"裁判员"到"智慧教练员"，由"督导者"到"共同协商者"，由"结果的分析者"到"发展的关注者"。这里倡导管理者在教师评价中的角色转变，旨在帮助管理者从教师检查评价的功能、评价中的双向互动、评价实施过程三个方面关注并激发教师的主体性，促进教师发展。

表格式检查评价机制的主要作用是帮助管理者建立起工作常规和制度体系，但越是常规越容易禁锢管理者的传承与拓展的工作思路，也容易禁锢教师的主动发展的内驱力，所以太过常规、太过规范、太过教条的管理机制也会使教师的主动发展受限。如何将表格式记录与评价的管理清晰、条理性强的优势放大出来，同时避免用刻板的数值衡量教师工作质量，用更人性化的管理与评价方式呈现和激励教师客观看自己、欣赏看别人是保教干部应该努力探索的方向。

案例：三义里第一幼儿园《学习故事》检查与评价机制

到2016年3月，三义里第一幼儿园借鉴新西兰儿童学习故事理念进行实践与研究已有三年，教师普遍转变了儿童观，以观察儿童兴趣和需求为本，发现儿童学习品质、知识、技能的内驱力，以儿童主动学习为种子，不断注入生成活动、微课程、园本课程、课程资源等阳光、空气和水分，使《学习故事》成为记录儿童主动学习、让儿童见证自己是有能力有自信的主动学习者源头，更让教师在积累与撰写《学习故事》中提高专业辨识与回应的意识与能力，提高教师记录儿童学习的线索后制订支持学习的计划能力，实现以"学"定"教"。

因此，保教管理者设计了一系列的"《学习故事》检查与评价"机制。

（一）定期统计，获得"量"的信息，便于常规管理

三义里第一幼儿园内要求每位教师每周撰写2篇《学习故事》，保育员老师自由撰写，据此制订《定期检查统计表》，每日统计2次《故事》数量，将数据记录在表中以呈现按量完成的基础情况。

（二）随时抽查，获得"实"的信息，便于了解师情

除每月一次在园级电子平台上公布《定期检查统计表》外，保教管理者会每月进班一次，抽查《成长档案册》，统计册内《学习故事》、"集体故事"、儿童作品、家庭故事、班级活动、童心话语等版块的数量积累情况，并将结果记录在"《成长档案》抽查表"中，按内容项目列出"有、无"选项，以呈现完成情况，据此可以看到班级教师对儿童的观察是否及时、全面、有辐射作用。

（三）专项展示，获得"质"的积累，便于激发主动

除管理者按表格内容做出多项统计的一种方式外，保教管理者会激发教师对自己的工作质量做记录给评价的愿望，像激励儿童自我管理、自我

激励、自我评价一样，也给教师自主发展的机会，这样就又设计出《学习故事》自评他评表"，并将园内积累两年、三个版本的"学习故事要素""好故事的标准"等成果汇集于表中，列出评价依据，供教师填写：姓名，故事名，学习形式，学习内容，涉及领域，学习品质。再按故事要素和标准一一自查。

（四）巧用符号，界定"标准"的同时提供宽泛发展空间

既然开始鼓励教师自我评价、自我督促与发展，那么有没有可界定的"标准"呢？保教管理者对此展开思考与讨论，可以用一种层次界定来归类而不是以言词、内容来卡分，所以机智的保教管理者不妨试试对儿童的评价方式：用"叶子""星星""太阳"不同符号、图示代表标准层次。

"叶子"符号：结构清楚、格式适宜，内容详实有情感，客观记录准确描述，辨识与回应均体现知识、技能、学习品质。

"星星"符号：解读知识、技能、学习品质清晰有依据，回应与辨识对应，能从人、事、物的不同途径给予具体支持与拓展。

"太阳"符号：每周2篇，体现学习的延续性，传递爱、力量，令人感动。

如此用符号代表内容，给予教师宽松、可自查、可提升的空间，在建立自我评价、自我管理的机制的同时，也帮助教师每写一篇都做到反思、调整、实践、研究。

（五）命题交流，获得"识"的共识，便于形成标准

本着像尊重儿童那样尊重教师，管理者更应该满足教师对信任、理解、时间、空间、权力的需求。我会在"（三）"的基础上，在第二个月进行命题交流的活动，请每班每位教师展示10本《成长档案册》，并按册内项目介绍和分享，保教管理者将内容及效果记录在"《成长档案册》分享表"中，给每个项目的效果做出"星星""太阳"评价，以记录按项完成、形成影响的不同效果。

（六）主题分享，获得"知"的凝聚，便于积累成果

在（三）（四）的基础上继续累积，在教师普遍理解《学习故事》自评他评表"和"符号标准寓意"的基础上，在第三个月进行专题分享。请

教师自带3篇《故事》分享，教师欣赏后给每位教师的三篇《故事》分别给予"叶子""星星""太阳"的标识，也就做出了不同标准的评价，保教管理者也参与其中，在教师互评的基础上融合出"叶子""星星""太阳"的共识评价，使检查、自评、互评的机制自然形成。

（七）积少成多，获得"情"的升华，便于激发力量

在前五层的累积后，自然而然形成最后的评价结果。在第四个月也就是期末时，保教管理者会将前几项累积的"叶子""星星""太阳"累积到《教师撰〈学习故事〉统计及评价》中，形成数据、内容、效果的全面成果。

检查与评价的自然融合与累积，形成步步递进的自评、他评、互评的检查机制，既为幼儿园保教工作管理形成常规，也体现尊重教师主动发展的行动研究意识与能力，最终的评价结果既与考核、绩效挂钩，形成激励制度，还帮助教师获得自我评价的具体内容和目标，通过评价结果的分享，激励教师更清晰地认识自己的发展水平，为下一步自我规划与管理、产生主动发展的能动性明确目标。

这样的设置更贴近教师的实践工作，更符合教师主动工作获得发展的需求，更便于教师自查自检，更满足教师获得认同和欣赏的权力，更利于团队形成互惠、互信、互助、互促的文化氛围。

任何检查与评价机制都不是为了"卡人""针对人""将教师分出三六九等""警示教师"，而是为了帮助教师明确"工作是什么、为什么工作、怎样工作"的目标，从而产生"我要努力工作"的自我激励状态，而详细、递进的评价方法和策略，更帮助教师认识"依据什么工作、怎样有效工作"从而积累自己的经验、智慧，找到职业乐趣，成为教育营养师。

十一、如何更好、更快地提升自己的工作能力

保教干部是幼儿园的主力军，来自教师群体，有着管理者和教师的双

重身份，具备管理者和优秀教师的综合素质，是园里活动的策划者、组织者、研究者，更是教师专业成长过程中的指导者。保教干部的业务水平及工作能力，直接影响幼儿园的保教质量和教师的发展水平。那么，作为保教干部应如何提升自己的工作能力呢？

1. 了解保教干部应具备的能力

不管是新干部还是成熟的保教干部，在忙忙碌碌的日常工作中，常常会遇到一些这样或那样的困惑和问题，出现力不从心的现象。许多保教干部是从一线优秀教师中选拔出来的，虽然具有优秀的教育能力，但在管理方式上却普遍缺乏艺术性。因此，保教干部需要充分认识自己应该具备的能力。

（1）**教学管理能力**。管理是一门学科，更是一门艺术，作为保教干部要管理有方，必须要具备相应的专业知识，更要懂业务，有指导教育教学活动的能力及管理意识，做到一专多能，博学多才，成为幼儿园业务上的领路人，为不同能力的教师，创设有利于施展才华的环境及成长空间。

（2）**教科研能力**。教科研能力首先要以丰富的理论知识作支撑，通过了解自己所需，在学期初制定读书计划，养成有计划、有总结、有反思的学习习惯。同时在外出交流学习中，保教干部要认真记录，及时反思、善于总结有效经验，将其运用到实际工作中。保教干部还要坚持深入班级，了解教师实际工作状态，及时捕捉教师的困惑及问题，有针对性地通过多种形式，引领教师们开展丰富的教科研活动，不断完善自我，提升教师的专业能力。

（3）**创新能力**。保教干部要做到博采众长，开阔视野，学习他人积累的有效经验，以及科学的管理方法，获取各种有价值的信息，拓宽思维，创新思路，不断增强创新意识和创新能力。在日常工作中，保教干部要深入带班教师的实际工作，勇于实践，学会在实践中探索、创新，不断提高自我，并引领教师提升专业能力。因此，保教干部的创新能力，是在思考和解决问题的实践中逐步培养和提高起来的。

（4）**思考分析能力**。孔子曰，学而不思则罔。作为保教干部，要通过学习、观察、分析、总结培养多种能力，其中思考分析能力尤为重要。保教干部在工作当中经常会遇到一些问题，只有思考、分析出现问题的原因，找出相应的解决办法，才能协助园长做好保教管理工作，帮助教师成长。

（5）**语言表达能力**。语言表达是保教干部实施工作的主要手段，是实际工作能力的具体体现。作为保教干部，艺术性的沟通和协调能力也是至关重要的，良好的沟通和协调能力是教学管理人员应该具备的能力，也是处理幼儿园里女性教师之间关系的重要法宝。可以通过多种途径，如阅读相关书籍学习技巧、听相关讲座逐步提高。

（6）**书写总结能力**。一个好的保教干部，不仅要教科研能力强，还要有很强的写作能力。一方面可以将自身和优秀教师好的工作经验与方法进行总结提升，以文字的形式分享给更多的老师们；另一方面，保教干部的工作需要撰写大量的文稿，保教工作计划、保教工作总结等，这就要求保教干部要将幼儿园的工作内容以文字的形式清晰具体地呈现出来。当然，好的书写能力是建立在对幼儿园各项工作的思考分析的基础上的。

2. 找准学习方向，勤于反思工作，提高工作能力

（1）**加强学习，提高理论知识水平，积累实践经验**。作为幼儿园的保教干部，要具有高水平的研究能力以及较强的自主研究意识，教育理论水平也应该逐步提升，这就要求教学管理者要明确自己的学习内容。例如：作为新干部，就要将《纲要》中的五大领域，理解吃透，掌握最基础的专业知识。同时，还要大量阅读相关的教育教学书籍，时常与有经验的本园以及其他园所的保教干部进行沟通交流，吸收好的教学方法，不断储备理论知识和积累实践经验，通过各种活动与一线教师进行分享。与此同时，要借助外出进修学习培训的机会，提升自己的理论水平，将好的教学形式和理念带回到园里，与老师们分享交流，从而带动教师共同进步。

（2）**勤于反思，总结梳理工作中的问题和经验**。日常保教工作多种多

样，为了提高幼儿园保教工作效率与质量，保教干部要做到每月定期审视、反思自己的工作。每次组织活动后，要静下心来反思活动中有哪些收获、存在着哪些问题、在哪出现的问题、问题的原因是什么、怎样做会更好、还有什么困惑等。最后要总结梳理出好的活动经验，从而在以后的活动中，吸取以往的经验，提高活动效果。

案例：作为年轻干部，一次教研活动前我准备了充分的活动资料，查阅了相关的教研理论依据，总结了充分的理论提升内容。可是教研现场的气氛总是调动不起来，老师们"参而不语"，年轻的老师不敢发言，成熟的教师发言不积极，活动就在这样的氛围中结束了。活动后，我认真反思，发现活动的形式过于单一，应该考虑到年轻教师多，单个发言的形式过于紧张，导致新老师不敢发言，怕说错。如果调整活动形式，以小组形式开展，由成熟教师牵头组织组内讨论，集体总结梳理，选取代表进行表述，老师们从中获得锻炼表达的机会能够更多一些。另外，活动开始可以有一些相关的互动内容，调动老师们参与活动的积极性，活跃气氛。

一个好的保教干部要善于分析反思，并且能够尽快梳理问题，找到解决问题的方法措施，还要具有创新能力，通过园所之间的互相观摩，进行借鉴和创新，带动园里教师参与活动的兴趣，提高研究的水平。

第二章

指导教师开展好幼儿园的
日常保教工作

　　幼儿的学习方式决定了幼儿园的一日生活蕴藏着巨大的教育价值，一日生活中的各个环节都是幼儿学习的重要途径。教师是实施保育和教育的主体，保教干部对幼儿园的日常保教工作给予科学的管理，对教师的保育和教育工作给予具体的指导，才能让一日生活的教育价值得到最大程度的发挥。

幼儿园日常保教工作的质量不仅关系着幼儿的发展，还与幼儿园的发展息息相关。一个园所日常保教工作的质量最能反映该园所对保教工作的管理水平，因此日常保教工作管理是幼儿园业务管理工作的重点内容。幼儿园的日常保教工作可以细分为以下几个方面：组织幼儿的一日生活；幼儿的区域游戏指导；教育教学活动的开展；室内外体育游戏活动的开展等。保教干部从以上方面对教师进行指导，可以切实提高日常保教工作的质量，让幼儿在日常的生活、游戏当中得到全面的发展。

一、如何指导教师科学有序地组织幼儿一日生活

（一）如何客观理性地分析本园的日常保教工作

幼儿园一日生活是落实"生活即教育"、寓教于乐的最佳途径，同时也最符合3～6岁儿童的年龄特点和学习方式。幼儿一日生活内容丰富，事情灵活、细碎，突发事件多，不能预设的成分也多，因此科学、合理地组织幼儿一日生活是幼儿教师众多教育技能中要功夫、见水平的技能之一。"如果没有教师的关注，教育契机就只会从儿童的生活中平淡地流过，而不会在儿童的学习历程里留下痕迹。"这说明教师专业化水平的高低与一日生活教育价值发挥的大小是成正比的。但实际上，大多数年轻教师对组织开展幼儿一日活动感到头疼、疲惫，很多成熟型教师组织幼儿一日活动的质量也并不高。因此，作为业务管理者，要指导教师科学有序地组织开展一日生活，首先应在日常管理中重视对班级一日活动质量的监控，同时不能仅将视角放在教师专业技能的提高方面。须知一日活动是教师整体状态的反映，其中渗透着教师的职业态度、师德观念、教育理念、教育技能和方法等，是教师专业化的综合展现。因此在发现本园教师在组织一日活动中出现的问题时，必须进行客观理性的分析，以达到科学、理性的指导。

保教干部只有走进每一个班级中，了解每一位教师的日常带班情况和水平，做到心中有数，才能从众多班级日常工作中归纳汇总出本园在日常

保教工作方面的优势和亮点，同时也梳理出具体的问题与不足。一方面，弘扬和推广优势和亮点，将其打造成为幼儿园的整体优势，使之成为幼儿园常态保教工作的标识行为，即当人们提起日常保教工作某方面做得好的时候就会想起某某幼儿园这方面做得就非常好。不是一个班级、某一位教师做得好，而是幼儿园的每一个班级、每一位教师都做得很好、有特色；另一方面，发现问题与不足，这是园所日常保教工作质量可以进一步提升的空间和发展点。保教干部需要进一步对此进行分析和思考，查找问题的根源，从而制定有针对性的改进措施。

通常情况下，教师在组织一日活动中容易出现的问题及原因可以归纳为以下五方面。

1. 教学状态有问题

保教干部进班检查班级日常活动，首先应观察带班教师的状态，是积极投入、认真专注还是心不在焉、得过且过。有句话说"态度决定一切"，如果一位教师在工作态度上不端正、不重视，那么也就无法指望她科学、合理地组织幼儿一日活动了，更不可能实现"寓教育于一日生活之中"。面对工作态度有问题的老师，要通过幼儿园园所文化引领，帮助教师增强职业认同感、体验职业幸福感，引领教师树立职业目标，加强对园所文化价值观的认同感。只有从思想意识方面解决问题根源，才能真正解决工作水平上的差距。

2. 认识目标有问题

保教干部进班检查工作还会发现一些教师，特别是年轻教师在组织一日活动时常常看着孩子的行为表现发愣，话跟不上、也说不到位。这类表现的根源在于教师不了解一日生活中各环节的教育目标。目标是方向，同时也是具体的教育行为的导引，如果教师心中没有目标，在面对日常纷杂的幼儿表现行为时就会感到不知所措。面对这类问题，可以通过细化幼儿园的一日保教工作标准及流程，帮助教师梳理、熟悉各环节的教育目标、工作流程等，通过业务学习、园本培训的方式带领教师加强学习，力争做到每位教师对目标心中有数。

3. 观察活动有问题

有些教师一日带班中总是不停地在说，听似说得面面俱到，再看幼儿的行为表现，却发现教师说的和幼儿的实际需要没什么关联，似乎教师不说更好，因为说一些无关的话反而影响幼儿做事的专注力。这类表现实则反映的是教师在带班中根本没有观察幼儿、关注幼儿、理解幼儿。面对这类问题，保教干部要帮助教师明确，观看跟观察有本质的区别，前者仅仅是看，没有目的、更没有后续的思考，而后者则是从一开始就是教师有目的的行为，教师要看什么、看到了什么、有什么思考和判断、有哪些应对和回馈。只有这样才能真正在一日活动中发挥教师的作用，实现从看护者向教育者的转变。

4. 带班方法有问题

有些教师带班方法很单一，总是给孩子讲道理，渐渐在班级中形成一种"这样对吗，不对""这样好吗，不好""应该这样做吗，不应该"的班级现象。有些教师可能都还不能意识到这种现象本身就是问题。出现这种现象的根源在于教师处理孩子们日常发生的一些状况和问题时的方法过于匮乏、单一了。以至于孩子们都形成了一种思维定式，顺着老师的方式说。道理不是不该讲，但不能用一种方法解决所有的问题。面对这类问题首先要想办法让教师意识到问题所在，再通过有效的园本教研或培训帮助教师提高教育技能。

5. 活动生成有问题

在组织一日活动的过程中，教师预设成分少，随机事件多，因此会隐藏很多的教育契机，但很多教师往往无法及时抓住教育契机，生成相应的活动。其原因在于教师教育经验不够丰富、教育能力有待提高。面对这类问题，保教干部首先应充分理解和相信教师，明确能力的提高需要时间。同时为教师营造宽松、愉悦的氛围，为她们搭建相互学习、取长补短的平台。最后，经验的积累、技能的提高更多的要依靠教师自我学习、主动吸取，所以可以在日常保教管理中重点批阅教师的每日反思，进行有针对性的指导。

（二）教师在组织一日活动中容易出现哪些具体性问题，保教干部应如何指导

1. 教师在一日带班中，心中无目标

出现这类问题可以通过细化幼儿园一日生活流程帮助教师明确。

附：幼儿园一日保教工作细则

一、晨间接待来园

（一）教师工作内容

1. 摆放毛巾。

2. 接待幼儿来园。

3. 做好班上的晨检工作。

4. 春、夏、秋季带领幼儿做早操。

5. 细心与家长交接幼儿衣物、药品。

工作要求：

1. 7：25准时到岗。热情接待幼儿和家长，引导幼儿使用礼貌用语问好，指导幼儿认真、有序的做事。（将自己的衣物叠放整齐、搬椅子、盥洗、玩玩具。）

2. 有重点地向家长了解幼儿情况，对幼儿健康、情绪等进行观察，做到心中有数，做好个别幼儿工作。认真询问幼儿带药和服药的情况。

3. 合理安排好孩子的晨间活动。

容易出现的问题：

1. 晨间接待只顾与个别家长交流，忽视接待来园幼儿，没能对每一名幼儿都给予微笑、问好和回应。

2. 只顾接待来园幼儿，忽视教室内游戏的幼儿。

3. 晨间游戏组织不科学合理，幼儿没有兴趣。

4. 晨间不够细致，不能发现幼儿在外貌、情绪、健康等方面的异常

情况。

5. 不坚持幼儿园的各项相关规定（如需要隔离的幼儿、需要进一步排查的幼儿不能入园，服药幼儿要写服药记录等），或没有认真检查幼儿的晨检牌，不能够确定幼儿是否经过了保健医的晨检。

6. 没有认真核查幼儿带来的药品或弄不清楚幼儿的药品。

（二）保育员工作内容

1. 开窗通风、备足幼儿饮用水。

2. 做好室内、睡眠室的大面卫生。

3. 协助教师接待幼儿来园，组织幼儿盥洗。

4. 配合教师组织好早操，注意安全。

工作要求：

1. 7：25准时到岗。开窗通风注意室温。

2. 室内卫生包括：水杯格、餐桌、饮水桶、门把手、玩具柜、窗台、窗棱、门棱、暖气柜、写字台、毛巾架、台面等一切孩子能摸到的地方，要求擦拭干净无尘土。擦拭整理幼儿衣柜。

3. 配合老师做好接待工作，仪表整洁、大方。提示、检查幼儿盥洗，提示幼儿搬椅子游戏。

4. 在一日工作中，不留长指甲或带容易挫伤幼儿皮肤的饰物。动作要轻柔，语言和蔼可亲。

5. 接触幼儿饮食、饮水前要用肥皂、流动水洗手。

容易出现的问题：

1. 没有每天坚持按相关要求用消毒水进行擦拭，或是如有特殊情况，晨检没进行擦拭的也没有利用其它环节的空余时间将此项工作完成。

2. 分餐的时候因忙而忘记穿分餐服、戴分餐帽。或是戴帽子没有将头发都塞进帽子里。

3. 晨检开窗忘记关窗，幼儿游戏时室内温度偏低，尤其是在冬季。

4. 没有与带班老师相互配合，相互补位，出现视线死角，没能保证视线不离开每一名幼儿（一名教师站在门口，还有一位教师应随时补位）。

5. 佩戴容易刮伤幼儿的饰物。

6. 只是用语言提示幼儿整理衣裤或是便后整理衣服，缺少亲自观察和检查幼儿的完成情况。

7. 冬季幼儿擦手环节容易忽视，幼儿没有按正确方法擦手导致皴手。

8. 有时会因忙其他事，而忽略卫生间正在大便或做事的幼儿。

9. 幼儿如厕后没有提醒幼儿便后冲厕，或是没有及时清理卫生间地面，或是前一天没有对卫生间进行消毒冲刷，导致卫生间有异味、便池不清洁等。

二、盥洗及进餐

（一）教师工作内容

1. 指导幼儿如厕、盥洗、早餐。

2. 进餐护理。

3. 教师清点水杯、毛巾数和晨检牌。

4. 清除台面、地面滴落的水渍。

工作要求：

1. 培养幼儿养成先大小便后洗手的习惯。有序地排队如厕，便后主动冲厕。春、秋、冬季提示幼儿将内衣塞进裤子内。同伴间相互关心、谦让、团结。

2. 幼儿洗手前教师检查热水器的水温。

3. 饭前便后随时提示幼儿用正确的方法洗（洗手六部法）、擦手（摘毛巾摊开擦手），春、秋、冬季抹护手油，不皴手。指导幼儿将内衣塞进裤子里，放好袖口。教育幼儿注意节约用水和肥皂，保持盥洗室地面的干爽整洁。

4. 培养幼儿良好的饮食习惯：细嚼慢咽，饭菜搭配、干稀搭配，进餐时保持安静。

5. 指导幼儿正确使用餐具、文明进餐，饭后擦嘴漱口（提示幼儿接少半杯水、闭嘴漱口）。

6. 餐后按照要求将餐具摆放整齐。

容易出现的问题：

1. 教师认为进餐是保育员的事，缺少保中有教、教中有保的意识，没有观察、关注幼儿的进餐情况，忽视进餐环节良好行为习惯的培养。在幼儿进餐时去忙其他的事情或准备材料。这样丢失生活环节的教育价值和契机。

2. 教师在指导幼儿进餐时总是嘴里不停地说培养目标，而没有观察到幼儿的实际情况，哪些地方好、哪些地方有问题，是整体有问题还是个别幼儿有问题，这样的指导不具有针对性，也就无法起到指导意义。

3. 教师在指导幼儿进餐时来回在幼儿中穿梭，与保育员站位配合不好，不能保证每一名幼儿都在教师的视线和关注范围内，同时也容易造成幼儿进餐时注意力分散。

（二）保育员工作内容

1. 根据季节变化注意饮、用水的温度。

2. 餐前准备和分发食物工作。

3. 照顾盥洗回来的幼儿安静入座进餐。

4. 进餐护理。

5. 及时传送餐用具。

工作要求：

1. 做好餐前准备工作。保育员衣着要规范。按要求做好餐前的消毒：规范操作：清—消—清，第二遍消毒液洗消净（1∶200）擦拭餐台桌面。准备工作动作要轻，爱护公物，注意身教。各种餐用品摆放整齐，注意加盖保温和防尘。

2. 根据日常幼儿进食量及当日幼儿的身体状况分发食物。

3. 发现幼儿有问题时及时向带班老师反映沟通，采取正确的教育方法解决问题。

4. 保证幼儿的进食量，提醒幼儿细嚼慢咽、干稀搭配、少盛多添。每餐不少于20分钟。及时添加主副食，照顾病后及吃饭慢、体弱、体胖等幼儿的进餐。发现饮食中的问题及时向反馈。

5. 幼儿进餐时要专心照顾幼儿进餐，不做其他事情。

6. 教会幼儿正确使用餐具和筷子。

7. 提示幼儿做好餐后个人卫生。

容易出现的问题：

1. 应关注幼儿进餐情况，给予适宜指导，既不能催饭，也不能由着幼儿慢慢得吃，用适宜的方法鼓励幼儿集中注意吃饭。

2. 幼儿没吃完饭前不能给碗里添汤。

3. 对幼儿的进餐量和分餐量要做到心中有数。

4. 心中欠缺目标意识，忽视对幼儿进餐习惯和能力的培养。

三、区域游戏活动

（一）教师工作内容：组织指导游戏区活动

工作要求：

1. 投放丰富、安全、适宜幼儿操作和使用、能兼顾幼儿年龄特点的游戏材料，将近期教育目标物化在材料中，注重在活动中使幼儿得到发展，具有正确的发展观和游戏观。

2. 参与幼儿游戏活动，在活动中观察、指导幼儿的游戏活动。

3. 教育幼儿学会向成人表达自己的意愿。

容易出现的问题：

1. 游戏材料单一、不够丰富或长期无变化，幼儿对游戏活动无兴趣，被动游戏。

2. 教师不会观察幼儿的游戏、不知道该观察什么，发现问题不知如何与幼儿互动，支持幼儿继续深化游戏。

3. 忽视培养幼儿正确使用工具及收放玩具的良好习惯。

（二）保育员工作内容

协助教师做好活动区的准备工作。在幼儿全部参与到活动中后：

1. 餐后整理和消毒工作。

2. 登记幼儿人数和服药情况。

3. 清洁区卫生。

4. 参与活动区活动。

工作要求：

1. 了解活动区的内容,根据需要准备好游戏材料、配合组织活动。

2. 餐后整理、清洗、消毒要规范及时,轻拿轻放、爱护公物、注意身教、不影响幼儿的活动。先清理(餐具、餐桌、地面等,清扫、擦拭地面时注意避让幼儿),后清洗,抹布清洗要透亮,无油渍、菜渍,消毒时注意区分摆放。

容易出现的问题:

1. 卫生工作结束后不参加区域游戏指导。

2. 收拾材料时过于专注环境的整洁有序,因此幼儿的一些游戏作品、成果被成人化的判断好或不好,展示或丢掉。

3. 参与幼儿游戏少,往往容易充当指挥者。

四、户外活动

(一)教师工作内容:指导户外活动

工作要求:

1. 培养幼儿良好的安全意识,提示幼儿上下楼梯注意安全。

2. 有目的地组织开展户外活动,活动材料丰富,满足幼儿活动的需要,活动内容有趣,能够吸引幼儿。合理安排活动内容和时间,做到动静交替,活动量、密度适宜。

3. 关注幼儿的情绪和身体状况,做好幼儿的卫生保健和安全护理工作(有汗及时擦、根据天气变化增减衣服、游戏时的安全教育)。

容易出现的问题:

1. 教师组织活动欠缺计划性和目的性。

2. 组织活动中过于追求挑战性而忽视对幼儿的安全保护。

3. 组织集体活动和分散活动时间安排不合理。

4. 欠缺对幼儿运动量、运动能力的关注和调整。

5. 欠缺在体育锻炼中培养幼儿良好的卫生习惯。

(二)保育员工作内容

跟随幼儿到户外并参与到活动之中。

工作要求:

1. 巡视户外活动场地有无安全隐患。及时清除不安全因素。视线不离开孩子，保护幼儿安全，随时检查幼儿衣服鞋带是否整齐，对个别运动量过大或过小的幼儿给予及时调整与指导。

2. 根据天气变化为幼儿适当增减衣服。

3. 协助教师组织好集体活动，兼顾对个别幼儿的照顾（体弱有病、不能参与到集体活动中的幼儿、个性化突出的幼儿等）。

4. 收放户外体育活动材料。注意清点、检查有无损坏并放回原处。

容易出现的问题：

1. 配合教师组织活动不到位，或是站位不合理、或是配合不及时。

2. 欠缺在体育锻炼中培养幼儿的自我保护能力。

3. 对于户外分散游戏材料欠缺活动前的准备和检查。

五、教学活动

（一）教师工作内容：组织教学活动

工作要求：

1. 按计划组织开展教学活动。

2. 提供的材料适合幼儿的年龄特点，以游戏化的手段开展学习活动。

3. 掌握合理的教学活动时间。

容易出现的问题：

1. 没能体现幼儿主动学习的过程，存在说教形式。

2. 对于活动时间把握不好，有时过长、有时又过短。

3. 组织教学活动欠缺计划性和目的性。

4. 欠缺反思意识。

（二）保育员工作内容

1. 整理幼儿衣物。

2. 加强配班，协助教师组织好教学活动。

工作要求：

1. 幼儿衣物叠放整齐。发现不洁衣物提醒家长及时清洗、更换。衣柜要清洁整齐。

2. 根据教学活动的需要，合理安排好清洁卫生工作内容。

3. 协助教师纠正幼儿的坐姿、用笔姿势，注意用眼卫生，保护视力。

容易出现的问题：

1. 在教学活动时没有配班，只忙于搞卫生工作。

2. 配班不到位或配不到点上。

3. 忽视幼儿学习习惯的培养。

六、午餐

（一）教师工作内容

1. 午餐护理。

2. 餐后散步。

3. 交接班工作。

工作要求：

1. 培养幼儿良好的饮食习惯：细嚼慢咽，饭菜搭配，进餐时保持安静。

2. 指导幼儿正确使用餐具、文明进餐，饭后擦嘴漱口。

3. 餐后按照要求将餐具摆放到指定地点。

4. 照顾大多数吃完的幼儿，提醒幼儿在楼内安静地散步（饭后散步不少于5分钟）。

5. 培养幼儿良好的生活习惯和初步的生活自理能力。学习在成人的帮助下自己脱衣服。

6. 认真、及时完成交接班记录。

容易出现的问题：

1. 对幼儿文明进餐习惯的培养不够重视，或是不知道具体的培养目标。

2. 幼儿餐后漱口或散步环节教师不能够全面兼顾到，有时会出现视线上的死角，存在安全隐患。

3. 因为忙而忽略对幼儿穿脱衣服及自理能力的培养，或是说教过多而缺少培养方法。

（二）保育员工作内容

1. 进餐护理。

2. 餐后整理。

工作要求：

餐后整理：

1. 及时到位，动作要轻，不影响幼儿。

2. 先整理（餐具、餐桌、地面等，清扫、擦拭地面时注意避让幼儿），后清洗，抹布清洗干净后，再进行热力消毒。

3. 盥洗室的清洁消毒。要求干净、干燥、无污渍、无异味。

容易出现的问题：

1. 因为后续工作多而容易出现催饭现象。

2. 餐后卫生整理工作欠缺条理性，出现忙乱现象。

3. 教师动作或声音过大。

4. 保教配合不默契导致出现视线上的死角。

七、午睡

（一）教师工作内容

1. 与早班教师做交接班工作及记录。

2. 守护午睡。

3. 备好午点。

工作要求：

1. 提醒、督促幼儿睡前先如厕，照顾睡眠过程中如厕幼儿的健康和安全。

2. 观察入睡幼儿的状况，纠正不正确的睡眠姿势，为幼儿创设舒适、安静的睡眠环境。

3. 守睡过程中必须有专人在寝室护理幼儿的午睡，不得空岗。遇有紧急突发事件能够沉着应对及时做出反应。

4. 提前准备好午点并注意防尘。

容易出现的问题：

1. 幼儿入睡前没有兼顾到每一名幼儿都睡前如厕。

2. 对于不爱午睡的幼儿在刚刚进入午睡时没有给予特别关注，影响其他幼儿不能很快入睡。

3. 幼儿午睡中欠缺巡视、观察发现午睡的情况，发生意外。

4. 教师过于集中注意备课或做教具，幼儿有问题没能及时发现。

5. 离开睡眠室，导致无人看护幼儿午睡。

八、午起

（一）教师工作内容

1. 起床、午检。

2. 盥洗、午点。

工作要求：

1. 照顾幼儿起床，关注个别上下床有困难的幼儿。指导帮助幼儿逐步学会穿衣服。

2. 仔细观察每个幼儿起床后的精神状态和身体状况。为幼儿检查、整理衣服和梳理头发。

3. 提示幼儿先喝水后吃午点。照顾带药的幼儿按时按量服药。

4. 教育幼儿吃午点时将果皮纸屑扔到纸篓里。

容易出现的问题：

1. 忽视对幼儿起床后情绪、精神面貌的观察和掌握。

2. 忽视培养幼儿自己穿脱衣服的能力或是帮助过多而没有给孩子练习的机会。

3. 在培养幼儿自理能力方面，欠缺灵活性和因时、因事而异的培养方法。

4. 容易忽视对幼儿吃午点卫生习惯的培养。

（二）保育员工作内容

1. 起床准备，餐桌消毒。

2. 协助教师组织幼儿盥洗、喝水、吃午点。

3. 准备好教学活动用品。

4. 整理、清扫床铺、清扫睡眠室卫生、墩地。

工作要求：

1. 在幼儿起床前完成餐桌的消毒工作。

2. 将被子反晾。

3. 指导照顾幼儿盥洗。

4. 等多数幼儿稳定后，做睡眠室卫生工作。

5. 正常天气帮助能力较差的幼儿穿衣服；在气温较低时，帮助幼儿穿衣服（协助检查全体幼儿的衣服是否穿戴整齐，不露肚皮、脚踝、放好袖口）。

容易出现的问题：

1. 保教配合不默契容易出现视线上的死角。

2. 教师整理卫生工作动作慢，时间拖拉，影响幼儿下一环节活动。

九、离园环节

（一）教师工作内容：组织幼儿离园

工作要求：

1. 热情主动地接待家长，与家长做好交接工作、针对幼儿在园的具体情况与家长进行简短的交流（个别需要长谈的，在幼儿都接完后再进行）。

2. 陌生人来接时，要问明情况，严防幼儿走失现象的发生。

3. 做好本班离园后的安全检查工作。

容易出现的问题：

1. 离园前没有稳定好幼儿情绪，出现离园时幼儿过于兴奋，容易出现安全隐患。

2. 与家长交流的同时关照好未离园的幼儿，避免幼儿在室内打闹。

3. 幼儿离园后，教师应做好班级断电等安全检查工作才可下班离园。

（二）保育员工作内容

1. 餐后整理、盥洗室清理消毒。

2. 配合教师组织幼儿离园。

3. 完成必要的卫生工作。

4. 做好最后的整理工作。

5. 检查电源门窗是否关好。

工作要求：

1. 配合教师组织好离园环节。

2. 盥洗室清理消毒工作。

容易出现的问题：

1. 欠缺保教配合，有序组织幼儿离园。

2. 幼儿离园后，没有做好班级断电等安全检查工作就下班离园。

保教干部在指导中应注意的问题：

（1）应注重先培训后检查。通过学习让每位教师知道应该怎样做，统一标准后，保教干部再进行随班检查，比较容易和教师在评价上取得一致。随班检查的过程也可以与教师的自评相结合，帮助教师对照标准进行自我评价，寻找差距与不足。

（2）应开展相应的日常评价交流活动，可以是半日活动交流，也可以是某一个环节的评价交流，促进教师相互学习，激励教师不断进步。

（3）保教干部随班检查要善于发现亮点与问题，从而生成有价值的教研活动，引领教师们对某一内容、某一问题或某一环节进行研讨、分析，促进教师专业发展。

（4）保教干部要正确、清晰地把握方向，防止有教师把常规培养变成训练，还要关注班级营造的氛围、常规习惯培养是否以有利于幼儿发展为前提制定的，孩子们在一日生活活动中的兴趣、意愿是否能够得到满足，是否有自由、自主活动的时间和空间等。

（5）要特别关注教师在一日生活常规中是否已经形成了良好的工作习惯，愉悦、稳定、有序的一日生活包含教师和幼儿两个层面，因此看常规活动不仅是看幼儿的常规，更要看教师的工作流程、工作方式是否科学合理，保教结合是否落实，这些都潜移默化地影响着幼儿的一日生活质量。

（6）要特别关注教师在一日生活中的教育意识，是否落实"生活即教育"的理念，是否有随机处理幼儿问题的能力与方法，这也是教师专业化水平较高境界的体现。

🐌 **点评**:

幼儿园一日保教工作细则是教师工作的具体指导,在每一个时间段教师应该做哪些事情,怎样做,目标是什么,每一项对应的都很清楚。教师看起来清楚明白、易操作。细则本身就是一个对教师日常工作很有指导作用的工具。因此保教干部应充分发挥保教细则的指导作用,通过学习强化教师了解、通过班会促进班级教师反思,从而不断用细则来规范教师的保教行为,促进教师带班水平的不断提高。

2. 教师在一日带班中抓不住教育契机

既然是契机肯定具有隐藏的特点,所谓抓不住还说明它有稍纵即逝的特点。教师在组织一日活动中能否抓住教育契机,受教师教育观念、对教育价值的把握以及教师对突发事件的应对能力等方面的影响。这些影响肯定因人而异,因此在每位教师带班中呈现出不同的效果我们也应把其看作正常现象。

虽然生活中的每一件小事中都渗透着教育,但也不能理想化地认为教师能够抓住生活中的每一件小事都做到适宜的教育,这只能是我们期望的目标。而更多时候要考虑到教师之间的差异性。

保教干部应对本园教师的优势、能力和潜力有一个真实、客观的分析与把握,同时对日常保教工作的要求进行分层定位。最底层是所有教师都要达到的要求是什么,这是保基础,不让一个班级掉队;向上一个层次是教师们可以有选择做的是什么,这是给老师们留有空间,让他们可以发挥出自己的优势;最高的是能够抓住日常活动中的教育契机进一步引发幼儿的兴趣,生成新的活动,能够达到这部分目标的是少部分教师,应该是市区级的骨干教师。这样就可以将教师本身的潜能与园内的期待与要求进行匹配,针对每位教师的特点对她们提出合理的期待。既不能要求一名普通教师去达到骨干教师的目标,也不能对骨干教师放松或降低要求,这两者都不利于教师的专业化成长。

对每位教师提出合理的期待是为了避免出现习得性无助,但这并不代表我们就放弃对教师进行专业引领。保教干部还是要通过学习、检查、指导、评价等方式为教师们搭建相互学习分享的平台，让大家多听、多看、多了解，这样本身对教师就是一种触动。同时还应引导教师对日常工作进行反思，如和教师一起回忆今天的某一活动环节教师是如何组织的、哪里组织的非常好、哪里出现了问题、是什么原因等，要有意识地培养教师的反思意识，只有教师自我有了反思的习惯，对其积累和进步才会有实质性的效果。最重要的还是多鼓励教师，因为这部分本身就是高层次的目标，因此保教干部不能总是将眼光盯在老师们哪点没做好，而要更多的看看老师们做好了哪些，不断地激励和赏识会让老师们更有自信，更有前进的动力。

3. 教师在日常带班中出现安全问题

保障幼儿安全是日常带班工作中的重中之重。一般在出现安全问题后，保教干部到场首先应做到的是稳定教师的情绪，拿出正确的处理方法，简单的磕碰要请班级教师带孩子去保健室，由保健医处理。如果出现碰伤等较为复杂的情况应及时与家长取得联系，第一时间带孩子去医院就诊。并做好后续关心、关注与交流沟通，让家长和孩子感受到教师的重视和关怀。

其次要针对事情发生的原因和经过进行反思分析，如果是保教工作方面存在漏洞造成的那就更要引起重视。一般说来，保教工作方面容易出现漏洞的原因多为：教师责任心不强、视线离开幼儿、保教站位不合理、教师没有保护幼儿的意识、场地或设施存在安全隐患、工具用具或材料存在安全隐患等。这些隐患要通过反思环节让教师们意识到，并拿出有效的改进措施，并且安全问题要求所有教师必须具有举一反三的能力，在某一点上出现了安全隐患要进行班级全面工作、乃至全园工作对安全隐患的排查和改进，以杜绝下一次安全事件的发生。

更为重要的是，作为保教干部对教师们进行安全培训必不可少，至少每学期一至两次，如果年轻教师多，这方面的培训还要有针对性的加强。例如，对青年教师进行如何正确使用食梯这样具体到操作的安全培训，杜绝安全事件的发生。同样幼儿园也应有安全事件处理流程，这样一旦出现问题便于教师快速、正确的处理和解决。

附：幼儿园意外伤害事故的处理流程与技巧、方法

一、处理流程

```
          ┌─────────────────────────┐
          │    幼儿发生意外伤害事故      │
          └─────────────────────────┘
                       │
          ┌─────────────────────────────────────┐
          │      以最快的速度送往附近医院救治         │
          │         及时通知监护人                  │
          │  及时向领导汇报（情节严重向上级主管部门报告）  │
          └─────────────────────────────────────┘
                       │
          ┌─────────────────────────────────────┐
          │           启动应急预案                  │
          │  成立事故处理小组调查事故原因并以书面形式呈现    │
          └─────────────────────────────────────┘
                       │
          ┌─────────────────────────────────────┐
          │   通过协商方式解决 将处理结果反馈家长        │
          │（协商过程多人参加，包括当班教师做好记录）       │
          └─────────────────────────────────────┘
                 │                    │
              协商成功               协商不成功
        ┌──────────────┐      ┌──────────────┐
        │  按协商结果处理   │      │ 申请上级协调解决  │
        └──────────────┘      └──────────────┘
                 │              │            │
        ┌──────────────┐  ┌──────────┐ ┌──────────────┐
        │   事故处理结束   │  │ 调解成功   │ │  调解不成功      │
        │ 当班老师反思事故发生的│  │按调解意见处理│ │ 可向法院提起诉讼   │
        │ 原因和处理过程   │  └──────────┘ │ 按诉讼结果处理    │
        └──────────────┘              └──────────────┘
                 │              │            │
        ┌──────────────┐  ┌────────────────────────┐
        │ 事故反思的书面材料 │  │   留档保存，事故处理结束      │
        └──────────────┘  │ 幼儿园将事故处理结果的书面材料留档封存 │
                          └────────────────────────┘
```

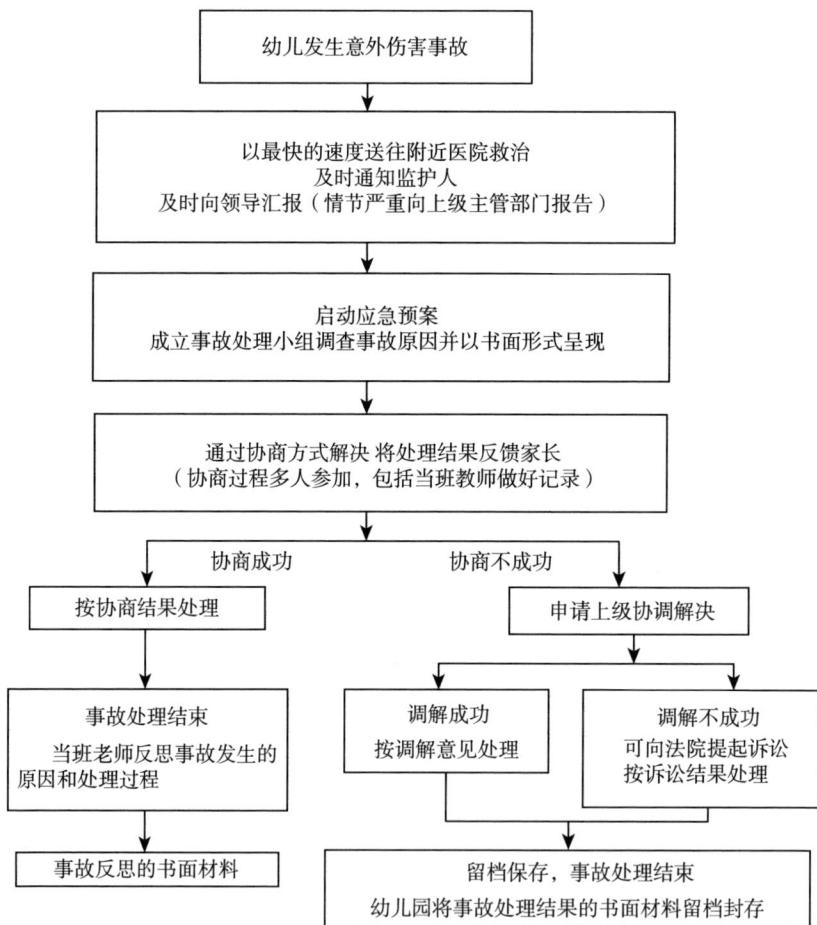

二、意外伤害事故处理技巧、方法

（一）在幼儿园可能引发幼儿意外伤害事故的原因

幼儿园里幼儿意外伤害事故发生的原因很复杂并具有不确定性，主要

有以下几个方面：

1. 预见性不强。尤其是青年教师，由于生活、工作经验不足，减轻或化解、避免危害发生的能力弱。不能准确地预见行为后果。

2. 侥幸心理过重。明明知道这样做不安全，但在侥幸心理的驱使下，总认为这样做不会这么巧发生事故或危险，久而久之造成事故的发生。

3. 安全教育欠到位。组织教育教学活动前采取必要的安全防护措施或进行必要的安全教育不够。

4. 幼儿年龄小、体质弱、自我保护能力差。

5. 幼儿好奇、好动、好探索，在活动中对危险事物不能做出正确判断，不能预见行为后果等。

（二）幼儿发生意外伤害事故后的救助

1. 救助方法

幼儿发生意外事故后，一定要在第一时间做出正确的处理。首先教师要镇定，不惊慌并立刻带幼儿离开危险源，稳定其他幼儿情绪。如：小的意外擦伤、抓伤等，要及时送到幼儿园保健室，保健医根据情况加以处理。较大的意外，如异物入体、骨折、头部撞击伤、需要缝合等意外事故，要及时送到医院救治（当班教师一人协同保健医前往），做到快速反应，及时救助，将伤害降至最低（当出现骨折时要进行必要的固定、出血时要立刻止血）。

2. 救助过程中的注意事项

（1）首先要安抚伤者的情绪，在救助的过程中避免二次伤害。

（2）以最快的速度把受伤幼儿送往医院救治。

（3）在救护的过程中及时通知受伤害幼儿的家长。

（4）争取在第一时间调查取证，做好相关记录。记录内容要实事求是。

（5）如属重大伤害事故，立即启动伤害事故处理应急预案，事故处理小组及时开展工作。

（三）处理问题的技巧

1. 体贴入微、注意细节、以诚相待化解矛盾

当意外伤害事故后，首先，要采取积极主动的方法，用真爱感化家长，

在行为上拉进幼儿园和家长之间的距离。缓解紧张的气氛，营造出和平解决问题的环境。如主动与家长联系、精心地照顾好受伤幼儿、尽全力减轻受伤幼儿的痛苦、护理要精细到位……为解决问题做好铺垫。还要做好出事幼儿家长的安抚工作，认真向家长讲述幼儿出事的前因后果，在所有过程中让家长感受到幼儿园非常重视这件事，在治疗的全过程中，老师对孩子体贴入微、细致周到，尽最大的努力减轻孩子的痛苦，善后工作及时到位。

2. 态度诚恳，注意技巧，以理服人

在态度上、情感上对孩子受伤表现出极大的同情，让家长感觉到老师、幼儿园的诚意，诚恳地请家长谅解。大部分家长一般都能理解，但也有一些家长会情绪激动地指责教师，做出一些缺乏理智的事情。对家长不好的态度、激烈的言词也要表现得不急不躁，让家长发泄一下内心的不快和不满。

在向家长详细地介绍意外事故的全过程和原因时，语气要真诚动情、分寸把握非常重要。要表现出极大同情的同时还要表明意外伤害事故是每个人都不愿意看到的。在讲解原因时，既要理性自信，又让家长了解当时的真实情况，理解自己孩子出现意外伤害的原因。也要从对孩子的成长教育的角度去劝解（在与受伤者家长的接触中，所有人员要观点一致，叙述受伤过程要前后一致，注意不过早的下结论，避免猜测性的语言，掌握合情、合理、合法的分寸。非相关人员不做接待、不作解释、不介入、不处理，对家长的意见要注意信息反馈）。

3. 发挥家属之间的作用，解决问题时多人参与

幼儿发生意外后，家属之间的态度也不尽相同，要先做好态度温和、通情达理一方的工作。给予家长足够的空间和时间，慢慢地使其转变态度。作家长工作时，最好多人参与。特别是孩子出事时的带班教师、带孩子看病的老师要在场。这样，家长看着孩子老师难过的表情，及带孩子看病时对幼儿无微不至的照顾和幼儿园积极解决问题的态度，家长一般都会理解。如果家长情绪激动，大家你一句，我一句的劝解，利于打破僵局，化解紧

张气氛。

4. 注意情感教育，化解家园矛盾

当班教师和主要人员一起看望或电话询问、关怀受伤的孩子，还可以带去幼儿同伴的祝福，鼓励伤者学会坚强、勇敢。让受伤的孩子感受到大家的关心，同时也让孩子潜移默化地认识到人与人之间应该互相关爱，以此教育孩子，感动家长，化解家园矛盾。

4. 教师在日常带班中，工作总是丢三落四

这个问题的出现反映出教师在日常工作至少存在两方面的问题，一是教师思维条理性不强，二是教师没有良好的工作习惯。所以面对琐碎、繁杂的日常工作就会出现剪不断、理还乱的局面。这种时候保教干部要通过有效的途径让教师自己发现问题、并意识到问题的严重性，让教师自身产生调整和改进的动力，从而能够轻松胜任自己的工作。

案例：幼儿园班级卫生面积大、内容多，在每次检查卫生时总会有教师（特别是新教师）出现这里没擦、那里没搞的情况，以至于总是出现班级卫生不到位的现象。针对这一问题，幼儿园保教干部与保健医一起制定了班级卫生工作量化表，将每天、每周、每月需要完成的卫生工作进行量化，教师完成后划"√"记录，对教师日常卫生工作的完成起到了很好的提示和监督作用。

🐌 **点评**：

面对日常保教工作中出现的问题，需要保教干部想办法来积极解决，案例中所提到的卫生工作丢三落四，教师出现的原因可能有多种，有的可能真的是忘了、有的可能就是习惯问题。无论哪种原因，幼儿园通过出台《班级卫生量化表》，有效地帮助教师们缕清工作内容，并通过自我监督、检查和评价的方式使班级卫生工作质量得以落实，可以说是使用有效的评价手段促进教师日常工作质量的不断提高。

附：幼儿园班级卫生工作量化表

幼儿园班级卫生工作量化表

日期：_____ 年 ___ 月

月工作内容及完成情况（完成后打"√"）		周工作内容及完成情况			
		第一周	第二周	第三周	第四周
被褥晾晒		玩具可清洗类			
刷洗拖鞋		玩具需曝晒类			
灯及饰物		家具及储藏柜内			
地角边		桌椅板凳及床			
暖气		区角及门窗			

日工作内容及完成情况

工作内容		完成情况			
		第一周	第二周	第三周	第四周
活动室	桌、台面无尘无渍				
	水杯格饮水桶无尘、渍				
	地面净无尘、渍				
	物品整齐到位				
	卫生用具无尘积				
睡眠室	桌、台面净无尘无渍				
	地面净无尘、渍				
	被褥整齐				
	物品整齐到位				

（续）

工作内容		完成情况			
		第一周	第二周	第三周	第四周
盥洗室	无异味无污渍				
	卫生用具无尘积到位				
	墙面台面面盆便池干净无污渍				
	镜子无尘、皂盒无积渍、笼头把手透亮				
	地面干燥干净				
卫生清洗消毒（次）	开窗通风（次）				
	毛巾（一洗一消）				
	水杯（一日一消）				
	果盆（一用一消）				
	擦桌布（一用一消）				
	盖布（每日一消）				
	餐桌消毒（餐前消）				
	饮水用桶（一日一清）				
备注					

5. 如何通过评价促进教师日常保教工作质量的提高

建立科学合理的评价机制是促进教师专业化水平提高的有效手段。评价的形式应包含过程性和终结性，评价者应涉及保教干部、教研组长乃至全体教师。这样的评价更客观、公正，容易令教师信服。

首先保教干部进班检查指导工作，要有日常检查工作记录，这应该是对教师工作的过程性评价，发现了哪些优点、存在哪些不足、给予了哪些指导等都应有相应的记录。同时保教干部的日常检查除随班检查外，还应有目的性的检查指导，定期、定目标、定班级，重点看哪位老师、看她的哪项活动。应尽量保证一学期看到一日活动中的每一个环节，看到每一个班级中的每一位教师，这样才能保证日常保教工作管理的辐射面。同时还可以配上有重点的检查指导，如本学年幼儿园对某些教师有特定的培养方式与目标，那就需要保教干部在日常保教管理工作中去落实。

其次保教干部应建立幼儿园日常保教工作评价机制，每学期有重点的组织不少于两次的保教工作评价活动，制定相应的评价标准和评价方案，组织开展评价交流活动。如班级半日活动评价、班级教育环境评价、班级进餐护理评价等，这样可以发现本园内更多好的经验和做法，促进大家相互学习。同时也让园内的优秀教师脱颖而出，对教师队伍的培养有积极的意义。再有就是形成一种见贤思齐、不甘落后的教师文化，积极的氛围也会为教师的专业化提升起到积极作用。

附：幼儿园半日活动观摩评价方案及标准

幼儿园半日活动观摩评价活动方案

一、活动目的

1. 检查幼儿园保教细则的落实情况及班级保教工作配合情况。

2. 掌握班级常规活动，幼儿养成教育的落实。

二、活动流程

随着幼儿园扩建，班级增多，本次半日观摩活动改变以往连续看每一个班级活动的形式，而是根据实际情况分周、分年龄班组观摩半日活动，保障教师们之间相互学习，又不影响日常保教工作进行。由于本学期开园晚，观摩活动从大班开始进行，依次是中班、小班，待小班度过分离焦虑期后再进行观摩活动。由于小班班级较多，同时兼顾本次半日观摩活动的重点是班级保教细则的落实，因此小班在观摩时间上又进行了一定的调整。在半日观摩前，通过年龄班组教研的形式，共同备出教学活动、户外活动的内容及形式，既保证了半日活动的质量，又相对减轻教师的压力。

时间安排：

2012-11-05：大一班　　　上午：7:30—11:30

2012-11-06：大二班　　　上午：7:30—11:30

2012-11-13：中一班　　　上午：7:30—11:30

2012-11-15：中三班　　　上午：7:30—11:30

2012-11-16：中二班　　　上午：7:30—11:30

2012-11-27：小二班　　　上午：7:30—10:00

2012-11-27：小一班　　　上午：10:00—11:30

2012-11-28：小五班　　　上午：7:30—10:00

2012-11-28：小三班　　　上午：10:00—11:30

2012-11-30：小四班　　　上午：7:30—10:00

幼儿园教师半日工作评价标准

（参照北京市幼儿园教师半日工作评优标准制定）

评价要素：

一、生活活动

1.有符合幼儿年龄特点的、科学合理的生活常规，各环节过渡自然流畅。

2.保教结合，目标实施自然。

3.幼儿有良好的生活卫生习惯和初步的自理能力，生活愉快、自主、有序。

4.幼儿能完成《保教细则》中生活活动的各项发展目标。

二、活动区活动

1.幼儿有充分的自主游戏时间和空间。

2.能有目的地投放游戏材料，游戏材料体现丰富性和层次性。

3. 教师关注幼儿游戏情况，发现幼儿的需要，给予适时适度的、多种形式的支持和引导。

4. 幼儿游戏时积极、专注，情绪愉快，能遵守必要的游戏常规。

三、教学活动

1. 目标符合本班幼儿年龄特点和实际水平，具体明确。

2. 内容贴近幼儿的生活，幼儿感兴趣。

3. 过程和层次清楚，突出重点、难点，体现本学科的核心价值。

4. 教师关注幼儿的学习过程，能做出及时有效的应答。

5. 幼儿积极主动，思维活跃，在学习过程中有进步。

四、户外活动

1. 目标科学、明确，符合幼儿身体发展需要。

2. 活动材料丰富，具有趣味性、层次性、挑战性。

3. 活动安排科学合理，符合季节特点，强度、密度适宜。

4. 教师能根据幼儿的不同发展水平有目的地进行引导。

5. 幼儿在活动中积极、愉快，动作发展符合本年龄班应有的水平。

五、综合评价

1. 半日活动的设计与实施科学合理，符合《指南》《纲要》精神。

2. 各领域内容能有机结合，自然渗透，寓教育于一日生活之中。

3. 在日常工作中对幼儿进行观察，对幼儿的发展水平做到心中有数。

4. 关注幼儿的个体差异，因人施教。

5. 结合自身教育实践，能够有针对性地进行客观准确的反思。

评价方法：

教师相互观摩后，填写观摩评价表。在每一项评价要素中记录观摩班级的突出优点与不足。并推荐出2名最佳组织者、3名较好组织者（在推选一栏划"√"）。

参与评价人员：园长、保教主任、教研组长、班员教师。

园内班级半日活动观摩评价表

班级： 带班教师： 保育教师： 时间：

评价要素	突出优点	不足与建议	最佳组织	较好组织
生活活动				
活动区活动				
教学活动				
户外活动				
保育员				
综合评价				

园级半日观摩评价活动小结

本次半日观摩活动按计划进行，教师们珍惜观摩机会相互学习，交流经验，认真参与观摩后的研讨评析，充分肯定每位承担活动的教师的优点及班级常规工作中的亮点，同时也针对不足及班级工作中的缺失提出了建议。具体分析如下：

优点：

1. 教师们认真准备，各班班长发挥作用帮助新任教师备课，准备班级游戏活动材料，保证新教师半日活动顺利进行。

2. 与开学初带班相比，新任教师进步突出，能够合理、顺利、安全地组织幼儿半日活动，注意过渡环节中及时对幼儿进行安全教育，这也反映出两个月来班长及教研组长对新任教师的指导工作比较到位。

3. 班级幼儿情绪愉悦，班级常规较稳定，小班幼儿有兴趣参加游戏等各项活动，中大班幼儿在过渡环节中有一定自由、自主游戏的空间。

4. 保教配合较好，教师与保育员分工明确，站位清楚，共同护理、保证幼儿安全。

不足：

班级区域游戏活动如何为幼儿创设更为宽松、自由、自主选择的游戏材料及内容，促进幼儿更加大胆、更有兴趣、主动、自主地进行游戏活动是各班级下一步应思考提高的问题。

措施：

1. 推荐重新学习《幼儿园区域游戏评价》一书，先由班长带领班级教师自学，再组织一次教研活动，集体学习，交流感悟。

2. 12月份的教育随笔、观察记录围绕区域游戏撰写，不断反思幼儿区域游戏情况及教师的游戏小结情况。

活动结果：

本次半日观摩活动经园长、保教主任、保健医及观摩教师们共同评价，推选出展示班级如下：

中一班：2012－12－13　　　上午7:30—10:30

小五班：2012－12－14　　　上午7:30—10:30

小四班：2012－12－14　　　下午2:30—4:30

两个大班12月中旬做区域游戏展示交流。

本次展示交流中全体教师、保育员参与观摩。

二、如何指导教师开展优质的区域游戏

（一）优质的幼儿园区域游戏是什么样子的

区域游戏活动是幼儿一日活动中不可或缺和不可替代的活动，它是各个班级教师根据教育目标、班级幼儿发展水平、主题活动等内容设计的，是有目的、有计划地投放各种材料、创设游戏环境的活动。

游戏不仅给幼儿带来快乐，也是幼儿的主动学习，是幼儿积极主动、真实自然的学习活动。幼儿是通过直接经验感知、操作和游戏活动来获取经验并建构知识的，区域游戏活动正好符合了幼儿的这一特点。它向幼儿展现了一个丰富多彩、多功能、多层次、自由选择活动的环境，让每个孩子都有机会接触符合自己学习特点和愿望的游戏活动。

每一位教师心里都希望自己班级幼儿的游戏状态良好，在区域游戏活动中能充分地获得发展，那么优质的幼儿园区域游戏是什么样子的呢？

首先，在优质的区域游戏中，幼儿可以根据自身兴趣、需要和经验水平，自主选择游戏内容、游戏材料，自由地表达游戏的愿望。幼儿在游戏中时常会说"我想玩……玩具"，"我想用……材料做……"等，说明幼儿在游戏中有表达、交往和探究的需要，有游戏发展的需要，有自由选择的需要。有选择才有个体的需要与兴趣，才能激发幼儿的内部学习动机。在游戏中幼儿还有自由选择游戏伙伴的自由，他们可以随意走动并和任何一名小朋友接触交往，充分体现了在游戏活动中幼儿是自愿的、自由自主的游戏状态。

其次，在优质的区域游戏中，幼儿的游戏行为是自发的。在游戏中他们渴望扮演不同的社会角色，如爸爸、妈妈、老师、服务员、医生等角色，在"假装的"世界里体验这些角色的语言表情、动作行为、情绪情感等。如经常看到幼儿抱着娃娃喂奶，接待客人，"超市"购物，"医生"认真为"病人"打针吃药，嘴里还在念叨"别哭，不疼！"等等，这些来源于幼儿生活的游戏场景，他们通过与游戏环境、游戏材料的互动，建立了真实的情感体验，不由自主地沉浸、专注、投入于游戏之中，体验游戏所带来的快乐。

最后，在优质的区域游戏中，幼儿可以从中不断获得学习经验。幼儿在自由游戏状态下逐步学会和他人交流、解决交往中的问题。在小组游戏中，幼儿通过与同伴的合作逐步建立团队的合作意识，增强合作能力。在一次次的实验、探究的游戏中，幼儿不断地挑战，寻找问题的答案，幼儿的操作能力、探究能力不断增强。如在科学区，幼儿利用气球里的空气作为动力，出现小棍、小汽车在没有人力推动的情况下向前动起来的现象。影子屋游戏，幼儿用手电照出各种各样小球的影子，发现有的小球在光的照射下可以发光，有的球在光的照射下可以出现彩色的影子等，于是幼儿利用光影的原理制作了舞台霓虹灯。在这样自发自主的游戏中，幼儿探究自己喜欢做的事，并尝试用探究的思维方式解决问题，不断生成新的探究内容。

优质的区域游戏状态是"游戏是儿童的生活，游戏是儿童的工作！"孩子们在这里是快乐的、自由自主的，同时游戏可以满足幼儿主动学习的需要，并在这里获得发展。教师在幼儿游戏中要关注孩子的需要，使需要成为孩子们探究的问题；尊重孩子的想法，使想法成为孩子们主动探究的内容；支持幼儿的体验，使体验成为幼儿身心快乐发展的源泉。

（二）如何指导教师投放孩子喜欢并能促其发展的游戏材料

在区域游戏材料的投放过程中教师要能够根据班级主题活动的内容、幼儿的年龄特点、兴趣需要提供丰富、具有科学性、探究性和趣味性，满足不同层次幼儿需求的游戏材料。但是教师往往无法正确判断幼儿的需要，作为保教干部要和班级教师一起分析班级幼儿的游戏到底需要什么材料？什么材料能唤起幼儿的游戏兴趣？保教干部可以通过教研活动帮助教师发现幼儿的需要。

以大班制作区游戏为例，教师为大班幼儿提供的游戏材料多为废旧物，数量多，占用活动空间大，到底哪些材料更适宜幼儿的游戏呢？

首先，教师要观察孩子的游戏需求、倾听孩子的心声，孩子的游戏区需要哪些材料？结合班级主题活动内容，从幼儿兴趣出发，满足幼儿游戏的需要。

国庆节阅兵典礼上，解放军叔叔精良的武器装备一下子吸引了孩子们的兴趣，老师发现了孩子们的兴趣点，于是和班级的孩子们商量，决定在班级中开展"武器装备"的制作区游戏（图2-1，图2-2）。确定了游戏内容，相关的游戏材料就要开始准备了，具体需要什么材料最后还是要由孩子们来决定的，他们根据自己的制作内容选取游戏材料，材料能够吸引幼儿更大程度地参与其中，有更多自由支配材料的机会，能够通过幼儿自己的动手、动脑、想象来满足各种需要（图2-3，图2-4）。

图 2-1

图 2-2

图 2-3

图 2-4

经过这样的过程，教师会发现孩子们打算收集的都是以低结构为主的材料，如经常看到的水瓶、薯片桶、各种纸盒、小的自然物、家庭中废旧物等。由于这些材料是由幼儿自己亲自参与收集的，更加增强幼儿对区域游戏的活动兴趣。

其次，再和孩子们一起商量、讨论，解决游戏材料从哪里收集、谁来收集等问题。解决收集问题，出现同伴间的分工。

收集材料也是幼儿游戏的一部分，孩子们会根据自己游戏的需要寻找适合的材料。因为班级游戏的开展是教师和幼儿共同协商的结果，所以每名幼儿都会成为游戏材料的收集者，于是孩子们在家中、幼儿园中、大自然中收集、寻找游戏材料。随着收集活动的开展，同伴之间的分工合作出现："我会画图可以设计坦克""我家有很多的饮料瓶子明天带来""我们还缺小酸奶盒子，谁可以帮忙？"这是孩子们自己在收集活动中解决问题的过程。

最后，将孩子们收集来的材料建立材料库，进行分类摆放，便于取放，激发幼儿不断收集的兴趣。

游戏材料的收集也需要一个过程，是一点儿一点儿逐渐丰富起来的。随着游戏材料的不断丰富，怎么收拾、放在哪里便于游戏材料的取放呢？开放的材料可以大大方便幼儿对材料的选择以及材料的被使用率。数量多、种类多以及种类之间的组合和搭配也应该是丰富的。这样才能拓宽幼儿对材料的选择余地，才能发挥幼儿游戏时的创造性。于是分类整理材料、逐步建立游戏材料库：按照物品材质分类（塑料制品、纸制品等），按照物品形状分类（纸盒、纸筒等），按照物品大小分类等激发孩子的收集兴趣（图2-5，图2-6）。

图 2-5

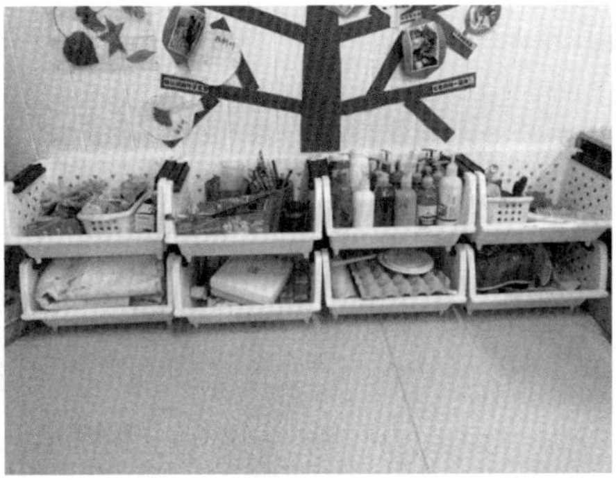

图 2-6

在这样的游戏过程中，幼儿根据需要不断地寻找适宜的玩具材料，制作炮身找来大纸箱，制作炮筒需要粗粗的管子，当炮身需要旋转的时候，孩子们找来了可以做炮身的转轴。问题出现的时候，都需要幼儿自己去寻找适宜的游戏材料，然后尝试去解决。过程中幼儿有失败、有争吵、有合作、有寻求……适宜的材料帮助幼儿解决了很多问题，最终促使制作活动成功，幼儿的游戏水平也越来越高。

幼儿的游戏经历了从开始的收集武器装备的图片、收集制作材料到探索发现制作中的问题、解决问题、制作成功的过程，适宜的游戏材料一定是幼儿需要的材料，能帮助幼儿体验游戏的快乐。

对于不同年龄班的幼儿来说，游戏材料在不同年龄阶段也应该是不同且丰富的。很多生活中常见的物品都可以变成孩子们喜欢的游戏材料。如葫芦、丝瓜瓢、菜叶子（图2-7，图2-8）以及在大自然里我们经常看到的树叶、小石子、纸杯、水桶、布（图2-9，图2-10）等都成为孩子们喜欢的游戏材料。

图 2-7　　　　　　　　　　　　　图 2-8

图 2-9　　　　　　　　　　　　　图 2-10

（三）教师在区域游戏中对孩子干预过多或者放任自流，保教干部如何处理

区域游戏活动宽松的活动氛围、灵活多样的活动形式调动了幼儿参与游戏的积极性、主动性、创造性，但仍有部分教师对区域活动的指导出现偏颇：一是教师放任自流，完全是幼儿自己玩；二是教师干预过多，从活

动主题的确定、情节的安排，一直到活动过程，都由教师决定。这也是教师在游戏指导中经常出现的问题，这两种现象都说明教师没有发挥在区域游戏中的积极作用。鉴于此种情况，保教干部要针对不同的现象帮助老师分析并查找原因，寻找适宜的策略，从而不断帮助教师调整。

1. 干预过多

教师干预过多的原因是没有正确理解幼儿游戏自主自发的特点，认为幼儿不教就不会游戏，总是担心班级幼儿游戏状态不好，不相信幼儿是有力量的人。于是教师做导演，给孩子固定游戏内容，幼儿需要服从、配合教师的安排，从而违背了幼儿的游戏意愿，使得幼儿难以在游戏中得到快乐和发展。同时教师不能准确找到自己在幼儿游戏活动中应有的角色，忽视幼儿的最近发展区，急于帮助幼儿提高游戏水平，从而实现教师认为的游戏水准。

针对干预过多的问题，保教干部可以采取如下措施。

首先，要帮助教师树立正确的儿童游戏观和教育观。教师要知道只有在幼儿自主、自发的游戏状态下，区域游戏活动才真正成为了孩子们自己的活动，他们的主动性、创造性、独立性才能得以体现。所以教师要相信幼儿是有能力的、主动的学习者，使区域游戏体现游戏的最大价值，它是有利于幼儿自我学习、自我探索、自我发现、自我完善的，是满足幼儿发展需要的。教师不仅要成为幼儿区域活动的支持者、合作者、引导者，还要成为幼儿的玩伴。

其次，帮助教师把握适宜的介入时机。教师要善于观察幼儿在游戏中的行为语言、游戏内容、交往情况等，还要善于发现幼儿游戏中的困难，捕捉幼儿游戏中的闪光点。教师要根据幼儿的差异给予个性化且适度的指导，为幼儿提供更多的创造发展机会。

最后，帮助教师理解、等待幼儿的自我发展。教师要知道良好的区域游戏状态不是一时的，它需要经历幼儿日常游戏不断积累的过程。即使幼儿在游戏中的状态不佳，教师也无需责怪，因为区域游戏每天都是不一样的，它是动态的，不是由教师来把控的。在游戏中，幼儿不仅根据自己的需要、兴趣等选择游戏内容，他们还可以在一个区域游戏结束后再去选择其他的区域游戏内容、其他的游戏伙伴，不拘泥于一个区域游戏，这样幼儿会保持积极的游戏兴趣，才能不断地擦出游戏的火花。

2. 放任自流

出现放任自流现象的原因是教师面对幼儿的游戏，害怕指导不当或者不知道如何指导，于是就回避指导，放任自流。教师没有把游戏作为课程来认识，没有了解观察幼儿的发展点、兴趣点以及最近发展区，一味地认为游戏就是幼儿自己玩，对于幼儿在游戏中的发现漠然处之。

针对放任自流问题，保教干部可以采取如下措施。

首先，要帮助教师调整心态。教师不会指导幼儿游戏活动中出现的问题这也是经常发生的，这是教师在业务工作中出现的问题。保教干部要及时地给予教师帮助，要和老师一起反思问题所在，及时调整，出主意、想办法、解决问题、积累经验。所以当老师面对问题时要引导教师放平心态，轻松面对。

其次，教师做到心中有目标。帮助教师明确区域游戏活动是幼儿的自主活动，但是教师还要以此为出发点，依据儿童的发展水平、年龄特点，按照"最近发展区"的原则制定区域游戏活动的目标，做到心中有目标。提供适宜的材料，教师在观察幼儿活动的基础上适当调整材料，适时进行指导。

最后，教师以平等的身份参与幼儿区域活动。教师在幼儿活动区游戏中处在幼儿与游戏材料之中，教师要与幼儿相互作用，也就是师幼互动。教师是游戏中的角色之一，尊重支持幼儿的想法，帮助幼儿获得成功，增强自信。不能局限于教师"主导"游戏，没必要刻意地引导幼儿。幼儿在游戏中可以是领导者也可以是被领导者，教师在游戏中可以是讲话者也可以是倾听者。在游戏中不论是教师还是幼儿都有机会表达自己的观点，并试着做一些事情。教师参与幼儿的游戏活动，充当幼儿的陪伴者、合作者等这些重要角色，要充分体现幼儿是游戏的主人，是主动学习者。

（四）如何指导教师发现幼儿在区域游戏中的发展点

游戏是幼儿园的基本活动，在游戏活动中不仅要激发幼儿的兴趣，还要促进幼儿认知、情感、动作技能发展和社会性交往能力。更多的老师认同区域游戏活动倡导的是"自主、专注、愉悦、探究"的价值取向，幼儿处于游戏的主体地位，有相对宽松的活动气氛，灵活多样的活动形式。但是区域游戏活动灵活性较强，不好把握，教师容易错过或者忽略游戏中对幼儿有价值的发展点。针对这样的问题，保教干部现场提示指导教师，及时提出相关解决问题的方法。可以通过照片、录像的形式记录幼儿的游戏过程，记录教师的指导过程，通过教研活动帮助教师发现问题所在，共同寻求解决方法。还可以通过教师亲历体验式的教研活动，即通过自身体验游戏过程，从中发现问题，寻找解决问题的答案。以一次体验式教研活动为例。

案例：教研活动方案

一、问题来源

中班幼儿在搭建积木游戏。

观察幼儿行为：幼儿只关注积木搭高，而忽视积木边角对齐，出现了积木搭建过程中由于搭建不稳而倒塌的现象，幼儿之间相互责怪。

观察教师做法：教师关注同伴之间交往问题，教师尝试帮助幼儿解决，但有教师主观意愿。教师忽视幼儿搭建经验问题，以及幼儿在搭建活动中自发的、个性化的创造。

二、教研目的

本次研修活动主要目的是通过教师体验，发现搭建游戏活动中教师的关注点；把握好幼儿自主搭建游戏活动与教师的关系；激发幼儿兴趣与潜能，引导幼儿运用多种感官主动学习，自由探索。

三、教研形式

体验——发现——交流——总结

四、教研过程

（一）体验活动

操作实践：

教师分成两组扮演幼儿，分别体验搭建区游戏活动。第一组：自由搭建游戏，第二组：教师与小朋友一起搭建。将两组的游戏活动录像记录。

播放视频：

通过观看视频录像，教师记录第一组"幼儿"行为和语言，记录第二组"幼儿"和"教师"的行为和语言。通过对比分析来寻找阻碍游戏开展的问题及原因。

互动研讨：

——交流：你认为游戏活动中存在的问题对幼儿的发展有无影响？能否将游戏中的问题和冲突转化为探究点，促进幼儿的发展？你会怎么做？怎么表达？

——梳理：游戏中出现的问题，教师适宜的方法、策略和语言。

——归纳：教师适宜的指导对幼儿游戏活动的影响与作用。

（二）活动小结

1. 区域游戏活动是幼儿的工作，也是一天当中幼儿自主游戏活动的环节，这个环节的活动应当是幼儿计划—工作—回顾的活动循环。

2. 分析原因：幼儿搭建失败受游戏活动无计划、幼儿游戏发展水平、交往能力的影响。

3. 教师如何开展建筑区游戏活动。

（1）与幼儿共同制定游戏计划：计划制定包括和谁玩？玩什么？怎么玩？如何搭建等；随着中班幼儿游戏水平、想象力的提高，可以通过绘画形式表达表现。

（2）工作就是幼儿实施计划的过程：

观察幼儿：重点观察幼儿的游戏情况，包括游戏水平、兴趣需要、游戏中的困难、游戏探究情况等。尽可能准确地了解幼儿在游戏活动中的需要和表现。

介入时机：采取恰当地措施给幼儿适当的帮助或向幼儿提出建议，这样的指导是有效指导。教师可以以游戏伙伴的身份参与到建构游戏中，在幼儿的身旁搭建积木，不仅可以激发幼儿的游戏兴趣，还可以促进幼儿学习、掌握不同的搭建技能。

师幼互动：教师在与幼儿的互动中，要尊重幼儿的想法和做法，不指责，不轻易评判，给幼儿营造一个宽松、自由、安全的心理环境。切忌以导演的身份控制活动，这样会剥夺幼儿自己解决问题的机会，打断幼儿活动的思路，造成活动的停顿。幼儿在游戏中与同伴、教师的互动中体验接纳与肯定、学习分享与合作，感受同伴与自己的不同，理解并正确对待同伴的优点与不足，提高幼儿的交往能力。

（3）回顾就是提升经验。

回顾环节为幼儿反思自身行为并吸取与环境、材料、人互动的经验与教训提供了机会。在这段时间内，幼儿自然地建设、建构、记忆对他们的经验形成的表征，并通过幼儿的思考方式来表达、讲述。

通过亲历体验式教研活动，教师在实际的场景下进行研究更加真实有效，教师在实际工作中遇到类似问题能拿来就用。同时教师也明确在幼儿的搭建活动中不只是看孩子搭得有多高，有多快，搭建速度等问题，而是观察孩子的思维活动过程和孩子是否在游戏中产生了学习，教师要做好观察记录，分析评价幼儿的游戏水平，真正做到支持和促进幼儿的主动发展，使幼儿成为游戏的主人。

（五）如何指导教师有效地组织游戏回顾环节

回顾环节也就是区域游戏后的评价环节，是区域活动的一个重要环节。评价的目的是通过师幼、幼幼的讲述、讨论、分享等，教师帮助幼儿梳理零散经验，分享成功的快乐，提高对区域游戏的兴趣，同时也为下一次的游戏提出新的要求。有效的评价与回顾不仅能够引导孩子总结提升游戏经验，也可以使教师及时地发现游戏活动存在的问题。

在回顾环节，教师要注意为幼儿提供足够的表达时间与机会，幼儿结合作品讲述，自由地表达在游戏活动中的发现、收获等。例如，教师可以请幼儿介绍在活动中是怎样玩的？出现了哪些问题？是怎么解决的？尽可能让幼儿多说并表达其在游戏中的各种想法，表现自我。可以是个体还可以是集体、小组的形式，这样互动可以锻炼幼儿的语言表达和自我评价能力。还可以是教师通过拍照记录幼儿在游戏时的游戏状态，在回顾环节前期照片滚动播出，帮助每名幼儿回忆游戏情景及内容，吸引幼儿关注自己的同时还能了解其他同伴的游戏活动。例如，教师可以展示当天每组幼儿游戏的照片，由于照片记录的是静止状态的幼儿游戏活动，所以教师要抓住幼儿游戏活动的瞬间。建议教师记录幼儿在活动过程中表现出的积极态度和良好行为状态，突出展示幼儿良好学习品质的一面，如同伴合作、积极主动、认真专注、不怕困难、敢于探究和尝试、乐于想象和创造等，通过这种形式，帮助幼儿逐步养成良好的学习品质（图2-11，图2-12）。

图 2-11 　　　　　　　　　　　　　图 2-12

还可以是教师以录像的形式进行游戏环节的回顾，由于这种记录形式能清楚地演绎游戏中的事件、问题等，所以这样的回顾环节更加有针对性。例如，当教师发现幼儿在游戏中解决困难的方法独特，当幼儿游戏中出现无法解决的问题，当问题是全班小朋友共性的问题等内容，都可以通过录像的方式在回顾环节展示在全班小朋友面前，大家一起出谋划策，分享、积累游戏经验。

总之，教师应该针对不同的问题灵活采用方法引导幼儿进行讨论。例如情景讲述法，教师将在游戏中观察到的典型案例以情景描述的形式提出来供幼儿讨论。具有针对性，可以一段时间用一次，集中解决主要问题；绘画法，可以用于中大班，即在游戏结束时为幼儿准备纸和笔，让幼儿将今天开心或不开心的事画下来，分别请幼儿上台讲述自己的画；角色反串法，即让幼儿作为游戏讲评的主持人，教师以角色的身份发言。点面结合法，即教师在讲评的时候，根据部分幼儿对游戏情况的讲述，大概了解幼儿游戏的过程，然后对其中一个问题进行深入的讨论。

三、如何指导教师开展集体教学活动

（一）开展集体教学活动的意义

近年来主题活动的形式在幼儿园得到越来越广泛的关注。主题活动是围绕一个中心内容来组织开展的教育教学活动，它可以在一日生活中各个环节实现。有的幼儿园减少了很多集体教学活动，让区域游戏取代集体教学活动。有的教师也认为"教育融入一日生活"，自然生活的直接经验很重要，不需要组织集体教学活动了。那么，集体教学活动到底还有必要开展吗？

答案是肯定的。集体教学活动是教师有目的、有计划地组织的、班级所有幼儿都参加的教育活动，是引导幼儿生动、活泼和主动活动的学习过程。包括教师预成的和生成的教育活动，单独的一节"课"和围绕着一个主题展开的系列活动，全班一起进行和分小组同时进行的教育活动。集体教学活动有其独特的价值，不能够被取代。

首先，集体教学对幼儿的学习和发展具有引领性。尽管幼儿学习的途径是多种多样的，日常生活，游戏中的自发学习也是重要的学习方式，也能够帮助幼儿积累经验，得到发展。但是由于集体教学活动的目的性、计划性更强，因此更容易发挥"教学走在发展前面""引导发展"的功能。

其次，集体教学有利于幼儿形成学习共同体，培养集体感。围绕同一内容开展集体教学，有利于师幼和同伴之间的交流互动、分享经验，使同伴之间的差异成为一种资源，大家在相互启发、相互学习的过程中体验团体生活的乐趣，增进集体感。

最后，集体教学有较强的系统性，有利于幼儿循序渐进的学习，从而获得相对系统的知识经验。集体教学的内容和顺序一般是教师根据幼儿学习和发展规律及教育计划精心安排的，可以使幼儿的学习由易到难、由简入繁，形成体系。

（二）如何提高教师的集体教学能力

"振兴民族的希望在教育，振兴教育的希望在教师"，教师是提高教育教学质量的关键。在实际工作中，我们以教师实际为教学实际，以集体教学活动为重点，帮助教师提高教学活动的设计与组织实施能力，提高教师的集体教学活动能力。

1. 通过学习，帮助教师备好课

备课是教师的一项重要工作内容，也是教师开展教育教学活动的起点。备好课是上好课的前提。对教师而言，备好课可以加强教学的计划性和针对性，有利于教师充分发挥主导作用。从教师专业发展的角度来看，备好课是一个教师必备的专业技能，是促进专业成长的一个重要方面。

（1）**组织教师备课方面的专业学习活动**。提高教师的备课水平首先要让教师了解如何备课、备什么，这样才能够使教师在不断的实践过程中与理论有效的结合，最终理解备课的方法。

备内容：引导教师认真阅读、理解、把握《纲要》《指南》的精神。选择内容方面要考虑是否是本班幼儿感兴趣的内容及本班幼儿可能的兴趣点或关注点？是否贴近幼儿的生活经验？该教育内容的重点和难点是什么？

备幼儿：与幼儿的原有经验的结合点是什么？是否对幼儿的学习尤其是思维的发展有挑战和思考的空间？还要了解幼儿的年龄特征、个性差异、兴趣爱好、性格气质。了解幼儿的学习方式、学习习惯和思维特点。了解幼儿的最近发展区、现有水平、现实需要。老师要做到因人而异、因材施教、因势利导。

备方法：备方法就是在解决"教什么"的基础上，落实"怎么教"的问题。即根据教学目标、教材内容和幼儿实际进行教学法的设计、选定和加工。方法是一个教师教育理念、教育知识、教育经验、教育能力、教育智慧的综合体现，因此，它是备课的高层次内容。

（2）思考备课中应注意的问题。帮助教师确定适宜的教育目标。目标的确定对整个集体教学活动有着非常重要的作用，是关系着活动成功与否的关键。此方面教师需要思考：

——与此学习内容相关的核心教育价值是什么？幼儿需要学习的关键经验是什么？

——幼儿与此关键学习经验相关的已有经验是什么？（包括幼儿在情感态度、认知和技能水平、能力发展等方面的已知、已会）

——针对本次活动期望幼儿可以获得的具体学习经验（有挑战性但通过努力可以达到的操作性经验）是什么？

——不同经验和能力发展水平的幼儿可能会遇到的问题及可能达到的不同标准是什么？（对教育目标的分解）

整体活动的设计过程是实现目标的有效途径。在此方面教师需要思考如何围绕目标，层层递进地进行设计。

——每一个教学环节的具体目的是什么？与教学目标之间是什么关系？

——教师清晰地认识教学活动的重点与难点。教学重点是如何贯穿在每一个环节中，并一步步接近目标的？教学难点体现在哪些环节中？突破的关键点在哪儿？需要用什么方式去帮助幼儿突破？

——如何关注到不同经验、水平和发展需要的幼儿，如何帮助他们在原有基础上获得不同程度的提高，并都获得属于自己的成功感和自信心。

——是否需要在生活中或是区域游戏中进行经验的感知和积累，或在生活中进行经验的运用？

2. 根据一个活动共同备课，让教师感受好的备课离不开对幼儿年龄特点的准确把握

组织教师进行同备一节课的活动，有助于教师深入理解备课的方法，提高教师的备课能力。在此过程中，保教干部通过各个环节的反复推敲，让教师了解活动的设计与幼儿的年龄特点是分不开的。

如备幼儿方面，按照层层递进的方法进行。帮助教师分析本阶段幼儿的原有经验有哪些？有哪些经验没有，但是怎样使幼儿获得等。

目标实现方面，每一个环节的目标是什么，能否为主目标服务，是否层层递进地实现目标。每一个环节的设计是否能够体现幼儿的特点。

激发兴趣方面，使教师理解为什么要激发幼儿的兴趣，如何激发不同年龄班幼儿的兴趣。一次活动怎样激发幼儿的兴趣？效果会是什么样？激发的程度应该是什么状态？过度激发的后果？

3. 共同实施一节活动，让教师感受师幼互动的重要性

开展师徒结对"同上一节课"教研活动，教师虽然教育内容一样，但教法不同、设计不同、风格不同，让教师将学习心得、新理念融入教学之中。

教师共同实施同一活动。在这一过程中，教师会发现同样的活动收到的效果却完全不同。其中包含有教师的教育技巧、幼儿的状态等原因。使教师意识到要跟随幼儿的实际情况调整自己的一些教育策略。

"同上一节课"也可以同上一节成熟的优秀的教学案例。使教师感受完全相同的内容，不同的幼儿、不同的教师实施的效果也是不同的。这时候，教师的注意力是否关注了备幼儿方面。同时，对教师自身的教育智慧也提出了更高的要求。

4. 重视教师反思能力的培养

成功的学习依赖于正确的方法，掌握正确的学习方法是提高学习效率的关键。著名教育家陶行知先生认为"先生的责任不在教，而在教学，在教学生学"，教师要树立"一切为了学生发展"的理念，要研究学生为何学习，学会适应学生，从而让学生明白该学什么和应该怎样学习，并学会独

立学习。

通俗地说，教学反思是教师以自己的教学活动过程为思考对象，来对自己所做出的行为、决策以及由此产生的结果进行审视和分析的过程，是一种通过提高参与者的自我觉察水平来促进能力发展的途径。通过教学反思，可以使教师将理论与实践、思想与行动联系起来，实现理论性知识和实践性经验的融合，提高教师的问题意识和教育科研能力，从而促使经验型教师向研究型教师的转化，实现教师的专业化发展。保教干部要引导教师了解教学反思对教师成长的促进作用，就首先要了解什么是教学反思？了解在教学反思中促进了我们哪些方面的发展？其次是帮助教师养成良好的反思习惯。反思的内容可以是目标完成的情况、师幼互动的情况、幼儿的表现等。做好教学反思，就是贵在及时，贵在坚持，长期积累，可以说教学反思是教师专业成长的一条捷径。

（三）如何帮助教师在集体教学活动中与幼儿有效的互动

近些年来，随着幼儿教育改革的不断深入，教育行为不断改善，尊重幼儿、热爱幼儿的观念在教育实践中有了一定的落实，积极的师幼关系正在形成之中，不少教师也开始有意识地通过积极的互动提高教育的有效性。

在观察教师的集体教学活动的过程中，保教干部会发现这样的问题：很多青年教师通常是严格按照教案的流程来完成一节活动。有的时候忽视倾听幼儿的声音，有的时候会请个别幼儿反复回答问题，有的时候设计问题单一，总是一问一答的互动模式等。如何帮助教师提高互动水平需要不断的研究。

1. 通过集体教研的形式帮助教师感受互动的技巧

保教干部可以开展教研活动帮助教师梳理师幼互动的技巧。这个时候可以采用视频分析的方法，在活动后让教师观看自己组织集体教学活动的视频，帮助教师回忆自己的提问与回应，请教师分析自己的问题，幼儿的反应以及此种反应的原因。保教干部和观摩教师们帮助该教师梳理问题的适宜性和教师对幼儿年龄特点的把握情况等。

　　如研究教师对提问的设计需要注意的问题。观摩活动的教师要记录教师的提问与幼儿的回答、其他幼儿的讨论等。每一个集体教学活动，教师必须精心预设相关的提问，从而促使幼儿思考。通过分析，教师要知道准确把握目标指向，围绕目标有效达成预设提问，对一些具有启发作用的问题要精心设计，充分考虑；其次要认真分析幼儿的年龄特点和经验现状，所提问题必须是该年龄段幼儿能理解、能思考的，并能进行表达表现的问题；有一定难度和深度的问题可以用几个提示性的小问题组成问题链，以递进的方式呈现。提问不仅要依据当前教学活动的目标，还要考虑到幼儿的后续发展。

　　如帮助教师学习引发"生生互动"的方法。只有善于引发幼儿间的积极互动，教师才能从中捕捉到更多有价值的思维点与幼儿展开深入的"碰撞"，从而进行更为有效的师幼互动。教师引发的互动话题应该符合大部分幼儿当前的兴趣与需要，循着幼儿的思维线索展开互动。

　　同时，教师要尊重幼儿的不同个性思考和表达方式，教师尽量不要对幼儿之间的互动进行"对"或"错"的绝对性评价，应以中性的话语予以支持；当"生生互动"偏离活动目标时，教师可采用提示、适当解说、转移话题等方法来处理。例如，当某个幼儿提出的问题超出了该年龄段其他幼儿的理解能力，教师可采用针对现有经验筛选、广泛征集意见、解说及继续铺垫经验的方法予以处理。

　　总之，在师幼互动的过程中引导教师要关注、了解幼儿，尊重幼儿。了解幼儿的想法，激发幼儿的热情，促进幼儿积极主动的参与活动。而不是只关注自己的教学内容，缺少对幼儿的关注，与幼儿缺少真正的情感交流与对话。

　　2. 用现场示范、角色扮演的方法帮助教师感受与幼儿互动的过程

　　用现场示范、角色扮演的方法，教师就会发现自己的表情、动作与幼儿互动的关系。通过角色扮演的过程也可以使教师活动更加的轻松。

　　例如，音乐活动《火车开了》。伴随着音乐声，教师带领着25名小朋友"开火车"：后一人的左手搭在前一人的左肩上。老师当"火车头"示范

完动作后说："请一位小朋友出来当火车头。"这时同时有6个小朋友都想当车头，老师怎么办？那么，10个人想当火车头怎么办？因为当火车头的游戏，小朋友们争论不休，教师无法组织了怎么办？

现场示范、角色扮演的方法，可以用于一节备课活动中，由组织活动的教师提出备课中出现的问题，教师扮演幼儿进行回答。这样可以预设活动中可能出现的问题并预先想好解决办法，从而提高教师的互动水平。

3. 重视肢体语言的重要作用

肢体语言的运用伴随着人的一生。在幼儿园的生活与学习活动中教师有效运用肢体语言对幼儿巩固提高自身知识经验、促进幼儿发展有很大帮助。

手势动作一直都是人与人之间进行交流的重要媒介，很多政界人士在演讲时就非常注重手势的运用以提高语言的感染力。而幼儿园活动中教师的手掌和手指则可以做出更多种不同含义的动作。教师进行教学活动经常会有意无意地使用手势，如讲故事时小动物的外形特征就可以用手势来表达。游戏活动中手势的运用也比较广泛。如运动时为幼儿加油鼓劲会单手捏紧拳头用力下压；幼儿取得荣誉或进步打出 V 形胜利手势；带领幼儿参与游戏可以挥动一只胳膊；活动需要安静或静止不动时可以双手伸平下压等。

面部表情推动师幼互动。在每天的游戏与生活中幼儿与老师培养了深厚的感情。而"眼睛是心灵的窗户"，很多时候往往不需要语言，幼儿与老师就能互相从眼神和面部表情中判断出对方的反应。幼儿更加容易接受微笑、温和的表情和正面鼓励。有效使用富于变化的面部表情，丰富了师幼之间的互动形式并且对幼儿的发展有着重要的推动作用。

肢体接触促进情感交流。要使幼儿积极投入老师的活动，肢体语言是不可缺少的。这里的肢体语言就包括了面部表情、眼神、手势及肢体接触。在不同的年龄段，合理的肢体接触可以极大地拉近师幼关系。有研究表明，一个人要向外界传达完整的信息，单纯的语言成分只占7%，声调占38%，另外55%的信息都需要由非语言的体态来传达。作为幼儿园教师，面对着幼儿这样一个特殊群体，应当善于利用自己的肢体语言并且应当更多运用正面教育意向的肢体语言，以便为幼儿的发展起到一个积极的推进作用。

（四）如何指导教师利用生活活动的内容开展集体教学活动

"生活即教育"，这一观点说明生活无时不含有教育的意义，幼儿可以从生活活动中获得大量的直接经验，这往往比从集体教学活动中学习到的知识更生动形象，让幼儿记忆深刻。有些教师虽然能够认识到生活对于幼儿成长的重要意义，但是有时候难以捕捉到生活中的教学点。因此，保教干部帮助教师捕捉生活中的教育价值也是很重要的工作。教师能否敏锐地发现、合理地利用这些价值，与教师的专业水平密切相关。业务水平的提高需要不断学习，在理论的指导下实践，发现生活中的教育点。保教干部可以通过以下三种方法提高教师的业务水平。

1. 组织教师深入学习《指南》

《指南》中有关于如何把《指南》的实施融入一日生活中的阐述，也有集体教学活动的阐述。通过学习，教师会对集体教学的定位更加清晰。集体教学活动要体现"教育要走在发展前面，引领发展"的思想。处理集体教学与日常生活和游戏的关系，需要考虑以下三个问题：

（1）区分"两类经验"，明确哪些学习经验可以通过日常生活和游戏自发获得，哪些需要通过集体教学来获得。

（2）明确集体教学的任务重在帮助整理和扩展儿童自发学习所获得的经验，使其系统化，达到新的认识水平。

（3）精选教学内容，突出核心概念或问题，发挥集体教学的"点睛"作用。教师可以思考：这个内容可不可以在日常生活或游戏中学习？如果可以，就没有必要组织集体教学活动。如果这个内容虽然也可以在日常生活或游戏中学习，但有些独特的价值不能够体现出来，那么就应该通过集体教学进行。

2. 组织教师研究幼儿的一日生活，生成有意义的集体教学活动

生成活动是在师幼互动过程中，通过教育者对儿童的需要和感兴趣的

事物的价值判断，不断调整活动，以促进儿童更加有效学习的课程发展过程，是一个动态的师幼共同学习、共同建构对世界、对他人、对自己的态度和认识的过程。

《纲要》中明确指出：教师要善于发现幼儿感兴趣的事物和偶发事件中所隐含的教育价值，把握教育的时机，提供适当的引导。教师要有教育智慧，要随时关注孩子的兴趣，根据孩子的兴趣和生活中突然发生的、又有教育意义的事件来调整集体教学活动内容。它有时产生于个体，有时是同伴间的共鸣，有时是师生间的互动或者外界环境刺激诱发等。这一过程中，教师要认真记录幼儿的活动、语言等，从而对幼儿的兴趣有充分与全面的了解。

那么怎样寻找有价值的内容设计活动呢？这时候保教干部可以引导教师使用观察法与谈话法。通过观察、谈话了解幼儿的兴趣，原有的能力，幼儿的想法。通过整理这些信息，分析他们的想法和行为，反思设计的内容是否满足幼儿现有水平的需要。教师还可以从而感兴趣的材料入手，分析所提供的环境和材料对促进幼儿发展的价值，在现有水平的基础上寻找并建立发展的可能。教师可以通过以下几种途径进行。

首先，捕捉教学活动中幼儿感兴趣的活动内容，使它成为经验的巩固和提升过程，更是孩子们为满足自身需要的自发活动在老师的帮助下得以实现，是游戏和教学在共同价值目标下的相关因素相互促进、相互转换，是更高层次的有序统一。

其次，善于发现区域活动的亮点。区域活动有相对宽松的活动气氛，灵活多样的活动形式，能满足幼儿发展的不同需要。幼儿在这些区域里充分表现和大胆创造，因此会诞生一些很有创意的想法和行为，教师要善于及时发现一些好的创意作为生成点。让孩子的一些好的想法及时地和大家分享，同时也是对孩子创意的肯定和激励。

再次，积极融入幼儿的自由活动，在孩子的一些问题和想法中生成游戏。自由活动是让幼儿自己选择活动内容、自己选择玩具材料、自己选择玩伴的活动。在活动中让幼儿学会与同伴商议、分享、轮流、合作；会在同伴的交往中协调自己的语言和行为；会自己处理活动中出现的一般问题和想办法解决纠纷。教师要抓住时机观察幼儿的行为和表现，发现和支持幼儿自发的个别探索活动。

最后，从游戏材料中生成活动。幼儿园材料丰富多样，我们要充分利用这些资源，发现幼儿感兴趣的材料，或者可以开发利用的材料。使这些资源得到最大限度的开发和利用，真正做到一种材料多种玩法，既节省资源，达到环保，又能让幼儿感兴趣并促进其身心发展。

3. 利用案例分享的方法，使教师感受教育契机的重要性

保教干部在日常的工作指导中会遇到很多生成活动的案例。保教干部可以引导教师将自己的生成活动案例进行梳理与交流，或者开展观摩活动等，这样就更有利于教师理解生成活动的意义，同时通过交流能够使教师产生更多的共鸣。

案例：团队意识的建立

足球比赛中大三班小朋友连输两场比赛。小朋友们非常的失望，有的小朋友甚至互相埋怨。带班教师也非常的沮丧，连连表示今天孩子的状态差，因为某某小朋友没有来园才造成了失败。

看到此情景，班长认为这是一个良好的契机。于是带领幼儿分析了"为什么输了""输球后怎么办"等问题。使教师与幼儿认识到，我们输的原因是因为我们缺乏团队意识，配合较差；同时由于幼儿兴奋与激动就会乱踢，没有了方向。

对于团队配合的重要性有了更深刻的认识。这也是日常活动中，教师对这些方面的教育进行得不深入导致的。所以班长带领教师制定出下周集体活动的重点目标并选择主要活动内容。

那么怎样让幼儿在活动中真正地树立团队意识呢？于是教师设计改编了一个小朋友们经常玩的《运土豆》(足球代表土豆)的游戏。小朋友们分成两队，一队防守，不让对方将土豆运到自己的阵地里；一队进攻，将土豆更多地运到对方的阵地里。防守的一方经过几次的游戏，知道防守的时候大家要有各自的站位。如可以站成两排进行防守，不能够擅自离开自己

的位置等等。通过几次游戏幼儿感受到了团队合作的重要性，初步地掌握了团队配合的方法。

通过交流活动，其他班级的教师表示自己班的幼儿也出现过这种现象，教师都是给幼儿讲讲道理，但是效果不是很理想。通过交流，也使教师找到了更加适宜的教育方法，同时认识到团队的配合、队员间的理解支持都需要一定课程的支持。

四、如何指导教师开展户外体育活动

户外体育活动的目的是促进幼儿生长发育，增强幼儿体质及身体适应能力。幼儿在户外进行体育活动，不仅能有效地锻炼身体，而且能更多直接接收阳光、新鲜空气、水分等自然因素的刺激。这对于幼儿骨骼的发育以及呼吸系统、神经系统的健康尤为重要。《纲要》中明确指出要"开展丰富多彩的户外游戏和体育活动，培养幼儿参加体育活动的兴趣和习惯，增强体质，提高对环境的适应能力"和"保证幼儿每天有适当的自主选择和自由活动时间"。因此，幼儿园应重视幼儿的户外活动组织，保证幼儿每天两小时的户外活动时间落实到位。

目前幼儿园在组织幼儿户外活动过程中存在的主要问题包括：户外活动时间落实不到位，户外活动量不足，活动密度不够，教师组织的活动不能达到有效锻炼幼儿身体的作用。出现这些问题的主要原因有：教师对户外活动的重视不够、认识不足；怕出现安全事故，给孩子充分活动的机会与条件不足；教师组织实施体育活动的能力不足、经验不够。

作为保教干部，要解决教师在开展户外体育活动时出现的问题，首先应引导教师了解户外体育锻炼对幼儿一生发展的重要作用，同时制定适宜的管理方式，对户外活动时间、活动量、活动密度、活动目标的实现等进行有效的干预与指导，使教师对户外活动有充分的重视。如制定户外活动时间落实情况表，统计户外活动落实情况；制定活动量监测常规，由保健医每天深入班组的户外活动，对活动量进行监测，并给予相应的指导；其次，要积极帮助解决教师们在组织户外活动中遇到的问题，如场地小，班级同时使用场地相互影响的问题，活动器材、材料的丰富问题等。第三，积极组织相应的业务教研活动，借助体能测试活动，针对户外活动组织中出现的问题进行实践研究，提高教师组织实施户外体育活动能力。

（一）组织户外活动的原则

在组织户外活动过程中，教师的随意性比较强，对活动顺序、活动量、活动密度、活动效果的关注不够，因此保教干部应从组织户外活动的几条原则入手，进行科学的指导。

1.渐进性原则

对幼儿的运动量要合理安排。采用运动后即时脉搏测定法来掌握幼儿的运动量，这种方法简便、容易掌握。从实验观察，单个动作练习一般进行8～10次，运动后即时脉搏升至174～186次／分为宜，每次练习总时间为15～20分钟，运动后身体微出汗最为合适。

如果在组织过程中，教师不易进行脉搏测量，可以采用观察法，即：幼儿面色微红，身体微出汗为运动量适宜。如果幼儿呼吸急促、面色潮红、身体大量出汗则需要及时引导幼儿做适当的调整和休息。

根据户外活动组织的活动量的渐进性原则，户外活动的组织要有一定的顺序：应从简单到复杂，从少量到大量，从轻缓到逐渐加强，从相对安静进入到运动状态。运动量运动强度应该呈现一个由低到高再到逐渐降低的过程。活动开始应有热身运动，先将身体各部位活动开，之后再进入活动的主要内容，逐渐达到运动量的最高峰，最后要有整理运动，使幼儿的呼吸均匀，身体自然放松下来。

2.经常性原则

幼儿阶段是身体发育和机能发展极为迅速的时期,发育良好的身体,愉快的情绪,强健的体质、协调的动作、良好的生活习惯和及生活能力是幼儿身心健康的重要标志，也是其他领域学习与发展的基础。因此要重视幼儿的身体锻炼，坚持不懈的进行。按照《规程》《指南》及《纲要》的要求，应保证幼儿每天不少于2小时的户外活动时间，发展各种能力，满足他们游戏的需要。

3. 动静交替原则

幼儿身心尚未发育成熟，需要成人的精心呵护和照顾。活动内容、运动量、活动方式需要合理搭配，动静交替。这样能预防神经系统的疲劳，保持身心愉快，并起到全面锻炼身体的作用。在组织了活动量较大的体育游戏后，幼儿会玩得满头大汗、气喘吁吁，这时教师可以带他们一起玩活动量较小的体育游戏，这样就控制和调节了幼儿的运动量，可以更好地组织与指导幼儿活动。如在组织小班幼儿玩"小兔采蘑菇"的游戏时，可以在孩子们像小兔一样双脚连跳回来后，带着孩子们玩"小兔吃蘑菇"的游戏，通过模仿洗蘑菇、煮蘑菇、吃蘑菇、喝蘑菇汤等动作，调节幼儿的运动量，又增加了游戏的兴趣。

4. 全面锻炼原则

保证各个部位、各种技能都能得到全面协调的发展。如幼儿的颈、胸、腰、上肢、下肢等身体部位，都要协调发展。走、跑、跳、投掷、攀登、钻爬等基本动作技能都要得到锻炼。

5. 个别对待原则

幼儿在运动过程中，教师应该注意幼儿身体和心理发展上的个体差异，尊重幼儿的发展速度，尊重幼儿的选择，活动要求不能一刀切，要因人而异。对那些动作发展好的幼儿要适当提高难度，让他们玩得尽兴，富有挑战性；对那些动作发展较差的幼儿则降低动作要求，让他们也能体验成功的快乐。例如，在走平衡的游戏中，可以提供几种不同难度的平衡木（宽窄、高低、有无障碍等），让幼儿自由选择。孩子们会根据自己的能力和水平选择适合自己的难度进行练习，教师可在观察的基础上，鼓励幼儿尝试不同难度。同时给予想尝试但又怕不行的幼儿适度的帮助，提升孩子的自信，积累游戏的经验。

6. 适宜性原则

在选择和设计活动内容时，教师要充分考虑幼儿的年龄特点，选取既适合幼儿动作发展水平、又是幼儿感兴趣的活动，既具趣味性又能体现锻炼的实效性，使幼儿在有情节、有趣味、多样化的活动中得到身体上的锻炼。

7. 集体与分散相结合原则

组织户外活动时要注意集体活动与分散自由游戏相结合；动静结合；走、跑、跳、投、钻爬、平衡、速度、耐力、柔韧性多种动作发展相结合的原则。

（二）如何指导教师合理地组织集体与户外分散游戏

1. 组织集体体育游戏

集体体育游戏是指以各种基本动作为主要内容的一种有规则的游戏。有的带有情节，有一定的角色；有的则无情节，无角色，只是由某一种运动任务构成。

集体体育游戏是幼儿园体育教学中一项重要的内容，也是完成体育任务的基本方法。发展幼儿的走、跑、跳跃、投掷、钻爬和攀登、平衡等基本动作，不是枯燥地、单调地进行训练，而是通过游戏，给予幼儿练习的机会，使幼儿易于接受。有的游戏甚至不需要任何玩具或器械，只要幼儿聚在一起，就能够玩起来。

指导教师合理组织集体户外活动，明确各年龄段适宜的游戏活动是很重要的。集体体育游戏按基本动作可分为：走的游戏、跑的游戏、跳跃的游戏、投掷的游戏、钻爬和攀登的游戏、平衡的游戏等。这些基本动作在各个年龄段都需要得到锻炼。

以下是适合各年龄班的体育游戏介绍：

（1）**适合小班的模仿性游戏**。幼儿通过模仿各种动作，达到发展他们基本动作的目的。如小班体育游戏"小白兔"，幼儿模仿小兔跳的动作，训练双脚向前行进跳的技能。这种体育游戏常伴有儿歌、音乐，小班的幼儿非常喜欢。

（2）**适合大中小班的有主题情节的游戏**。这种游戏的特点是有角色，有开始、发展、结束的游戏情节。教材中此类游戏较多，幼儿特别喜爱。游戏有不同的难易程度，各班都能进行。如小班的"麻雀和汽车""老猫睡觉醒不了"、中班的"蝴蝶和小猫""鱼和虾"、大班的"小青蛙捉害虫""老鹰捉小鸡"等。

（3）**适合中大班的竞赛性游戏**。这是以互相比赛，分出胜负的一种体育游戏，一般分队进行。如"插红旗""小马运粮"等。由于竞赛性游戏强调结果的胜负，而小班幼儿还不太懂，兴趣只在游戏动作和过程本身，所以一般不在小班运用。中班幼儿开始注意到游戏的结果，并逐步产生比赛的兴趣，对竞赛性游戏有所理解，因此从中班开始选用，到了大班逐渐增多。

（4）**适合中大班的躲闪性游戏**。这种游戏对训练幼儿的动作灵敏性作用较大，参加游戏的幼儿为了保持优胜而不被淘汰，就必须灵活的躲闪，如中班的"捕小鱼"游戏。由于这类游戏对各种动作技能要求较高，躲闪时不仅要迅速跑步、转身、设法避开等，还要注意不碰撞其他同伴，因此，适合中、大班玩。

（5）**适合大中小班的球类游戏**。指滚球、拍球、抛接球、击木柱、投篮、踢足球、打乒乓球等。随着幼儿年龄的增长，教师可以由易到难地组织幼儿开展各种球类游戏。比如，"球的一物多玩"可以引发幼儿玩球的兴趣，发挥幼儿创造力。"拍球比赛""边跑边拍""运西瓜""传球快跑"等等游戏活动，增强幼儿游戏兴趣，提升幼儿运动能力。

（6）**适合中大班的民间体育游戏**。指民间世代相传的一些小型体育游戏，如"跳房子""踢毽子""跳橡皮筋""跳绳""夹包""翻饼""抖空竹"等。尤其像毽子、包、空竹、橡皮筋等这些民间游戏材料，除了它们固有的传统玩法外，还可以以一物多玩的形式开发出许多新的玩法，比如，用空竹摆成障碍，供幼儿绕桩跑、双脚跳、连续跨跳；还可以用空竹进行搭建组合等。

2. 组织分散游戏

分散游戏是指在教师的关注下，幼儿在一定范围内、一定规则的要求下进行的自由选择内容、材料、玩伴的游戏活动。分散游戏可以满足幼儿自主活动的需要，创设自由交往的机会，使幼儿动作、社会性、认知等方面得到全面发展。

在组织幼儿进行分散游戏时，保教干部应引导教师注意以下几点：

（1）活动前为幼儿准备丰富的游戏材料供幼儿选择，检查活动场地的安全性。

（2）向幼儿介绍活动场地的安排，提出安全方面的常规要求。

（3）活动中关注幼儿遵守常规的情况，掌握幼儿活动量，及时帮助幼儿进行调整；对情绪浮躁或好动好斗的幼儿给予特别的关注，适度调整幼儿的游戏。

（4）在保证幼儿安全的前提下参与幼儿的游戏，有重点地对体弱儿或动作发展存在问题的幼儿进行有目的的指导，促进幼儿动作的发展。

（5）活动后组织幼儿对游戏情况交流、经验分享。

（三）如何指导教师保障幼儿户外活动的安全

户外活动安全保障是户外活动顺利进行的前提，应引起教师充分的重视。在指导教师组织户外活动时，应引导教师关注以下四个方面的准备和护理。

（1）**户外活动场地的准备。** 教师应依据本园园所场地的特点选择适合的运动项目。教师应仔细检查场地的安全情况，有无石块、玻璃、凹坑、是否湿滑等。依据本班幼儿年龄生长发育状况，使用活动场地。可以在活动场地范围内张贴一些与户外活动相关的安全小提示，提醒幼儿注意活动安全。

（2）**幼儿户外活动器械的准备。** 体育活动器械要适应幼儿身心特点、促进其身心发育；要坚固耐用，器械之间应有防护距离；要有防跌防撞的保护措施，防止幼儿跌落撞伤等问题。要准备数量充足的器材，清除或排除器械存在的安全隐患，保证活动环境安全。

（3）**幼儿的着装与安全检查。** 教师要在幼儿活动前帮助他们穿戴好便于运动、适合于气温的衣服，衣服要束在裤子里，并检查幼儿的衣着（衣服上的饰物、口袋里是否有硬物、衣裤是否过于肥大影响活动、鞋带是否系紧或过长而造成幼儿绊倒等，避免导致意外伤害的发生）。

（4）**幼儿的运动护理**。教师要有较强的安全意识，认真做好全部活动的安全保障工作。在活动开展之前，对活动范围、场地以及玩具设施进行检查，清除不安全因素。注意幼儿着装，检查幼儿穿戴是否整齐、衣物有无尖利物品，对着装较厚的幼儿，活动前要适当减些衣服，还要做好对幼儿精神状态的观察。

要结合季节、温度及本班幼儿的年龄生长发育情况预设活动，对活动过程中的活动范围、活动流程、安全隐患做出充分预想，掌握动作要领，幼儿运动护理措施要领以及突发事件的处理方法。冬季严寒、夏季酷暑时节，注意选择适宜的活动时间及场地，雾霾天气、沙尘天气应减少户外活动时间，或改在室内进行活动。

（四）教师在组织幼儿进行体育锻炼时，保教干部应关注哪些安全问题

1. 活动前

教师是否积极地做好户外活动的常规引导，如先带幼儿去实地观察活动场地及器械，引导幼儿讨论活动时的注意事项，尝试制定活动规则并使幼儿愿意遵守，帮助幼儿学会正确地运用活动器具以及自制玩具。

教师是否根据季节、温度及活动的实际需要，带领幼儿做好身体重点部位（脖颈、手腕、脚踝、四肢、躯干等）的护理（抹擦手油、戴好帽子、系好领口、提好裤子等）及其他准备活动。

带领幼儿有序地进入活动场地，提醒幼儿上下楼、穿越过道时注意脚下，防止绊倒或撞到同伴、墙壁等。

2. 活动中

教师是否能够生动有趣地讲解活动内容，强调关键经验并提出具体的安全要求，是否根据需要向全体幼儿做示范，示范动作时速度稍慢，激发

幼儿参与的兴趣。切忌示范危险动作，避免产生负面影响。

教师在活动过程中是否有较强的调控力度，根据幼儿实际情况对幼儿情绪、动作难易程度、活动量、活动进程等适度调控，使幼儿出汗不要过多或及时将汗擦干；在活动中教师是否能够四处巡回走动，及时纠正动作存在危险的幼儿；教导幼儿遵守常规，掌握动作技能；教师集中精力全程关注幼儿活动情况，引导幼儿学习根据自己身体的感受调剂和控制自己的运动量和情绪；不因各种原因远离幼儿，导致幼儿无教师护理。

教师是否能够引导幼儿观察、发现户外运动器械设施与安全之间的关系。如要和玩秋千的幼儿保持一定距离，不在拥挤、有坑洞、潮湿的地方活动；不随意藏入无人知道、没人照顾的地方；不将跳绳等玩具套在或缠绕在脖子上、手指上，游戏中勿推挤、拉扯、互丢东西；不把玩具放在口中、不拿器械当玩具，防止器械伤到自己或他人；玩攀爬活动时，要双手抓牢把手等。

教师是否在活动过程中渗透幼儿同伴间要相互协作、团结友爱、遵守规则，有秩序地共同完成活动，不互相争抢、推拉、打闹的理念。

教师是否能够重点关注喜欢聚集玩耍，个别好跑好动的幼儿的活动情况，提醒他们遵守活动规则，在教师指定的范围内活动、不远离集体；是否能及时干预具有潜在危险举动的幼儿并给与适宜的指导和帮助，避免幼儿随意跳动或相互碰撞、挤压。

是否引导幼儿学习掌握简单的活动自护方法。如摔倒时要用手扶地（尽量减少头部着地）；人多时要排队，耐心等待；遇到危险时，知道向左右跑开、抱头、抱肩、蹲下等方法进行躲避。

教师是否能随时关注幼儿的个体差异，可以根据特殊体质幼儿的自身特点，为其创造健康的活动方式，设置适当安全的活动空间，使其融入集体活动。如滑梯的坡度要适当，边角要光滑，着地点应铺垫子或设有沙坑，以减少滑落时的下挫力；摇椅、荡船等玩具安装时重心要低；吊环要牢固。

此外，教师是否能够照顾组织好体弱、生病的幼儿，及时处理流鼻血、磕碰伤等突发事件。

3. 活动后

每次活动结束后，在带领幼儿做身体放松活动的环节后要核对幼儿人数，检查幼儿有无受伤的情况，有无遗忘衣物、器材，有无携带危险物品等，并进行妥善处理。

教师是否能够引导幼儿懂得活动后要稍作休息再饮水，并控制水量。出汗后不要立即脱衣服、摘帽子等运动健康知识。

（五）如何指导教师做好幼儿户外体育活动的准备活动

1. 为什么要做准备活动

幼儿户外活动中身体由安静状态过渡到运动状态，需要一个适应过程。在开始运动前进行的准备热身练习，能提高神经中枢的兴奋性和心肺功能，增加肌肉的血流量，使体温升高，生物酶的活性提高，促进新陈代谢，使肌肉、肌腱、韧带的弹性、延展性处在良好状态，内阻力减小，从而使机体各方面的技能协调一致，逐步达到运动的最佳状态。做好准备活动，不但有助于提高运动能力，取得良好的运动成绩，还能减少或避免运动伤害事故的发生。

2. 准备活动的形式

准备活动一般分为常态准备活动和专项准备活动。在体育活动中要进行两种活动方式的结合。

（1）**常态准备活动**。常态准备活动指的是慢跑、拉伸，其目的是预热身体，降低肌肉的粘滞性，改善整个机体的机能状态，提高中枢神经系统和运动器官的适宜兴奋性，增强心脏血管和呼吸系统的机能。

（2）**专项准备活动**。专项准备活动要结合集体教学活动之前要做的准备而定。准备活动要和教学活动中的主要动作有一定的关联性，为教学内容的进行打好基础。由于专项准备活动是针对着专项活动的特点，所以其内容和要求也就各不相同。准备活动的强度及时间，也应取决于正式练习的内容、强度和时间。在专项准备活动中，应按照练习的项目选择。例如，本次活动内容是立定跳远，那么准备活动要和下肢运动有关联，要做下肢的脚腕、膝盖等关节的拉伸和运动。要是进行排球运动，那么准备活动就要和上肢运动关联，要重点进行手腕、肩、肘等关节的拉伸和运动。

3. 准备活动的运动量

准备活动的时间也随季节的不同而有所变化。如大班40分钟的体育课，准备活动的时间应保证在8～10分钟左右。如果是在冬季时间应稍长些，约15分钟；在夏季时间应稍短些，约8分钟。准备活动的强度通常以活动后脉搏增到125次/分钟左右为宜，准备活动的时间一般在10分钟左右，以全身发暖，微微出汗为准，当然在夏季出汗多些，在冬季出汗少些；脉搏、血压比安静时增强，比运动后稍低为宜。而幼儿的活动量也应根据课堂的性质和外界环境等条件来确定，因人而异。例如，时间短、强度大的运动项目的教学，准备活动的时间可以适当增长，强度适当增大，使运动器官和内脏器官达到相当高的机能水平；跑等项目教学，准备活动时间可进行20分钟左右，应以参加活动的肌肉温度提高到适宜高度、内脏器官动员到较高的机能水平为标准，通常是以活动后的脉搏增到130次/分钟和本人感到全身已活动开为宜。

4. 准备活动的方式

准备活动的方式有很多，一般情况下是老师喊口号，幼儿按照口号做伸展和关节活动等。还可以运用游戏和舞蹈以及韵律操的方式进行。

（1）**游戏式**。可以和幼儿做一些准备活动游戏，但在游戏练习中要注意活动量不宜大，以免影响教学任务的顺利完成。

（2）**舞蹈、韵律操**。利用喜爱的舞蹈、韵律操项目的特点，给幼儿编排一些韵律操的小组合，并配以优美的音乐，这样就能使幼儿在愉快的音乐声中完成身体的练习。这不仅改变以往徒手操比较呆板、枯燥无味的现象，提高幼儿的练习兴趣和效果，还可以培养幼儿的节奏感和韵律感。

准备活动在体育活动中是不可缺少的组成部分，它是一堂体育课的开头，是幼儿安全运动的基本保障。体育课是由准备部分、基本部分和结束部分组成。这三个部分是一个紧密联系的整体，每一个环节都不能忽视。

五、如何指导教师开展室内体育游戏活动

室内体育活动因较少受到天气、时间等干扰，有效弥补户外条件局限造成的不利，达到锻炼的目的，成为室外体育活动的有益补充，具有其自身所独有的价值。室内体育活动是在室内利用教室、楼道、楼梯等空间、桌椅等材料开展的体育活动。它是根据一定的教育目标，在室内创设一定的教育条件，选择合适的运动器械，使幼儿通过表现性、创造性的身体运动，以促进体能、智力、情绪、个性、认知等方面健康、和谐的发展的活动。幼儿园要着眼于幼儿的发展，立足于幼儿园现有的室内场地与器械，积极寻求一种比较科学、规范、合理的室内体育游戏设计思路，进一步充实幼儿园体育活动。

（一）指导教师开展室内体育游戏活动应遵循的原则

1. 安全性原则

由于室内空间相对狭小，幼儿间身体容易接触，各项活动组织过程中，要有效培养幼儿的空间站位能力，力求器材的选择与摆放符合幼儿的年龄特点，培养幼儿自我保护的意识和能力。

与组织户外活动安全一样，教师除要从活动场地、器材、幼儿服装、活动规则等方面进行关注和引导外，在组织开展室内体育活动时还要注意内容的选择，一般在室内易开展走、爬、钻、跳、平衡等项目的活动，切记奔跑的活动不能在室内进行。除了开展以动作发展为主的体育课之外，还可以开展观赏性活动，在室内组织幼儿观看体育比赛的录像，激发幼儿对体育活动的兴趣和热爱。如将幼儿园在户外进行的小型运动会录制下来，播放给幼儿观看；也可以将奥运会等高水平的世界性比赛录制下来，播放给幼儿欣赏。

在幼儿园开展室内体育游戏时，为保证游戏的有效性、安全性和卫生性，要做到各种活动都能有充足的空间，使活动能顺利的展开；要注意室

内空气流通，地面清洁无灰尘，并减少噪声。在开展赤足活动时，要保证地面的柔软及保暖，可以铺地毯或泡沫地板；秋、冬季开展赤足活动时，要充分做好脚部准备活动，包括脚腕、脚趾、脚掌并过渡到全身准备活动。

根据室内空间的大小设计活动。幼儿之间必须保持一定的距离，要注意活动的密度，控制活动的人数。

2. 适宜性原则

适宜性包括场地的适宜性、内容的适宜性、组织方式的适宜性以及活动量的适宜性。

室内适宜的场地，是幼儿园室内区域体育的基本保证。为了有效地开展活动，要根据不同的活动内容选择和设置不同的场地。

首先，要充分地挖掘现有的室内空间，使其充分发挥作用。但是，也要甄选出不适宜的空间，避免开展室内体育活动。如活动室、睡眠室、盥洗室、阳台、楼道、楼梯、门厅等公共空间。活动室内要开展各项区域游戏，不适宜跑和兴奋；盥洗室不适宜，湿滑易出现安全事故；阳台不适宜；门厅等来回进出人员频繁的不适宜。

其次，在组织室内体育活动时，还要关注空间与内容相适宜。哪个空间适合开展哪些活动、哪个活动适合在哪些空间开展，要因地制宜地进行安排。比如，活动本身占用空间相对较大、幼儿移动性较大、活动次数较多、方向较复杂的走、跑、爬行等活动，应该选择在宽敞的楼道进行；活动本身占用空间相对较小、幼儿移动性不大的投掷、纵跳，力量素质练习等活动，则可以选择在楼道靠边缘的地带进行。

再次，要巧妙地运用常规空间的特点，使其充分发挥作用。比如，运用楼梯开展扔包、下棋等上下楼梯的运动，利用大块空间开展竞赛活动等往往效果很好。

园所有较大的室内空间可以开展室内体育课；有适宜的教师资源可以开展专项的运动项目如篮球队等；有宽敞的室内公共区域可以进行自由选择的游戏活动如室内攀岩等；班级有较大的室内空间可以开展体育

区游戏，如桌球游戏等；通过整体规划区域空间、时间、活动内容与方式，制定出室内体育活动方案，保证地面、墙面、桌面、楼梯等空间得到充分利用。

《指南》（健康领域）的教育建议中要求我们要开展丰富多样、适合幼儿年龄特点的各种身体活动。因此，室内体育运动内容的全面均衡，可促使幼儿基本动作的全面发展，室内体育运动形式多样丰富，可提高幼儿参与体育运动的积极性。从而真正达到强身健体的目的。

室内体育活动可以包括室内体操、体育游戏、体育课、专项特色活动等。室内体育游戏的内容既可以是钻、爬、投掷、推滚等大肌肉活动，也可以是手指、脚趾等小肌肉活动。

室内体育游戏组织的方法是灵活多样的，既可以是有组织的集体活动，也可以是自由分散的小组活动，还可以是幼儿个体的创造性活动。教师在组织指导幼儿进行室内体育游戏活动时，还要关注幼儿运动量的适宜性。比如，班级设置的体育游戏区都有它重点的锻炼目的，幼儿长时间玩同一种游戏有可能造成某一方面的疲劳，因此教师要注意引导幼儿进行区域的更换，保证幼儿的运动量适宜，既不运动过度，也不能达不到运动量。

3. 目标性原则

组织任何活动都要考虑目标，目标明确了，活动的内容才能有针对性，才能取得好的效果。因此室内体育游戏活动的内容一定要围绕目标来设置。保教干部要注意引导教师做好计划再组织实施以达到活动的效果。避免教师组织活动的盲目性，每次活动目的要明确，内容安排要考虑幼儿上下肢的均衡发展，要注意符合各年龄段幼儿的特点，达到全面、科学、有趣的要求。

（二）室内体育游戏可以有哪些活动内容

室内体育游戏可以包括室内体操、室内集体体育游戏活动、室内器械活动、室内体育游戏区活动等。

室内体操可以在阴雨天气、高温季节、午睡起床时开展，用以克服因天气原因造成幼儿不能开展体育锻炼的情况。活动幅度与活动量相对较小。除徒手操外，还可以利用随手可取的室内物品进行操节练习，如旗操、圈操、球操等。

集体体育游戏是幼儿喜爱的活动项目之一，在室内开展体育游戏时，可利用室内的桌椅、家具、玩具等开展，同时也可以利用质地柔软的布、带等物品进行，不过需要强调的是必须避免幼儿之间的相互冲撞，合理安排活动量及活动密度。如利用桌子连成串，孩子们从桌子下爬过"穿越封锁线"；利用椅子搭建崎岖小路，练习走平衡等；利用积木摆成障碍，练习双脚连跳跳过障碍等。

利用室内的三维空间设置活动区域，利用走廊、楼梯、教室拐角、墙面、天花板等设置"海洋球""蹦蹦床""吊线乒乓球""拳击沙袋"等运动器具供幼儿开展小型多样的室内体育活动。

再如，在室内放一张桌子，让幼儿玩桌球游戏，通过将圆饼样的桌球向前推近终点，锻炼幼儿的控制能力；利用楼梯，让幼儿通过划拳决定进退楼梯台阶，玩进、退步游戏，发展平衡能力和协调能力；在楼道里放上垫子，准备一些小果子的布玩具，让幼儿穿上有粘扣的坎肩，通过在垫子上的翻滚，把小果子粘到身上，玩儿"小刺猬采果子"的游戏，锻炼幼儿动作的灵活性和平衡能力。还可以躺在垫子上，用双脚夹住玩具，举到头顶的小筐里，锻炼幼儿的柔韧性等。这些活动，都可以促进幼儿身体机能的发展。

（三）为幼儿提供的室内游戏材料应注意哪些问题

首先，由于室内运动场地的限制，提供给幼儿的运动材料，就应选择体积相对较小、功能多样的低结构玩具，如皮球、绳子、短棍、小圈、纸箱、垫子、瓶子、拼搭玩具等。让幼儿在游戏情境中与材料积极互动，在不断的尝试中积累运动经验，体验成功的快乐。

其次，玩具、材料要尽量多样化，数量要充足，以满足不同兴趣的幼儿的需要。既要有活动上肢的玩具、材料，也要有活动下肢的玩具、材料，以使幼儿身体均衡发展。

玩具材料要有层次性、可变性及可探索性，尽可能做到一物多玩，以促进幼儿创造性思维的发展。

班级内的桌子、椅子、室内玩具的巧利用。现实体育游戏玩具并不都是自制，也有借鉴也有拿来就用。如废弃的饮料瓶让幼儿做"送水工"练习臂力。

同时，一定要注意活动材料的安全性，保证幼儿活动的安全。

（四）各年龄段幼儿室内体育活动的特点

1. 小班：情境性、趣味性

根据小班幼儿年龄特点和运动特点，开展室内体育活动区的活动应利用丰富的材料吸引幼儿自主活动，淡化活动的任务感，满足幼儿多种活动的需要，使幼儿在愉快的氛围中自由活动，从而在游戏中不知不觉地达到锻炼的目的，并充分提高幼儿的活动积极性。

例：

小班：照顾小动物

目标：

1. 走路自然，能灵活地控制走步的方向。

2. 爱惜运动器材。游戏结束时能将运动器材及时分类收放好。

准备：

小推车2辆、小拉车2辆、小筐4个、纸箱做的小动物（羊、猫、狗、兔）、动物食物（草、鱼、骨头、萝卜）、四种路线、四个小脚印。

规则：

1. 游戏可多人参与，每次取完"食物"后，将车子推回，传给第二个人，再去喂小动物。然后排到自己喜欢的路线队尾后，等待再次游戏（图2-13，图2-14）。

2. 幼儿推或拉着小车行使要与路线一致，每人每次只取一个食物，并

图 2-13

图 2-14

喂到小动物的嘴里（图 2-15）。游
戏结束时，幼儿将小车放回原处，
并将喂给动物的食物，掏出来放进
相应的食物筐里，收放到原处。

图 2-15

玩法：

1. 幼儿自由选择行走路线，推
或拉着小车前进。

2. 走到装着食物的小筐前，拿
起一个食物。

3. 拿着食物，推或拉着小车沿原路返回。

4. 把小车交给第二个小朋友，然后拿着食物，去喂相应的小动物。

5. 再去选择新的路线继续游戏。

建议：

1. 游戏过程中，应避免打闹、跑等危险动作。

2. "走"到装着食物的小筐前，拿起"一个"食物。

2. 中班：规则性、多变性

中班幼儿基本动作进一步发展，有了初步的规则意识，也喜欢有秩序
感的活动，同时多变的活动方式能满足不同水平幼儿的需要。因此把活动
量小的基本动作练习与娱乐性的体育游戏及根据幼儿兴趣生成的活动相结
合，可以使幼儿充分感受到活动的愉快。

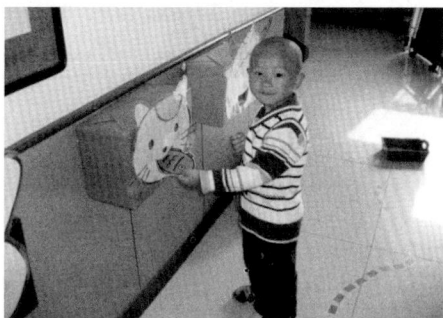

例：

中班：推滚乐（图2-16）

目标：

1. 利用推滚纸盒轮胎，锻炼幼儿手眼协调性及控制方向的能力（图2-17）。

| 图2-16 | 图2-17 |

2. 在竞赛游戏中，建立规则意识。

准备：

1. 酸奶纸盒自制轮胎2个、自制小树6棵、酸奶纸盒自制小桥2座、露露桶、板块若干。

2. 场地布置图。

规则：

1. 游戏人数：2人。

2. 推滚纸盒轮胎时要按照规定的路线行走。

3. 每次推滚只运送一个露露桶，谁的楼房搭的高谁获胜。

玩法：

1. 幼儿从起点将露露桶放进轮胎中心（图2-18）。

2. 出发后，先平稳的推滚轮胎走过山坡，然后穿越树林，将露露桶运到自己的建筑区域（图2-19）。

132

图 2-18　　　　　　　　　　　　　　　图 2-19

　　3.将露露桶放在搭建区域后，从场地两侧返回，再运送一个露露桶，直到运了四个以后，方可用一块板块封顶（图 2-20）。

　　4.游戏反复进行，谁的楼房搭建的又高又平稳，谁获胜（图 2-21）。

图 2-20　　　　　　　　　　　　　　　图 2-21

建议：

1.可以以竞赛形式开展游戏。

2.在推滚过程中，要尽量平稳的把轮胎中的露露桶运送到搭建区域。

3.鼓励幼儿自己探索退滚运输的好方法，及搭建楼房的不同方法。

3. 大班：挑战性、合作性

　　大班幼儿的动作更加灵敏、协调，体力较充沛，知识范围扩大，理解能力有所发展，具有较强的自我控制能力，有一定的责任感和集体观念，相互合作的能力有所提高。所以，幼儿对动作有一定难度、内容丰富、有一定规则、具有合作性的体育活动兴趣较高。

例：

大班：滑滑乐（图2-22）

目标：

1.探索滑板的多种玩法，提高手臂力量和身体四肢的协调能力。

2.体验室内体育游戏的快乐，喜欢和小伙伴共同游戏。

材料：

圆形滑板二个、墙饰纸制作的

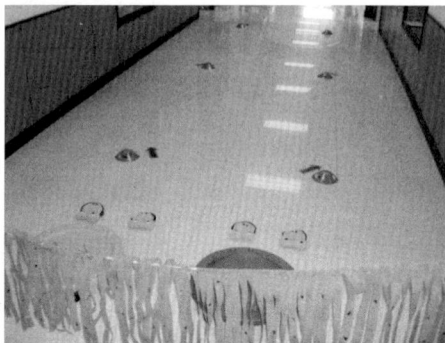

图2-22

围栏一个，游戏绕行障碍物六个（可利用废旧的水瓶、纸筒等）、场地布置。

规则：

1.幼儿按照标志线，利用滑板进行滑行。

2.幼儿选择安全的游戏姿势，避免站立在滑板上滑行。

玩法：

1.幼儿坐在滑板上，探索滑板的不同玩法。如：可盘坐在滑板上用手滑行；身体趴在滑板上滑行；双腿跪在滑板上滑行等等（图2-23）。

图2-23

2.两个人可根据场地路线进行滑行比赛。

建议：

1.鼓励幼儿在游戏中探索不一样的滑行方法。

2.提示幼儿在游戏中注意安全，哪个小朋友发明的方法既好玩又安全。

六、如何指导教师通过有效的体能活动达成体能测试目标

幼儿体能测试是根据国家颁布的体能测试的标准，通过10米往返跑、双脚连跳、立定跳远、走平衡木、垒球掷远、坐位体前屈等项目来测试幼儿身体的速度、力量、柔韧性、协调性、肌肉的生长等情况，从而了解幼儿的身体发育情况，以进一步调整锻炼内容、强度，促进幼儿健康发展的一种方式。

实现体能测试的达标，需要老师对体能测试有正确的认识，对体能测试的每一个项目要测的是孩子哪方面的素质有准确的理解，在日常活动中能够有针对性地组织幼儿进行游戏，从而促进幼儿相应素质的发展。

因此，保教干部要组织教师开展相关的培训和研究实践。

第一，应使教师清楚体能测试素质指标中各个项目反映的是人体的哪些素质。如10米折返跑反映人体的灵敏素质；立定跳远反映人体的下肢的爆发力；网球掷远反映人体上肢和腰腹肌肉力量；双脚连续跳反映人体协调性和下肢肌肉力量；坐位体前屈反映人体柔韧性；走平衡木反映人体平衡能力等（图 2-24，图 2-25）。同时，教师要依据国家体育总局颁布的幼儿园体能测试标准，对各年龄段幼儿体能测试项目应达到的标准数据有所了解，以便在日常的活动中有目的、有计划地组织幼儿锻炼

图 2-24

图 2-25

和进行针对性的指导。

3岁幼儿平衡指标评分表

测试指标	1分	2分	3分	4分	5分
走平衡（秒）	男				
	48.5～30.1	30.0～16.9	16.8～10.6	10.5～6.6	<6.6
	女				
	49.8～32.5	32.4～17.4	17.3～10.8	10.7～6.9	<6.9

4岁幼儿平衡指标评分表

测试指标	1分	2分	3分	4分	5分
网球掷远（米）	男				
	2.0～2.5	3.0～3.5	4.0～4.5	5.0～6.0	>6.6
	女				
	2.0	2.5～3.0	3.5～4.0	4.5～5.0	>5.0

5岁幼儿平衡指标评分表

测试指标	1分	2分	3分	4分	5分
立定跳远（厘米）	男				
	50～64	65～79	80～95	96～110	>110
	女				
	50～59	60～74	75～78	89～102	>102

第二，指导教师针对幼儿相应的身体素质，通过业务活动、实践研究、确定相应的游戏活动内容，组织幼儿进行符合他们年龄特点和兴趣需要的体育活动。比如，垒球掷远测试的是幼儿的腰腹、上肢力量，同时肩上挥臂投掷的出手角度也会对投掷的远近有影响，因此在日常的活动中，教师应注意组织相应的游戏活动对影响投掷距离的几个因素进行锻炼。比如，通过攀爬、手脚着地爬、走绳索、拉绳爬山、拉力器玩具等游戏活动锻炼

幼儿上肢及腰腹力量，通过"跳起挥臂打苍蝇""跳起挥臂敲锣""小蜜蜂采花蜜"等游戏活动熟悉挥臂动作；通过"炸碉堡""打狐狸""喂喂小动物"等游戏活动，体验挥臂投掷的出手方向；通过"小飞机飞得远""看谁扔得远""把球投过墙"等竞赛游戏，激发幼儿愿意投远的兴趣等，从而提升幼儿垒球掷远的成绩。

第三，指导教师重视日常的体育锻炼活动，避免在体能测试前进行突击训练。体能测试的各个项目，反映的是幼儿日常体育活动的效果，因此，靠突击是不可能获得好成绩的。体能测试不是考试，绝不能用应试的方式来对待，有的幼儿园或教师为了提升幼儿体能测试成绩，针对测试项目进行枯燥的练习，这违背了体能测试的目的，同时也违背了《指南》《纲要》的教育原则，如果发现这样的问题，应该坚决制止。

第四，组织做好幼儿体能的监测，指导教师采取适宜的措施提升幼儿体能。目前北京市已经有了"北京市幼儿园体质健康管理系统"，幼儿园可以组织在学期初对幼儿进行一次体能测试，通过管理系统提供的测试结果分析，了解班级、全园或幼儿个体的体能现状，针对存在的弱项问题进行有针对性的游戏活动，从而促进幼儿体能的提升，达到体能测试成绩的达标甚至优秀。

第五，应引导教师关注个体差异，不搞"一刀切"。每个幼儿的身体素质不相同，体能测试的标准只是针对大多数幼儿制定的，但孩子的个体差异有可能造成测试结果的不同。作为领导应引导教师关注个体差异，不能急于求成，搞"一刀切"。比如，有的幼儿由于先天的影响，如剖腹产、恐高症、平衡感发育不良等原因造成平衡能力差，有害怕平衡木，不敢在上边走的情况。这时，教师就要耐心观察，分析原因，进行针对性的指导，而不要用强制性的方式要求幼儿练习。

第六，指导班级做好对家长的宣传，提高家长对体能测试的认识，配合共同做好幼儿户外锻炼工作。家长是幼儿园各项工作顺利开展的重要伙伴，幼儿体能测试也不例外。

一要做好对家长的宣传工作，让家长了解体能测试的目的、意义、测试的相应项目以及测试的方法、时间等，以引起家长的充分重视和支持。二要向家长介绍一些易于在家庭中进行的体育游戏活动，使家长指导下的锻炼活动也能够科学有效。比如可以引导幼儿在回家的路上走马路牙子，锻炼幼儿的平衡能力；和家长在床上或地垫上玩"划船"游戏，锻炼孩子的柔韧性；在户外玩儿投远比赛、投准比赛提升幼儿投掷能力；和孩子一起跑跑跳跳增强幼儿下肢力量等。三是在测试当天，要请家长给孩子穿适合运动的衣服和鞋，保证幼儿的体能测试能够顺利地进行。四是在测试结束后要向家长介绍测试结果，使家长了解幼儿的体能发展现状，从而更好地配合对幼儿进行体育锻炼。当家长对幼儿的测试结果表达不满时，要引导家长分析原因，究竟是锻炼的不够，还是孩子本身身体发育的差异性造成的，从而对家长进行科学指导，避免盲目的攀比。

有些幼儿园场地小，会影响幼儿体能活动的有效性，这就要求幼儿园和教师动手动脑，为幼儿创设环境，增加锻炼的机会与可能。首先，可以采用分时户外活动的方法，使每个班级户外活动的时候能够拥有较大场地使用；其次，可以采用同时段，不同场地提供不同游戏材料进行不同锻炼功能的方式，即体能游戏区的方式，采用循环或自由选择的方式，保证幼儿能够有机会进行相关体能游戏活动。还有，可以采用体能游戏操的方式，保证幼儿每天身体的柔韧性、速度、耐力、弹跳力、上肢力量、动作协调性都能够得到锻炼。

七、如何指导教师因地制宜地开展循环体育游戏

有的幼儿园场地比较小，幼儿的运动范围十分有限。因此，如何提高运动空间的使用效率，因地制宜地开展户外运动，充分提高幼儿的运动能力，一直是我们努力要解决的问题。当狭小的空间无法改变时，我们就改变思路，在时间上进行班级的循环，在场地上进行循环游戏，还是可以达到让幼儿锻炼身体，发展体能，培养体育活动的兴趣与能力的目的。

（一）时间上的循环安排

早操、课间操时，一次容纳不下全园幼儿，可以修改做操时间，将幼儿分成两批交替循环进行，切实确保了幼儿的做操时间及质量。小班与中、大班错开时间下楼做操，以班级为单位早上一操一舞运动，操是徒手操和器械操，根据不同年龄班的特点进行创编，秋冬季的徒手操，春夏季的器械操。如小班的棍儿操、中班的罐操、大班的花穗儿操。舞是集体舞，以大带小的形式开展，和弟弟妹妹手拉手一起跳恰恰舞。错开做操时间，如小、中班先做操，做完操后大班下楼和弟弟妹妹手拉手跳舞，跳舞后小、中班回班，大班再进行早操，如此循环使每名幼儿都能得到充分的锻炼。

户外活动时，根据季节特点和幼儿年龄特点合理安排各年龄班的户外活动时间，使幼儿的一日户外活动时间循环起来，合理安排场地，精心设计户外游戏活动，要求配班教师配合主班教师共同组织体育游戏活动。例如，根据季节特点合理安排幼儿户外活动时间。如冬季天气比较冷，幼儿不适合早锻炼，我们把户外时间放在9:00—10:00左右，下午3:00—4:00左右。冬季气温低，应加大幼儿的运动量。夏季和冬季是反差较大的季节，我们把时间调整为7:30—8:00之间进行早操，户外活动时间上午8:30—9:30左右，下午 3:00—4:00左右教师组织幼儿多在阴凉处活动，夏季炎热要适当减少运动量。根据幼儿年龄特点，要合理安排幼儿的运动的时间和运动量。小班的运动时间一般控制在15 ~ 20分钟以内，可回班休息一会儿，再出来活动。中班为20 ~ 25分钟，大班为25 ~ 30分钟。教师要学会观察、掌控幼儿的运动量，动静交替，合理安排时间。

（二）场地上的循环游戏

园所面积小，就要充分利用户外活动场地的每个角落，根据园所实际情况，对全园的活动场地进行科学的规划，根据运动体能的基本动作训练项目"跑、跳、投、钻爬、平衡"设置不同的运动区域。如平衡区、跨跳区、投掷区等。在设置区域时，主要考虑各区域之间活动性质的合理搭配，活动量的大小和基本动作的难易，如跨跳区、S行跑区一定要设置在场地相对比较大的地方，平衡区、钻爬区这些较安静的可以设置在狭窄的过道，投掷区要设置相应的投掷距离，再有就是区域设置时要动静交替合理搭配。在每个活动区根据区域功能提供种类繁多、数量充足的活动材料，满足能力各异孩子的需要，使他们的运动兴趣、能力都得到发展。为了确保大循环运动常态化，围绕教学楼开展多种动作训练，循环进行的体能游戏，在大循环模式中做到低强度、高密度、急缓结合、动静交替，使幼儿在不知不觉中多次循环游戏，从而达到锻炼身体，发展体能，培养运动习惯的作用。

（三）户外循环体育游戏设置的原则

创设的原则是从幼儿兴趣出发，增加运动游戏的趣味性，保证运动材料的层次性，即不同年龄阶段的运动难易程度的差别。把"跑、跳、投、钻爬、平衡"这些材料分区域进行场地布置，幼儿与教师一起摆放，进行小场地大运动的循环式运动。采取不同年龄班不同的游戏内容，如自主循环、情景游戏，根据小班幼儿的年龄特点，结合运动体能的基本动作训练项目，设计情景性的游戏内容最适合小班幼儿，如同样练习跳的动作，小班可以多增加一些辅助材料，设计小兔拔萝卜的情景，让幼儿在游戏中进行动作练习。循环游戏运动，分层次，共同循环，大带小游戏，同一场地的循环游戏，要设计出不同的层次，满足中大班幼儿共同游戏的需求，如跨跳区玩跳山羊的游戏，难易程度不同，中班可用矮一点的积木，大班可以用高高的奶箱。投掷区玩炸碉堡的游戏，投掷距离有远、近不同。这种活动形式为幼儿提供了更多相互学习、合作与帮助的机会和条件，同时也满足了幼儿运动、娱乐、交往、表现、模仿等多方面的需要。

在大循环的游戏过程中，注意做到动静交替、难易交替、大动作与技巧性动作相结合，游戏设置小班突出情景性，中班突出任务性，大班突出挑战性，游戏材料准备丰富，如钻爬区投放了"暗道""铁丝网"等材料；平衡区投放了"月亮桥""梅花桩"等材料；跨跳区投放了"跨栏""跳箱"等材料。这些运动区域并非独立设置，而是相互联系、纵横交错，有机地为幼儿提供连续性、情境性的运动环境。教师可以根据运动目标和内容，将不同的运动区域组合在一起，如幼儿提着一桶水在平衡区的桥上行走后，紧接着在跨跳区进行跨跳，然后再经过弯弯的月亮桥把水送到目的地，整个过程可以在教师预设的故事情境中进行。各区域之间的组合没有固定模式，教师可以根据幼儿运动内容的需要、运动兴趣及运动能力随机组合。

此外，还要巧妙利用大型运动器械的不同部位，将其组合成具有不同锻炼价值的运动区域。如在大型运动器械下铺设垫子，并在上方挂塑料瓶，幼儿既可以在垫子上绕过障碍物练习匍匐前进，也可以脚蹬悬挂物练习背向前行，形成钻爬区；又如，利用大型运动器械柱子之间的间距，系上橡皮筋，或者系挂小皮球，形成跳跃区。

由此总结循环游戏的原则有：1. 游戏材料的使用和投放应具有游戏性。2. 游戏材料的使用和投放应具有挑战性。3. 游戏材料的使用和投放应具有层次性。4. 巧用标志物，培养规则意识。5. 探索游戏材料的多种玩法，发挥其运动价值。

运动区域之间的相互组合，使运动场地由单一走向多元，使幼儿获得更多自主锻炼的机会。这种做法能拓展户外运动空间，实现幼儿园运动空间的多元利用，促进户外运动的有效开展（图2-26）。

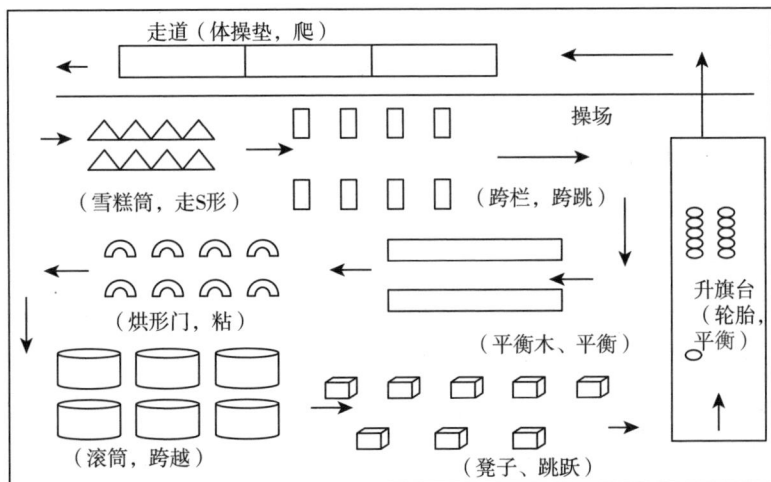

图2-26　根据园所环境设置循环游戏路线

（四）开展户外循环体育游戏需要注意的问题

1. 注重培训教师，规范动作

幼儿的身体能否得到全方位的发展，需要教师专业的指导。因此教师对这块区域的材料使用，对幼儿的动作要求都要非常清楚。

场地区域	负责人	材料准备	动作要求
钻爬区	A老师	体操垫	小班幼儿：身体正面手膝着地，目视前方，手、膝同时向前爬。中、大班幼儿：身体正面贴近垫子，屈双手臂，头抬起，脚尽量贴住垫子，手臂和脚交替向前爬行推动身体前进。
钻爬区	B老师	拱形门	小班幼儿：弯腰半蹲，双手做小老鼠动作钻过山洞，注意双手不扶器械。中、大班幼儿：先侧身伸出一只脚蹲下，用头、身体钻过山洞，注意双手不扶器械。
平衡区	C老师	轮胎	双手张开保持平衡，双脚交替通过轮胎。注意保持幼儿间的距离。
平衡区	D老师	平衡木	双手侧平举，目视前下方，双脚交替向前行走，第一个孩子走过去后第二个孩子才出发。
跑步区	E老师	障碍桩	幼儿在此区域中进行"S"形跑，要求不碰倒器械，有序地进行绕跑。
跳跃区	F老师	积木、呼啦圈	双脚连续跳，小班可选择呼啦圈，大班选择立体积木，动作要求双脚并齐。
投掷区	G老师	报纸球	1. 左脚在前右脚在后，身体侧对投掷方向。 2. 右腿蹬地、转体、挥臂。 3. 将物体经肩上向前上方远处掷出。

2. 注意幼儿身体的全方位发展

（1）着装常规。老师和幼儿穿便于运动的衣服，教师需根据天气情况调整幼儿穿衣数量。

（2）活动前对幼儿进行安全教育。如①前面的小朋友通过的速度比较慢时，需要耐心等待，不能推小朋友；②学会保护自己，头往前面看，尽量让自己不摔倒等。

（3）活动前教师需和幼儿一起做热身操，活动身体的各个关节才能进行体能循环。

（4）教师应时刻注意孩子的安全并及时地给予孩子动作的指导，让每个孩子保持一定的距离，并控制区域范围内幼儿的人数，减少等待。

（5）让幼儿学会听音乐，进行体育游戏活动，能听音乐做出相应的动作反应。如①听到放松音乐时，会迅速地找到自己班上的老师，并和老师一起做放松运动；②听到体能循环音乐时，在没有老师提醒的情况下，自觉地出发。

（6）放松运动结束后，教师应组织孩子帮忙收拾该区域的器械。

（7）活动结束后，班级老师组织孩子回班，更换孩子内衣，督促孩子洗手、喝水、擦汗。

循环户外体育活动根据幼儿不同年龄的体力、智力和能力条件，抓住了幼儿的兴趣点，让幼儿在活动中体验成功，感受体育活动的快乐。通过常规化的大循环活动，有效利用有限的活动场地，满足幼儿的个性化需求，让幼儿选择难易程度不同的活动内容，培养幼儿勇敢拼搏的精神，强化规则意识和集体观念，在活动中发展幼儿独立合作的品质，提高幼儿自主运动能力，使每个幼儿的动作发展、运动能力得到不同水平的提高。同时，发挥教师的创新精神，激发孩子的运动潜能，为幼儿健康全面协调的发展提供强有力的支撑。

第三章

幼儿园基础保教工作管理内容与指导

　　幼儿园的保教工作纷繁复杂，保教干部每日面对繁杂的事务，要会从中甄别重点，找到需首先思考和解决的基础性事项，从重点入手，抓重点、保基本、促落实。幼儿园保教工作中有五项内容是基础中的基础，包括环境创设工作、教师对幼儿的观察、制定教育计划、家园共育工作以及大型活动的开展。

做好保教管理工作是幼儿园整体工作质量发展的基础，幼儿园保教工作的主要任务是将幼儿园培养人、发展人的整体教育目标落实到每一项具体、细微的保教工作之中。保教干部面对每日繁杂的事务，要会从中甄别重点，找到需首先思考和解决的基础性事项，从重点事项入手，抓重点、保基本、促落实。幼儿园保教工作中有五项内容非常重要，是基础中的基础。第一，幼儿园环境创设工作；第二，教师对儿童的观察；第三，教师制定教育计划；第四，家园共育工作的开展；第五，幼儿园大型活动。这五项工作为幼儿园保教工作的实施搭建了基本框架。保教干部（尤其是新干部）应首先聚焦这五项工作，通过指导教师创设适宜、丰富的教育环境来理解和传达幼儿园的办园理念和教育思想；通过指导教师观察，帮助教师学会了解儿童特点，理解儿童的需要，找到适宜的教育方法；通过指导教师制定计划，引导教师有针对性、有步骤地开展工作，确实将教育目标落实到儿童发展之中；通过设计、组织家园活动、大型活动，传播好的经验、做法，带动并教育家长，促进保教质量不断提升。

一、幼儿园的环境创设

环境在幼儿教育中有着十分巨大的作用，幼儿园教育的对象和幼儿园教育本身的特性决定了幼儿园的环境作为一种隐性教育手段而出现。蒙台梭利认为"我们的教育体系的最根本特征是对环境的强调。"瑞吉欧教育也认为环境是促进儿童学习与发展的"第三位老师"。我国在《纲要》中明确提出："环境是重要的教育资源，应通过环境的创设和利用，有效地促进幼儿的发展。"因此，目前一线教师普遍十分重视环境创设工作，甚至不惜加班加点将大部分精力投入在环创工作中。保教管理者应借助幼儿园环境创设工作，帮助教师更新教育理念，理解"儿童是在与环境的相互作用下学习的""环境是一个可以支持社会互动、探索与学习的'容器'""环境应为儿童的学习与发展提供多种可能性"等先进的理念和思想。指导教师不做无用功，转变以往为装饰美化而创设环境的误区，为儿童创设符合其兴趣、需要，生态、自然、和谐，并能促进其身心发展的环境。保教干部要通过不断学习掌握科学的教育理念与方法，通过观察与指导将教师和幼儿从无止境的环境创设工作中解放出来，让师幼成为环境的主人，主导自己的学习与发展。

（一）理想的幼儿园环境应该是什么样子的

每个幼教人心中都有一个理想的幼儿园模样，这个理想的幼儿园无论空间是大是小，设备是新是旧，一定有荫荫的绿树，到处是鸟语花香，孩子们喜欢这儿，可以在这里自由奔跑、开心游戏，理想的幼儿园是一个随时都会幸福大笑的乐园。理想幼儿园的环境不仅能为儿童提供健康成长的精神与物质条件，还是一个像家又比家更有趣，能让每个人受到激励、获得成长的地方。理想的幼儿园环境到底什么样？我们可以从老师、环境、孩子三个方面来探寻它的样子。

1. 什么样的老师

理想的幼儿园环境里应该有这样一群老师：她们能用专业视角观察孩子，捕捉孩子们的兴趣、需要，理解和支持孩子们大胆尝试和实现梦想；她们能让家长信任，给家长鼓励，是家长的伙伴和搭档，指导家长和孩子建立更亲密的亲子关系；她们有团队精神和合作意识，与孩子、同事、家长融洽的沟通和合作；她们是一群有责任感的人，能够认识和承担保育和教育的责任，对孩子有耐心和爱心；她们是一群有激情的人，不断点燃孩子们学习的激情，和孩子们一起分享挑战和收获的快乐。最关键的一点是，她们不是站立在孩子中间的"木头人"，她们是用心做教育的专业人士。

2. 什么样的环境

理想的幼儿园环境首先是安全的，有适宜儿童活动的空间，有安全便于操作的玩具材料，给儿童安全感，让儿童身处于平和、温馨、自由的氛围中，是儿童爱来的幼儿园。好的环境不仅是整洁的，还要丰富并能引起孩子探究的愿望。理想的幼儿园环境能让人时刻感受到每个儿童在这个空间的存在。孩子的作品在各处展示出来，将儿童与儿童之间、儿童与成人之间以及儿童与事物之间的互动自然的连接和激活，体现出孩子是这里的主人和创造者。好的环境还要反映多元化，反映老师、孩子、家长以及不同人的各种观点，将环境看作一个不断变化发展的动态过程，将更多的人群纳入到孩子们的学习之中，让儿童的发展得益于人与人、人与环境的相互作用。

3. 什么样的孩子

理想的环境中可以看到孩子在大多数时间是高兴的，情绪积极的。他们不会为了取悦成人而打断自己的游戏，而是专注的、充满热情、投入地做事情。理想的环境中一定有儿童独处的空间，儿童能自己待会儿也能和小伙伴尽情地交流、游戏。理想环境中的儿童一定是自由的，但他们又知道要遵守集体生活的规则，他们能协商制定规则也能适当约束自己的行为。理想环境中的儿童有权利自己做计划，能自己反思回顾学习的体会，他们能为自己的行为负责，内心渴望成长，是一定环境中积极主动的学习者。

理想的幼儿园环境带给人无限的想象力，是一个永远没有穷尽的讨论。但有一点可以肯定，理想的幼儿园环境一定是一个有吸引力的地方，它吸引着孩子、老师、家长自愿地聚集在这里，大家充满兴致的共同生活、游戏，共同学习、讨论，共同成长、经历……理想的幼儿园是一个能留给儿童美好记忆的地方。

（二）幼儿园环境创设的重要性

环境是幼儿每天都会触及的有形、无形的事物总和，幼儿的身心发展、社会化发展以及个性发展，无一不受到它的影响。因此，在幼儿园保教工作中，环境创设对于老师们来说是一项分量非常重的工作。那么，是什么决定了环境创设工作在幼儿园教育中的重要性？我们应该怎样看待环境创设工作呢？

1. 幼儿教育的特性决定了环境创设的重要性

（1）生活化。儿童在生活中学习和成长，幼儿园教育的目标和内容生活化特征非常明显，因此教育强调要遵循保教合一的原则。幼儿园教师经常会利用幼儿身边的事物设计教育活动来引发幼儿进行学习。因为这样的活动设计更能满足幼儿实际生活需要，课程实施过程也更易被儿童接受。儿童身处在幼儿园的环境之中，这本身就是生活的一部分，因此创设生活化的环境符合儿童发展的根本需要。

（2）**游戏化**。游戏是幼儿园教育的基本活动形式，也是实施幼儿教育的基本原则。儿童天生就是会游戏的，对于儿童来说，游戏是一种自发自主的主体性学习活动。儿童在游戏中的发展离不开丰富的游戏环境刺激，吸引人的游戏场景布置，有趣的游戏情境创设，各种各样游戏材料的提供……环境作为隐性教育手段在儿童游戏活动中发挥着巨大的支持作用。

（3）**活动化**。幼儿的思维方式以直觉行动思维和具体形象思维为主，他们需要通过各种感官来认识世界，只有获得了丰富的感官经验，幼儿才能理解事物，形成直接经验。儿童是在活动中学习的，幼儿园环境创设中为幼儿提供的视觉、知觉、触觉等丰富的感知操作材料，帮助幼儿在与环境互动中积累经验形成概念。因此，要想满足幼儿对于活动的需要，就要通过环境调动幼儿动手、动脑、动心的进行学习。

（4）**潜在化**。教育作为一种社会活动，其过程是一种信息传播的过程。大学教师、中小学教师传播信息的途径主要是讲、说、写、演示等方式方法，学生通过课堂上的学习，就可以完成从接受信息到综合掌握信息到学会灵活运用信息解决问题的学习过程。也就是我们常说的"传道——授业——解惑"的过程。幼儿教育则因受教育对象年龄小、身心发展不成熟等特点，需要将能力、知识、技能等教育培养的内容零打碎敲，采用随机教育、渗透教育的方式，将教育目标物化到墙饰、材料中，让环境成为另一位教师，潜移默化地对幼儿发生作用。这也就说明了环境创设在幼儿园教育中的重要意义，要想寓教育于无形就必须发挥环境的潜在化力量。

2. 先进的幼教理念引领决定了环境创设的重要性

（1）《幼儿园教育指导纲要（试行）》——环境是重要的教育资源。《纲要》指出："环境是重要的教育资源，应通过环境的创设和利用，有效地促进幼儿的发展。""幼儿园应为幼儿提供健康、丰富的生活和活动环境，满足他们多方面发展的需要，使他们在快乐的童年生活中获得有益于身心发展的经验。"

（2）陈鹤琴——环境即教育。陈鹤琴认为小孩的知识是由经验来的，所接触环境越广，所得的知识当然越多。强调"要小孩与环境有充分的接触"。另外，陈鹤琴也认为作为幼儿的老师，应当"注意环境，利用环境"，让幼儿走进大自然、大社会，学习活的知识与本领。利用环境资源，开展活的教育。

（3）蒙台梭利——做有准备的教师。蒙台梭利说："环境就像人类的头部，影响着孩子的整体的发展。"她认为环境是不教的教育。如果儿童被置于一个有利于他们自然发展的环境中，使他们能按自己的需要、发展的节奏和速度来行动，他们就会显现出惊人的特性和智慧。蒙台梭利反对以教师为中心的填鸭教学，主张由日常生活训练着手配合良好的学习环境、丰富的教育，用有准备的环境支持儿童自发地主动学习，支持儿童自然而然的建构完善人格。蒙台梭利教学法包含的四大要素：环境、教具、教师、儿童，基本来说指的就是一个整体的环境。

（4）瑞吉欧——幼儿是环境的主人。意大利瑞吉欧教育工作者将环境视为"可以支持社会互动、探索与学习的容器"，努力营造一种舒适、温暖、愉悦的气氛以及令人感到快乐的环境。他们充分利用社区资源收集各种各样丰富的材料，开放和自由的供幼儿操作使用，他们将门厅、教室、走廊都布置成"艺术殿堂"，用幼儿自己的作品装饰记录幼儿的成长。他们把环境当作瑞吉欧教育的第三位教师，大胆地把环境的教育价值摆放在了整个教育取向的一个重要位置。在这里幼儿成为了环境的主人。

（5）建构主义理论——环境是幼儿学习的重要媒介。皮亚杰认为，在孩子的发展过程中，物质环境的经验以及社会环境的作用是一个动态的过程。建构主义理论认为，认知不是通过教师传授获得的，而是学习者在一定情境中运用已有的知识经验，通过与环境材料相互作用和人际互动而主动建构的，强调了环境在幼儿学习发展中的重要地位。

总之，因幼儿教育特性、教育对象不同，幼儿教师必须要通过环境的隐性教育特性，潜移默化地熏染、影响儿童的生活与学习。儿童的发展离不开幼儿园里无处不在的物质环境与精神环境，保教干部和教师要善于根据幼儿园教育要求以及幼儿身心发展规律、需要，将幼儿园里的空间布局设计、材料设施、墙饰色彩、文化建设、教育风貌、情感氛围等环境教育因素巧妙地转化为真实存在的物质环境，让环境充分发挥育人功能，促进幼儿更好的学习发展。

（三）幼儿园的院落环境可以怎样安排

幼儿园院落环境是幼儿园教育环境不可或缺的组成部分，孩子每天走入幼儿园首先看到的就是院落环境中的各种动物、植物，而每天2个小时的户外运动、户外游戏更是在院落中进行，孩子们有很长的时间与院落环境中的物体材料接触，在这个过程中就会发生许许多多的学习，因此院落环境创设与室内环境的创设同样重要，同样蕴含着丰富的学习和发展的机会和可能。但是现在有的幼儿园因为院落小或者还没有认识到院落环境的教育价值，并不重视院落环境的创设，从而失去了利用自然元素促进儿童成长的教育契机。那么应该如何安排院落环境支持儿童的成长呢？

1. 创设自然生态环境——为孩子创造学习自然知识的条件

居于城区中心的幼儿园真的是寸土寸金，没有绿地、没有树木，只有钢筋、水泥的幼儿园很难称得上是孩子们的乐园。儿童的乐园一定是美的、充满乐趣的，能吸引孩子主动看一看、摸一摸、试一试、动一动的。居住在城市里的孩子们看到了太多的高楼建筑，缺少接触自然植物、小动物的机会，因此幼儿园就更要利用院落为孩子们创造条件。例如，幼儿园户外院落小，可以巧妙地利用树周围、院墙、木箱、废旧的花盆、葡萄架为孩子们创设乐园。在院墙上安装立体滴灌种植园，种植各种蔬菜（图3-1）。可以利用废弃的木箱、花盆种上西红柿、黄瓜、辣椒。利用废弃的花盆和石头堆砌成漂亮的景观（图3-2）。在树上架笼养鹦鹉，在树下种瓜果，养小兔子。自然生态的院落既美化了幼儿园，又为儿童近距离观察动植物、

图 3-1　　　　　　　　　　　　　　　　　　图 3-2

习得自然知识提供机会。

2. 院落环境应体现园所文化和教育理念

园所文化是一所幼儿园的灵魂和支柱，园所文化的建设不仅体现在幼儿园的团队建设、幼儿园工作管理、幼儿园保教工作中，更应体现在幼儿园的环境中，形成一种自然和谐的氛围，使老师和孩子在这个环境中自觉自愿地遵从园所文化倡导的精神。如三义里第一幼儿园的"礼乐"文化，希望全体教职工树立这样一种共同愿景，就是既要自由、开放的活动状态，打破灌输教养模式，努力促进幼儿在游戏中主动学习与发展，事事以乐为源；又要抓规则与秩序，建立儿童需要和可接纳的新规则、新秩序，研究如何将枯燥的习惯养成教育变为快乐的自然习得过程。因此在院落环境中就投放了孩子们自己制作的安全小提示（图 3-3）；用照片做标识提示孩子户外玩具、运动器材的存放位置以及户外运动要注意的安全事项；院子里自然物的摆放也是有序而美观的；院落四周到处可以看到盛开的鲜花，结满果实的黄瓜、西红柿、红辣椒、茄子、柿子椒；小鹦鹉在笼子里唱歌、小兔子在围栏里蹦蹦跳跳、蝌蚪游来游去（图 3-4）。在车棚旁围墙上建造了滴溉立体种植墙，利用各种自然物堆砌成自然小景观，在葡萄藤下、在窗台下设立敲敲打打区、自由探索区，木工坊、泥工坊、绘画区等都在体现自然、和谐、有序、快乐的园所文化。

图3-3

图3-4

　　教育理念是幼儿园开展教育工作的目标，同时也应该是幼儿园创设院落环境的依据。如三义里第一幼儿园在"有生命、有温度、有力量、有色彩"教育理念的影响下尊重儿童成长需要，努力创设能与儿童发生关系的院落环境，支持儿童主动学习。她们追随季节在院子里养小鸡、小兔、小鸟、小花、小草以及各种蔬菜和植物，希望孩子进入幼儿园就能听到鸟的叫声、看到可爱的小动物、看到美丽的花草以及结出果实的蔬菜。这样的环境激发了孩子们去欣赏、观察、主动探究的学习兴趣，在照顾这些动植物的时候孩子们感受关爱的乐趣（图3-5）。利用春天飘落满地的玉兰花瓣、秋天凋零的树叶、冬天的雪让孩子感知这些自然物或利用自然物进行艺术创造活动（图3-6），培养了孩子们的自信心，体验了创造的快

图3-5

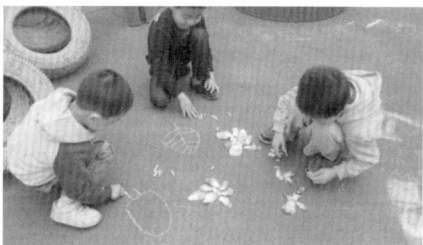

图3-6

乐。另外，每天早晨在院里迎接他们的保健医老师、保安叔叔的笑脸更让孩子感受到老师们对他们的喜爱，让他们感受到犹如爸爸妈妈般的温暖。

3. 院落环境的创设要因地制宜、巧妙利用

（1）**根据幼儿园院落场地面积大小、可利用空间的情况和特点创设适宜的环境。** 幼儿园院落环境创设一定要因地制宜、量体裁衣，不要盲目的模仿，要挖掘本园有限空间的利用率，合理地使用规划空间。处于城区内的幼儿园户外场地限，全园的孩子经常要同时在户外场地上活动。三义里第一幼儿园采取幼儿运动空间轮流使用的方法，一部分孩子在相对大的场地上开展体育锻炼，一部分孩子在场地旁边或四周玩一些游戏，为了支持轮流使用户外场地措施的落实，她们在墙体上安装黑板，投放粉笔、能在地面书写的大毛笔（图3-7）；在户外廊子下摆放角色表演的服装；创设锅碗瓢盆敲敲敲打打区（图3-8）；在水龙头处摆放供孩子玩水的木桶和玩具（图3-9）等，这些区域的设置满足了在特定时段不开展体育锻炼班级幼儿的活动需求，又为孩子们提供与不同年龄、不同班级小朋友共同交往、游戏的机会。

图3-7　　　　　　　　　图3-8　　　　　　　　　图3-9

（2）**巧妙利用。**"巧"字突出场地空间的利用特色，从空间位置、场地大小、所要设置的区域几方面考虑场地的使用。如在立体种植墙旁和小花丛旁投放画架、广告色、不同的笔创设一个自由绘画区；在操场一角或长廊下搭一个帐篷式小屋（图3-10）；在树下设置一个观察工具小屋；利用幼儿园围墙建设立体种植园；利用墙壁攀爬（西城区三教寺幼儿园，图3-11）；在有水的地方设立泥工和沙水区；在葡萄藤下设置声音体验区等

（图3-12）。一个"巧"把幼儿园的环境用活，让环境真正成为支持孩子学习的宝贵资源。

图3-10　　　　　　　　图3-11　　　　　　　　图3-12

（3）**院落环境与室内环境互补**。院落环境可以弥补室内受空间、条件影响无法实施的活动的不足。例如春天、秋天那满地的花瓣和落叶，为孩子们提供了用花瓣、落叶开展艺术创造的机会和可能；院子里种植园土壤肥沃很容易结出果实，孩子们利用各种观察工具认真的探究，可以观察到更多种类花草的不同；还有因受室内面积限制和卫生标准约束而不能开展的泥工坊、木工坊（图3-13）；可以有供小中大班幼儿共同游戏的扮演区、制作区（图3-14）；还有孩子们用粉笔在操场

图3-13

大面积绘画（图3-15）。这些环境充分地补充了室内环境的不足，更好地支

图3-14　　　　　　　　　　　　图3-15

持了孩子们的学习。

（四）幼儿园的楼道环境应怎样布置

幼儿园楼道环境是幼儿园公共环境之一，它所面对的群体是幼儿、家长、教师。因此在进行楼道环境创设时就要从三个人群的需要进行设计。

各个幼儿园的房舍条件是不同的，在进行楼道环境布置时要根据本园楼道的宽窄、楼梯的长短合理的使用。建议在楼梯处不布置或布置内容不要过多，因为孩子边走边看容易出现踏空的危险。

1. 让孩子感受到幼儿园里有我

"幼儿园像我家"不能仅停留在口头上，体现在环境里才能让孩子有家一样的感觉。因此在楼道环境的创设中可以大量地使用孩子的作品，如孩子们用橡皮泥的手法创作的小朋友的活动（图3-16）。孩子们说秋天是丰收的季节，于是教师们把孩子们秋游采摘回来的花生、白薯、南瓜、棉花、水稻做

图3-16

成标本布置在大厅。新年快到了，孩子们做了许多漂亮的手工，把它们悬挂在大厅一起装扮幼儿园，从孩子的视角，用他们喜欢的方法表现他们眼中的世界、表现他们对节日的期盼、表现他们欢迎新朋友的愉快情感。另外把孩子们在日常生活中的游戏、学习状态拍照做成教育理念墙，孩子们看到自己在幼儿园自由快乐的生活，积极主动的学习，乐于探索的状态，感受到幼儿园就是他的家（图3-17，图3-18）。还可以利用每个班教室的门以自画像、照片、绘画的形式展现班级文化，如"特别的我""我最棒""快乐的我"等，这些环境告诉孩子他们是幼儿园的主人，在老师的眼里他们都是聪明的、有能力的、有自信的学习者。

图3-17　　　　　　　　　　　　图3-18

2. 让家长感受到幼儿园的教育理念

家长是幼儿园教育的合作者，家长要知道、理解幼儿园的教育理念，才能家园一致的对幼儿进行共育。理念的宣传和讲解一方面可以通过家长会、园内的亲子活动，更重要的一个手段就是在环境里。当三义里第一幼儿园确定了"有生命、有温度、有力量、有色彩"的教育理念，相信儿童是有能力、有自信的主动学习者的儿童观后，利用楼道的环境用孩子主动学习、游戏的照片，用教师陪伴孩子的照片，配上简单易懂的文字，向家长诠释教育理念（图3-19）。利用幼儿园的前厅开设了家庭图书借阅区，鼓励家长多陪孩子读书，培养孩子读书的兴趣（图3-20）。

图3-19　　　　　　　　　　　　图3-20

3. 引领教师的发展

教师作为教育的执行者，教师的教育理念、专业能力直接影响教育的质量。因此在进行幼儿园楼道环境创设时要兼顾引领教师的发展。为孩子、为家长创设的环境对教师同样具有导向性作用，表现的形式从文字变成了更加直观的图片或图配字，强化了教师对园所文化、儿童观、教育观、教育理念、教师职责的理解。把教师陪伴孩子、精心护理教育的情景用照片的形式呈现出来，让老师们看到自己或她身边的老师默默的奉献，激励教师向她们学习，树立了我是有力量的教师形象，传递了教师职业的幸福感和价值感（图3-21，图3-22）。

图3-21　　　　　　　　　　　　　　　　图3-22

（五）如何创设让幼儿喜欢并促进幼儿发展的环境

班级环境包括物质环境和精神环境，物质环境大多都是看得见、摸得着的，幼儿通过和玩教具、材料的互动感受体验快乐，在探究中学习，获得全面发展。精神环境则更多的是为幼儿创设一种安全、温馨、有秩序的氛围，从而给幼儿营造出乐在其中的归属感。物质环境和精神环境在幼儿园教育中是共同发生作用的。

1. 为什么创设环境要从幼儿发展的角度切入

每当开学初，教师最着急思考的是班级要投放哪些玩具材料、开展哪些主题活动？其实在我们不了解孩子的现有水平和兴趣点之前，可以先将创设复杂的物质环境放一放，先来创设基础环境。如在娃娃家放置多个娃娃，在小餐厅里放置有趣的做饭工具，在美工区里放置各种各样的纸、安全的工具、简单的废旧材料等。开学之后通过观察、了解、倾听发现孩子的需要，然后再创设适宜的环境和投放材料。老师要不断思考为幼儿创设怎样的精神环境？让他们在怎样的环境下学习、成长？初步制定目标与计划，让孩子在一个充满力量的环境下学习，有更多的尝试机会，获得多方面的发展。

2. 如何创设良好的精神环境

（1）建立温馨、有爱的师幼关系。小班幼儿刚入园时会对幼儿园的一切，包括教师有距离感，不敢接触。这个时候，如果教师能多利用游戏，跟幼儿说悄悄话、抱一抱、拉拉手的方式，就会让幼儿慢慢地产生一种亲切感，师幼之间的距离也会越来越近。

每天早晨来园，微笑地面对每一个幼儿，有礼貌地互道"早上好"，时常蹲下来和幼儿一起游戏，说话的时候看着幼儿的眼睛等，这些小行动在影响幼儿的同时，也让他们感受到温暖与爱。如果幼儿能长久在这样的环境中生活、游戏、学习，那么心灵也会变得柔软，也就会用这样的方式对待身边的人。

不管是哪个年龄班的幼儿，每完成一件事、一个作品，教师都要用欣赏、理解的话去回应，就像《学习故事》中的"辨识"一样，从学习品质和知识技能方面给予细致的交流，可以具体说出"善良、自信、有爱"等能让幼儿理解和喜欢的词汇，不断强化这些品质，使幼儿渐渐欣赏自己、认识自己，从而正确评价自己，认识自己是什么样的人。这种循序渐进的过程就是在对幼儿不断进行正强化。

（2）建立融洽、和谐的家园关系。家长不仅是幼儿最亲密的人，更是终身教师，所以在幼儿园的教育中也是不可缺少的重要成员。家长与教师接触、沟通中的一言一行都会影响幼儿。如每天早上来园时班级教师都会先向年长的家长问好，就是在告诉幼儿："看，无论是谁，都要尊老爱幼！"这些影响传递给家长时，家长自然而然地会向教师回馈礼貌的问候，并能轻关柜门、温馨道别。这些小细节其实是在告诉孩子："这就叫礼尚往来！"也渐渐在幼儿头脑中留下"年龄小的人先向年龄大的人问好"的意识，这些意识不断得到强化，就形成了动力定型，也就是习惯，当这些习惯人人遵守、人人执行时，班级文化就形成了。温馨的师生、家园关系建立起来，幼儿与人、事、物的和谐关系也就形成了，"懂礼、快乐"的班级文化彰显出来。在这种文化氛围里，互相关心、互相照顾的行为比比皆是……在此基础上，以精神文化为基点，渐渐向生活、学习拓展，以"健康、好奇"为主的学习文化也会逐渐形成，使幼儿在良好的家园关系、有趣的物质环境、温馨的精神环境中产生好奇、探索的情感，"小班小孩儿会学习"的目标成为现实！

（3）创设尊重、平等的班级氛围，实现教育价值。中班初期，教师会注重创设能引发主动学习的环境，所以幼儿的注意力比较容易受周围事物的影响，会出现做事拖拉的现象，但同时，中班幼儿有了认识自己、自我评价的意识，自尊心也渐渐加强，当幼儿出现问题时如果教师只用说教的方式解决，幼儿会出现听不懂、接受不了、情感受挫的情况，教师的意图也没能实现。所以在中班上学期教师可以采取"鼓励＋要求"的回应方式。老师要善于发现每个幼儿的闪光点，并及时、具体地表扬，也可以适当提出挑战，如"你今天游戏玩得真专注，坚持了20分钟，而且还有作品，下一次如果你能在做事之前做好计划，并邀请别的小朋友一起做，让其他小朋友也能学会你这个本领会不会更好？"在这类激励话语氛围影响下的幼儿会觉得"我好能干""我很棒"！并不断给自己信心和力量，如此积累，让每个幼儿都能在班级生活和自我成长的过程中得到自信，感受自己的存在，在"受尊重、有力量、享平等"的精神环境下扬优点、补不足，从而达到家园共同愿景的教育目的。

又如，在常规培养方面，开学初我们和幼儿一起制定了班级公约，让班里的每一个小朋友都知道公约的内容，公约贴在班里每个孩子都能看到的地方，教师不再用批评、教导的方式告诉孩子哪些是对的、哪些是不对的。孩子们在生活中有哪些行为不适宜，只要悄悄地告诉他"看看这"他就明白了。这种方式不仅让幼儿更容易接受，还保护了他们的自尊心。这些隐性的教育手段越多，教师的工作也就越轻松，孩子们的幼儿园生活也会更快乐、更有序。

3. 创设幼儿喜欢的班级环境需要遵循的原则

（1）**年龄适宜**。每个年龄段的幼儿都有不同的特点，所以在创设环境的时候也要根据不同年龄班幼儿的特点创设适宜的环境。小班应该创设温馨、童趣的环境，用可爱的卡通形象，鲜艳的颜色吸引他们的注意；中班则需要能帮助幼儿提升经验、适当发起挑战的环境，既能让他们感受到成功的快乐，又要从中获得发展；大班为了满足幼儿喜欢探索的欲望，则应该为他们创设有挑战性的精神环境。比如大擂台、PK赛等，在精神上给了他们足够刺激，才能更好地激励他们学习，为幼小衔接做准备。

（2）**变虚为实**。精神环境的创设看似很虚，看不见、摸不着，但它不仅仅是一个简单的口号或一面墙的布置，教师一定要把创设精神环境中所倡导的理念，运用到实践生活中。比如：希望所有幼儿能在一个友善的环境中学习、生活，那在平时教师就要引导幼儿理解什么是友善？怎样做是友善的行为？从教师自己做起，帮助身边的同伴、多做友善的事，鼓励幼儿也能向老师学习，帮助弟弟妹妹、关心家里的老人，从实践中体会"友善"这个词的含义。

（3）**师幼共建**。无论是在建立班级文化，还是创设班级环境的时候一定要和幼儿一起商量、讨论，给幼儿表达自己想法的权利、真正了解幼儿的需要，他们想做什么，喜欢什么，这样的创设出来的环境才能是幼儿真正认可、喜欢、有意义的环境。

（4）**整体统一**。这里说的统一性是颜色、字体的统一。班级环境的主色最好不要超过三种，过多而鲜艳的颜色会给幼儿带来浮躁的感受，字体也一样，每个主题的大标题最好选用一样的字体，副标题选用一样的字体，这样创设出来的班级环境会给人一种和谐、有序的感觉。当然这样的环境创设对幼儿来说也是一种美的熏陶，他们可以感受什么样的颜色搭配在一起更舒服，更好看，对颜色的感受经验会在后期的绘画活动中表现出来，提升幼儿的绘画水平和表达表现力。

（六）如何指导教师进行班级活动区的布局

幼儿一天中的大部分时间是在幼儿园室内度过的，因此班级活动区域的布局和设计是十分重要的。理想的班级环境应当让幼儿感到幼儿园就是他们的另一个家，是一个让幼儿和教师在一起做任何事情都会感到高兴的地方。

幼儿园班级活动区一般可以分成以下几个区域：建筑区、家庭区、表演区、玩具区、艺术（美工）区、沙水区（科学区）、图书区等。合理的游戏区域布局有利于幼儿的学习、交流与情绪情感需要的满足。保教干部在对教师进行指导的时候，应要求教师遵循以下六个原则。

1. 开放的原则

在开放的环境中，室内桌椅并不是固定摆放的，而是可以根据幼儿的活动需要灵活调整。没有了规规矩矩、方方正正的区域划分，取而代之的是更趋于开放式的区角设置，每个活动区域至少有两个出入口，便于幼儿在区域间穿行，幼儿无论站在哪里都能清楚地看到每个区角及班内的各种材料，便于幼儿进行选择、操作。开放的环境能够鼓励幼儿更好的探索，把自己的想法付诸实践（图3-23）。

图3-23

2. 有机组合的原则

每个区域都有着自己鲜明的活动目标和功能，但每个区域又都是相互依存、相互影响的，把相关联的活动区设置为相邻区域，便于幼儿拓展、延伸游戏，如把家庭区和积木区放在一起，图书区与益智区相邻。例如，家庭区的"爸爸"可以到"建筑工地"上班；益智区的幼儿可以到图书区去查阅资料……由此可以衍生出许多游戏的情节，促进幼儿创造力和想象力的发展。

3. 动静分开的原则

开放的区域，大大地增强了孩子们之间的互动与交流，但这并不意味着要相互影响和干扰，合理的设置区角位置和布局是非常重要的。如热闹的表演区和安静的图书区不能安排在一起，避免表演区的歌声、锣鼓声、说笑声传到图书区，给安静看书的孩子造成干扰。在设置中，我们应该将游戏分为安静的和热闹的两大类。比如图书区、玩具区、科学区、艺术区可以放在一个相对安静的区域中，表演区、积木区、家庭区这些相对热闹的我们可以放在教室的另一边，两个大的区域互不干扰，而又相互联系，共同促进整个游戏的发展。

4. 相对私密的原则

无论在家还是教室既要让人感到是一个对所有人欢迎的、舒适的环境，也要为这间屋子的主人提供一定的私密空间。教室里应该既有开放的公共区域，也要有私密区域，类似小帐篷、大纸箱、从天花板垂下来的纱幔、教室中自然留下的边边角角，双人沙发等这样让一两个孩子坐在一起的地方就可以被认为是私密的空间。孩子的私密空间既要注意私密性，又要注意便于成人监护。

5. 大小有别的原则

在区域设置的时候要注意每个区域空间的大小，不同的活动区域要区别对待。在设置活动区域空间时，应根据孩子参与的兴趣和人数进行调整，如对于人数多、操作空间大的积木区和家庭区，应设置出比较宽松的空间。

6. 考虑客观因素的原则

每个区域的设置都有其需要考虑的客观因素，活动室内的采光照明、用水便利都是我们要考虑的。如图书区应设置在光线充足的地方，以便于幼儿阅读、观察和进行前书写，而科学探索区、美劳区应离水源近一些，以便于幼儿取水或清洗用具。

（七）如何指导教师使班级活动区的材料看得见、拿得着、收得回

班级的活动区已经设置完成了，老师们开始为孩子们投放大量的玩具材料，而这些玩具材料是否被孩子们看到了呢？是否被孩子们运用到自己的游戏中去了呢？孩子们使用过的材料又是否被收回去了呢？这些问题都是老师所要考虑的。因为孩子们都是具象思维，只有看得到，才能激发游戏愿望，才想玩；找得到、拿得到，孩子们才能实现自己的想法！所以保教干部在指导教师投放材料时要依据以下原则。

1. 看得到的原则

当我们将所有的材料投放到各个区角后，首先教师要看一看我们盛放玩具材料的器皿是否合适：（1）用透明的、带孔的容器存放玩具材料；（2）使用合适工具存放材料，如用胶条车存放胶条；（3）对玩具进行分类，按类存放，如积木区的积木应分类存放，而不是放到箱子里……其次，教师要蹲在教室的任意一角，以孩子的高度和视角去看一看我们教室，我们是否可以看到自己所投放的材料，如果不能的话，就要考虑重新调整教室内的区角位置或桌椅的摆放了。要注意中间用来隔区的柜子应该是通透的，而不能是带背板的。

2. 拿得到的原则

我们所存放的玩具材料孩子们都能看得到了，但是他们能顺利地找到并拿到自己想要的东西吗？这需要老师思考材料摆放的合理性。（1）将材料放到孩子们伸手可以触及到的地方，这样孩子们可以不用为了拿到高处的玩具材料而浪费时间；（2）将材料进行筛选、分类，把同种类材料摆放在一起，使幼儿找得到、拿得着。如把不同大小、颜色、形状、材质的纸张放在了一个柜子里，这样孩子们在寻找纸张时就会一目了然，不用再跑来跑去了。自然物有层次地摆放在架子上，孩子们既看到了这些自然物，

又欣赏到了它们的美；（3）把幼儿常用的剪刀、胶条、压花器等工具放在明显的地方，这些都是孩子们常用的工具，当他们想用的时候就会一眼看到并方便取放。这样一来孩子们在活动中能自由、方便地找到自己想用的材料和工具，不会因为寻找而浪费时间了。

3. 收得回的原则

为了能让孩子们将自己用完的玩具材料收回去，最简单的方法就是给每种材料做标签或标识。下面介绍几种做标签、标识的方法：（1）实物，将玩具材料的实物粘贴在存放材料的容器外面；（2）照片或商品目录，将玩具材料进行拍照，把照片贴在存放材料的容器外面或将商品目录减下来粘贴在存放材料的容器外面；（3）轮廓，将玩具材料的轮廓拓印下来，粘贴在存放材料的容器外面；（4）简笔画，将玩具材料利用简笔画的形式画下来，粘贴在存放材料的容器外面；（5）文字，将玩具材料的名称写下来，粘贴在存放材料的容器外面。以上这几种制作标签或标识的方法可根据幼儿的年龄特点来制作，如小班就可以用实物或照片的形式来做标识，中班可以用轮廓、简笔画，大班可以用图片加文字的方法制作标识，但这也不是一成不变的，教师可以根据本班幼儿的年龄特点和发展水平进行调整。

为了能让孩子们找得到、拿得到、收得回，每个活动区也要有自己的区标，这样更便于孩子们取放玩具材料。活动区的区标可以用这个区域中最典型的工具或材料来当标志，如图书区就可以用一本书来当区标，积木区就可以用小朋友玩积木的图片来当区标……

让幼儿能看得到、找得到、拿得到、收得回我们所提供的玩具材料，对幼儿的自主学习有很大的促进作用。让材料和幼儿相互作用，让幼儿成为环境材料的主人。

（八）如何指导教师创设支持儿童学习探究的墙饰环境

说到墙饰，很多人会想到精致、唯美，但幼儿园的墙饰是否越美越好？是否只是摆设？显然不是。《纲要》中明确提出"环境是重要的教育资源，应通过环境的创设和利用，有效促进幼儿的发展。"可见能够和孩子互动的、能够促进幼儿发展的墙饰环境才是有效的墙饰。

1. 墙饰的内容应来源于幼儿并追随幼儿的学习兴趣

什么样的墙饰是能够吸引幼儿关注的？一定是上面有他们感兴趣的内容、有他们想了解的知识。因此，要把墙面环境创设的主动权交给孩子，而教师的角色就要从原先的直接动手制作者变为观察者、倾听者、支持者。在游戏中了解孩子的兴趣，关注孩子的最近发展区，从而设定一个与儿童最为贴近的内容和孩子共同创设、丰富环境。

如中班建筑区墙面创设，内容来源于孩子对武器的兴趣。游戏中，老师观察到很多孩子喜欢搭建武器，特别是大炮，于是便在墙面上展示了很多他们的作品，并在每一幅作品中标注了搭建日期、作者的名称、搭建作品的名称和每种大炮不同的功能。在记录了一段时间后，老师发现了他们的变化，孩子们的搭建作品从易到难，从简单到繁琐，从单一的只用积木搭建到和废旧材料的混合搭建，这其中充分显示了孩子们的观察力、创造力的发展。他们还会对照自己搭建作品的照片来修改大炮的机关、功能，使作品越来越完善。

2. 用墙饰支持孩子的探究和学习

墙饰的创设不仅仅是单一的作品展示，还要支持和帮助幼儿的学习，帮助他们归纳游戏中的亮点和发现，使自己的游戏不断提升并满足自己的需要。在这当中教师要始终和孩子玩在一起，这样才能够去发现他们的亮点，帮助孩子归纳游戏中的方法和策略。

老师每天会和孩子们共同游戏，在这当中发现他们的需要是在不断变化的。例如，中班的搭建游戏，教师通过观察发现，孩子们在建筑区搭建了一段时间的大炮后，开始想让固定的大炮变成移动的大炮并变成真正会发射炮弹的大炮。于是，老师把孩子的问题在墙饰中展示了出来并打了个大大的问号：怎么让我们的大炮动起来？怎么能够让我们的大炮发射出炮弹？围绕这些问题孩子们开始想各种办法实现自己的愿望。他们利用网络和书籍来查找相关资料、在教室里四处寻找适宜的搭建材料、结合书中的图片来调整自己大炮的炮筒角度实现发射炮弹的愿望。这些都是孩子们围绕老师提出的问题所做的事情，这时候墙饰就要帮助孩子来归纳在解决问题中所运用的方法，这些方法会成为宝贵的经验展示出来并传递下去。老师还在墙饰中提取了游戏中的关键点和关键词来帮助孩子了解自己究竟知道了什么，梳理自己的经验和方法。

3. 墙饰的设置能够和孩子有效的互动从而激发进一步学习

各个年龄段的幼儿都有着不同的特点，而大班的幼儿好学、好问、喜欢挑战性的学习内容，因此可以通过班内的墙饰内容给孩子提出一定的挑战问题。如孩子升入大班后老师设置了一面"我的学习和收获"的墙饰，在每天的游戏结束后，每位幼儿用图画方式将自己今天的收获和学习记录下来展示在墙上，这种方式既鼓励孩子在每天的游戏中做到有计划、有发现、有收获，还能发展前书写能力，学会与同伴分享。起初孩子们的记录方式都是图画式，他们记录好给老师和同伴老师说一说他记录的内容，老师用文字把他们的讲述记录下来。经过一段时间后，孩子们可以用自己会写的汉字与图画相结合的方式来记录画面的内容，提升了学习能力。就这样，我们的这面墙饰每天都在督促着孩子们在游戏中获得知识、发展能力，成为了隐性的老师。

幼儿园阶段常规的巩固和好习惯的培养是非常重要的，各个班的老师都会利用墙面环境创设辅助儿童好习惯的养成和巩固。例如，大班的"每天欢迎你"签到墙，这面墙饰最初设置的目的，只是想鼓励孩子们每天坚持、按时来幼儿园，后来老师发现了它在促进孩子们发展上的教育机会。首先，孩子们每天主动在签到墙上签到，增强了任务意识。再由每天的值日生进行统计和计算，他们会数出每天来园的男孩人数和女孩人数并相加得出每天出勤幼儿的总数，有时候还会用总人数减去当天缺勤的人数，算出出勤人数，发展了孩子们计数和运算的能力。这面小小的墙饰成为了孩子们学习、运用数学知识的平台，为孩子们提供了在生活中学习多种计数方法和技巧的机会，孩子们们在不断的探究和学习中获得发展。

（九）如何指导教师创设支持儿童生活习惯培养的墙饰

墙饰环境作为班级环境中非常重要的一部分，对幼儿的发展起着不可替代的作用。因此培养儿童生活习惯除了通过创设适宜的游戏情境，让幼儿在游戏中操作体验、学习基本方法外，教师还应借助墙饰环境直观形象的这一显著特点，有效地推进幼儿良好生活习惯的养成。

1. 创设支持儿童生活习惯培养的墙饰宝典

（1）支持儿童生活习惯培养的墙饰创设要符合儿童的视角，切勿高高在上。 墙饰的设计一定要注意高度与位置，符合儿童的视角，切勿高高在上，产生距离感，要使儿童能够舒适直观地感受到墙饰环境的影响。

（2）支持儿童生活习惯培养的墙饰创设要具有互动性。 充分挖掘可利用的生活环境和空间，创设与幼儿互动对话的墙饰，引导和支持幼儿自主生活，帮助幼儿提高生活能力、形成良好习惯。例如，我们把一日生活的流程按照内容对应时间并以儿童绘画的形式呈现在门厅，不仅达到提示孩子们知道什么时间应该做什么事情，自主生活做事的作用，同时还与认识感知时间的数学活动起到了很好的呼应作用。

（3）支持儿童生活习惯培养的墙饰创设应具有针对性。 墙饰创设一定要针对儿童的具体问题来设计，避免只为追求美观忽略了应有的教育价值。在日常工作中教师要善于观察与发现，针对本班幼儿实际发生有待解决、普遍性的问题来设计，这样才能更有效地促进良好生活习惯的培养。

（4）支持儿童生活习惯培养的墙饰创设要具有可变性。 当墙饰创设对于培养儿童生活习起到很好的辅助功能后，要灵活适当的增减变化，例如情境不变，变目标；或内容不变，变情境，这样才能更有效的应用，避免成为一个空摆设。例如，为了培养小朋友关爱自己的身体，感知饮水量与自身的健康度的关系，逐渐养成主动饮水多饮水的良好习惯，我们在饮水区创设了"今天我健康吗？"互动墙饰，墙饰中包含了两张对比鲜明的照片（一张是健康的伸舌图片，一张是厚重上火的草莓舌图片）以及一面小镜子，这一墙饰的提供不仅使孩子知道什么是身体健康的信号，什么是上火不健康的信号，而且孩子们能第一时间通过照镜子直观的观察自己的舌苔，了解自己的健康度，有效地达到促进小朋友主动饮水避免上火的目的。 在实施了一段时间后，我们又在厕所增加了关爱自己身体的墙饰"我的小花更健康"，以两朵小花为主形象，一朵小花神采飞扬，花心呈现白色表示小便颜色透明，说明饮水量合适；一朵小花神情沮丧，花心呈现黄色表示小便颜色偏黄，说明饮水量不足需多饮水……这样在孩子们如厕时也起到了主动观察提示的作用。

（5）支持儿童生活习惯培养的墙饰创设应体现年龄特点。幼儿年龄越小越容易受环境的影响，因此在创设墙饰时，可以在小班多运用生动可爱简洁卡通形象或图案、图片、照片；中大班则可逐渐加入儿童自己设计绘画的符号形象，让儿童更多地参与到墙饰的创设中，体现儿童的主人翁意识。

2. 创设直观墙饰支持儿童生活习惯的培养

（1）小班——创设儿歌、游戏墙饰引导儿童学习方法。幼儿年龄小，在家的时候受到家里人的细致照顾，因此生活自理能力弱，另一方面"不会方法"也直接影响了他们习惯的养成。因此，帮助幼儿学习自理的方法是非常重要的。结合活动内容，我们将环境在活动中自然引出，帮助幼儿学习自理的方法。

①儿歌式的指示环境　儿歌具有短小精悍，朗朗上口，易于理解的特点，是小班幼儿熟悉并喜欢的一种语言形式。因此，教师在小班初期教幼儿学习一些生活自理方法时，常常用到儿歌这一方法。例如，在"学习叠衣服"的活动中，老师在边说儿歌边演示叠衣服的方法后，让幼儿自己实践叠衣服时，出示叠衣服的步骤图照片，并配以儿歌"大门关关好，胳膊抱一抱，低低头、弯弯腰，我的衣服叠叠好"，布置在环境之中，让幼儿根据自己在实践中遇到的困难，适当借鉴，体验成功。

②游戏性的指示环境　游戏是幼儿基本的活动，更符合小班游戏化的一日生活的学习方式。因此，在活动中老师也会利用游戏的方法帮助幼儿学习掌握一些生活自理的方法。比如，根据小班幼儿不会自己穿衣服的现

状，我们创设了"盖房子"的游戏情境，"抓领子、搭帐子，小老鼠钻洞子，关大门，开火车，我的房子盖好了"，让幼儿在玩盖房子的游戏中学习穿衣服的要领。然后在幼儿实践体验环节中，利用照片加游戏情境介绍的方式布置在环境中起提示作用。

墙饰环境不是孤立存在的，要和活动建立联系，在活动中自然地引出环境，同时也自然地引起了幼儿对环境的关注与互动。

（2）中班——创设平面指示、立体操作、欣赏展示的环境巩固能力。有价值的环境创设，能直接引领孩子的行为，发挥环境的指导作用。因此，我们非常注重环境创设的有效性，让幼儿在生活中利用环境，在与环境的真实互动中巩固生活技能，获得自信。

①平面的指示环境，提示幼儿熟悉方法　升入中班后，除了进一步巩固小班建立的良好生活习惯外，班级还要增添一些新的习惯养成方法。因此，日常生活中提供的指示性的环境显得尤为重要。这些指示性的环境，多为活动中引出的墙饰环境，延伸到幼儿的生活中，为那些还没有掌握方法的幼儿提供帮助。例如在进行"小手真能干"的主题活动时，我们将穿衣服、叠衣服的方法照成照片布置到墙饰环境中，当幼儿早上来园，或户外活动前后出现不会穿脱衣服的现象时，可以到墙饰前看一看照片，根据上面的步骤提示，然后再动手尝试，达到逐渐熟悉方法的目的。

②立体的操作环境，支持幼儿掌握技能　要说平面的环境更多的具有指示性的作用，能有效吸引幼儿视觉与思维的参与，那么立体的环境就更能激发幼儿动手操作的兴趣，让幼儿在与操作性的环境互动中获得更大的发展。比如，为锻炼幼儿小手的灵活性，让幼儿更熟练地掌握用筷子的方法，在墙面上创设了"喂豆"的立体操作环境，幼儿尝试着用筷子夹起大小不同、形状各异的豆子，喂到喜欢的小动物的嘴里。这些环境便于孩子随时去动一动、试一试，在动手中获得真实的经验，逐渐掌握生活技能。再如，为巩固幼儿刷牙的方法，以及培养幼儿对刷牙的兴趣，教师结合"小熊拔牙的故事"，创设了"我帮小熊来刷牙"的墙面操作环境。让幼儿利用真实的牙刷，来给用纸箱和牙齿模型做的"小熊"刷牙，获得较好的

效果。

③欣赏的展示环境，帮助幼儿获得自信　幼儿的自信心来源于成人对他们的鼓励与评价，以及自己借助直观的事物来进行自我炫耀和互相欣赏的过程中。一个没有体验到成功和自信的幼儿，也就没有了做事的主动性，然而，主动性恰恰又直接关系到良好习惯的养成问题。所以，要让幼儿在生活自理方面获得同伴的肯定，获得自信非常重要。为实现家园教育的一致性，形成家园教育的合力，我们不仅在幼儿园让幼儿做到自己的事情自己做，还鼓励幼儿在家也要这样，并请家长密切配合，真实地将幼儿在家刷牙、提裤子、穿衣服、叠衣服的镜头，用照片的形式记录下来带到幼儿园，然后请幼儿当众讲一讲自己在家做了哪些事情，我们将这些幼儿生活中自己的事情自己做的照片布置在环境中，供幼儿随时欣赏、交流。幼儿在与伙伴共同欣赏交流的过程中获得了信心，这也为幼儿养成良好的生活习惯奠定了基础。

墙饰环境不仅具有装饰美化的作用，更重要的价值在于能与幼儿产生积极有效的互动，在互动中获得经验和发展，让环境真正服务于幼儿，服务于幼儿的生活。

（3）大班——创设自己做主、自我管理的环境，内化好习惯。随着时间的推移，大班幼儿已经初步掌握了生活自理的方法，那怎样让幼儿在掌握了方法和技能后，逐渐将良好的生活习惯形成动力定型，就需要教师变化环境、创设新的环境，让幼儿在与新的环境积极互动中自主做事，形成良好的习惯的良性循环。

①分享讨论，共同想办法解决习惯养成问题　开学后，我们注意到总是有小朋友来园迟到，个人奖励法、口头评价法等很多方法都不见效，对此我们组织小朋友共同讨论，找原因、想办法。我们创设了"星期宝宝"的环境，准备周一至周五不同颜色的星期宝宝卡片，并在每个小朋友的柜门上准备了小插袋，每天早上来园后，孩子们会拿起相对应的星期宝宝卡片，插在自己的小插袋里，这样依次循环，如果一周天天坚持来园不迟到，那么就可以得到五张星期宝宝的卡片，集齐五张卡片在周五离园时就可以

得到一枚精致的宝宝星。这样的互动墙饰环境极大地调动了孩子们按时来园的积极性，孩子们把早来园得到星期宝宝作为一件快乐积极的事情来做，增强了时间观念，效果显著。

②自己的事情自己做，我的时间我做主　以前孩子们会在一个固定的时间里统一喝酸奶，这种传统的方式便于教师管理，但对于孩子们来说就过于死板。教师尝试改变，创设了自助喝酸奶的记录墙饰。让孩子自主地分配自己喝酸奶的时间，请每个孩子设计了一张一面是写着自己的名字，另一面是自己自画像的"个性化的喝奶卡"插在自己的柜门上，在一天中可以自己选择时间喝酸奶，如果喝掉了就要把卡翻到有自画像的一面，名字面朝外表示还没有喝。这样的方法可以让所有的小朋友和老师一目了然，相互提醒，如果他愿意还可以把酸奶拿回家喝（图3-24）。

图3-24

总之，墙饰环境对于儿童良好生活习惯的养成具有推动作用，作为教师要善于通过环境影响、感染幼儿。要用心设计并创设好墙面环境，让幼儿通过与环境的积极相互作用，主动获取有益于身心健康的丰富经验，促进幼儿健康快乐的发展。

（十）幼儿园教育理念、文化建设怎样展示在环境中

1. 展示幼儿园教育理念和文化建设的原则与策略

一个幼儿园全体教职工的思想、意念共同凝结成理念，并落实到物质文化、精神文化、制度文化里，然后不断完善、建设，将这样一个过程展示出来具有体现专业、科学严谨、推动正能量的意义。而展示幼儿园教育理念、文化建设，对于直接受众——教师、家长、幼儿、同行、社会，也

具有更多影响、鞭策、传播的作用。

说到展示，每个幼儿园形成自己的园所理念、文化建设都是一段积累的过程，将这个过程呈现出来会有多种方式方法和途径策略，但无论怎样展示，都应遵循以下原则。

原则1：展示有根基，切忌"无凭无证喊口号，无根无据唱高调"

幼儿园会开辟出展示专区或"理念墙"作为体现理念、呈现文化建设的方式，但内容常见的是文字、文字、文字……雷同率最高的恐怕是"一切为了孩子，为了孩子的一切，为了一切的孩子"，这样的语句太高大、太深远，也太不好体现了，怎么证明一个幼儿园就真的做到了"一切为了孩子"呢，恐怕不是一句口号可以说服观者的。

原则2：内容需真实，切忌"文字、道理＞现场、例证"

幼儿园园长及教师经过长期的理性思考及实践所形成的思想观念、精神向往、理想追求和哲学信仰，通过总结归纳、梳理文字形成抽象的概括，这是非常严谨、正确的察、觉、思、行的过程，但完全用文字、条文、词句来呈现，就显得不生动、很空洞、太教条。

原则3：形式需互动，切忌"展示辉煌、列成绩单"

幼儿园的任何展示都应该考虑受众是谁？谁在看？谁在欣赏？谁在理解？谁在接受？谁在传播？理念、文化的展示也是如此。家长？教师？同行？领导？如果只想到这些受众，也就无可避免地出现"光荣榜、成绩单、列战果、贴奖状"的现象，凭满墙满眼的"辉煌"去抓观者的眼球，其可信度有些牵强。所以思考一下，除了四个展示受众，还有谁？儿童！如果想到儿童也是理念、文化展示的欣赏者甚至是参与者，那么展示形式也就灵动起来了。

原则4：线索需连贯，切忌"无缘无由、空穴来风"

实践、研究、归纳、总结，这是一个完整的历程，是一气呵成、一鼓作气的，所以展示与实践的过程要相匹配，没有起点没有源头的呈现，会让受众质疑"这是怎么来的呢？""凭什么得出这些结论呢？"所以，展示的线索要有始有终、有源有起、有容有量、有依有据。

原则5：布局有层次，切忌"一团、一片、一条、一框"

任何展示都要考虑到布局、美观、色彩、配合，所以展示理念和文化建设尽量做到与幼儿园其他展示相协调、统一、衔接、对应和互补，如果儿童作品、园地等的展示都是温暖、可爱、童趣的，但理念、文化的展示却是以白底黑字一句句、一条条、一大片、一个框出现的，会是多么突兀。

除遵循以上5原则，展示幼儿园教育理念、文化建设也有很多途径，这些途径蕴含在环境中，所以基本以凝固的环境、动态的环境来呈现。

首先，通过凝固的环境呈现，可以按照以下策略进行。

策略1：集中展示，抽象概括

利用一个固定的空间、墙面、版块、屏幕来集中展示幼儿园教育理念是较高效、突显的方式。这里就需要合理的布局和空间划分，将一段时间以来实践、研究的理念成果有来龙有去脉地展现，把幼儿园理念形成之初教师如何发现普遍现象进行收集、分析和归纳的过程做为第一结构。如我园在尊重儿童，满足儿童对时间、空间、理解、信任、权利的需要后，发现了儿童的力量，转变儿童观，形成"相信儿童是有能力、有自信的主动

图3-25

学习者"的信念，于是将一日生活当中教师对儿童的观察、记录、解读呈现在"在游戏中学习、在探究中成长"（图3-25）的展示中，通过教师的口吻对每幅生动的画面进行解读，体现"游戏、探究"的学习方式和"学习、成长"的发展状态。

与之相呼应，在对面的墙面上展示教师在观察、解读的基础上了解、理解、认识了儿童的学习方式和成长状态，自己做出的转变，形成的认识。也就形成了"教师理念"墙（图3-26），在这里展现全园每位教职工对儿童的认识、对教育的理解，共同凝结成《教师宣言》，随着"理念墙"的展示，让儿童看到自己的学习者形象，更让教师明确教育观、凝结力量、提示自己，引导教师按照《教师宣言》去践行、努力。

图3-26

策略2：图文并茂，有据有典

展示教育理念，没有文字是不行的，但只有文字是万万不行的，在遵守"原则1"的基础上，将一个阶段的积累、研究、认识呈现出来，做到有例有证有据有典是很容易的。如三义里第一幼儿园在2013—2014一年实践、转变、研究之后，对独一无二、生动有趣的儿童的学习进行更细致的注意和辨识，发现学习的基本线索和规律，并对其回应和研究，形成"发现儿童的力量、解读儿童的学习、转变教师角色、支持探究成长"的理念，于是将"理念墙"做出改变（图3-27），以呈现图文并茂的、具有强烈真实

图3-27

感、即时感、存在感、结论感的效果。

在这面"理念墙"里，每张照片都是一个学习现场，都是一个例证，而将共同的线索凝结在一起就梳理出规律，再用文字集中体现在图片中，形成有图有文、有证有论的展示，体现"原则2"。然后用同色统一内容，用围拢突出认识，用递进式话语强调理念的形成过程。

当发现儿童的兴趣并追随观察、理解儿童兴趣发生发展的过程时，也从中探究出儿童独一无二的理论，并以新的教育观来明确自己的作用，也形成与"儿童墙"呼应的"教师墙"（图3-28）。在这里以更简练的文字来

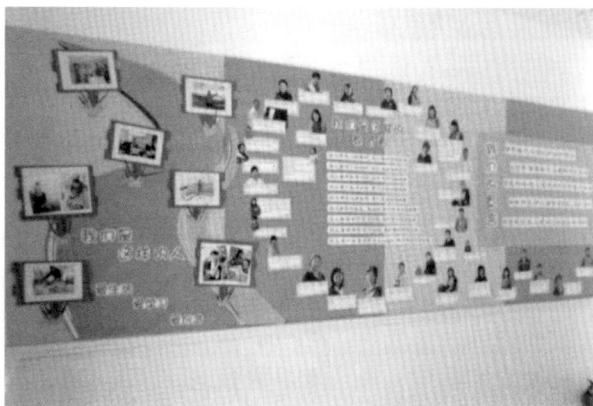

图3-28

展现什么样的教师、用什么样的视角、发挥什么样的角色作用，来支持探究中成长的儿童。我们记录了发自教师肺腑却又个性鲜明的声音向儿童、向家长、向同行等更多观者宣布：只有走近儿童才能走进儿童，而走进儿童的每位教师都会因时因需用不同角色陪伴儿童，体现智慧教育者的作用。而这样的展示就将"尊重儿童、转变角色、智慧教育"的理念生动地诠释出来（图3-29）。

图3-29

策略3：优化形象，突出标识

当一个幼儿园的理念得到普遍认同、精练提升、高度概括后，会抽象为符号、短句、关键词，所以对具体形象、标识的展示与解读非常重要。这里体现"原则4"，一个结果、一个概念的形成都不是空穴来风，而是有理有据的历程。例如，三义里第一幼儿园在历经班级实验、全面推广、集体验证、共同研究后，在2016年3月，确定了园所文化和教育理念，确定了园标，而这些的形成是有着近三年的由点到面的实践与研究积累的。这一段时间的研究使我们明确，儿童观、教育观、学习与发展观无不蕴含在儿童与周围人、事、物的关系里，是爱、指引、关心、理解使这种关系更加温暖、紧密，而这种关系是需要教师用心、用专业的能力、用学习的信念去培植的（图3-30）。

图3-30

随着对儿童以及儿童的学习方式、发展规律的进一步解读，全体教师应该营造一个什么样的精神氛围和物质氛围呢？使我们的信念滋生于幼儿园的一切生命中形成文化，体现"原则5"，让展示有条理、有顺序、有层次，娓娓道来般地讲给观者（图3-31）。

图3-31

与"儿童墙"对应的"教师墙"里做出解读：用爱、指引、关心、理解来维系的关系中，要满足儿童的需要，也尊重儿童能表达需要的途径和方式。

随着长期的实践与研究，众多线索中梳理出共同的规律，而在规律中出现的关键词也有条理地跳跃出来，它就凝结成文化和理念（图3–32）。

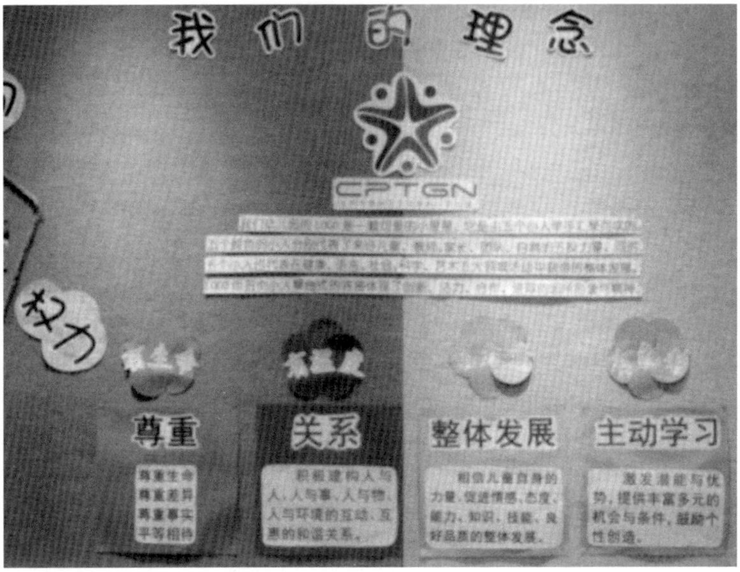

图3–32

在这里的展示中，集中将园所文化、教育理念、园标凸显地呈现在中心地带，并以同色系、同字体、结构清晰、层次明确的简捷方式呈现，形成高度认知，起到整合、传播的作用。

策略4：文字精练，体现互动

让静静的图片、文字就要像在说话一样，使观者有现场感、带入感、情境感、认同感，尽量用童趣、平实、叙述的短句来表达（图3–33）。幼儿园教育理念、文化建设的展示，不是昭告天下、公示宣布，这就体现了"原则3"中的强调的，幼儿园的理念、文化应该让儿童自己也看懂，因为理念、文化本就来自于对儿童的观察与解读（图3–34）。

在这里我们看到，一张张照片里展现的是儿童与教师、与家长、与同伴的各种互动场面，非常温暖、有爱、有力量，这些画面围拢之中的，就

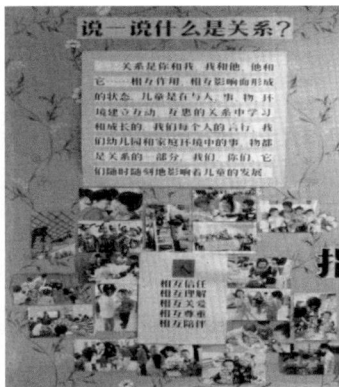

图3-33　　　　　　　　　　　　　　　图3-34

是通过人维系的关系。这样的展示文字少、画面多，特别有现场感，位置较低易于每个儿童找到自己，感受自己在幼儿园的存在和归属，也就起到了互动作用。

其次，通过动态的环境呈现，可以按照以下策略进行。

除了展示凝固的环境供观者品读、欣赏、理解之外，更有力量更有现场感更有说服力的，就是动态的环境了，也就是幼儿园的所有生命体、时间、空间。在这样大而广的灵动的环境中，展示幼儿园教育理念、文化建设也有策略可循。

策略1：班级文化诠释园所理念

幼儿园的教育理念来源于教师的实践与研究，来源于园长、研究团队的梳理与提升，而将理念再实施就要还原到现场、还原到班级中，所以班级文化是园所文化最好的解读与诠释。如我园"礼乐"文化，"礼"就体现为礼貌、礼节、礼仪、礼让等，于是大班对"礼"文化的解析有"做文明的大班小朋友"，中班有"班规10条"，小班有"说话轻轻、走路轻轻"等。而"乐"可以分音理解为音乐的"乐"和快乐的"乐"，体现在我园各班班级文化中，有大班的"歌声伴我一日生活"，中班的"音乐在说话"，小班的"唱唱跳跳好快乐"等。

而教育理念更是要通过每位教师对本班儿童的观察、理解后，落实幼儿园的教育理念——"有生命、有温度、有力量、有色彩"，与之配合的课程理念就是"尊重、关系、整体发展、主动学习",而落实到各班就可以更具体、更显现。如体现"有力量"的教育理念,小二班提出"小手真能干",大一班提出"我是挑战者",并随之开展系列活动。再如,体现"有色彩"的教育理念,中二班提出"特别的我"并开展尊重儿童个性发展也激发整体发展的活动,中一班提出"我最棒"并为儿童创设展示自己的机会,也激发五大领域全面发展。在幼儿园教育理念和文化建设逐渐完善、不断细化后,全体教师、儿童、幼儿园的人、事、物都成为文化的传承人和拓展人。中一班在把幼儿园教育理念详细解读,并在观察了解新升班儿童发展水平的基础上,制订新的班级文化——"会友善、能表达、敢探索、爱学习",在家长园地鲜明地展示出来,把园所倡导的、班级倡导的突出展现,起到强烈的传播、凝聚作用(图3-35)。

图3-35

与之呼应,在班级开展的活动以及环境创设时,都会再细化班级文化。如对应"能表达",借助感恩节呈现"爱要大声说出来"的活动(图3-36),对应"敢探索",结合秋季自然变化开展"怎样为树叶保湿"的探究活动,对应"爱学习",在园级阳光体育活动的契机下开展班级运动会,向儿童发起挑战"Can you do it?"(图3-37)。当儿童自己做运动会计划、设计项

图3-36

目、制订规则、进行运动会后，通过儿童自己的努力验证做出"Yes, I can!"的回答并呈现出来（图3-38）。这样一直螺旋上升，使儿童的生活、游戏、学习、发展自然践行教育理念并展现班级文化。

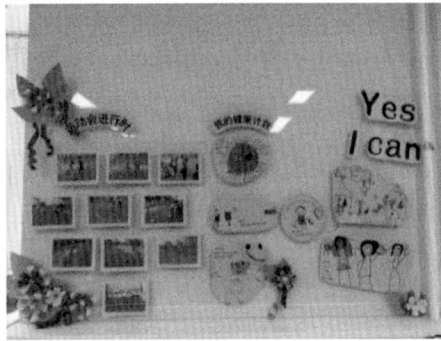

图3-37　　　　　　　　　　　　　　　　图3-38

所以，班级文化的建设既是对幼儿园教育理念的解读与实施，也是创建园所文化的第一现场。

策略2：物质文化解读理念内涵

"文化育人"的园所氛围是需要通过物质文化来实现的，因此让幼儿园里时时、处处充满文化气息，让儿童在健康、和谐的环境中成长，感受美的氛围、享受美的滋养、接受美的熏陶、得到美的升华，强化文化建设在素质教育中的隐性作用。园所文化应体现自然、合理、安全、舒适、尊重的原则，巧妙利用图书、挂饰、绿植、作品、图片、标识来分区分功能，使游戏、学习、发展蕴含在幼儿园的每个角落。

策略3：随研随展，体现文化建设

幼儿园的教育理念的形成是园长、教师、教职工共同实践、研究、验证、梳理的过程，是不断强化、充实，并越来越科学、合理的形成过程，文化建设更是不断积累、细化、落实的过程，这些动态的、发展着的内容，与其相匹配的也应该是动态的、可改变的、在调整的展示方式，所以展示幼儿园教育理念和文化建设也应该伴随着研究的过程一步步呈现。

策略4：优化细节，突出儿童为本

在"原则3"中提到，展示幼儿园教育理念、文化建设的受众之一是儿童，所以强调互动性，突出儿童声音、儿童作用就成为策略之一。一般幼儿园会想到利用儿童作品来展示理念和文化，但好的幼儿园会尊重儿童的各种表达，并提供更多空间让儿童享受存在感、归属感和成就感，而更好的幼儿园会把空间还给儿童，让儿童商议、决定这个空间做什么？用什么做？谁来做？怎么做？如幼儿园可以大胆地把土地划分给各年龄班，供儿童讨论、决定这块土地可以用来做什么。还可以把原本由保安、后勤等工作人员负责的树木、花草分派给儿童，供他们承包、养护、观察。更可以将一个展示柜、专栏区交给儿童，请儿童拟定一个题目或围绕幼儿园的活动命题，来决策自己的展示内容。所以，只有将细节不断优化，才能突出儿童为本的教育理念。

策略5：共同参与，尊重多种表达

一个幼儿园的教育理念和文化是一个团队、每个成员共同滋生、维护、完善、巩固的过程。因此展示的方式更应该体现共同参与、多种表达的策略。展示教师爱好、兴趣、作品、思想的专栏，可以让教师也享受归属感；呈现精彩活动、教师风采的展示可以让教师看到自己专业发展的轨迹；而阅览室、图书馆、咖啡吧、艺术区、茶歇园等环境的建立，更让师生在高频率、快节奏的工作生活中为自己弹拨调节、舒缓、享受的音符。

总之，展示幼儿园教育理念、文化建设的方式、方法有很多，但都应体现并起到健康、和谐、自然、尊重的作用，以保障幼儿园内每个生命体都在这样的理念和文化的影响下蓬勃生长。

（十一）如何指导教师创设幼儿园的艺术环境和氛围

1. 如何把握幼儿园环境中的艺术性

不同的幼儿园环境创设会给幼儿带来不同的感受，它会通过物质和精神两个方面给孩子们影响。如一个宽敞、温馨而又充满阅读氛围的幼儿园大厅，会让孩子不由自主地产生对阅读的兴趣，而宽敞、温馨的环境和氛围又会让幼儿心里觉得舒适与安宁、自由与放松。环境创设自然而然地通过幼儿对环境的认知和环境对幼儿的影响完成了心理由外向内，再由内向外的双向交流。而从这其中就能看出幼儿园环境对幼儿的重要影响，因此在创设幼儿园环境时要充分考虑环境给幼儿带来的艺术感受，在这个感受中不仅包括环境中艺术的感染，还包括环境给幼儿带来的心理感受和视觉反映。为了更好地展现幼儿园环境中的艺术氛围，给孩子们更好的身心艺术感受，可以遵循以下三个原则来开展幼儿园的环境设计。

（1）**以人为本原则**。幼儿园的环境中包含很多功能性区域，如户外活动场地、种植区、各种功能教室、小花园、走廊、活动室等，在环境设计时要充分考虑这些功能区域的作用，要考虑幼儿活动在其中时心理受到空间大小、色彩、布局等方面的影响，通过艺术的创设给幼儿身心带来更舒适的感受。

（2）**整体性原则**。幼儿园的整体环境创设要有统一的风格预设，如活泼、温馨等，也以可以从统一的风格中反映园所的文化理念，从而让园所的环境氛围达到统一、和谐，体现环境育人的目的。

（3）**艺术性原则**。就是利用环境中的各种因素，包括这些因素的使用功能和精神功能，空间的运用，色彩的搭配，不同材料的质感，采光与照明，家具与陈设，绿化等创设富有美感（适度美、均衡美、韵律美、和谐美）的环境，这个环境除具有实用性外，还应具有审美性与装饰性的特点。

把握幼儿园环境中艺术性的几点建议：

①色彩要和谐　色彩深刻地影响着人们的视觉感受与心理情绪。从色彩角度讲，过多的色彩对比与高纯度色彩组合会让人眼花，产生环境混乱的感觉，从而让人产生心理不安和过分刺激的感受。如果让幼儿长期生活在这样的空间里，会让胆小的孩子易情绪不稳定，会让活泼的孩子易兴奋，会让好动的孩子易注意力分散。而幼儿园环境中的色彩就像一段旋律一样，要有统一的节拍，要有起伏的节奏，要有协调的搭配。幼儿园中的色彩要达到统一中又有变化，变化中又体现和谐，就要有整体的主色与配色。主色可以根据园所要为幼儿营造的环境氛围来定，或引发自园所文化理念，或结合园所建筑的风格、建材色彩等制定。配色就可从通过调整主色色彩的饱和度、明度等产生与主色相协调的颜色进行搭配，从而让环境的颜色

协调、统一。如主色选择蓝色，配色可调整主色的明度与纯度形成深蓝、浅蓝等颜色与之相配。除了选择与主色相同的颜色外，配色还可以选择与主色相邻近的颜色。如在色环上绿色与蓝色、红色与黄色就都是相邻近的颜色。选择相邻近的颜色与之配色可以让环境中的颜色避免过于杂乱，同时又可以让色彩和谐又显活泼。当然幼儿园中的各个功能性区域可以在整体协调的基础上有适当的变化。

附：装修设计的色彩搭配技巧

一、红色

1. 特性：热情，积极，突出。

2. 优点：可使使用者热情洋溢，积极向上，活泼好运，积极参加与生活圈以外的交往。

3. 缺点：主观性强，不安定。

4. 搭配色：粉红色，橙色，金色，紫色。

二、黄色

1. 特性：扩张、愉快、明亮、温暖。

2. 优点：空间扩大、温暖、愉快而活泼。

3. 缺点：不稳重、对比性强。

4. 搭配色：绿色、蓝色，橙色，紫色。

三、蓝色

1. 特性：寒性重，长远，广阔，冷艳，沉静，深沉。

2. 优点：寒色系主色，平静安详，晶莹透彻，高雅脱俗。

3. 缺点：过冷，色重过强，压迫感大，消极，不易退色。

4. 搭配色：米黄，紫色。

四、橙色

1. 特性：活泼，明亮，积极，热忱。

2. 优点：鲜明，突出，温暖，活动性强。

3. 缺点：波动，轻浮，不定。

4. 搭配色：黄色，草绿色。

五、绿色

1. 特性：清新，凉爽，平静，成长。

2. 优点：清新雅致，平和安详，凉爽清新。

3. 缺点：冲力不足，略具寒色性。

4. 搭配色：黄色，蓝色，橙色，棕色。

六、紫色

1. 特性：艳丽，突出，神秘。

2. 优点：突出感情丰富，温暖，富有罗曼蒂克气氛，具有神秘感。

3. 缺点：过分艳丽，不易配色，气氛浓，不便安排。

4. 搭配色：米黄、黄色、金色、银色、红色。

七、白色

1. 特性：明快，简洁，纯净，清爽，开放。

2. 优点：以白色为单一色可使空间变大，气氛温暖，容易配色。

3. 缺点：不易保养，过分使用白色会给生活单调者造成视觉及神经压迫。

4. 搭配色：所有色。

八、黑色

1. 特性：庄重，寂静。

2. 优点：稳重，厚实，对比气氛强。

3. 缺点：使空间变小，光线过暗，过分沉重，不开朗。

4. 搭配色：所有色。

（资料来源：装修设计的色彩搭配技巧[J]. 城色（尚家），2011，08:89.）

②空间装饰不应过满　试想一个人从头到脚都戴满各种装饰物，会给其他人什么感受，肯定是夸张而又没有品味。幼儿园环境的空间装饰也是同理，装饰要合理、适度，而不应过满。空间装饰是指幼儿园各空间中的

装饰物，它包括幼儿园大厅、楼道、墙面、班级等空间悬挂、粘贴的装饰布置。空间装饰会让幼儿保持视觉信息的适宜、稳定和平衡。为了达到这种视觉信息的平衡和稳定，我们可以利用比例之美来帮助教师们进行把握。当空间与装饰物之间的比例过大时，会让人觉得空间过于空旷，而显得空间单调，无变化。当空间与装饰物之间的比例过小时，会让人觉得空间过满，而显得杂乱，无序，有压抑感。当空间与装饰物之间的比例为1∶0.62时，符合黄金分割的比例，也是美感的比例。我们可以引导教师在创设空间装饰时利用这个比例进行环境创设。另外创设各种空间装饰时，还要注意空间装饰物间的韵律之感。韵律之感是指通过组织各种装饰物，变化其疏密、大小、形状等从而让空间产生有节奏、有秩序、有规律性的变化。

③废旧物品合理使用　废旧物品是幼儿园经常使用的材料，它不仅便于收集与改造，还可以为幼儿园节省一定的经费。但在使用废旧物品来装饰班级和幼儿园环境时要注意对废旧物品的合理使用，要巧用、妙用，勿滥用。在使用废旧物品参与环境创设时可以根据废旧物品的材料质地和特性进行艺术加工，也可根据特定的需求选择适宜的废旧物品。千万不要为了废旧利用而用，也千万不要因为是废旧物品而忽视了对它的艺术加工和改造。因为废旧物品上都有自己本身的颜色和图案，它们本身的色彩会给整体空间的设计带来不协调感与破坏感。它需要教师与幼儿共同对其进行艺术加工，以体现它的实用性与艺术性。

④多采用幼儿作品　幼儿园是孩子的天地，是他们的乐园，在环境创设中尽量多采用幼儿的作品参与布置。而有的教师在创设环境时因幼儿的作品不美观、不形象等因素而选择成人的作品进行装饰与布置空间。其实幼儿的作品本身就富有童真、童趣，更符合幼儿园整体的环境氛围的创设要求。多采用幼儿的作品也会让他们与环境产生共鸣与关联，让他们更喜欢幼儿园的环境。

2. 如何指导教师利用美术工作室对幼儿进行艺术熏陶

美术工作室是孩子们自由感受美和表现美的天地，是孩子们大胆释放情感的空间。利用美术工作室对幼儿进行艺术熏陶可以更好地促进幼儿身心和谐、健康的发展。

（1）**营造具有浓厚艺术氛围的创作天地。**环境是重要的教育资源，合理的设计与规划环境是促进幼儿感受美、欣赏美、表达美的隐性教师，可以有效地促进幼儿的发展。美术工作室的空间可以根据不同功能划分为不同的区域，如清理区、绘画区、制作区、泥工区等。而每个区域根据它的功能创设成为具有独立特点和明显艺术风格的空间。通过空间环境体现出艺术美，为幼儿营造深厚的艺术氛围。如绘画创作区，低矮的大理石绘画台面，给人以宽大，厚重、平稳之感，幼儿尽情创作时不经意滴落的颜料自然地保留在台面上，自然而然地形成一种独特的艺术风格，增添了艺术氛围。绘画区上方梵高、毕加索等大师的作品，民间艺术作品以及幼儿涂鸦作品，多样的艺术创作协调地布置在绘画区各个空间，不仅增加了绘画创作的艺术氛围，幼儿还能从环境中获得许多有益的经验，体验其中传递出的多元信息，了解到更多的美术表现方式，建构自己的新经验，并将其运用到创作中去。当环境被赋予含义后，它就不只是没有生命的物质环境，而会成为一种富有吸引力的教育力量。因此每个区域的创设和设计都要结合这个区域本身的艺术特点来进行创设，包括它的创作方式、创作材料、工具、作品展示方式等都要能营造出创作的艺术氛围，点燃幼儿创作的激情，从而让幼儿在全方位的艺术氛围引导下，全身心地参与到艺术创作中，提高幼儿欣赏美和鉴赏美的能力。

（2）**投放丰富、专业的材料供幼儿创作。**材料和工具是幼儿进行美术创作的中介和桥梁，是幼儿进行有效活动的保证。美术教室提供专业和丰富的材料有助于幼儿在感知与操作中获得新经验，从而不断积累对艺术材料的探索和运用能力。在专业材料方面，美术工作室中应有各色且不同大小的纸张，如全开、2开、A3、A4，纸张的类型也应该不同，如宣纸、水彩纸、素描纸、瓦楞纸、墙饰纸等；材料可以有水粉颜料、丙烯颜料、手指画颜料、水彩颜料、国画颜料、棒棒彩画笔等；工具可以有毛笔、大小号不同的水粉笔、刮画笔、不同大小的板刷、拓印工具、版画工具等。

　　除了专业的材料外，还可以从幼儿身边事物入手，充分挖掘生活中的元素，鼓励幼儿将身边的物品加入艺术创作中，可以师生共同收集丰富多样的材料，如各种大小废旧纸盒、各种布块、树枝、木片、各种瓶子、棉花、各种绳子、各种瓶盖、一次性用品、报纸、自然物、幼儿能使用的螺母等材料。这些随手可得的材料，幼儿既熟悉又觉得新奇，能够唤起他们的创作热情与欲望。

　　（3）建构开放、多样的活动形式。每个幼儿都是独立的个体，他们生活的环境、喜好、审美情趣、发展水平、能力都有所不同。考虑到这些差异，美术工作室划分的每个区域内都可以承载着多种活动内容，让幼儿感受不同的艺术创作手段。如绘画区幼儿不仅可以大胆体验色彩，运用各种色彩工作表达情感，还可以用工具大胆造型，感受绘画的魅力。泥工区幼儿可以玩黄泥、超轻粘土、软陶，用小手塑造出自己的心爱之物。制作区的剪纸、搭建、纸盒制作、折纸、撕贴、自然物粘贴都是孩子喜欢的活动内容。

　　美术工作室中多样的活动内容是吸引幼儿参与艺术创作活动的手段之一，为了给幼儿以更多样、更开放的体验，美术工作室中的活动形式还可以多样化，可分为"集体教育活动""区域活动""全园开放活动"三种模式进行。集体教育活动模式是以教师组织集体美术教学为主的活动形式。区域活动模式是班级幼儿在美术工作室中各个创作区域内自由创作的活动形式。全园开放活动模式是在美术工作室设置一些艺术创作活动内容，对全园开放，全园幼儿可分时间、分场次自由选择到美术教室参加的活动形式。

　　美术工作室的创建可依据幼儿园情况来定，有大空间可以把整个活动室改为美术工作室，没有大空间可单独开辟一个小的角落，用隔挡或屏风划分出美术活动区域。对于小角落的美术活动空间，可以一段时间制定一个创作主题，这个主题可根据创作的艺术形式来定。比如，一段时间进行水墨画，一段时间进行水粉画，再一段时间进行剪纸等。也可以根据创作材料的不同设定主题，如纸艺活动、泥工活动、木工活动等。当然每次更换创作主题时，相应的环境空间创设、材料投放，物品摆放方式等都要适当地进行调整和更换，以达到营造相应的艺术氛围。其实创设什么样的美术工作室并不重要，重要的是在这个活动空间里，能给幼儿艺术熏陶，让他们探索自己的艺术行为，从而感受美，大胆表现美。

3. 儿童作品如何展示

幼儿每天在幼儿园里都会创作很多的美术作品，怎么展示这些作品是老师们很关注的问题。首先保教干部要肯定的是，对于幼儿的作品，老师应该给他们提供充分的展示机会。这里提到"充分的展示机会"，那就包括给予幼儿充分展示的时间、空间，还包括每一名幼儿都有展示作品的权利，而不是只有那些教师认为绘画得好，制作得好的部分幼儿能够展示。老师选择作品的行为隐性地是对那些没有被选上幼儿的一种否定。心思敏感的孩子能够感受到老师的行为给他们带来的暗示。长期下来，这些孩子会失去对美术活动的兴趣，也会失去对感受美、表现美的追求。

确定了幼儿作品肯定要展示的问题，其次应该解决怎么展示的问题。要展示幼儿的作品肯定要有作品栏，作品栏创设可分为集体作品展示、部分幼儿作品展示、美工区开放性展示等几种形式。集体作品展示肯定是展示全班幼儿的作品。部分幼儿作品展示可以是美术区游戏中幼儿共同创作的作品，也可是幼儿从家中带来的绘画作品。美工区开放性展示是老师为幼儿提供的一种自主展示作品的空间，这个空间是幼儿自己可以自愿、自主的展示区域，不需要成人过多的干预。例如，美工区游戏中幼儿独立创作的作品，在游戏结束后他们自己将作品粘贴或摆放在这里进行展示。这三种作品栏的创设完全可以满足"照顾全体，兼顾个体""教师主导，幼儿主体""事先预设，自然生成"的各方面要求与精神。而对于这三种作品展示栏都需要老师根据班级的环境、空间进行创设、装饰。俗话说"三分画，七分裱"，老师对幼儿作品栏的精心设计和展示，可以大大提高幼儿作品的观赏性，可以衬托出更完美的作品效果。但对于"集体作品展示""部分幼儿作品展示"是需要老师来布展完成的，而"美工区开放性展示"是需要孩子自己动手完成展示的，就需要考虑布展的简单性和易操作性。"美工区开放性展示"是随机的展示，它没有太多的时间周期限制，但前两种展示形式就要考虑到幼儿作品展示的周期。长时间不更换显得作品缺乏变化，经常更换又太浪费老师们的精力。如果是全园性的作品栏可以将一个学期的时间平均分配到每个班级，由每个班级来承担部分时间段内作品栏的更换，这样既保证了作品定期更换，又能让全园每个孩子都有展示作品的机会。如果是班级的展示栏，就可以根据班级活动的安排自己设定一个合理的作品更换时间，这个更换是可以配合主题活动的进程进行，也可以单独预设更换内容。作品展示应该有本次展示的作品名称标题，每幅作品的作者姓名，如果是全园性的作品展示还应该有作品的班级。

在作品栏色彩搭配方面还要注意，作品栏的背景色以清淡素雅的颜色为宜，不宜用纯度很高的颜色和复杂花纹的图样作为背景，这样会造成喧宾夺主之感。清淡素雅的颜色可以衬托作品更有品味，也会让人们的目光自然地注意到作品本身。作品栏在布展时还要注意作品排列的方式，通过一些巧妙的排列组合给人赏心悦目，眼前一亮的感受，更可以提升作品展示的品质，吸引他人或幼儿自身去关注和欣赏。在布展时还要注意作品栏本身所在的空间位置，如果提前预设好了作品栏的大小，就尽量不要将作品布展到作品栏以外的空间，因为这样会造成作品栏所处的空间过满，让整个空间显得拥挤。

下面为儿童作品展示的几种方式。

①主题式作品展示　顾名思义就是按一定的主题进行作品展示。比如：秋天的树、春天的雨。这种展示方式更加突出展示的作品本身。这种展示方式能够突出主题，简单、易操作。

②情境式作品展示　就是创设一个情境，将幼儿的作品融入到这个情境中进行展示。如老师根据幼儿绘画的"花朵"作品，将作品展示布置成一个大花园情境来展示幼儿的作品。这种展示方式富有情节和情境性，利于幼儿在欣赏作品的同时可以继续想象，以增加作品所展现出来的美。

③解说式作品展示　每个幼儿的作品中都有自己的故事，一幅画作并不能完全表达他们内心的想法。在展示幼儿作品的同时配上幼儿创作时的说明，或将幼儿对自己作品的解读记录下来，以便欣赏者更加了解作品的内容。解说式作品展示还可以配上幼儿创作时的照片，更加清晰地反映幼

儿创作时的心绪与状态。

④进程式作品展示　在幼儿绘画时，尤其是幼儿独自创作或多个幼儿共同创作大幅作品时，他们都会利用几天或更长的时间完成一幅作品。在创作时他们会遇到创作中的困难与问题，他们会商讨解决，他们会探索和发现创作材料的新功能、新创意，他们会分享自己的发现和经验。而这些都值得展现出来，让幼儿自己或他人了解创作中的故事，知道创作中闪现的可贵行为与品质。因此在作品展示的同时配上幼儿创作过程的照片、重点环节故事表述，以展现幼儿创作作品的过程。这种展示方式会让作品和展示都更加生动、鲜活，富有吸引力与感染力。

⑤组合式作品展示　组合式作品展是在幼儿单独完成自己的作品后，经过组合形成新的、更完善、更具美感或更大型的作品。此种展示方式可以帮助幼儿提高作品的审美情趣，通过欣赏让幼儿感受艺术通过不同表现方式产生的新感受、新变化，开阔幼儿视野，了解艺术的多种表现方式。

⑥个人作品展示　是以幼儿单独个体为展示作者，为其展示具有个人代表性的作品。横向看，通过展示某一幼儿的作品可以更好地激发幼儿对艺术创作的兴趣，建立自信。纵向看，也通过多次举办的幼儿个人作品展，能给更多幼儿提供展示平台，也让幼儿了解每个人对艺术的理解和认识是不同的，每个人都有自己的独特表达的方式，每个人都可以成为艺术家。在举办个人作品展示的同时，老师要注意个人作品展的报名方式应以幼儿自愿、自主报名为宜，切忌老师指定。幼儿个人作品展只是提供幼儿展现自我的一个舞台，并不是老师评价幼儿作品优良的评价方式。在举办个人作品展时，可与幼儿、家长共同商讨展示方式，共同收集作品，共同完成布展，充分利用展示的机会开展家园共育工作，让家长感受园或班中工作的教育意义，也让幼儿感受过程的付出与最后的展出给他们带来的成就感。

⑦悬挂式作品展示　悬挂式作品展示是通过将作品悬挂的方式来展示。此种展示方式适用于楼道、屋顶的装饰，利用高处的空间设计美观、新颖的展示方式展示幼儿作品。

⑧展台式作品展示　此种展示方式适用于不便粘贴与悬挂的作品，如

幼儿制作的立体手工作品，需要近距离欣赏的作品。展台式作品展示可利用园中或班中有平台的位置装饰布置后开展。展台式作品展可设计成为周期更换，或可设定为幼儿随机展示。

（十二）如何通过评价提高幼儿园环境创设的质量

瑞吉欧的教育工作者认为："空间具有教育'内涵'，也就是包含教育性的讯息和对互动的经验以及建构式的东西产生刺激。"教师在环境创设中为儿童提供的教育内涵是否准确、资料讯息是否丰富、感知体验是否便于建构经验、互动刺激是否可以激发儿童主动学习的热情……这些都是影响着环境教育功能发挥的重要因素。所以说，环境绝不仅仅是桌上的摆设、墙上的挂饰，它不需要花枝招展，也不需要天罗地网，而是要融入在幼儿园的日常生活中，作为与幼儿的成长密不可分的元素，时刻影响儿童的学习与发展。幼儿园物化了的环境应通过一草一木、一人一事潜移默化地去渗透办园思想和理念，向人们展现出自己的教育特色以及发展取向。环境中的每个要素都应该能够指引教育的方向，诉说教育的理想。

幼儿园环境的评价是对幼儿园环境创设质量、效果测定的一种管理手段，是管理者对幼儿园环境进行动态管理的重要方式。环境评价标准的制定为教师的环境创设工作提出了明确的要求，标准中渗透的理念导向，可帮助老师更新观念、理清思路，有的放矢地开展创设工作，减少走弯路、做无用功。评价是一种重要的管理方法，管理者应将每一次评价当作工作推动的过程。这就需要保教干部在评价前思考为什么要评价、评价什么以及如何评价等问题。评价者为了理清思路可以制定出评价的原则与要点，明确评价的目的与方向，正确指引教师们向对的目标方向努力。比如，某幼儿园在制定环境评价标准前基于本园的现状与问题制定了言简意赅的四条原则，即：生活性原则（与幼儿生活经验相联系，为幼儿建立经验连接创造条件）；参与性原则（体现以儿童为中心，墙饰、材料要成为儿童学习的帮手）；发展性原则（适合孩子当前发展需要，既有兴趣又有挑战）；互动性原则（环境不是冰冷的墙壁，而是师幼间温暖的互动）。制定这些原则其实就是帮助教师们指明下一步工作的方向和目标，管理者也要依据原则制定出具体的评价指标供老师们研究讨论，当老师们提出意见或建议后，保教干部对评价指标进行调整，形成大家共同认可的评价方案。之后，保教干部要留给老师们一些时间，让老师们去对照指标改进自己的工作。最后，才是开展走入实践的评价与评价后的总结分析工作。从这个例子可以看出评价最大的功能应该是帮助教师检验思想、理论与行动的差距，找出当前面临的问题、困惑甚至弱点，为下一步工作找到突破口。

管理者在制定评价标准时应尽量体现本园办园的核心理念，如注重生活教育就可在环境创设中提出教师需突出生活教育目标的物化与渗透，制定标准时评价指标要简单明了、目标突出，便于教师操作和理解。标准的制定过程要充分发挥教师的主体作用，管理者在制定好评价标准的初稿后可组织教师研讨，分发教师进行调整，将评价重点进行说明，组织教师就热点问题展开教研讨论、观摩，待大家充分内化评价标准的要求后，给老师们预留出创设的时间后，组织相关人员进行评价。评价后管理者收回评价表格进行数据和内容的汇总，要写出测评报告，并向老师们反馈说明。评价应该成为一个循序渐进的管理过程，教师不断学习提高的过程。评价指标不是一成不变的，而应是一个动态发展的指标体系。评价只有基于园所发展目标，不断发现问题，调整指标，才能起到促进教师思考，有效提升环境创设的作用。

附：

幼儿园公共环境创设标准

评价项目	评　价　标　准
1.门厅内外环境	1.1整体环境色彩协调、温馨、富有美感，体现幼儿园整体文化理念 1.2宣传版块设置合理，内容醒目，能根据幼儿园自身特点，体现幼儿园办园宗旨，展示幼儿园活动的特色和成果。幼儿园营养膳食、保健常识、公示专栏等能起到幼儿园宣传窗口的作用

（续）

评价项目	评 价 标 准
1. 门厅内外环境	1.3 能利用文字、照片和幼儿作品等多种形式向家长宣传幼儿园教育理念，展示幼儿在园丰富多彩的生活
	1.4 根据幼儿园自身条件，为幼儿及家长提供近期学前刊物及相关信息资料。营造温馨、互动的交流空间
2. 楼道环境	2.1 楼道环境与幼儿园整体环境协调统一。布局合理，安全性强。突出幼儿园特色，具有艺术性和层次感
	2.2 能利用墙面环境，展示班级开展的活动，与幼儿和家长产生有效互动
	2.3 能巧妙利用楼道空间开展适宜的区域或室内体育活动
3. 户外环境	3.1 能因地制宜地利用空间，体现绿化、美化、儿童化、教育化、游戏化
	3.2 幼儿园户外场地规划和大型器械摆放合理，能充分考虑幼儿的安全，有安全提示
	3.3 有适合各个年龄段幼儿需要和发展水平的活动空间和活动材料，有安全卫生的收纳设施
	3.4 能充分利用周边的环境资源，扩展幼儿户外游戏空间

幼儿园班级环境创设评价标准

评价项目	评 价 标 准
1. 整体环境	1.1 班级整体环境温馨，师幼关系融洽
	1.2 班级环境创设富有引导性、挑战性和发展性
	1.3 班级整体设计有新意、材料丰富有层次
	1.4 班级年龄特点突出、方便适宜幼儿活动
2. 区域划分	2.1 有鲜明的区域活动名称，突显学科性操作区域和综合性交往区域的教育特点
	2.2 区域划分首先充分考虑用眼卫生、用耳卫生（动、静分开）；一般考虑用摆放玩具柜的方式划分区域，玩具柜中摆放与操作区域或交往区域相适应的玩学具；收放玩学具的标志一目了然
3. 区域材料投放	3.1 投放的学习、游戏材料（玩学具）具有引导性、层次性，能起到物化目标支持幼儿发展的有效作用
	3.2 提供的材料能引发幼儿深入探究的兴趣、不同方法的尝试、多种方式的表达
	3.3 注重自然物的挖掘和利用，保证安全卫生的基础上吸引幼儿自发自主的运用表现

（续）

评价项目	评 价 标 准
4. 主题墙饰	4.1墙饰设计新颖美观，环境创设有新意
	4.2符合幼儿年龄特点，体现（季节特征、近期活动等）当前课程内容
	4.3主题线索清晰，能够体现出幼儿在学习过程中的探索过程。内容和表征形式有利于帮助幼儿梳理和提升关键经验，促进教育目标的实现
	4.4墙饰的内容在幼儿充分感知和经验的基础上形成，以幼儿个人的学习、表达和记录为基础。表达方式为适宜幼儿的简短的语言提示、实物、绘画、美工、照片等形式
	4.5师生共同参与环境的创设，体现幼儿是环境创设的主人，幼儿参与性、互动性强
	4.6尊重幼儿个体差异、注重能力培养
	4.7合理使用废旧材料，渗透环保、节约意识
5. 区域墙饰	5.1利用现有条件,最大限度创设自主活动空间。布局合理，科学区、美劳区、表演区、建构区、自然角、阅读区、角色区设置有依据、有明显标志、有1-2个特色区域
	5.2能体现幼儿主体参与的操作过程，促进幼儿在区域活动中的自主学习和有效发展
6. 作品墙饰	6.1设计造型新颖，富有童趣和美感，布局协调合理，立体感强
	6.2能给与每名幼儿作品展示的机会，满足幼儿感受美、表现美的愿望
	6.3能注重利用废旧材料，渗透环保意识
7. 提示墙饰	7.1内容和形式符合本年龄班幼儿的特点和需要
	7.2墙饰的宣传和互动对于培养幼儿良好的常规和行为习惯能起到有效的提示作用
	7.3位置合理，视角较低，能体现幼儿与墙饰的互动
	7.4墙饰内容有利于引发和支持幼儿主动获取有益的经验
8. 班级窗口	8.1家长园地内容丰富（包括育儿经验、卫生保健、家园互动、月重点、周安排等内容）
	8.2文字、表格清晰，便于家长阅读，体现家园共育目标，有互动作用
	8.3为家长提供温馨服务（如设置书报箱、药品登记册等）
	8.4能体现班级特色，能够成为家长了解本班幼儿在园活动的窗口，起到促进家园沟通的作用

二、如何指导教师对幼儿进行观察

保教干部在指导教师对儿童展开观察的过程中，要引导教师不仅"看得见"还要"看得到"儿童，一步步去发现儿童的兴趣、需要，辩识儿童的学习与努力，支持儿童去挑战和发展。教师的观察应从"走近"儿童开始，不断连接儿童的玩与学、游戏与活动，在儿童现有经验和将要发展的经验间搭建桥梁，最终得以真正"走进"儿童的内心世界。

（一）为什么要强调教师对幼儿进行观察

教师对儿童的观察与指导对于儿童发展有至关重要的作用。这是因为观察不仅是教师开展下一步工作的重要依据，还是教师了解儿童个体差异的重要手段。教师通过细致的观察与分析，不断积累和掌握儿童发展的规律与特性，提高科学的辩识儿童学习行为的能力，最终才有可能做到以儿童为中心，因材施教。观察是幼儿教师一切教育行为的根本与前提，因此观察对于教师来说是必须具备的专业能力。

案例分析 1：

在开学初，中班的孩子在建筑区游戏时，他们用各种废旧的纸箱、纸盒开始"摆弄"起来，搭起了化妆台、小舞台、小餐厅、房子、草坪等，孩子们在搭好的"破破烂烂"建筑里玩起了扮演游戏，每天的搭建内容、游戏内容都不一样。直到有一天，孩子们问老师，"老师，您见过城堡吗？"教师发现了孩子的兴趣，和孩子一起找来城堡的图书，大家一起观看、回忆关于城堡的故事等。过了一段时间，教师看到孩子们开始用纸箱、纸盒、露露罐、纱巾等为自己搭建城堡，在城堡里面进行角色扮演游戏。

教师通过观察这些信息，就可以对儿童的表现做出一个有理有据的判断，明确几个问题：儿童对什么感兴趣？我们可以提供哪些材料满足儿童的需要？我们可以通过哪些途径、措施支持儿童的继续学习？通过判断，教师对儿童给予的信息进行了梳理：儿童对搭建城堡感兴趣；教师可以利用网络、书籍搜集关于城堡方面的相关资料和图片让幼儿认识城堡；还可以通过和幼儿谈话、绘画、欣赏等形式让幼儿了解城堡的基本构造，为幼儿下一步的搭建进行铺垫。在之后的游戏中，孩子们和老师一起观看了关于城堡的动画、图片、图书，孩子们用绘画的形式把城堡的主要特征表现出来，最后他们用各种积木、纸盒、纸箱搭建出了许多不同样式的城堡，分享总结了对称的搭建方法，搭建水平有了很大的提高。

　　本案例教师主要观察的对象是一部分幼儿的兴趣，在一些活动中，教师也要去关注个别儿童的发展，有些落后于现阶段发展水平或高于正常水平的儿童，给予他们适宜的帮助，满足不同儿童的学习需要。

案例分析 2：

　　串项链是中班孩子很喜欢玩的游戏之一，在玩的过程中，教师观察到孩子的发展水平有着很大的不同，有些孩子处于初级水平，只将各种大小不同的珠子串上即可，没有什么规律，他们只关注项链戴上是否好看。有些孩子已经从随意的串到能按照ABAB、AABB这些简单的排列规律进行串项链。还有一些孩子会自己设计项链的样式，如以一个为中心，左右两边的珠子对称排列，并关注了珠子的搭配和美观。

　　这个观察让教师清楚地意识到了儿童间存在的个体差异，需要对儿童给予不同层次的帮助。对于初级水平的儿童，教师会提供图片让幼儿观察、模仿，并尝试按照大小、颜色顺序排列，并记录下来作为学习的经验；会简单排序串珠的幼儿，教师会鼓励这些孩子发挥创造，向其他同伴学习更多的新创意；会自由设计串珠样式的幼儿，教师投放了高级珠宝设计的图片以及更多种类、更多材质的珠子让幼儿发挥想象创造。整体的区域环境中，教师还为幼儿增添了珠宝展示架、树枝、镜子、公主娃娃等辅助材料，营造氛围，大家相互学习，相互促进，让儿童更加喜欢串珠游戏。教师只有在充分观察和了解幼儿的发展水平、行为特点、兴趣倾向和学习风格的基础上，才能设计出符合幼儿发展特点与学习需要的活动，从而保证活动的适应性和有效性。

（二）观察中教师的角色定位

1. 教师是观察目的的计划者

观察一直被认为是评价了解幼儿学习需求的主要工具，因为它着重于幼儿每日自然发生的事情。一般的"看"和有计划、有目的观察有很大的差距，如果教师没有观察计划，只是笼统、简单、流于形式地进行观察，那么教师的观察也就失去了意义。

首先在观察前确定观察的目的，教师只有带有目的性地进行观察，才能有针对性地解决不同的问题。在游戏或活动的不同时期，教师会根据孩子的表现确定不同的观察计划，观察的目标也各有不同。例如，在"美味餐厅"的创设初期，教师计划通过观察了解幼儿对"餐厅"游戏的兴趣和投入程度。随着游戏的逐渐深入，教师的观察计划和观察目标转为幼儿在游戏中和材料的互动、幼儿的语言交往、幼儿替代物的使用情况等。教师每次制定观察计划、确定观察目标时切忌目标过大、过多，或者超过幼儿的能力范围。可以是幼儿想玩什么，需要什么，对工具的操作使用情况，运用经验支持学习的情况等。针对这些问题，教师就可以有目的、有计划地深入指导或随机引导。同时，也可以根据幼儿的游戏情况进行指点，切切实实地使幼儿在游戏或活动中得到发展。

2. 教师是观察内容的决策者

教师在观察幼儿游戏或活动的过程中，能获取大量的信息，因此根据观察目的选择适宜的观察内容是保证观察效果的前提。教师可以观察以下几方面：

（1）**幼儿游戏规则是否适宜，活动计划执行情况**。活动前，教师有意识地引导幼儿制定计划，然后就可以观察幼儿计划的执行情况。如小班各个区域采取佩戴角色牌的形式限定区域人数；激励孩子们参加更多的区域活动。角色牌有助于幼儿进区前明确自己想要做什么，可以怎么做，也便于教师对每个幼儿的进区情况有所了解，做好自己的观察计划。

（2）**幼儿活动中的表现**。主要包括：一是主题是否确定。即观察幼儿的活动有没有主题，主题是否易受他人影响，幼儿是否自定主题进行活动，能否与同伴互相商量主题、共同活动。二是投放的材料能否满足幼儿的实际需要，幼儿对材料的喜欢程度、选择、使用情况，都可以使教师了解材料的适宜性。三是幼儿在活动区中的个性表现。个性品质主要包括独立自主性、探索性、坚持性及执行常规的情况等。活动区宽松、自主的氛围，使孩子的个性得以全面、真实地展示，对此进行观察有助于正确地把握幼儿的个性特征，了解孩子的发展水平。

（3）**多维度的观察切入点，细化观察内容**。幼儿在游戏或活动中是自主的还是消极被动的；是创造性的、独立的，还是模仿别人、跟着别人；和同伴相处得如何？语言交往能力、动手操作能力怎样？角色意识、角色之间的关系、游戏情节的发展变化等，都是教师观察的切入点。只有不断地通过观察孩子在活动中的表现和需要，才能有针对性和目的性地制定下一步工作计划，才能选择适宜的支持方法和教育策略。

3. 教师是持续性观察的执行者

单靠一次观察，教师不能对幼儿的发展水平和发展需要做出准确的判断。孩子是活动的主体，如果教师看到预期目标达到后就停止对儿童的观察，这种停留在原有目标层次的观察很难让我们更深入的了解孩子。为了避免出现这种情况，强调要求教师注重观察的过程性和连续性，将单次观察和连续观察相结合，使观察达到循序渐进的效果，从而确保记录的是幼儿的典型行为，获得幼儿游戏行为的准确信息。

（1）**注重活动过程的连续表现**。教师在观察过程中，应重点关注幼儿活动过程中的表现，学会等待。例如，娃娃餐厅刚开始不久，就发现没有客人光顾了，老师观察到了这一点，没有直接介入，而是继续观察。一天，一位服务员在饭店门口发传单，喊口号，招揽了好几位客人来进餐。其他孩子看见了也模仿起了这位"服务员"。如果当初教师没有耐心等待，就急不可待地去指导，带着孩子一起玩，让孩子跟着老师预设的"轨迹"游戏，就会失去一个好的创意，也让幼儿失去了一次主动学习的机会。

（2）**注重递进性的观察**。在对个别幼儿进行观察时，教师往往会对幼儿不同时期的能力发展提出不同的、更高的要求。这就需要教师对幼儿的观察不断深入，层层递进。例如，甜甜是个能力较强的幼儿，她在玩娃娃家时，教师观察到她已经能很好地遵守娃娃家的游戏规则了。那么第二次观察时，教师就应将注意力放在该幼儿游戏时的语言交往或者合作能力上。随着观察的深入，教师可对幼儿替代物的使用、处理问题的方式等进行观察，层层递进，更深入地了解儿童的发展水平。

4. 教师是观察记录方式的选择者

教师记录的方式可以根据自己的需要或者方便进行，帮助提高观察的有效性。

（1）**表格式记录**。为了全面细致地观察孩子，准确分析孩子的发展状况，教师可利用观察表作即时记录。表格的呈现方式可根据需要设计，内容包括"观察内容及时间"和"观察记录"，常采用符号作标志，根据预设的观察任务设计表格进行记录，这样的观察能真正地"看到"很多平时被自己忽略的细节，有些孩子的闪光点就藏在不起眼的小事情里面。

（2）**描述记录**。描述记录是对幼儿游戏中的自然行为进行观察记录。教师客观记录幼儿在游戏中的行为，包括分析背景、动机、结果、反馈。重在现象和人的行为记录，应客观记录幼儿所说的话，保留原始对话的情趣，记录要客观准确。从中获得对幼儿个体或群体的认识。

（3）**多媒体记录**。可以选择用相机记录。单张照片或系列照片，虽然受限于拍摄者的选择性，但可以让观察者重复检视，优越于直接观察。教师可在照片旁边加以说明在干什么，或当中的小插曲。同时教师可以注上对幼儿行为的见解，让人直观明了。也可以选择录音或视频记录。录音、视频可以全面直接地再现幼儿行为的全过程，将行为分析的更加详细。

因为不同的设备所衍生的资料不同。以上记录方式需要根据具体的观察方法、现场的情景进行适宜的个体选择或者相互结合。

（三）如何评价教师的观察

教师的观察一定是以为了了解幼儿当前的学习与发展状况，及时评估他们的需要，帮助拓展他们的经验，以促进孩子更好的学习与发展为目的。因此作为一个管理者不要纠结教师的观察方法和观察内容，而是要重点关注教师为什么观察以及观察之后做了什么？教师的行为带给孩子什么样的影响？要想了解以上情况，管理者一方面可以通过与老师交谈、倾听教师的想法、做法以及孩子的不同表现，还可以通过一些孩子的作品、照片或活动了解。或者查阅教师撰写的观察记录，了解教师对幼儿的观察是否恰当合理。另一种方法也是最能真实评价教师观察结果运用在实践指导效果的方法——直接观察。管理者作为一名观察者，全程观察教师与孩子的互动，记录教师的行为、语言、措施、儿童的反馈和表现，以此作为指导教师提升专业水平的基础。首先管理者要相信教师是有能力、有智慧、有自信的工作者。观察时结合教师个人工作特点，关注教师做了什么、说了什么、使用了哪些方法策略以及儿童的反应，真实客观的记录。之后通过以上信息分析教师工作的有效性和适宜性，分析教师的专业能力水平及教师专业发展需求，通过沟通、研讨、学习等方式帮助教师提升教育教学能力。

特别提醒的是，开始的时候老师们看到管理者一定会很紧张，甚至出现一些你认为不是常态下的行为。作为管理者要理解教师的这种表现，尽量选择不干扰教师的位置观察。如果教师在管理者在场的情况下能够很好地与幼儿互动，支持促进孩子的学习，管理者就要及时地肯定与表扬，然后针对一些关键问题展开深入的沟通、研讨、指导，相信老师们能感受到管理者对她的理解、信任、支持、陪伴，一定会从被动接受到主动欢迎，这是一个艰难的过程同时又是一个有意义的飞跃。

三、如何指导教师制定教育计划

（一）如何引领教师明确制定教育计划的意义

制定教育计划是幼儿园教师必备的基本功，指导教师制定好教育计划是幼儿园保教干部的重点工作之一。因此，保教干部首先要明确幼儿园的教育计划是指为了实现幼儿教育的目标、任务，由幼儿教师根据《纲要》和《指南》所规定的教育目标、内容和要求，结合幼儿园实际和幼儿特点，设计安排向幼儿进行全面教育的工作方案和实施计划。

同时保教干部要清晰地认识到制定教育计划具有重要的作用和价值。首先，制定教育计划的作用在于给教师的实际教育活动、教育行为指明方向。使教师能够"合理安排和组织一日生活的各个环节"，"结合本班幼儿的发展水平和兴趣需要，制定和执行教育工作计划，合理安排幼儿一日生活"。计划可以帮助教师将工作时间进行合理分配，实现在单位时间里进行更多有效的活动，这让幼儿教师的一日计划和具体活动计划显得非常重要。教师应遵循教育规律、幼儿发展规律，尊重幼儿年龄特征，坚持保教结合的原则，坚持与幼儿实际发展水平相结合的原则，坚持五大领域相互渗透的原则，依据《北京市贯彻〈幼儿园教育指导纲要（试行）〉实施细则》《指南》，依据本幼儿园各项工作计划，依据本班幼儿年龄特点、发展水平和发展需要，深入钻研教材，科学使用教学参考资料，充分利用幼儿园、社区的教育资源，在保教人员共同讨论的基础上，研究制订体现本班、本人教育风格的教育教学计划，将教育渗透到一日生活各个环节中，这是教师专业性的基本要求。

最后，保教干部应明确制定教育计划的价值在于教育计划是完成和实现幼儿教育目标和任务的重要保障之一。教师个人制定的最细致、最具体的周计划和一日活动计划，是保教计划落实到具体行动时，对保教两种活动的细致安排。为了保证教育目的的达成和教育活动的顺利进行，需要教师提前制定教育计划。计划对教师的保教行为有着明确的要求和指导作用，在教师实施教育的过程中应该起到指导的作用。

（二）教育计划的基本种类及内容要求

教育计划包括：学期计划、月计划、周安排、日计划。四者间要成系统，逐层落实，即上位计划对下位计划具有指导作用，下位计划是执行上位计划的具体措施。

※学期计划内容及要求

1. 基本情况分析：包括（1）幼儿发展评价分析；（2）幼儿构成情况分析，尤其要对个别儿童和特殊儿童的情况进行分析和研究。

2. 本学期工作目标：是学期计划的重点部分。制定目标应依据《纲要》《指南》以及针对园所保教工作计划和本班基本情况分析中存在的问题，从保教工作、家长工作、班级管理工作等方面提出适宜的培养幼儿良好习惯以及情感态度、能力技能和知识经验等方面的目标。

3. 工作任务与措施：是为实现工作目标制定的实施内容、途径和方法，使目标得以有效落实。主要从保教工作、家长工作、班级管理工作三方面来确定。

4. 每月重点工作安排：是将目标、工作任务和措施分解，安排到每月中去，包括时间、内容，使人一目了然，更具目的性和可操作性。

※月计划内容及要求

1. 月计划包括上月情况分析、本月五大领域目标和家园共育工作。月目标的制定要根据学期发展目标和上月情况分析制定，符合本班幼儿实际水平。当前许多幼儿园进行主题活动课程，那么月计划即是主题计划（见下表）。

2. 月区域活动计划内容及要求

月区域活动计划包括：活动区名称、儿童原有经验、目标、材料投放和指导策略。要求围绕月目标制定区域活动目标，材料投放和指导策略，有利于目标的落实。

××班　　月计划　　×年　×月

目　标	途　径				
	活动区活动	集体活动	环境创设	生活活动	家园共育
社会领域 语言领域 艺术领域 健康领域 社会领域 科学领域 补充目标	美工区 语言区 建筑区 运动区 益智区	1. 2. 3. 补充：	硬展板： 侧墙面： 软展板： 活动区：	来园 进餐 午睡 喝水 离园	

※周计划内容及要求（见下表）

xx班　　周工作计划　　x月x日—x月x日

本周工作目标：						
生活活动及环节过渡：						
环境创设：						
语言区	建筑区	益智区	数学区	制作区	运动区	集体活动
家园共育						

周目标：将月目标分解安排到每一周。

生活活动：结合本班生活环节中常见的问题确定。

区域活动：结合重点指导区域，写出投放材料及要达到的目标和指导策略。

教育活动：写出五天的活动名称。

户外活动：写出游戏名称。

环境创设：包括主题环境、区域背景环境、常规墙饰等。环境创设要与教育目标相结合，体现互动性。

家园共育：将月计划中的家园共育工作分解到每周，确定工作目标。

※半日活动计划（见下页"小班案例：半日活动计划"）

生活活动：结合周安排中的生活活动目标分解到每一天，并写出指导策略。

区域活动：重点写有变化和推进的内容。

教育活动：

1. 包括：活动名称、活动目标、活动重点难点、活动准备、活动过程、活动延伸。

2. 教学目标科学、明确，符合幼儿年龄特点和实际水平。以《纲要》提出的各领域目标为依据，结合本班幼儿发展实际情况确定，充分考虑、科学把握幼儿情感态度、能力技能和知识经验等方面的发展情况，注重三维目标的互动整合。

3. 根据教学目标选择适宜的教学内容。

4. 活动准备充分。包括经验准备和物质准备。帮助幼儿做好相关生活经验和有关知识的准备。教具学具准备充分，便于幼儿主动探究，材料投放满足幼儿发展的需要，促进不同水平幼儿的发展。

5. 教学过程层次清楚，突出重点，突破难点，体现本领域的核心价值。教学过程要围绕目标进行，结构层次清楚，组织形式灵活，各环节安排合理，衔接自然紧凑，重难点突出。在实施过程中，根据幼儿的实际发展水平及幼儿兴趣和需要及时调整教学计划，捕捉教育契机。注重幼儿能力的培养。

户外活动：

集体活动：包括活动名称、活动目标、活动准备、活动过程。

分散活动：重点写出材料投放和指导策略。

要求：

1. 目标科学、明确，符合幼儿身体发展需要。

2. 活动材料丰富，具有趣味性、层次性、挑战性。

3. 活动安排科学合理，符合季节特点，强度、密度适宜。

小·班案例：半日活动计划

逐 日 计 划（上午）	
日期	2016年9月19日　周一
区域活动	名称：积木区——动物园 目标：1. 练习用积木围拢。 　　　2. 继续建立积木区的游戏常规。
集体教育活动	名称：体育活动——吹泡泡 目标：1. 帮助幼儿在游戏中学会踮脚、蹲下、跳起。 　　　2. 提高幼儿与同伴合作及自我保护的能力。 准备：吹泡泡的玩具材料 过程： （一）吹泡泡 1. 教师带幼儿到户外玩吹泡泡游戏。 2. 请幼儿观察发现泡泡的各种变化。 （二）游戏活动 1. 回忆泡泡的样子，引发幼儿活动兴趣。 2. 师生一起进行游戏，边说儿歌边进行游戏。 3. 根据儿歌做游戏 "泡泡飞高了"——幼儿立起脚尖模仿泡泡飞高了。 "泡泡变大了"——幼儿拉大圈模仿泡泡变大了。 "泡泡吹爆了"——幼儿击掌，一起说"啪"然后，可以随意倒地。 （三）泡泡接龙 每个幼儿当一个小泡泡，落在地上，老师摸幼儿的头，被摸到的幼儿要跟在老师后面走成一列纵队，变成"泡泡龙"。

户外锻炼	集体游戏	游戏名称：长高了变矮了 游戏目标：能够按照指令做相应的动作。 游戏玩法：教师发出动作指令，幼儿按照指令做相应的动作，幼儿对游戏熟练后教师请幼儿按照指令相反的意思做动作。
	分散游戏	材料投放：大型玩具、玩具脚踏车、皮球等 目标与要求：1. 鼓励幼儿尝试玩各种运动器械。 　　　　　　2. 注意幼儿安全。 　　　　　　3. 鼓励幼儿将不玩的玩具送回原处，不乱丢。

（续）

反思	对于刚刚入园两周的幼儿，集体活动中的游戏，吸引了他们的注意力，孩子们全部参与其中，忘记了离开父母的伤心，从始至终快乐的游戏。这使我更加认识到游戏是孩子的基本活动，我们要采用符合小班孩子的年龄特点和学习方式的活动形式。那么，在小班的活动组织过程中，应该更多地通过游戏的方式，促进孩子们在"玩中学""做中学"，从而达到促进幼儿发展的目的。

（三）如何指导教师制定班级计划

指导教师制定计划是幼儿园保教干部经常性的工作。为此，保教干部首先要明确班级计划的内容与要求，并通过指导过程，让教师也明确地知晓班级计划是以幼儿园学期整体计划、工作重点及《指南》《纲要》精神为依据，结合班级实际情况、幼儿年龄特点及发展需求，制定落实的各项保教工作的实施方案及具体措施。

具体内容包括本学期师幼现状分析、重点工作目标、教育教学、班级管理、家长工作、大型活动等方面的工作重点、措施和逐月安排。

1. 本班现状分析

（1）**幼儿现状分析**。包括优势及劣势。制定计划前班级全体保教人员要共同对本班幼儿发展现状进行详细分析，如果新学期换老师还要请原班教师一起进行沟通，尤其是对个别幼儿的发展情况、个性特点进行详细分析，以便制定可行性教育措施。

（2）**教师情况分析**。包括教师学历、年龄、优势、劣势等。依据教师年龄、教育教学优势特点及困惑问题，提出新学期发挥所长及需努力的方向。

2. 本学期工作重点或目标

包括班级管理、班级保教工作、家园共育工作、幼儿园特色课程实施等方面内容。

（1）围绕幼儿园工作重点，领会《纲要》《指南》精神，把握本学期核心任务及目标，结合班级实际确定具体可行、针对性强的工作重点及目标。

（2）确定的目标任务要符合本班幼儿年龄特点及发展需要，促进幼儿全面均衡发展。

（3）对班级保教工作较薄弱部分，在目标达成及重点工作中要有所体现。

3. 工作内容及措施

包括班级保教工作、管理工作、家长工作、逐月工作内容及措施。在制定工作内容和措施时保教人员要注意以下几点。

（1）依据《纲要》《指南》精神，遵循保教并重的原则，工作内容及措施与目标具有密切联系性。

（2）根据本班幼儿年龄特点、实际需求，结合工作重点，制定的工作内容和措施应具体可行，具有针对性，可操可检。对每项工作措施要达到什么目的有所具体表述。

（3）在制定措施时，应注意选择促进幼儿主动参与、实践操作的教育活动内容、途径和方法，具有灵活性和创新性。

（4）结合园级家长工作计划，把家园共育工作纳入班级工作计划中。本着尊重、平等、合作的原则，实现家园共育。主要包括家长会、家长开放日、家长志愿者、家园联系方式、社区资源利用等。

（5）班级管理工作内容应体现本班教师在教育观念、师德方面、遵守制度及物品管理等方面的内容。对比较薄弱及需努力的环节要有具体要求和措施。

保教干部还应让教师明确制定计划的作用与价值，这样才能真正地指导教师的工作。因为班级是落实幼儿园保教目标的主要场所，制定班级计划有助于班长带领本班老师实施有效班级管理，使得班中保教人员有计划、有目的地对幼儿实施教育，在贯彻落实《纲要》《指南》过程中有效完成幼儿园各项具体工作任务，最终促进幼儿德、智、体、美全面发展。

保教干部应了解教师在制定班级计划时容易出现的问题，以便针对问题进行指导。教师在制定班级计划时容易出现的问题有：

1. 在现状分析中，教师对本班幼儿的实际发展分析不够具体、全面，对幼儿发展中共性存在的主要问题阐述比较笼统，对个别幼儿存在特殊体质、领域发展弱势等方面分析缺失，对班级教师人员结构、特点、优势分析不足或缺失。

2. 计划中的工作重点不突出，针对性不足，对分析上学期及日常薄弱部分缺乏具体措施。

3. 计划中工作内容与工作目标不一致。即工作内容、措施与目标缺乏联系性。

4. 在充分利用家长资源协同教育方面形式单一或缺失。

5. 在逐月安排中，容易存在与幼儿园计划逐月安排相一致，缺乏班级具体个性化、操作性强的内容。

附：班级计划案例

大三班班级工作计划

（2015—2016学年度第一学期）

一、现状分析

优势与成绩	劣势与不足
本班共35名幼儿，其中女孩13人，男孩20人，2名新插班幼儿。	
一、社会领域 在日常生活中，教师为孩子们提供更多的自主游戏、交流的机会，满足幼儿之间同伴游戏的需求，并对幼儿良好的行为给予肯定。如能够耐心等待、主动排队、和伙伴分享等，孩子们在交往中有了初步的集体、团队、合作的意识。通过"蝴蝶如此耐心"的活动，孩子做事不气馁、坚持做完的行为越来越多了，并能够相互提醒"要耐心"。	教育教学中，应更多地让幼儿学习合作的方法，体验合作的快乐，并尝试自己解决合作中的小问题。为幼儿提供更多的在集体前讲话、表达自己的机会，针对几名年龄较小的幼儿，多将简单的任务和事情交于他们，使孩子在过程中也能够体验到成功感，更好地参与到活动中。
二、健康领域 在日常活动中，我们重视孩子们的体育活动，结合中班幼儿的动作发展水平、目标，开展了丰富的户外体育活动，坚持体育大循环活动，通过有趣的游戏使得幼儿在走、跑、跳、投、钻、爬等基本动作方面得到发展。教师有意识地在幼儿的自理能力方面加强指导，通过多种形式锻炼幼	班级幼儿身体素质达标为74.6%、基本达标22.1%、未达标3.3%，在日常活动中要加强对王煦达的关注，鼓励幼儿健康饮食、增强活动量。同时对班级内男孩子，加强柔韧性的练习。在活动中有针对性地开展上肢的力量活动，增强幼儿的上肢力量和协调性。针对班级内胡子润和吴雨泽两位小朋友，在动手意识上

（续）

优势与成绩	劣势与不足
儿自己穿脱衣服、独立的如厕清洁大小便、整理好自己的衣服等，在家园共同的协作下，孩子们的自理能力有了明显的提高。	和家长沟通，多多鼓励幼儿自己动手并提供动手的机会，让孩子得到锻炼和发展。
三、语言领域 　能够积极主动地表达自己的所见、所闻、所感，喜欢和同伴交流，语言较流畅，表意确切，喜欢听故事、有一定的安静倾听的意识。	安静倾听的习惯还有待提高，少些幼儿不能够坚持听完一个故事，如胡子润、陈禾鹿、吴雨泽、陈熠徽等小朋友，容易分散注意力，重点提示和培养孩子们坚持倾听。并积极鼓励幼儿大胆地表达自己的意愿，特别是吴雨泽、陈熠徽年龄小，将机会多给他们。
四、科学领域 　幼儿喜欢动手动脑的操作活动，并对新奇的事物充满了好奇心，有一定的探究兴趣，能够观察身边发生的事物变化，并喜欢通过操作不同的材料体验其中的乐趣。	幼儿对探究活动的兴趣持久性较差，更喜欢操作的过程，对于结果与过程之间的联系和关联性，思考的较少。可以通过交流、记录等形式，将幼儿自己的发现同伴分享，建立探究过程与结果的练习，并提高幼儿的持久性。
五、艺术领域 　喜欢艺术活动，对美工活动、绘画活动兴趣很高，掌握了一些常用工具的使用方法，具有一定的表现能力（如常用的线条、色彩、对称等绘画装饰方法）。对音乐活动感兴趣，喜欢唱歌、舞蹈等活动，具有一定的节奏基础，能够使用乐器简单的伴奏。	美术活动中，幼儿创造性的思维比较活跃，但创造性的表现能力有待提高，可以通过变化、迁移、联想等方式提高幼儿的创造性表现，同时多为幼儿提供使用剪刀的机会，提高幼儿动手制作的能力。在音乐方面，丰富幼儿的唱、跳内容，可以让幼儿通过音频、视频进行自主的学习。

（资料提供：西城区长椿街幼儿园）

二、指导思想

贯彻落实《纲要》和《指南》的精神，以幼儿园师德规范为工作引领，认真理解和解读"常春藤"的内涵和意义，积极参与园内的各种培训活动，努力实施"生活即教育"的大课程观，尝试利用生活资源实施艺术教育的实践探索，促进幼儿身心健康快乐的成长。

三、工作重点

1. 培养幼儿良好的一日生活常规，执行园内的常规工作流程，照顾好班级幼儿的生活和学习活动，保教并重、相互配合，确保幼儿身心健康。

2. 开展利用生活资源实施艺术教育的实践研究。

3. 积极参与园内的各项学习、培训活动，在活动中不断提高业务工作能力。

4. 做好幼小衔接工作，多途径、多方法促进幼儿良好学习品质的形成。

5. 积极开展家长工作，赢得家长对班级工作的支持、配合，家园一致促进幼儿健康、快乐的成长。

四、工作任务及措施

重点工作	落实措施和指标
家园共育工作	1. 及时与家长沟通班级的教育教学工作，以及班级阶段工作的重点，利用"家园互动""主题活动"的版块有效地向家长宣传科学育儿的理念及保健小常识。 2. 注重家园沟通，利用早晚接送的时间，及时地向家长反馈幼儿在园的学习和生活情况，热心、细心、耐心地听取家长的反馈，创建和谐的家园合作氛围，使家园合作形成合力共同促进幼儿身心健康快乐的成长。 3. 利用多种形式让家长了解幼儿的学习生活情况，如：召开班级家长会、与班级家委会成员交流、开展亲子活动，赢得家长对幼儿园工作及班级工作的支持。 4. 结合幼儿园的工作及保健工作，及时向家长做好通知及宣传工作。如"幼儿龋齿的预防""冬季锻炼的重要性"等。 5. 利用家园栏向家长宣传科学育儿的知识、观念及班级工作的动态，以便家长能够与教师配合，达到家园一致共同培养的目的。 6. 针对一些家长工作较忙很少来园的情况，采取短信、电话等方式，与家长交流沟通，家长工作更细致、到位。
常规培养	具体措施： 1. 结合幼儿园幼儿一日生活常规，班级教师针对班级幼儿的实际情况制定班级幼儿的常规。 2. 班级教师共同培养幼儿的一日生活常规，遵守一致性、一贯性、坚持性的原则。 3. 定期召开班务会，针对班级幼儿及工作情况，及时地调整，灵活运用。 4. 在培养常规中，注重教师及幼儿的榜样作用，积极地鼓励引导幼儿形成常规意识。 5. 合理安排幼儿的活动，动静交替，鼓励幼儿自主管理，增强幼儿自我服务意识。 达成目标： 1. 能够使用正确的方法盥洗。 2. 如厕后及时整理好自己的衣服（能够将内衣放在裤子里，整理整齐）。 3. 及时饮水、主动饮水，能够接合适的水量并回到座位上喝水。 4. 能够轻松愉快、良好的进餐。 5. 具有一定的规则意识，在盥洗室内能够寻找标记有序盥洗。 6. 有一定的安全意识与能力，在室内活动中轻轻走路，不追跑。上下楼梯排好队伍，不拥挤。

（续）

重点工作	落实措施和指标
常规培养	7. 集体活动有序排队，耐心等待。 8. 自己的事情自己做，能够将自己的物品摆放整齐（活动用品、衣物等）。 9. 在幼儿园内同小朋友和教师礼貌交流，能够主动的使用礼貌用语。 10. 养成正确的坐、立、行及书写姿势。 11. 生活活动中，同伴之间能够谦让、分享，不争抢玩具、物品。 12. 能够依据天气、气温的变化增减衣物，了解简单的预防疾病的常识。 13. 室内活动能够有意识地控制自己的言行，懂得"安静"，减少生活噪音。
生活活动	具体措施： 1. 教师关心、爱护每一位幼儿，与幼儿讲话和蔼、亲切，尽量保持与幼儿视线平视，建立温馨、自然的师生关系。 2. 为幼儿营造轻松、和谐、宽松的生活、交往环境，感受集体生活的愉快。 3. 教师随时关注幼儿的活动和情绪。 4. 教师在一日生活中，不断地提示幼儿活动的常规，积极的鼓励与引导，使幼儿愿意按照常规要求去做。 5. 运用儿歌、游戏的形式、树立榜样的形式，为生活活动增强趣味性。 6. 教师将常规要求准确、清晰的为幼儿精心讲解、示范，并采用图示、标记、评比等活动，帮助幼儿形成常规习惯。 7. 家园共育提高幼儿的生活自理能力，培养良好的生活习惯。 8. 在生活活动中，针对个别幼儿有重点的加以引导和指导。 具体目标： 1. 使用六部洗手法正确洗手。擦手时将毛巾摘下并打开将手擦干。 2. 三餐后及时漱口。每次最少漱三口。 3. 秋冬季节知道保护皮肤，用正确的方法涂擦手油。 4. 正确的使用餐具进餐（个别幼儿重点指导筷子的使用）。 5. 在进餐中坐姿正确，安静进餐不讲话，进餐不遗撒，保持桌面的清洁。 6. 餐后用正确的方法送餐具到固定的位置。主动将桌面的食物残渣处理干净。 7. 正确使用餐巾纸擦嘴。 8. 认识自己的名字，并准确地找到自己的物品。 9. 有序的穿脱衣服、整理衣服，并整理整齐摆放在固定的位置。 10. 安静的午睡，睡姿正确，不用被褥蒙头或捂住口鼻。 11. 知道保护自己，不做危险动作、不玩危险的物品（正确的使用铅笔、剪刀，小型异物远离口、鼻、眼、耳……）。 12. 集体活动中，认真倾听，积极思考。 13. 在教师的指导下，和同伴合作完成值日生工作。 14. 户外活动，不离开集体，在教师的看护下行进大型器械的游戏。 15. 自己每天坚持记录自己的出勤，鼓励幼儿坚持来园不迟到。

（续）

重点工作	落实措施和指标
特色工作	1. 请幼儿自主选择值日生的时间，提高幼儿的计划性。 2. 开展好玩的跳绳活动，增强幼儿对活动的兴趣，鼓励幼儿尝试不同的跳绳方法，提高幼儿腿部肌肉的力量及心肺功能。 3. 创编幼儿感兴趣的球操，有计划地开展户外体育活动。 4. 结合大班幼儿学习的特点，开展"我是小老师"的活动，鼓励幼儿之间相互学习。 5. 按时开展体育大循环活动，在活动中促进幼儿走、跑、跳、投、攀、爬等基本动作。
成长阅读	喜欢看图书，能够理解画面的内容，并进行简单连贯的讲述，丰富幼儿的词汇，鼓励幼儿大胆的使用形容词、连词等，表达自己的所思所想。发现事件、故事的要素，时间、人物、地点，据据要素讲述故事或自己发生的事件。
成长阅读	养成良好的阅读习惯，知道正确的阅读姿势，了解图书的结构，能够正确地拿取和摆放图书。爱护图书，正确地翻看图书，对文字、符号感兴趣，主动地与教师或同伴分享自己看到的故事。发现阅读带来的快乐，知道可以通过阅读获取知识、感受美好。尝试将自己读到的故事进行简单的分角色表演。 1. 懂得爱护图书，一页一页地翻看图书，知道图书的构成。 2. 能够使用工具对书籍进行简单的修补。 3. 学会用正确的姿势阅读图书，看书是保持光线的明亮，知道保护自己的眼睛。 4. 对文字符号感兴趣，和幼儿一起创造文字的环境，鼓励幼儿认读简单的文字。 5. 理解不同文学作品的内容，尝试续编、仿编儿歌故事，感受不同题材的言语美。
教学活动	根据班级幼儿的年龄特点与兴趣需要，开展有趣的主题活动。通过材料收集、信息整理、知识丰富、环境创设、讨论探索等多种途径和方法，培养幼儿综合能力的提高。 主题一："我升大班了"引导幼儿在体验活动中感受自身的成长，发现自己和同伴的优点，学会协商、合作，体验成功的快乐。 主题二："我是中国娃"引导幼儿了解中国的民族文化，培养幼儿的语言表达能力、动手操作能力和艺术审美能力，激发幼儿热爱祖国的情感。 主题三："欢乐中国年"引导幼儿了解"中国年"和参与"过中国年"活动中，感受中国传统文化，体验过年的快乐。
安全工作	1. 生活活动：不携带危险物品来园（教师早来园及时地了解、检查）。在幼儿园和家中知道远离危险物品（电插刀子、剪刀、门缝、柜门、打火机等，防止意外伤害）。集体活动有秩序）排队耐心等待，不相互推搡、拥挤、打闹。班级内的日常物品（洗衣粉、洗涤灵、消毒液等）放置在远离幼儿的地方或幼儿拿取不到的地方。 2. 集体、区域活动：遵守各项活动规则，不随意离开自己的位置。在教师的指导下使用各种材料工具（铅笔等尖锐物品不对着自己和他人、剪刀只在桌面使用、材料工具及时放回原位）。取放自己柜子中的材料物品及时告知老师后再行动。 3. 户外活动：在教师视线范围内活动，不远离集体。体育活动前，做好身体的准备活动，活动中安全使用器械和玩具（平衡木排队走、跳绳保持一定的距离、跳圈等放平稳在游戏……），用正确的方式玩器械和大型玩具（排队玩滑梯、坐着滑滑梯、顺序上下滑梯等）。发生事情及时告知班级教师（不推、抓、咬同伴等）。

（续）

重点工作	落实措施和指标
安全工作	4. 午睡安全：上床前教师检查幼儿手中、衣物内有无异物，不带异物上床。睡姿正确（不蒙头、不遮挡口鼻）。吃干净食物咽完食物再上床。如有纽扣等异物及时地交给教师。 5. 来园离园安全：家长将幼儿送到班级内或教师手中，离园时教师将幼儿交到家长手中。在园内不独自离开班级或集体活动的场所。不跟陌生人走，家长换人接送及时告知教师，确定身份信息后方可带幼儿离园。 6. 开展家长的安全教育，向家长宣传安全教育的重要性，以及幼儿园的安全教育活动，请家长积极配合幼儿园做好安全教育工作，及家居安全与家居活动环境安全。 7. 幼儿了解简单的自救常识：火警、报警、急救等电话，熟悉父母的电话等。配合幼儿园开展各项演戏、演练活动，提高自我保护能力。

五、逐月安排

九月：

1. 做好班级开学前的准备工作（卫生、环境、物质准备）。

2. 和幼儿共同设置班级的区域游戏活动，并制定相应的规则。

3. 培养幼儿的一日生活常规。

4. 召开班务会，学习幼儿工作常规，谈论并制定班级的一日生活常规。

5. 召开班级家长会。

6. 积极参加园内的各项学习、培训活动。

7. 开展"我升大班了"主题活动，增强幼儿长大的意识，感受升班的自豪感。

8. 共同制定好班级工作计划。

9. 招募班级志愿者。（家长自愿报名）

10. 学习器械操——球操。

十月：

1. 开展"快乐中国娃"的主题活动。

2. 积极参加园级的学习培训活动。

3. 组织好亲子采摘活动。

4. 参与园级的亮课、邀课活动。利用生活资源实施音乐、美术、文学艺术活动。

5. 完成月工作质量评价工作。

6. 积极筹备园级的双一验收工作。

7. 青年教师为"三个一"岗位练兵做好准备工作。

8. 开展"我是小老师"的活动。

9. 巩固幼儿的生活常规。

十一月：

1. 结合幼儿的兴趣开展实施主题活动。

2. 继续开展"我是小老师"模拟课堂的活动。

3. 积极参加园级的学习培训活动。

4. 积极创设班级环境，增强环境与幼儿的互动性。

5. 开展班级家长志愿者活动。

6. 召开班务会，针对阶段工作进行讨论与调整。

7. 青年教师做好"三个一"岗位练兵活动。

8. 迎接园级双一园复验工作。

十二月：

1. 开展"欢乐中国年"的主题活动。

2. 积极参加园级的学习培训活动。

3. 开展班级家长志愿者活动。

4. 青年教师做好"三个一"岗位练兵活动。

5. 开展庆新年的亲子活动。

6. 完成好班级月工作质量评价工作。

7. 继续开展"我是小老师"的活动。

一月：

1. 汇总班级工作。

2. 召开班务会。

（四）如何指导教师制定教育教学计划

保教干部在指导教师制定计划的过程中，首先要引导教师了解本园情况，分析本班幼儿现状，包括幼儿五大领域的发展水平以及兴趣、个体差异；幼儿自理能力；存在的问题、原因等。明确当前的任务：所在年龄班当前应该完成的教育教学任务，按照《指南》《纲要》的内容等制定计划。指导教师选定活动内容、教材，应注意多样化、生活化、游戏化。其原则是：

1. 来源于幼儿生活，幼儿兴趣。以观察、了解幼儿现实需要和水平为基础。

2. 能让幼儿主动探究，体验成功、快乐及活动过程的内容。

3. 体现各领域目标和核心价值。

4. 符合本班幼儿的年龄特点、实际水平。

5. 提供充足的动手操作的材料。

6. 合理使用多媒体。

同时还要指导教师合理安排时间，实现在单位时间里进行更多有效的活动，促进幼儿发展。

保教干部要提醒教师在制定计划过程中注意以下几个问题。

1. 要避免计划的形式主义，教师在制定计划之前，要对本班幼儿的情况心中有数，幼儿的原有经验是什么？认知水平怎样？幼儿的最近发展区是什么？幼儿的兴趣点在哪？使计划发挥在实施过程中的指导作用。

2. 加强理论学习，使自己的计划有理论依据，提高制定计划的水平。如认真学习、领会《指南》精神，用以指导计划的制定。

3. 确定计划的教育目标要准确，具有可行性、可操作性。同时，能够将总目标分解到学期、月、周、日，为目标真正实现提供支持。这也是教师制定计划中的一个重点和难点。

保教干部可以遵循以下指导策略指导教师制定教育教学计划。

1. 指导教师制定教育教学计划的依据

保教干部指导教师制定教育教学计划，要遵循教育规律、幼儿发展规律、幼儿年龄特征，坚持保教结合的原则，坚持与幼儿实际发展水平相结合的原则，坚持五大领域相互渗透的原则。依据《规程》《北京市贯彻〈幼儿园教育指导纲要（试行）〉实施细则》《指南》等一系列指导文件，以及本幼儿园各项工作计划。保教干部在教师制定计划的过程中，应注重专业理论的引领。可根据本园教师的普遍问题或教师的困惑问题，引领教师学习文件，领会精神，加强研讨，提高教师的专业认识和知识，将教师的视角从教师的教转向幼儿的学，帮助教师了解本年龄班幼儿年龄特点、发展水平和发展需要，深入钻研教材，科学使用教学参考资料，充分利用幼儿园、社区的教育资源，在保教人员共同讨论的基础上，研究制订适宜的、可行的、体现自己教育风格的教育教学计划。

2. 根据教师现状，进行分层指导

保教干部在指导教师制定教育教学计划时，可以根据教师的现状进行分层指导。针对入职1～3年的新任教师、3～7年的青年教师、7年以上的成熟教师及骨干教师们，保教干部要进行不同的指导。幼儿教师有自身职业的特殊性：学科全涵盖、没有统一的课程；教师既是课程的实施者，又是课程的创编者，完成教育教学需要较高的专业素养。而新教师在入职初期制定计划的过程中会出现各种问题，指导者要细致分析、具体指导，了解教师出现问题的原因，针对具体问题对教师进行指导。如，教师目标的制定是否准确，是否能体现领域的核心价值及幼儿发展中的关键经验；活动的过程层次性是否突出；对活动重点、难点的分析是否到位等。帮助教师找到计划制定的优点与不足，提高制定计划的能力。而对于成熟教师及骨干教师的指导就要着重于教师教学计划内容的创新和个人教育风格上的体现上。

3. 制定教育教学计划上交及批阅制度

幼儿园要根据分层管理的原则，制定计划上交及批阅的制度。在完成教育目标和任务，指导教师教育实践的前提下，统一制定计划的格式、内容。

（1）活动计划的设计要做到项目齐全、格式规范、字迹工整。保障五大领域课程均衡实施，关注幼儿的全面发展，合理运用个体、小组、集体的形式落实课程内容。

（2）教师根据周目标，每天对次日教育活动、各环节工作做准备，并写出半日活动计划。

（3）根据师资状况制定不同层次教师的备课要求。

（4）教师结合教育实践，有针对性地进行客观准确的反思，每周不少于2篇。

（5）新教师和青年教师每周上交教学计划和教育反思（每周2篇）；成熟教师和骨干教师隔周上交教学计划和教育反思（每周2篇）。

（6）保教干部每周五对教师的教学计划、教育反思进行批阅。

（7）保教干部对教师计划、反思中的问题及优势及时进行简短批注，对问题的表述要规范、适宜，如有需要可以和教师当面沟通。

（8）保教干部对于新教师和青年教师重点批阅计划的目标、组织实施部分；对于成熟教师和骨干教师重点批阅教育教学反思部分。

4. 落实计划

保教干部在检查和批阅教师教育教学计划的同时，还要关注教师教育教学计划落实的情况。加强日常的巡班、听课和检查，切实掌握教师计划的实施和落实情况，以避免计划和实施"两张皮"现象的出现。

四、如何组织开展幼儿园大型活动

（一）幼儿园大型活动的类型

1. 什么是幼儿园大型活动

幼儿园的大型活动是指有目的、有计划，非个别班级师幼、甚至家长参与的，具有一定规模的特殊集体教育活动。它是幼儿园课程的重要组成部分，是幼儿园综合利用各种教育资源，与家庭、社区、信息技术等资源密切合作，帮幼儿获得有益的学习经验，促进其身心全面和谐发展的特殊集体教育活动。大型活动也是一项团队合作、整体性的工作，是培养幼儿的各种能力和促进教师专业成长的有效途径。

2. 幼儿园大型活动有哪些类型

幼儿园的大型活动，根据不同的标准可以划分为不同的类型。幼儿园

大型活动一般划分为:

（1）节庆类大型活动：三八节活动、儿童节活动、新年活动、感恩节活动、中秋节活动等。

（2）季节类大型活动：春游活动、秋游活动等。

（3）庆典类大型活动：开园典礼、开学典礼、毕业典礼等。

（4）体能类大型活动：运动会、远足活动等。

（5）亲子类大型活动：亲子运动会、亲子游园会等。

（6）外出参观类活动：参观小学、动物园、博物馆等。

幼儿园大型活动也可以按照在学年计划中与非计划中划分为计划中的大型活动和生成的大型活动。生成的大型活动是因随机事件生成或在生成活动中促发的大型活动，如因地震或灾区生成的募捐活动、义卖活动等。

（二）幼儿园为什么要开展大型活动

幼儿园大型活动是幼儿园课程中不可或缺的重要组成部分，是集体教育活动的有效延伸和补充。它是用以支持、激发、促进和引导幼儿顺利达成有效学习结果的过程，是幼儿园利用各种教育资源，与家庭、社区密切合作，为幼儿身心有益发展提供的一种教育形式。大型活动具有促进幼儿整体素质发展、展示幼儿园教育特色成果的效能，对幼儿成长经历，对教师专业发展，对家长育儿理念提升有着重要意义。同时，大型活动的开展是一项团队的、整体的、合作的工作，是幼儿园办园水平的综合体现，也是幼儿园对外宣传的一种有效手段，可以起到提升幼儿园品牌与竞争力之作用。

1. 开展幼儿园大型活动有利于幼儿快乐发展

大型活动是幼儿园课程的一部分，幼儿是活动的主体。因此，幼儿园大型活动应注重幼儿的集体参与性，以感悟活动为主，充分发挥大型活动的教育性。既让幼儿能感受到幼儿园活动的丰富多彩，也充分挖掘出大型活动带给幼儿在娱乐中获得有益经验的有效功能。大型活动面向全体幼儿，是幼儿认识社会、认识他人与自我、适应幼儿园生活与社会生活的重要途径，可以开阔幼儿眼界，多重互动与交流，在大型活动中可以培养幼儿的创新精神和实践能力，引导幼儿自主制定活动计划，让幼儿真正成为活动的主人。

2. 开展幼儿园大型活动有利于家园沟通共育

家庭是幼儿园的重要合作伙伴。在组织大型活动时，幼儿园遵循尊重、平等、合作的原则，积极取得家长对幼儿园工作的理解、支持和主动参与。充分利用家长资源，让家长自愿积极地支持和参与这些大型活动，使家长和教师都成为促进幼儿发展的主体，共同促进幼儿发展。因此，在举行大型活动前，幼儿园通过家长会、网站等多种形式，让家长了解活动的内容和意义。同时指导教师做好家庭教育的服务者，帮助家长更新教育观念，改进教育方法，优化幼儿园、家庭、社会教育的整体效果。如亲子运动会，活动前，幼儿园将运动会的详细计划在家长园地上张贴宣传，使家长明确运动会的内容，了解每一个亲子游戏的玩法、规则，与孩子商量确定参加哪个游戏，然后和孩子共同练习，熟悉游戏的玩法。家长参与运动会上的亲子游戏，在感受孩子成长的同时，他们在活动中也仿佛又找到了儿时的欢乐。同时我们还可以利用大型活动对家长进行育儿指导，为今后的家长工作奠定基础。例如，幼儿园庆"六一"文艺表演，有些家长看到自己的孩子由原来胆怯、不敢在众人面前表现自己，到表演时的大胆、从容表现，感受到孩子的变化。家长共同参与大型活动，把家长从被动的观看者转变为主动的参与者，让大型活动成为家园主动探索、团结互助、友好合作的共同活动，不仅提高了家长参与的积极性，也使家长逐步成为幼儿园保教活动的参与者、组织者和支持者，增进了家园间的相互理解，有效实现了家园沟通，形成了共同促进幼儿健康成长的教育合力。家长们参与大型活动后，对幼儿园的工作更加理解、支持和热心了，幼儿园大型活动由于有家长的参与，也更加丰富多彩了。

3. 开展幼儿园大型活动有利于教师专业提升

在幼儿园筹备大型活动时，全园教师就是一个大的团队。团队的精神与教师个人的专业成长是相辅相成的，教师通过集体间的观点交流，互相碰撞出思想的火花。保教干部的带头引领，同伴间的团结互助、相互启发，教师可以从团队其他成员身上取得自己难以获得的收获。大型活动安排井然有序、内容丰富、实效性强，不仅为幼儿及全体老师提供了良好的学习与展示平台，而且在大型活动的实践与反思中教师得到了提升。老师们的合作参与、实践尝试、反思总结，为今后的活动积累了丰富的经验与实践成果。在这个良好的学习平台上，老师们收获的不仅仅是专业的知识和专业素养，还有同伴间宝贵的友谊、团队的凝聚力。大型活动的组织与开展，促进了教师的专业化发展，推动了幼儿园教师整体水平的提升。

4. 开展幼儿园大型活动有利于社区资源共享

幼儿园是社区中的一员，有责任与义务为和谐社区作出自己的努力。通过与社区建立密切联系，共享资源，可以将理念、成果辐射到社区同时增加园所影响力。社区是幼儿接触社会的一个有效渠道，它有着丰富的社会资源。幼儿园可以充分利用社区有利资源开展"走出去，请进来"的大型活动，与社区共同合力为幼儿成长与发展提供便利、有效、适宜的教育资源。例如，幼儿园在重阳节走进敬老院开展敬老活动。一方面可以教育幼儿懂得孝敬老人，尊老敬老，另一方面孩子们的天真、可爱为这些老年人带去温暖与快乐。通过走进社区活动不仅可以传递幼儿园理念与思想，同时也扩大了幼儿园的影响力，提升了幼儿园的知名度。

（三）目前幼儿园大型活动的发展存在哪些问题

1. 目标定位偏颇，忽视幼儿主体地位

在策划和实施活动中，为了达到良好的效果或完成此次活动，在价值定位上会过于注重活动的预期效果，却忽视了活动中幼儿的主体地位，忽略了在活动中，原本要促成幼儿的发展目标。因此，在大型活动中要思考活动与教育之间的渗透性和延续性。如在"亲子运动会"活动中，要先引领教师了解此次活动的意义，然后教师组织班级和幼儿一起协商、策划活动的内容，征询幼儿的意见，与幼儿一起设计活动海报、运动项目等，整

个活动让幼儿参与其中，做活动的主人，让幼儿体验到活动中自己的力量和乐趣。

2. 活动内容单一，忽视幼儿的整体参与性

幼儿园的大型活动，大部分都是计划中设计的活动，其中不乏按幼儿园一定的惯例开展的活动，如六一儿童节、新年活动等，活动内容具有重复性，活动策划形成相对固定的"模式"。如"新年活动"一般固定为表演节目，自助餐等为主，形式单一，缺乏创新。特别是有部分情况，为了突出效果，变成了个别幼儿的展示活动，忽视了整体的参与性。在组织大型活动中，我们要尊重幼儿的意愿，让幼儿积极主动地参与到活动中来，保教干部要指导教师询问幼儿的意愿，与幼儿一起谈话讨论，了解幼儿的特长和喜好，共同设计活动的主题和活动形式，让所有的幼儿都有机会参与到活动中来。

3. 缺乏突发应对策略，忽视活动隐性安全问题

在组织活动的时候，一定要注意各个方面的安全，在组织大型活动中要有一定的预见性，如活动前检查场地的安全，器材、道具的安全，外出大型活动组织、策划者及相关部门负责人一定要事先踩点，做到心中有数，并要召开相关部门会议，确保全体人员有安全意识，如果发现存在安全隐患，应立即调整方案，或取消活动。如遇突发事件，有人昏厥或遇恶劣天气，汇报相关部门，果断处理。在做方案的同时，要考虑详尽，可作出一至两套预备方案，以备不时之需。总之，安全性原则是幼儿园大型活动策划最不容忽视的问题。

4. 多方联动不足，忽视教育资源

在幼儿园大型活动中，会投入很大的人力、物力。有些园所，会依靠教师的力量，但会忽视教育资源的综合利用，导致活动中的环节不紧凑或组织者的力不从心。每次大型活动，策划者要细化每一个环节，并在每一个环节中把多方资源调配起来，就像一场交响乐的指挥，心中有数，又从容自如。而在我们幼儿园的人力调动中，既要调动好拼搏在前的一线教师，也要调动好保障我们活动顺利进行的后勤人员，更要调动好我们潜在的巨

大资源——家长志愿者，如担当摄影摄像工作、后期制作、服装道具制作等，家长是我们重要的参与者和后方支援。还有我们的社会资源，如为我们活动保驾护航的民警等。

（四）如何组织开展幼儿园大型活动

幼儿园大型活动是幼儿园课程的一个组成部分，是一项团体性、合作性、整体性的工作。为了充分体现出大型活动的教育性、社会性和延展性，保教干部在理解开展此次活动的目的与意义的基础上，更要善于参与策划和组织整个活动，思考、把握一些基本的组织原则和特殊的组织技巧，以此优化其活动效果，提升教师的专业能力。大型活动的组织、开展，应是一个全面管理的过程，即"计划—实施—检查—总结"的过程。

1. 计划筹备阶段

一个周密而完善的计划是大型活动的重要组成部分，也是其成功的保证。为确保大型活动的开展井井有条，忙而不乱，制定计划时要考虑以下方面：

（1）**价值引领，明确目标**。每一次大型活动的开展都有其特殊的意义与价值，因此需要就活动目标进行充分地讨论，明确举行该大型活动的目的和对幼儿园发展的重要性及激发教师的进取意识、忧患意识，加速专业化发展进程，促进教育质量的提高。

（2）**调查分析，制定方案**。首先，依据大型活动目标及学期重点工作，分析本园幼儿发展的基本状况和园所自身的发展需求。然后，核心策划组初步拟定活动方案，并通过骨干教师组、教研组、年龄组进行多途径的充分讨论，听取多部门教师意见，调整活动方案，最终确定活动的指导思想、活动目标、活动内容、活动形式、活动场地，各阶段工作及各环节负责人等，并进行方案的沟通与培训。

（3）**经费预算，控制成本**。依据大型活动的方案做好经费的预算，需要统筹园所自身的投入、上级支持、友好合作的赞助等经费和方式，同时考虑经费节约,资源共享,有计划地组织教职工、家长、社区共同准备，如借用社区内场馆、学校等资源，尽可能低成本。

（4）**信息传递，宣传理念**。在举行大型活动前，幼儿园可以通过家长会、邀请函、电话网络（网站、QQ群、微信平台、APP推送）等形式向拟邀请的嘉宾、全园教职工、家长等关注活动的人群进行宣传，让其了解活动的内容和意义，也便于提前做好时间的调整和安排。如召开"亲子运动会"时，幼儿园将运动会海报、招募游戏方案和志愿者方案、运动会详细方案在不同时段通过网站、微信公众号和通知园地提前向家长发布，使家长积极参与到运动会的策划与设计中，每一名家庭成员都能明确运动会的内容与要求，了解每一个亲子游戏的玩法、规则，与孩子商量活动计划、共同练习项目，熟悉游戏的玩法等，将园所的教育理念和课程观落实在每一次活动中。

2. 实施推进阶段

实施是将活动计划和方案转化为具体行动的过程，它需要各个组成部分都充分地发挥作用，才能有序推进。

（1）**班子感召，中层带头**。领导班子是幼儿园举行大型活动的核心，起着决策导航的作用。他们不仅要及时提供相关的建议和信息，引导教师在活动中大胆创新，凝聚力量，同时还要具体负责相关工作，如按照方案要求督促各方面工作的实施，对方案在实施过程中出现的问题进行修改和完善，根据需要提供必要的物质保障，做好各方面的协调工作等。而保教干部则在大型活动中起着承上启下的推手作用，因而要充分发挥其带头影响作用，可以起到事半功倍的效果。如在园庆活动中，保教干部及年级组长具体负责不同活动的组织与实施，全体教师积极、主动参与其中，做到个个活动亮点突出，教师儿童人人精彩。

（2）**把握流程，有效推进**。幼儿园大型活动往往比日常活动更为复杂和繁重，因而落实活动的内容与形式，将会是一项比较艰苦且持久的工作，有的甚至会持续2～3个月的时间。幼儿园要贯彻"方案导向—责任到人—分级落实—反馈践行"的思路，逐步推进活动的有序开展。如可以制定出一份详细的工作安排表，明确各项工作的时间、责任人、完成标准等内容，做到分工协作，各司其职，忙而不乱，有序推进。

（3）**关注细节，追求品质**。细节决定质量。幼儿园的大型活动面对的是幼儿、家长和社会各界，因此，在活动中应重视小事，关注细节。这些细节包括关注到每个参与者的体验与感受，是否为她们提供了适宜、有效的服务等。

3. 检查修正阶段

检查是指为了发现问题而用心查看，其目的是查找问题和缺陷，减少失误，及时修正，保证质量和效果。

（1）**活动计划的检查——超前考虑，面面俱到**。计划是整个大型活动的"脉络"，而这条脉络的逐渐清晰和细化，需要通过相关负责人的学习、交流及商讨才能得以实现。

（2）**活动准备的检查——全盘关注，尽善尽美**。活动前的检查通常以"由下往上"的方式展开：承担各项具体工作的教师及时发现问题；各工作小组深入探讨问题；活动负责人负责落实解决问题。

（3）**活动过程的检查——提升观念，促进发展**。活动过程的检查是指园领导为了确保高质量地完成活动计划和实现活动目标，并使保教人员在活动过程中实现教育观念的转变和提高，使儿童在活动中真正得到发展而实施的检查。检查不仅是针对教师，更重要的是剖析活动本身，检查活动计划的合理性，检查活动准备的可操作性，检查活动过程的科学性，为今后的工作积累经验。

4. 反馈总结阶段

（1）**注重活动后的及时反馈**。幼儿园大型活动结束后，应及时将活动成果向教师、家长、幼儿以及社区进行反馈，让他们感受到活动的价值和意义。具体而言，可借助幼儿园的宣传橱窗、楼道、主题墙、网络平台等及时发布和展示活动过程中相关的照片、视频以及教师撰写的活动实录、精彩瞬间等信息，体现出大型活动开展的大致轨迹，让家长和社会了解幼儿园和孩子在园的情况及在活动中的具体表现，让他们在感受活动价值的同时，也分享孩子们学习、成长的每一个瞬间，进一步促进家长对幼儿园工作的支持和理解。

（2）**资料归档、物品整理。**大型活动结束后，一定要有专门的负责人对活动的全程资料及时进行整理归档，保留活动的相关资源。一方面活动涉及的所有资料是策划组以及全体教师智慧的结晶，更记录着教师专业发展与幼儿成长的足迹，是幼儿园向前发展最有力的佐证材料，也可为下一次活动的开展提供资料借鉴；另一方面，大型活动中所涉及的道具、物品等材料不是一结束就全部废弃，应本着节约共享的原则，由后勤副园长带领团队负责检查、监督整理归位，防止资源的浪费和流失，为今后的教育教学、同类活动的开展提供物质基础。

（3）**全面、科学总结。**总结的目的是为了在今后进一步提高幼儿园大型活动的质量。每次举行大型活动后，幼儿园都应组织各部门甚至以班为单位进行全方位的总结反思，并通过不同的形式开展活动交流，达到共同进步、相互借鉴学习的目的。

首先，要对整个大型活动进行全面性的总结。包括活动的组织环节、各部门的配合情况、活动内容、活动质量（评价的重点应放在活动过程中幼儿、家长、社会、教师的参与程度和参与质量方面）以及该活动对幼儿、幼儿园发展建设的影响等方面。

其次，还要对大型活动的策划与组织进行科学性的总结。重点在于分析本次活动的成功与不足之处，成功之处可通过撰写随笔、经验体会、小论文等形式进行提炼性总结，不足之处要着重寻找依据和原因，为今后活动提供理性借鉴。

总之，幼儿园大型活动的策划与组织，既是幼儿园教育教学工作的重要组成部分，也是当前幼儿园品牌文化塑造与推广的有力手段。要真正实现幼儿园大型活动的价值，就必须对活动的策划与组织实施全程管理与监督，并充分调动团队成员的积极性和创造力，整合家长及社区等各方资源，才能确保大型活动的保质高效，并达成幼儿园在大型活动中树立品牌形象，提升教师专业素养，促进园所、教师、幼儿、家长及社会共同发展。

例：幼儿园亲子运动会部分方案

方案一：

亲子运动嘉年华现场分工情况

职务	姓名或职务	工作内容	手机	对讲标注
大会主席	王园长	负责大会工作的方向指导和把握	13××××x10	有对讲
总指挥	陈副园长	负责大会各项事物的安排与协调	13××××x28	有对讲
指挥助理	韩老师	协助总指挥协调各方面事物、巡场及家长投稿的筛查	18××××x80	有对讲
后勤负责	鲁老师	安全、器材的运送，人偶人员安排及后勤配合的相关事宜	13××××x93	有对讲
器材负责	安老师	负责游戏项目中材料的准备、清点、核对，运动场地的划分及材料准备	15××××x32	
卫生站负责	李老师	负责活动当天幼儿意外伤害事故的紧急处理、家长运动会投稿收集及编号（准备：笔及急救用品）	13××××x30	
广播员	王老师 戴老师	负责活动当天的会场主持及活动播放推送（准备相关的音乐）	王老师：13×××××15 戴老师：13××××x70	有对讲
照相负责	于老师及3位幼儿家长	负责活动当天的所有照相工作，于晓琳负责协调	于老师：13××××x59	
摄像负责	幼儿家长	负责活动当天的摄像工作		
人偶装扮	厨房8位教师	负责当天的人偶装扮及串场（当天自行将人偶用具带到活动现场）		
巡场员	保安员：陈老师 孙老师 陈老师	负责活动当天的场地巡视及突发事件救援	陈老师：13××××x91 孙老师：13××××x82 陈老师：13××××x53	有对讲

方案二:

春季亲子运动嘉年华当日活动流程

X月X日下午16:00 场地布置（全体教师）

鲁主任负责物品运输与后勤保障

陈副园长负责全程监控与协调

孙老师负责音响

王老师、戴老师负责主持

于老师负责摄影录像

班长负责运动项目场地和材料

于老师负责硬体制作和充气城堡工作

X月X日当天安排:

8: 00 现场全体参加老师集合，召开现场准备会

1. 当天准备会

2. 各区域教师核对游戏器械及展牌

3. 人偶准备: 6人偶、2个跟随者

4. 摄影摄像空采

5. 广播系统调试，背景音乐、主持人到位

9:00—9:20 入场

1. 迎宾岗位到岗

2. 人偶到岗

3. 广播正常运行

4. 班员在门口发放贴纸（每班出一人）

5. 班长在队列位置进行引导

9: 25 准备就绪、广播提示

1. 入场完毕，队列位置确认（家长小朋友分开站立）

2. 游戏设施确认（在广播操表演结束前完成）

3. 人偶舞台区就位

9：30　活动正式开始，主持人开场词

9：45　团体操表演

1. 老师表演：5分钟时间

2. 三个年级分别表演：共30分钟，小中大班分别10分钟

3. 园长讲话，并宣布开始

4. 感恩环节

10：35　运动部分正式开始（各班教师把幼儿带到各游戏开始区域）

1. 广播内容开始，10：40整第一次官方推送广播，推送广播共计4次

2. 运动部分开始，各班老师带领孩子和家长到本班准备的游戏处开始第一个项目

10：40　整点广播　现场负责小组报备

11：00　整点广播　提醒：城堡探险开放，通关可进入，游戏时间不超过3分钟。人偶提前到达城堡准备

11：15　整点广播　提醒

11：30　整点广播，结束宣传

11：40　收尾

1. 垃圾整理

2. 活动结束，再见（凡是在官方活动时间以前离开的家庭，需要由家长在活动现场出口处签字）

12：00开始正式撤场

12：30收拾、整理

1. 硬体

2. 游戏设施

3. 清洁场地

4. 清点物品

5. 教师离场

6. 回园整理材料与物品

方案三：

运动会材料单及游戏区域人员安排
亲子运动嘉年华材料单

小一班：

1. 亲子捉尾巴——纱巾尾巴8条

2. 亲子小足球——亲子队服粉色、蓝色各10件，球门2个，球门颜色标志2个、足球1个

小二班：

1. 小兔拔萝卜——红萝卜25、白萝卜25、小筐4

2. 摇摇不倒翁——不倒翁6、篮子6、沙包30

小三班：

1. 魔毯快乐滑——四块蓝色滑溜布、四顶帽子、四幅眼镜、四把椅子

小四班：

1. 可爱的小熊猫——海绵垫四块、彩色拱形棚4组、竹笋臂套4个、小筐4个

2. 小狗向前冲——小狗车四辆、起点标志地板块四块、折返锥筒四个

中一班：

1. 拉拉黄包车——黄包车4辆、折返线、起始线各1条（6米长）

2. 协力向前冲——协力车4辆、折返线、起始线各1条（6米长）

中二班：

1. 抢西瓜——塑料圈5个、皮球21个、放皮球的筐（5个小、1个大）

中三班：

1. 士兵突击——地板块24、绿垫子8、蓝垫子8、小椅子8把、系着铃铛的绳子8条、不倒翁4个

2. 攻占恶魔城——露露罐40个，折叠桌4张，小球12个

中四班：

1. 盖房子——泡沫积木24块、小推车4辆、折叠桌4张

2. 占地盘——板块10块、音乐及播放器

大一班：

1. 超级玛丽——跳袋4个、折返点4个

2. 大吊车——软西瓜4个、折返点4个

大二班：

1. 连拉带拽——轮胎4、绳子4、锥筒4物

2. 跳竹竿——竹竿、平衡塑料块、欢快节奏感强的音乐

大三班：

1. 打野鸭——软包1～2个、哨子1个

2. 爸爸妈妈你在哪？——平衡板8块、乌龟壳8个、平衡木4条（两直两弯）、轮胎12个，小屋4个

（五）保教干部在大型活动中应发挥什么作用

大型活动是幼儿园有一定规模的综合教育活动，也是集体教育活动的有效延伸和补充，是幼儿园不可缺少的课程之一。幼儿园大型活动的策划组织与顺利开展并不是一件简单的事，需要全园上下各个部门的共同参与。保教干部作为幼儿园管理者，在大型活动中的角色尤为重要，起着承上启下的桥梁与推动作用，充分发挥保教干部的影响作用将能对活动起到事半功倍的效果。

·活动前：

1. 承上启下，统筹规划

保教干部是园长的助手，是大型活动工作思路的实施者，是具体措施的执行者。因此，必须有很强的实践能力，才能将各项工作落实。开展大型活动前保教干部应将准备工作做在前面，要有计划性、超前性，充分考虑分析活动的可操作性，从实效的角度考虑活动的核心价值。每一次的大型活动都要有主题内容与目标、方法与形式，充分考虑实效性、操作性如何，是否可以达成预定目标。要积极与教师沟通，将幼儿园大型主题活动

的总体思路、目标及主题内容传达给教师。在明确举行大型活动的目的和对幼儿成长的重要意义与价值所在的同时，调动教师参与开展大型活动的积极性，从而使教师能够积极主动地为幼儿提供展示自我及与社会交流的平台。保教干部应统筹安排大型活动中的方案、物资保证、排练场地等，同时将教师的意见、建议与思路与园长交流沟通，使园领导随时掌握活动的动态并给予设想和建议。例如，亲子运动会的方案与策划，保教干部掌控大方向，耐心听取教师意见和想法，集思广益，充分发挥每位教师的专长，让大家各尽其能，充分展示自己。在此过程中保教干部的决策就要目光敏锐，思路开阔，善于获取新信息，接受新事物，最终对活动方案有充分的认识和准确的取舍，并协助园长协调好幼儿园与家长、社会各方面的关系，争取家长、社会各方面对幼儿园的信任和对活动的支持，从而使幼儿园顺利达成大型活动预设达成的目标。只有这样，才能上行下效，保障活动顺利开展。

2. 积极参与，引领带头

保教干部是部门的主管，是大型活动的策划参与者，不能仅仅充当一个上传下达的传话筒。因此，应对大型活动要有细致的计划，充分发挥其主观能动性，更要充分发挥管理干部的影响带头作用。同时，要结合本园实际，在活动中大胆创新，组织和指导教师开展多种形式的主题式大型活动，及时提供相关的建议和信息，成为出谋献策的参与者、支持者和合作者，促进教师在不断的实践、探索、提高中获得进步和发展。以往在大型活动中，很多幼儿园都是由园领导统一安排策划，为了使大型活动更具创意与时效，建议尝试每一次大型活动都可以由幼儿园年级组长与班长具体负责，从方案的制定、活动主题、人员安排都可以由各级组长带动本组的教师共同制定。保教干部可以深入工作第一线，了解教师在筹备工作中的问题，协助并帮助教师解决大型活动过程中的困难和需要，成为教师活动中的导航者、支持者，从而避免只做施令员，应充分发挥带动影响作用，激励全体教师积极、主动出谋献策，参与到整个活动当中，形成一个整体团队。保教干部的带头参与对活动的顺利开展起到了积极有效的引领作用。

3. 分工合力，联动协调

幼儿园大型活动往往存在任务重、时间紧，为保证活动的顺利进行，保教干部应制定详细可行的方案，注重措施可行，保障活动有序有效。细化方案、责任到人、落实到位、措施可行、反馈践行等贯穿大型活动开展中的方方面面。每一次的大型活动，保教干部都应制定出一份详细的工作安排表格，教师根据表格中的安排有序地进行工作，避免教师做重复、无用之功。同时根据不同的大型主题活动，在实施前要有标准、有计划，实施过程中有侧重。依据每位教师的特长安排，责任到人，使教师一看安排表，就知道自己什么时间干什么事情，简单明了，使活动忙而不乱，有序有效地进行。

幼儿园大型活动的开展涉及面广，牵动到园内各个部门。保教干部就像是调度员，需要有很好的协调能力，要做好心中有数，细化分工。合理安排幼儿园的人力、物力与财力，使之一切为大型活动的开展服务，确保各项工作有效对接，万无一失。保教干部要关注细节，注意各部门间的整合，提倡全园各部门、家长，甚至是社区的资源整合。例如，教师要激发幼儿在活动中的积极性、表现欲；后勤要事先做好各项保障；家长需要全程参与、配合；在社区进行有效的宣传等。保教干部要妥善协调好幼儿园内外、上下方方面面，做到统筹安排，分工协作。只有这样使全园各个部门形成合力，才能保证幼儿园大型活动的顺利进行。一次成功的、有影响的大型活动，并非一蹴而就，需要在幼儿园、家庭、社区的共同努力下，做到尽善尽美。

·活动中：

1. 宽容理解，引导激励

幼儿园每举行一次大型活动，教师都会感受到其中的苦和累。因此，烦躁、抱怨等消极情绪也会有发生。每当遇到这种情况，保教干部都要换位思考，理解、信任、宽容教师的情绪变化，同时利用各种手段、方法帮助教师解决一些困难，让教师感受到活动过程的人文关怀。

2. 注重细节，尽善尽美

细节决定大型活动的成败。注重大型活动中的细节，并非是小题大做，而是要随时随地注重细节对幼儿成长、教师发展的积极影响。唯有如此，才能使每一次的大型活动尽善尽美，达到活动预订目标与效果。

·活动后：

1. 总结分享，完善提升

为避免"活动热闹，之后忘掉"现象，每次开展大型活动后，保教干部可以通过多种形式全方位地了解梳理活动情况的反馈。可以以班级或部门为单位全方位地进行总结反思，还可以采用班级与班级、班级与部门、教师与家长等多种组合分享小结活动。包括活动的内容，幼儿、家长、老师在活动中表现，完成情况如何等。可通过图片回忆、调查问卷、反思小结、分享讨论等不同的形式进行互相交流，达到共同提高，从而进一步提升的目的。保教干部要重视活动后的反馈，让幼儿、教师、家长感受活动的价值，让活动成果的反馈能够成为是幼儿园对外宣传的窗口。可以通过幼儿园主题墙、网络等来实现，及时展示幼儿活动的照片、视频、教师写的活动情况等，体现大型活动的轨迹，让家长和社会了解幼儿园和孩子在园的情况，幼儿在活动中的所作所为，让家长感受孩子们学习、成长的每一个过程，感受到活动的开展对幼儿、教师、家长的价值所在。

2. 整理资料，归档保存

大型活动后，保教干部可以安排资料员或具体负责人把活动的资料及时整理归档。因为这些资料记录着教师的辛勤劳动，小朋友成长的足迹，是记录园史最有力的佐证材料。活动的物品由后勤总务负责检查、监督各部门、班级整理归位，防止资源流失。注重活动后的资料归档、物品整理工作，让活动资源保留，为以后的活动打下物质基础。

3. 调查分析，反思梳理

为下一个大型活动的完善与提升做好基础，大型活动后要注重活动后的反思。举行大型活动后，可以采用问卷或其他形式向教师和家长了解活动情况。内容大致包括：活动的内容、形式是否适宜或需要调整的方面，时间安排是否恰当，还有哪些需要注意的地方等，及时梳理回馈，为完善下次的大型活动做好铺垫。

大型活动的过程是艰难但又幸福的，是苦累但又快乐的。在开展大型活动中，保教干部应具备较好的执行力、协调力、实践力、合作能力、梳理能力，充分发挥带领作用和自身影响力，使幼儿园大型活动的开展可以让幼儿、家长和教师收获、分享喜悦和成功，分享集体的智慧、分享相互帮助团结协作的那份感动。保教干部的影响助推让大型活动不仅能够成为幼儿发展的有效途径，同时也不同程度提升了园所教师的价值观与综合素质，促进幼儿园更好的发展。

五、如何组织开展家园共育工作

（一）如何指导教师开好家长会

1. 保教干部要指导教师明确家长会的组织原则

家长会作为幼儿园和家庭沟通的重要方式，是教师每学期的重要工作。成功的家长会有助于家庭和幼儿园之间建立一种"理解、信任、目标一致"的合作关系。因此，保教干部在每个学期初，都要把指导教师开好家长会的原则和老师们进行交流，以指导教师召开好家长会。

（1）**针对性原则**。保教干部要明确地告诉教师，家长会是根据不同要求，不同内容，召开不同规模、不同对象的各类家长会，及时、清晰地向家长介绍幼儿园或班级保教工作及幼儿发展情况，听取家长意见。只有明确了主题和目的，才能围绕这个主题有针对性地组织家长会。

（2）**互动性原则**。保教干部要让老师明确，家长会是家园互动的最佳时机，教师与家长站在平等的立场上，共同探讨问题，体现内容与形式的共同参与与互动。一定要变"教师讲，家长听"的组织形式为"互动式家长会"，在真诚、理解、接纳的氛围中，大家畅所欲言，各抒己见，成为家长与教师共同成长，共同启发提高的交流会。

（3）**尊重性原则**。保教干部和老师要共同明确，在家园共育中，家长和教师是利益的共同体，大家最关注的都是孩子的健康成长，而孩子的健康与成长又依赖于家园的相互尊重、相互合作，只有家园合作，心往一处想，劲往一处使，才能形成教育上的合力，才能达成家园之间真正意义上的互动。

（4）**关注需求原则**。保教干部还要提醒教师，要站在家长的角度换位思考，了解家长的所需所想以及最关注最感兴趣的热点问题，帮助家长解决实际的困惑，满足家长的需求，最大限度地发挥家长会的作用。

2. 保教干部如何引导教师做好家长会的准备

家长会是教师组织家长围绕特定目标开展的、面对面的、以口头形式为主的群体性活动。内容一般是园领导或教师向家长介绍幼儿园或本班在本学期或某一阶段的教育任务；汇报幼儿园或班级教育工作的进展情况；孩子的年龄特点现状分析；与家长共同探讨本园、本班教育中带有普遍性的问题。家长会是家长全面了解幼儿园工作的重要途径。但由于其内容多样，因此要准备充分，才能起到其作用。

（1）**思想准备**。首先，召开家长会之前，教师要转变观念，明确《纲要》中的"家庭是幼儿园重要的合作伙伴"的真正含义。从心理上认同家长与教师都是平等的个体。家长们虽然来自不同的家庭，不同的工作岗位，性格不同，文化程度不同，工作性质不同，但老师在接待家长时要遵循一个原则，平等对待，对每个家长都要热情招待，不可厚此薄彼。教师不能因为受过学前教育的专业训练就认为家长不懂教育孩子，家长理所应当要接受教师的"训导"。其次教师还得多积累教育知识教育经验，提高自身的专业素养以帮助家长解决在教育孩子时的所面临的困惑与矛盾。

其次，话题来源真实具体。家长会的召开是否受家长欢迎，内容起着决定性的作用。因为内容能否引起家长的兴趣，能否得到家长的共鸣，将直接影响家长会的实际效果。家长们参加家长会的目的除了沟通加强联系，了解班集体一些常规性的工作之外，还想从老师这儿学到一些教育方法，得到老师们专业的引领，共同解决一些教育困惑与问题。所以家长会的内容必须要来源于班上真实具体的幼儿生活实例，这样老师才会有的可说，说出来的话才有说服力，家长会非常爱听，能引起共鸣，激发家长主动参与探讨研究的欲望。

（2）**物质准备**。教师有了充分的思想准备之后，物质上的准备也得引起重视。首先，可为家长提供纸、笔等，方便家长记录。其次，由于家长们并不是整齐划一准时进入会议场地，教师便可在家长会之前准备一些报刊杂志、幼教文章、幼儿在园的影像资料、优美乐曲、幼儿园宣传片等，以便缓解家长们的等待，给家长营造一个人文的会场环境。另外就是根据本次家长会召开内容所做的准备，如话题收集、问卷调查，形式设计、文献资料等。有了这些充分的准备，细致的考虑，便可容易使家长产生亲切融合的体验，愿意参与家长会的召开，不至于使家长们感觉会议的乏味和枯燥。

3. 保教干部如何鼓励教师创新多种形式的家长会

幼儿园家长会主要分为全园家长会、年级家长会和班级家长会这三种形式。在这三种形式基础上还可细化出集体式、分组式、问题式、专项式等具体的有特色的家长会形式。

（1）**集体式家长会**。集体式的家长会，是一种集体的交流形式，面对的是全体家长。孩子们生活在集体中，就必然会有很多共同的事情，孩子们是一个集体，家长们也是一个集体，在集体的家长会中，要激发家长的一种集体观念、集体荣誉感和团队意识。教师要将班级工作的整体情况介绍给家长，一起分析、一起商讨、达成共识，因此集体式的家长会是一种必不可少的家长会形式。集体式家长会可细分为以下三种形式：

①入园前的家长会 入园前的家长会是指小班新生入园家长会（其中包括中大班的插班生），是以园级为单位，由园长和负责教学的副园长或保教主任召开。园长负责介绍园所整体规划、硬件设施、办园思想、教育特色、师资队伍等幼儿园整体工作。副园长或保教主任将对幼儿园的教育理念、课程安排、幼儿一日作息时间及主要活动等方面向新生家长做介绍，加上图文并茂的PPT演示，会让新生家长对幼儿园的整体工作有初步的认识和了解，为入园后的支持配合起到非常重要的作用。

②学期初的家长会 学期初的家长会一般是以班级为单位，多在开学

后的两周之内进行。班级教师根据幼儿的年龄特点进行班级现状分析，根据分析介绍本学期的工作目标、班级重点工作、主要活动及需要家长支持和配合的内容。通过教师的介绍，引导家长知道本班幼儿目前的优势及不足，结合本学期的班级工作重点明确在哪些方面应更加密切的进行配合，帮助幼儿扬长补短，促进幼儿的发展。这种学期初的家长会是各年龄班教师常用的家长工作形式。

③学期末的家长会　学期末召开家长会主要是总结本学期的工作，特别是应向家长重点介绍通过一学期的家园配合孩子们的发展，特别是在哪些方面有进步，介绍的内容越具体越好，例如，进餐、午睡、自理能力、与同伴相处、专注性、注意力、倾听习惯等。教师要在开会之前将每个孩子的进步对号入座，在家长会上当教师说出孩子的姓名时，家长们会感到特别高兴和欣慰，积极地家园配合得到了回报，为下学期的继续配合打下良好的基础。

（2）分组式家长会。在学期初集体家长会之后，幼儿园和班级将开展各项丰富多彩的活动，其中亲子活动是家长了解孩子，参与幼儿园、班级工作进程的最好形式。在日常生活和各项活动中，孩子们会有不同程度的进步，也会出现个性化的问题，班级重点工作也会根据孩子们的变化进行调整。那么教师就可以充分利用亲子活动时间召开分组式的小型家长会，将幼儿阶段性的表现和班级近期的主要工作跟家长进行沟通和交流，使家长及时了解孩子的变化和教师的要求，以及下一阶段配合的重点。

现在的亲子活动形式多样，有全班的亲子活动，还有丰富多彩的分组式亲子活动。如每学期四次小厨房活动，家长可根据班级活动的时间及内容，再结合自己的工作时间选择其中一次来园参与。活动结束后，教师可根据当天活动内容，及现阶段班级具体工作跟这一组家长进行简短的总结和分享。

这样的分组式家长会灵活多样，缩小了家长的范围，内容也不拘一格，便于教师在与家长的沟通中更好地观察和了解家长的心理和动态，及时捕捉和解决家长工作中的问题，家长与教师的沟通形式更自然、更便捷，使家园配合更加紧密和有效。

（3）**问题式家长会**。作为教师我们会在日常工作中不断的观察和分析本班幼儿的现状，哪些方面出现了急待解决的问题？哪些幼儿又是这些问题的"携带者"？当问题有必要通过家园配合来解决的时候，问题式家长会就是一个很好的家园配合途径，它是利用几个孩子共性的问题召开的小型家长会。例如，班中挑食现象比较严重，就可以请挑食严重的几位小朋友的家长，针对挑食这个共性问题开一个小型座谈会，会上可以请家长分别说一说幼儿在家中进餐时的情况，家长之间也可以互相交流，教师可针对共性的问题给出合理化的建议，指导家长针对问题转变观念，寻找解决的方法和措施，家园共同努力帮助孩子们改善挑食的问题。

这种小范围的问题式家长会，形式灵活、针对性强、效果明显，能有效地促进和改善孩子当前最主要的问题，是家长们喜欢并乐于接受的家园共育形式。

（4）**专项式家长会**。专项式家长会是指针对某一专项活动召开的家长会，这一家长会目的性强，目标明确，便于家长协商和讨论，为专项活动的圆满完成打下良好的基础。例如，在新年活动中，大班要开展"亲子包饺子"的迎新年活动。活动范围包括全班幼儿和家长，这种班级大型亲子活动需要得到家长们的大力支持和配合。在活动前召开家长会是非常有必要的，在教师介绍活动内容形式、目标和意义后，家长们就开始自己分组，确定组长，商量所需要的工具和材料，把任务落实到每一位家长。教师则要负责协调各组织之间的协商内容，把握整体活动的准备和实施。有了这种专题式的家长会，大型亲子活动就会非常顺利有序的开展起来。这种专项式的家长会还能充分有效地调动家长们参与班级亲子活动的积极性和主动性，并在活动中发挥家长的特长和作用，促使班级亲子活动成功顺利的开展。

4. 如何指导教师明确召开家长会需要注意的问题

家长会前要指导教师充分分析本班家长的不同情况，针对高学历的知识型、隔辈人的溺爱型、外地家长的盲目型、年轻家长的易忽视型等，有一些要注意的问题。

（1）避免一条建议面对所有家长，要有针对性的指导措施，使不同水平的家长都能在会上得到启发和适合自己的教育建议及措施。

（2）避免在家长会上点名批评幼儿，有问题只点现象不点名，要对事不对人，尊重家长，给家长留面子，家长会后可以单独与家长沟通。

（3）在家长会的形式上老师也可以根据本班的需要打破"一言堂"的形式，避免老师说的辛苦，家长忘的干净，可以大胆创新家长会的形式，方便家长与老师建立平等合作的伙伴关系，促进家园配合。

（4）对原班家长开家长会时，首先要代表班上全体教师，真诚地感谢家长们在上一学期对班级工作的理解和支持，感谢在他们的支持和配合下，班级工作得以顺利开展，孩子们的进步有目共睹。

（5）可利用照片、视频播放的形式带领家长简单回顾上学期幼儿在活动中的发展，并配以教师有目的、有重点的讲解，引导家长了解新的教育理念，树立正确的教育观，从而更积极主动的支持和配合新学期的家园共育工作。

（6）接新班开家长会时，可由园领导出面介绍班级的新老师，这样会让家长感到园里非常重视这次分班工作，给家长一个交代，一份承诺。介绍过程中，也会帮助家长们更多地了解新老师的教育教学情况和自身的教育特点，有助于新老师在班级中更好地开展工作。

（7）新任班长要向家长表达自己非常愿意接任本班的教育教学及班级管理工作，使家长对新老师的工作态度有明确的了解。同时把自己的联系方式告知家长，欢迎家长与自己联系。新任班长还要在家长面前肯定原班教师的工作成果，要让家长放心，感到孩子之前的发展是非常顺利的，给家长吃一颗定心丸。避免在会上去否定前任教师的工作，哪怕是不经意间流露出的意思，家长也会非常敏感，会对幼儿园产生不信任感，为今后的工作带来不必要的麻烦。

（8）要表达工作中三位老师是一个整体，任何事情三位老师都会及时沟通。这一点会让家长感到老师之间关系和谐融洽，让家长更信任老师，有助于拉近彼此之间的距离。

5. 教师召开家长会有哪些小窍门

保教干部可以在组织教研活动时，专门研讨制定家长会内容的小窍门，这样不仅让老师重视家长会，还能让老师轻松、愉快地召开家长会，同时提高教师在家长心目中的威信。

窍门一：问卷调查

教师在召开家长会前一周，可以设计相应的问卷，向家长征集一些问题，例如：你觉得您在家庭教育中存在着哪些困惑等。然后教师及时将问卷的情况进行小结梳理，统计出问卷中体现出来的相对密集的问题，以便在家长会中进行解答或研讨。问卷调查能够帮助教师了解全体家长的需求，为解决家长实际需求做好充分的前期准备。

窍门二：家长访谈

教师可以通过访问的形式，采用随机访谈、面谈的形式向家长询问有关家长会中家长需要了解的一些内容。访谈的对象应该具有普遍性、针对性、特殊性，即教师要承认家长教育观念的差异性，并对班上不同层次的家庭进行有针对性的访谈，以便了解班上家庭的普遍问题。

窍门三：关注个别

教师要密切关注家长平常的话题，特别要关注那些平时不能够积极配合完成各项活动的家长，多与家长交流，寻找相关信息，收集话题资源，以他们为突破口，力求解决家长的实际困惑和问题。

窍门四：充分挖掘家长资源

在我们接触的家长当中，有的家长是教师、是医生，很多家长对于育儿方面的经验可能比我们青年教师要丰富。我们就可以充分利用这部分家长的资源，请他们在家长会上交流、分享育儿经验。如召开大班家长会，可请当小学教师的家长来讲一讲幼小衔接话题。这个内容是针对班级幼儿的实际情况出发，可以引起家长的共鸣，帮助家长有效地指导自己的孩子从生理、心理上做好入小学的准备。

窍门五：为家长创造相互学习的机会

当家长遇到困惑，教师自己也没有能力解决的时候，教师千万不能视而不见，否则就会削弱你在家长心中的地位。这个时候教师就可以"把家长抛过来的球反抛给其他家长"，请其他家长来帮助你解决这个问题，使全体家长能够从这部分家长身上学到有用的育儿方法，从而有效地指导自己的孩子。

窍门六：利用小组讨论、分享，鼓励家长自主参与发挥优势

为避免家长会上"教师讲、家长听"的一言堂模式，可指导教师换一种形式来组织，如让家长亲身参与，分组讨论，就像我们教研活动的形式，让家长们分成学习小组参与到主动学习中，亲身感受和体验孩子们的学习方法，理解孩子们的学习方式。这样的分组形式氛围宽松，自由度大，家长们参与的积极性很容易被调动起来，会大大提高家长会的时效性，有效地解决班中的实际问题。

窍门七：以游戏为手段，为家长创设愉快轻松的交流氛围

以往我们在开展家长会的时候，很少有家长会主动参与发言或提一些建议。其实很多家长在育儿方面都有自己的一套经验，可是很多时候家长都觉得在全体家长面前发言很难为情。这个时候教师应该积极地为家长创设一个宽松的氛围，运用游戏来调动家长参与的积极性，避免家长有尴尬的心理表现。如，可利用《抢椅子》《击鼓传花》等游戏鼓励家长主动介绍自己准备的育儿经验、知识，这样家长介绍起来非常自然，避免了不必要的尴尬。这些传统的民间游戏，都是这些家长小时候玩过的十分熟悉的游戏，能够唤起家长的童心，让家长再次回到孩童时代来体验游戏活动的快乐。由此给传统枯燥的家长会氛围增添了一抹轻松、一份快乐。

窍门八：通过现场颁奖的方式，激励家长参与班级工作

在开展家长会的时候，很多老师容易以一种命令式的口吻对家长提出一些需要配合的工作，这种领导者的语气很难博得家长的认可与配合。那么教师不妨换一种方式，对于那些平常积极配合幼儿园工作的家长及幼儿要及时地给予鼓励，特别在家长会上运用颁奖的形式，让他们感受到他们

为班级所付出的劳动得到老师、家长的认可，以此来鼓励家长参与班级各项工作。

窍门九：吸纳家长的反馈意见

活动结束后，教师要积极听取家长的意见，可以通过再次问卷的形式，例如，请家长说说这次家长会上的收获以及对于本次活动存在的不足提一些建议等，来了解家长会是否成功，家长是否满意。从而发现问题，以提高今后家长会的质量，也能够使家长感受到教师对于家长会工作十分重视，用自己的实际行动去感染家长，达到引起家长共鸣的效果。

6. 开家长会之前，保教干部对教师应提出哪些要求

幼儿园新学期各班都会召开家长会，这时，保教干部需召开一次教研活动，引起老师充分的重视，并适时地把幼儿园的一些要求提出来，如：

（1）指导教师开家长会时，要根据《指南》的精神和幼儿园所倡导的教育理念，及根据本园教育教学的具体内容和方法对家长进行有针对性的讲解，求得家长的理解和认同，为今后更好的支持配合打好基础。

（2）提示教师开家长会时注意自身仪表、语言及与家长的交流方式，对于孩子的问题对事不对人，将问题更巧妙、更艺术的进行表达，并提出建设性的建议，有利于家长更好的采纳和接受。

（3）开家长会前，保教干部要提前审阅教师的会议内容发言稿及PPT，发现问题及时调整。

（4）建议班长召开家长会时，可选取其中一项内容请班里的青年教师向家长进行介绍，提高青年教师的参与意识，充分发挥她们的主动性、创造性，提高青年开展教师家长工作的能力。

（5）为了能让年轻的班长掌握和提高开家长会的能力，可请年轻的班长旁听骨干教师召开的家长会，还可以请骨干教师针对"如何成功召开家长会"的经验方法进行讲解和培训，帮助年轻班长掌握方法尽快提升组织召开家长会的能力。

（6）为能使幼儿的父母都能亲自参与家长会，避免老人代替又传达不

清，可建议教师利用晚上幼儿离园后召开家长会，这样不仅幼儿父母都能参加，班级全体教师也能共同参与，各自分担其中一部分的组织内容，这样既锻炼了年轻教师，又能够让家长们对班中的每一位教师都有进一步的认识与了解，同时感受到老师们的认真与敬业。

在家长会上，要让家长感到老师欣赏每一个孩子的长处，包容每一个孩子的短处，本着全心全意为孩子发展的目的与家长进行交流，并在交流中，把自己的这种爱传递给家长、感染家长。让家长感到老师在爱他的孩子，尽心尽责地为孩子们的教育而工作，家长自然就会信任老师，并且持积极的态度来与教师沟通，主动配合支持教师的工作，那么这样的家长会才是促进班级工作全面开展、促进全体幼儿健康发展的家长会。

（二）如何指导教师做好家访工作

1. 为什么要组织教师进行家访

家访工作是帮助教师了解幼儿成长环境及家长对孩子的教育观念和教育方法，促进家园相互沟通了解的重要途径。家访工作已成为家园共育的有效手段。家访又可细分为新生家访和日常家访。在做这项工作之前，我们可通过园本培训，帮助教师明确家访的目的。

（1）**家访能让教师了解到孩子在家的真实表现，更全面地了解幼儿。** 教师要在家访时观察孩子的生活成长环境，包括物质环境（吃穿住）和社会精神环境（家长的为人，教育方式，亲子间的关系等），这样有利于幼儿园教师更好地为孩子设计教育教学计划。

（2）**家访有利于增进教师与家长的沟通，更有效地推进父母参与到孩子的教育中去。** 家访过程中教师们要努力宣传父母参与教育的重要性，让家长理解家访不仅是了解情况，切磋育儿经验，还要把家访获得的情况同平时的教育结合起来，促进家园双方更有效地合作，做到"一把钥匙开一把锁"，实现因人施教，让孩子们和谐快乐的发展。

（3）**家访能拉近教师与家长、幼儿之间的距离。**

①新生家访 家长与教师初次接触时难免有生疏感，家访帮助家长

了解幼儿园，了解教师，建立信任感，也帮助幼儿熟悉教师，喜爱教师，使幼儿、家长、教师形成亲密的关系。当教师走进每个家庭与家长像朋友似的聊天，不仅缩短了与家长的心理距离，而且也加强了情感沟通。比如对新小班幼儿的家访，在家访中教师以聊天的方式了解幼儿的生活环境、生活方式、生活习惯；了解每个幼儿不同的特点与喜好；了解家长的教育理念、教育方法。在聊天的过程中，教师将这些信息记录在家访记录表上，回到幼儿园根据信息分析孩子的情况，有的放矢地做好新生入园工作，以便在较短的时间内消除幼儿的入园焦虑。在和家长聊天的同时也介绍一些小班幼儿分离焦虑可能会出现的现象及应对方法，会让家长更信任教师。因为这些都是家长们最关心、最担心也最不知道该如何做的事情，所以他们听得很认真。以至于教师们结束家访离开的时候，家长们还有些不舍，遗憾时间太短，看得出，这不是客套，而是沟通达成共识后的真诚，对今后家园联系工作起到很好的促进作用。

②日常家访　和新生家访有所不同，日常家访是在发现幼儿某些方面的问题后寻找问题原因从而解决问题的一种渠道和方法。例如：中大班教师在发现孩子近期有了问题（也许是性格上的、也许是学习习惯上的、也许是交往能力上的），想要和家长通过家访来共同寻找解决问题的办法。家访本来是教师有责任心的表现，但如果方法运用不当（比如谈话的方式不当——在没有全面了解孩子的情况下想当然地说出孩子的问题，没有具体事情具体分析；或是谈话的地点不当——在班级门口和家长沟通孩子的问题，其他家长和小朋友可以听到教师的谈话，会让家长觉得下不来台；或者谈话的策略不当——以教育者的姿态，高高在上地指出孩子的问题），不但不会得到家长的理解与支持，相反还会对幼儿园、教师造成不良的影响。但是如果教师发现孩子问题后，在繁忙中抽出一点时间去家访，会使家长很感动，会很真诚地和教师进行沟通和配合。

（4）家访能进一步探究孩子在园行为表现的原因。询问孩子的行为习惯、饮食习惯、与小朋友的交往方式，了解家长对孩子表现的意见，发现家长的观念与孩子表现之间的因果关系，通过沟通，进而与家长形成一致的观点，寻找家园一致的教育措施。例如：班里有个叫虎子的小朋友，从和父母的沟通中了解他父母学历都较高，在单位中都是高层，对孩子的期望很高，可是孩子却很内向，教师请孩子做事时孩子总是退缩，总是自我否定，在班里没有什么朋友。针对这种情况，教师对孩子进行了家访。在家访时，教师观察到父母对孩子要求非常严，孩子稍微有点错，比如教师进门没有立即向教师问好，喝水时把水洒了，父母马上就不高兴埋怨孩子，指责孩子笨。对此，教师诚恳地和家长进行了一次长谈，建议家长采用赏识教育的方法，多和孩子交流，多给孩子一些支持鼓励，要在玩中学，不要强制。经过一段时间的努力，孩子说话的声音提高了，上课发言积极了，能主动与小朋友们交往了，孩子的自信心得到明显提高。

2. 保教干部如何指导教师与不同类型的家长沟通

孩子们来自不同的家庭，每个家长的文化水平、素质修养不同，他们对幼儿园的配合程度也会有很大的差异，在家访中遇到不同类型的家长时也要有不同的沟通艺术，这样才会取得家长对幼儿园和教师的理解和支持。

针对不同类型的家长，教师们可以参考以下沟通方法。

家长类型	家长的表现	沟通方法
放任随意型	这类家长认为幼儿期的教育不需要重视，孩子送到幼儿园，学习和习惯培养就应该由幼儿园全权负责，不愿意在孩子身上费心。	对于此类家长，教师在家访时工作更要做细致，用具体实例向家长介绍孩子的近期表现，帮助家长分析孩子出现问题的原因，从家庭教育观点及家长平时处理孩子问题等方面找原因。还可以利用班级活动视频让家长发现自己孩子与其他孩子的差距，从而引起家长对教育的关注。
溺爱放纵型	这样家庭的家长对孩子的要求百依百顺，如果孩子有了错误家长也会包庇，希望教师多多看到孩子的优点，得到表扬。	教师要尊重家长爱子女的感情，对孩子好的方面给予真挚的赞赏，让家长感到教师对孩子是从心里的喜爱，这样家长从心理上就能接受教师提出的合理建议。在此基础上适时向家长真实反映孩子的问题，通过实例向家长指出解决问题的正确方法。

（续）

家长类型	家长的表现	沟通方法
高度关注型	这样的家长有一定的知识、修养，但是重知识的传授而轻幼儿行为习惯、生活自理能力的养成教育。	教师多关注孩子生活细节，委婉地向家长提出孩子在学习习惯方面的小问题，主动请家长提出对教育的看法，并说出自己的观点。充分肯定和采纳家长的合理建议，与家长共同做好对孩子的教育工作。
无暇顾及型	这类家庭通常是父母工作繁忙或者其他原因对孩子的教育缺少关注，由爷爷奶奶承担起了抚养和教育的任务。	委婉地告诉家长，长时间不与孩子沟通，就不能全面地了解孩子的想法、情绪，幼儿阶段有很多发展期，一旦错过再想弥补就要花费更多的精力，也不见得有效果，建议家长投入到孩子的教育中来。（教师可以提供给家长一些能增进亲子关系的游戏，帮助家长走进孩子）
支持配合型	这样的家长平时很支持教师，配合教师的工作，充分相信教师的能力。	肯定家长的积极付出，赞扬孩子好的一面，能激发家长投入更多的热情参与孩子的教育。再针对孩子现阶段的问题与家长沟通。

3. 家访前，指导教师做好哪些准备

家访不仅可以建立健康的家园共育的关系，也是树立幼儿园教师形象的一个重要途径。因此，家访前做好充分的准备工作，会收到可喜的实效。但工作马虎或有很多不周到的地方，会引发误会，还会带来后患。因此，保教干部一定要通过会议或活动，指导教师做好各项充分的准备。

（1）**提前和家长预约时间。** 家访前可通过电话或微信，和家长进行家访的预约，在预约时要考虑家长对家访的意愿，是否能安排时间接待教师来家里家访。家长能接受家访的时间不会太固定，所以教师必须先确定几个时间段，让家长选择哪个时间段能接受家访并进行确认，记录在记录表中。同时预约家访的时间一定要避开用餐、幼儿午睡等时间，还要注意时间不能太晚，以免影响幼儿和家长正常生活规律。

（2）**合理设计家访路线。** 教师对新生家访的时间通常是比较集中的，需要在一周内完成全部幼儿的家访工作，所以要合理地设计家访路线。首先，教师要先把新生入园登记表按家庭住址进行分类（相同、相近小区放在一起，从近到远进行排列），然后根据和家长预约的家访时间把每天的家

访地址进行归类、统计，这样清楚明了，保证完成每日家访的计划。

如果幼儿的家庭住址较远，要提前从网上查好行车路线，设计方便的路线（如选择什么交通工具最快、不堵车、节省时间等都要提前考虑好），保证家访的按时进行。

范例：幼儿家访计划表

预约时间	幼儿姓名	家庭地址
8.26 2:00—2:30	王××	远见名苑小区9号楼×门×号
8.26 2:40—3:10	曾××	远见名苑小区9号楼×门×号
8.26 3:20—3:50	余××	远见名苑小区10号楼×门×号
8.26 4:00—4:30	林××	远见名苑小区10号楼×门×号
8.26 4:30—5:10	蔡××	远见名苑小区11号楼×门×号
8.27 2:00—2:30	曹××	西城区牛街×××
8.27 3:00—3:30	王××	西城区白纸坊×××
8.27 4:00—4:30	马××	西城区半步桥×××

（3）**了解特殊信息**。从新生入园登记表获取幼儿及家庭资料，针对家庭的特点进行详细分析，做到心中有数。如：父母的职业、家庭成员关系、父母文化程度、幼儿需注意的问题等。

新生入园登记表

孩子姓名		小名		性别		出生日期	
家庭住址							

（续）

家庭成员	关系	姓名	年龄	学历	工作单位	职务	电话
	父亲						
	母亲						

可联系的亲属	关系	姓名	是否退休	工作单位	联系电话

备注：请家长仔细阅读本备注事宜如实填写	一、如果您的孩子在园内身体不适或遭突发事件，请选择你的需求： 1. 委托幼儿园带孩子就医或采取应急措施。 2. 委托幼儿园边采取措施边告知家长。 3. 先告知家长，由家长决定怎么办。 4. 紧急联络人及电话。 二、您的孩子是否患过以下疾病，请在对应的疾病名称上打"√" 水痘　皮肤病　肝炎　肺炎　哮喘　胃病　骨折 肾病　腮腺炎　癫痫　心脏病　风疹　贫血 其他　请写明疾病名称_____、_____ 三、是否对食物过敏（无　有）　主要是_____ 四、对哪些药物过敏（无　有）　主要是_____ 我对以上事项均已知晓、认可，并如实向幼儿园反映孩子的健康情况 家长签字：

（4）**观察幼儿情况**。在家访前，教师要观察孩子在园的表现，针对孩子情况考虑好要与家长交谈的问题。

（5）**准备好家访记录及家访问卷**。记录的内容包括：家访的时间、家访的原因、幼儿的情况、在幼儿家庭的见闻、家长的要求、家访的感受等。教师在家访后一定要做好后续记录工作，摆脱经验主义，深入分析这些信息，充分利用这些信息来进行之后对幼儿的教育。

家访记录表

家访时间	4月5日	家访对象	京京
家访教师	刘教师、王教师、陈教师		
家访原因	近期孩子情绪急躁，经常动手打人		

（续）

幼儿在园情况	京京是一个聪明的孩子，爱动脑筋，能很快掌握活动中的内容，但是近期他脾气很暴躁，和小朋友有了矛盾喜欢动手打人，和京京讲过几次道理，但是效果并不明显。针对这个问题，决定对京京进行家访。
幼儿在家表现	在和京京父母谈话中得知，他们的工作都很忙，对孩子的关心不够多。爷爷奶奶只好把孩子接走照顾，本来老年人对京京就疼，再加上觉得爸爸妈妈都不管他，出于补偿心理对京京更加娇生惯养。而父母很少能见到孩子，当发现孩子幼儿问题后，又没有足够的耐心给孩子讲道理，只会打骂来教育孩子。这样一来，孩子就养成了一些坏习惯。
教师/家长建议	请家长多陪伴孩子，并多和幼儿园保持联系，及时向孩子反馈京京在园的优点，让孩子感觉到父母对他的爱。
家访感受	如果没有走进京京的家庭，当看到孩子出现打人行为时，我们只会单纯的认为孩子的行为出现了问题。但是，当我们走进家庭才看到了问题的所在，帮助家长真正地了解家庭教育有着非常重要的作用，让家长了解到应该抽出时间来多陪陪孩子，如果不能陪在孩子身边的父母要及时和教师沟通。孩子的成长是要靠他们自身的努力，但离不开家长的配合和教师的教导。

（6）**带照相机**。用照相机记录下教师和幼儿及家长在一起的快乐场景，开学后可张贴在班级中，可让小朋友有亲切感，并帮助幼儿在幼儿园建立起归属感。

4. 指导教师打造完美新生家访的策略

（1）**教师的着装**。

①淡妆　淡妆既是对家长的尊重同时也能增加教师的自信心，这种非语言的沟通——视觉沟通，传达了以心沟通的理念。

②服饰　在衣服的选择上，颜色尽量选择孩子比较喜欢的鲜艳的色彩。家访时不要穿短裙，可以选择合适的裤子或款式大方的连衣裙，体现教师积极向上青春洋溢的精神面貌。

（2）**教师的仪态**。家访的立足点在于做到与家长建立和谐的关系，取得家长的信任、理解、支持，这样教师才能顺利开展家庭指导。因此教师家访时的态度要诚挚、亲切，言行要得体大方。通过家访要让家长和孩子感受到教师特有的魅力，并对教师产生亲切感，信任感，喜欢教师，让幼儿对去幼儿园和教师一起游戏产生浓厚的兴趣和向往的期待。

小贴士：教师要通过各方面努力去接近孩子，让孩子接受我们，愿意让我们抱。在和孩子讲话时，声音一定要温和，语速不宜太快；在对待孩子时，一定要面带微笑，这种关爱孩子更能接受。

（3）**赠送小礼物**。让孩子体验到教师的友好，让孩子喜欢教师，小小礼物是爱的表现，手工自制更具有意义。

小贴士：教师送的小礼物不一定很贵，但一定要新奇有趣。比如教师可以为孩子们用卡纸画一个可爱的小笑脸、用折纸叠一朵可爱的小花、用糖纸折一只美丽的蝴蝶等。

（4）**陪伴孩子玩耍**。在家访时教师可以利用幼儿感兴趣的玩具和小游戏，在游戏过程中观察到孩子的兴趣、个性，捕捉幼儿兴趣点，理解幼儿交往和表现的特点，借助游戏也展示出了教师的专业性，为家庭亲子互动做出很好的典范。

小贴士：教师可以和幼儿一起玩《1，2，3，谁丢了》，教师可以请孩子拿出4个自己最喜欢的玩具（这个过程中可以看到孩子对数的实际意义是否理解，同时通过孩子选玩具，也可以了解他的爱好），然后教师请孩子闭上眼睛，教师说1，2，3的时候从中抽走一个玩具，请孩子睁开眼睛猜猜哪个玩具丢了。通过这个游戏教师也能够了解孩子的观察力、注意力、兴趣点。

（5）**填写访谈记录**。新生家访时教师可以根据访谈记录了解孩子的一些问题和家长的教育理念，这样也让初次家访有的可说、有的可聊。

小贴士：访谈记录是为了了解幼儿各方面的信息，科学客观的记录孩子的信息，必须有家长签名。

附：

小班幼儿入园访谈记录

被访谈者姓名_____　　　　　　访谈日期_____

幼儿姓名_____　性别_____　出生日期_____

访谈内容：

一、幼儿生活习惯及健康习惯

1. 入园前谁照顾？ _____

2. 是否能独立进餐（容易，困难，时间有无规律）？ _____

3. 用餐专注吗_____？如果不专注，家长一般用什么办法帮助孩子用餐_____

4. 喜欢吃何种食物？是否挑食？ _____

5. 对何种食物过敏？ _____

6. 是否定时、独立大小便？ _____

7. 是否尿床？ _____

8. 能否能独立、安静午睡？在家的午睡时间？ _____

9. 能否能独立穿脱衣服、鞋子？ _____

10. 气温（季节）变化是否易生病？ _____

11. 有何病史？（高烧时是否惊厥、脱臼）_____

二、个性表现

1. 是否喜欢与人玩耍、交流？ _____

2. 在生人面前是否害羞、爱提问？ _____

3. 在家兴趣爱好_____

4. 请选择五个词汇来描述你的孩子_____

5. 您希望您的孩子长大后具有什么样的特质_____

三、家园配合

1. 在幼儿园您最希望能听到或看到什么_____

2. 您能否参与幼儿园的活动和建设工作？能以什么方式，在什么时间参与？

_____

四、对于您的孩子，除以上信息外，其他一些您认为需要教师了解的信息

_____

————————————————————

————————————————————

家长签字：

（6）为入园新生发放温馨贴士。给幼儿一份幼儿园新生入园小贴士，贴士上给家长很多提醒和帮助，让家长给幼儿做好新生入园的心理准备和能力准备。

附：新生入园小贴士

亲爱的_____家长：

您好！

祝贺宝宝成为小一班家庭的一员，欢迎你们走入这个大家庭。孩子初进新的环境可能会有这样或那样的情况，为此我们把以往可能发生的一些情况与您进行一些分享，帮您支支招，让孩子顺利地度过这个时期。

➢ 孩子哭

这是孩子出现的"暂时性分离焦虑"行为，属正常现象。但是，往往这时，有的父母比孩子还难过，把孩子送进班临走时连说"再见"，一脸不舍之情。这样会让孩子纳闷、忧虑："妈妈怎么了，她走后要有什么事？不能让妈妈走。"这样做反倒加重了孩子的紧张情绪。因此，尽管大人心里不舍，也要坚持送孩子来园，并以轻松、愉快的情绪影响孩子。家长还要注意不要在园逗留并让孩子发现，这也会延长孩子哭闹时间或引起新一轮的哭闹。

当然，对于个别情况也不能一概而论，可以与幼儿园教师协商，给孩子一段过渡的时间。遇到特殊情况不送孩子去幼儿园或者提前接时，一定要向幼儿园说明情况。

➢ 孩子的心病

有的家长说："孩子就像有了心病似的，从幼儿园接回来就不停地说

255

'明天别送我上幼儿园了，我一定听话……。'有时候还一遍一遍地说，看着动画片、干着其他事也会想起这事，然后又接着说。"

家长可以与教师交流一下孩子在班里的表现，让教师多有意识观察一下孩子。常有一些孩子在家里、在幼儿园门口还哭天抹泪，可走到班级门口，就擦干眼泪跟着教师进入房间，在活动中他们很快会忘记刚才的不愉快。但是，新环境毕竟使孩子在各方面有许多的不习惯，回到家里会将满腹的紧张情绪尽情发泄出来。遇到这种情况家长不必太紧张，这也是许多孩子曾经出现过的情况，您一定要用积极的语言引导孩子。如果不放心，要多与教师保持沟通和联系。

➤ 家长的烦心事

有的家长说："送孩子上幼儿园，本来是想让自己轻松一点，没想到这么麻烦。"送孩子上幼儿园的根本目的，一方面是使父母摆脱孩子的拖累，轻松、无牵挂地去工作，更重要的是让孩子通过群体生活，改变他们任性，以自我为中心的毛病，养成自律、自理、轮流、谦让、适度等待、学会初步与人交往等良好习惯，使身心得到全面和谐发展。然而，任何一个孩子（无论是活泼大方，还是胆小内向）在面临新环境时，都会表现出一种畏惧，这种畏惧演变为最普遍的现象就是"孩子的哭闹"。因此，幼儿入园便成了家长的一件烦心事。有的家长为了避免孩子哭，使尽了战术：物质的，精神恐吓的，软硬兼施的，但解决问题的方法没有什么捷径，只要家长坚持接送，勤与教师交流沟通，家园一致，及时发现并鼓励孩子在幼儿园的良好行为，这样持续 1 ~ 3 个月，使孩子渐渐喜欢去幼儿园，家长的烦心事也便随之而解。

➤ 孩子入园，会有哪些方面不适应呢？

孩子从出生，其主要生长环境就是家庭，由于父母的关切与呵护，孩子从内心会得到一种安全感。当他进入幼儿园面临一种新环境时，这种安全感会被打破，心里会产生种种不适应：

情感不适应：表现在依赖性强，情感上不满足，缺乏安全感，离不开父母。

生活不适应：表现在应该做的不会做，如不会自己吃饭，不会上厕所等。作息制度和家里不同，表现出规则意识不足。

人际交往不适应：表现在不会交朋友，不能表达自己的愿望与需求。

➤ 教家长五招，让宝宝顺利入园

一、先入为主：选择宝宝情绪好的时候，有意识地将幼儿园编的一些故事中讲给宝宝听，让孩子第一次接触"幼儿园"这个概念时就认为那是一个小朋友都很爱去的好地方，但千万不要急于提上幼儿园的事。

二、心理暗示：充分利用孩子容易受心理暗示的特点，用许诺孩子上幼儿园作为一种奖励的方式，树立"好孩子才能上幼儿园"的观念，让宝宝逐渐产生渴望去幼儿园的念头。

三、增加社交：有意识地多提供宝宝和其他小朋友一起玩的机会，让孩子逐渐体会和同龄人在一起玩的乐趣。

四、实地考察：在和幼儿园教师沟通后，带孩子去幼儿园的室外活动区，玩滑梯、秋千等玩具，仍然不要急于提上幼儿园的事，引导宝宝观察其他小朋友如何在幼儿园快乐地生活，让孩子熟悉幼儿园。

五、深入了解：介绍孩子和教师认识，鼓励孩子和教师交谈，给孩子讲讲小朋友们都在哪儿玩玩具、在哪儿游戏、在哪儿洗手、吃饭、睡觉等，让孩子对幼儿园的生活有一个全面、细致地了解。

最后，祝愿您和孩子能够顺利度过新开学的短暂时刻，共同感受孩子童年的快乐时光！

（7）**赠送班级卡片**。这是一张爱心式样的小卡片，上面有班级电话、班级空间、班长电话、幼儿园微信平台等。让家长提前进入家园联系的互动，进入网页了解幼儿园和班级要求。

（8）**带回幼儿笑脸**。拍一张幼儿的笑脸，放置班级的论坛，开启一种前置的沟通，让孩子家长通过网络平台相互认识熟悉，也可以将笑脸布置于幼儿园的笑脸墙。

（9）**记住幼儿小名**。有助于孩子在入园初期尽快地实现妈妈和教师的角色转移，从心里接受教师，从依赖父母转移到依赖教师，有利于帮助孩子减轻分离焦虑。

班级卡

欢迎来到小三班

班级电话：

班级空间：

班长电话：

幼儿园微信平台：

小贴士：在家访前教师要仔细看新生入园登记，了解每个孩子的小名，家访时熟悉、自然地叫出孩子的小名，会让孩子觉得自然亲切，迅速拉近和孩子的距离。

（10）**进行家访总结**。家访后，教师要把家访情况作简单的记录，认真地反思不足、总结经验，同时重视及正确对待在家访过程中家长的意见，好的意见或建议，及时反馈给园领导，以便园领导及时获取教育反馈信息。

5. 如何指导教师避免家访工作中的问题

（1）**善于与家长沟通，在家访中要取得家长信任**。教师与家长初次接触时，难免有生疏感，作为教师应主动担负起建立相互信任的责任，还要注意反映问题的艺术性。如果是新生家访可主动向家长们介绍幼儿园的情况，让家长们了解幼儿园的作息和教师的要求，同时介绍一些避免分离焦虑的好方法，这些都是家长非常想知道的问题，教师一定要有一个细致的讲解。

如果是对特殊情况幼儿进行家访，那么教师沟通就要讲究策略了。因为每个家长都希望在自己的家里听到孩子各个方面进步了，所以这时我们尽可能地说些孩子的优点，这样也可以缓和家访时的气氛。

首先，教师一定要了解孩子在幼儿园各方面的表现，比如，孩子的情绪怎么样？吃得怎么样？睡得怎么样？他的好朋友是谁等。其次，在向家长阐述这些事情时最好能具体阐述，比如"洋洋今天很有进步，学会帮助别人了，今天下午起床的时候他主动帮助京京穿衣服，我让小朋友们都给他鼓掌，他可高兴了"。这时家长心里会有所触动，会觉得教师特别关心自己的孩子，而不是敷衍了事，那么家长对教师的话会认真地听进去。接着再把幼儿存在的问题婉转提出，让家长明白自己孩子在哪方面存在不足，知道今后努力的方向。

其次，教师在家访中要善于倾听，更加深入地尊重、理解家庭教养方式。如果在家访过程中教师只滔滔不绝地给家长灌输自己的教育理念和方法，不给家长说话的机会，这样会让家长的心理出现反感。家访是了解家长真实感受的好机会，所以在家访中我们教师应该学会做一个好的倾听者。比如，当我们发现孩子有好动的问题时，就可以听家长说说孩子在家的表现，他们的感受是什么？和家长一起分析是什么原因引起的好动？家长曾经对孩子进行哪些方面的培训帮助孩子能安静做事？然后教师可以根据孩子的问题对症下药，介绍一些具体的措施，如亲子阅读、串珠游戏、涂色等。

（2）从根源入手，有效地帮助家长提高教育水平。幼儿园的每次家访都是针对某一家庭中的某一特定幼儿准备的，所以在家访时教师要客观地评价每个孩子近期的发展水平，帮助家长全面准确地看待孩子，树立正确的教育观，在对孩子适度而合理的期望中找到适合儿童发展的家庭教育模式。如对比较关注幼儿学习能力的家长，探讨孩子在这个年龄阶段应培养哪些好的学习习惯；对攻击性较强的幼儿，谈谈如何帮助幼儿培养交往能力；对生活自理能力差的幼儿（不能独自吃饭、睡觉、穿衣等），介绍一些培养良好生活习惯的好方法等。

因此，教师自己要不断更新教育观念，树立大教育观，进一步充实有关幼儿发展与教育方面的知识，掌握更多适宜有效的教育策略和方法。其次，要学习家教方面的知识，提高与家长沟通的能力，能够与不同文化水平、不同教育素养、不同性格特点的家长沟通交流。第三，教师要放下"师道尊严"的架子，虚心向家长学习，从家长处获得宝贵的知识、经验和科学育儿的方法。

（3）**家访时间不宜过长**。教师家访时一定要围绕家访目的长话短说，不要让家长觉得教师啰嗦，要让家长觉得教师果断干练，每次家访尽量控制在30分钟以内。

（4）**注重延展创新**。除了新生初次家访，教师还要及时做好跟进式家访、特殊事件的家访，还可以邀请家长参加家长进课堂活动，或利用各种节日举办家园亲子活动，以不断增进了解和沟通，为家园同步教育优化氛围。

霍姆林斯基曾谈到："儿童只有在这样的条件下才能实现和谐的全面发展，就是两个教育者——学校和家庭。"可见家园合作的重要性，而家访正是幼儿园和幼儿家庭沟通的一种行之有效的方法。作为幼教工作者，我们要切实做好各项幼儿教育工作，采取灵活多变的形式把家访工作落到实处，家园合作共同引导幼儿科学健康的发展。

（三）如何指导教师创设家长园地

在创设家长园地时，保教干部首先引领教师明确创设家长园地的目的和意义，理解创设家长园地的重要性，知道家长园地是家长了解班级工作的重要窗口，是一种以文字为媒介，教师与家长之间信息传递的书面表达方式，目的在于及时向家长传递班级教育情况，使家长明白如何与幼儿园配合，形成教育合力，促进幼儿全面和谐发展。家长园地在家园沟通中扮演着十分重要的角色，它不仅是教师宣传介绍教育观念、班级活动的场所，也是家长阐明自己的教育观点、提出教育建议、讨论共同关心教育问题的场所；是幼儿园以家庭教育联系的纽带，教师与家长沟通的桥梁，它是以一对多的家园沟通形式，在时间、空间、交流的广度等方面都具有非常显著的优势，它在转变家长的教育观念等方面具有润物细无声的作用。

保教干部在引导教师创设家长园地应注意以下几方面。

1. 保教干部指导教师创设家长园地的位置及版面设计

保教干部在引导教师选择创设位置及进行版面设计时，首先做到心中有数。一般来说，家长园地的栏目是固定的，这样便于家长阅读与投稿。要求家长配合的栏目应放在比较醒目的位置，家长园地设在最方便家长们阅读的地方，如家长接送幼儿的过道，班级门口等，所处方位不宜过低，以与家长的视线平行为宜。

指导教师在做版面设计时首先要考虑整体风格和表现手法的一致性，版面装饰要起到画龙点睛的作用，不宜过度夸张，选择色彩和谐，保证标题醒目新颖、布局合理、版面简洁大方，字迹要清楚、规范，要将内容的比例放大，引导教师在装饰栏目中切忌过满过杂，这样既浪费时间和精力，又缩小了可以沟通的实用面积。还应注意各栏目要相对独立，让家长阅读时一目了然，如可引导老师用花边来分割版块内容。

2. 保教干部指导教师创设家长园地内容的选择

保教干部要指导教师做到栏目内容经常更换，尤其是介绍本班内容的栏目最好每周更换，其他内容更换时间最长不超过一个月，班级家长专栏内容应反映本班最新、最有价值、有意义的事件，包括本班幼儿最新活动，幼儿的点滴进步，阶段目标，需要家长配合的工作以及一些短小的教育文章，班级家长专栏能促进家长间的育儿经验交流、弥补教师与家长交往时间上的不足，有效地传递信息，增进家园沟通。在班级家长与教师沟通中，家长专栏是使用频率较高、较直接、较普遍的引起家长关注的交流方式。保教干部要引导教师注意在内容上的多样性、实效性、互动性。教师可根据班中不同的需要选择以下内容分为若干个小版块，如主题教育活动、我的本领、周工作安排、家长服务措施、向您推荐、快乐的幼儿园生活、请您关注、经验分享、我在长大等。

主题教育活动：班中的主题教育活动目标及每周开展主题活动需家长配合的内容。

周工作安排：将一周的工作重点、生活活动、体育活动、教育活动、区域活动内容粘贴出来，让家长了解幼儿一日生活内容，共同配合教育。

我的本领：将每周幼儿学习的儿歌、故事、歌曲等具体内容粘贴出来。

向您推荐：针对班中近期出现的问题或现象，如生活自理、卫生习惯、学习习惯、体育锻炼、传染病的发生及预防等向家长推荐好的保育及教育文章，特别注意的是方法要具体，内容针对性要强，让家长看后能直接运用在幼儿身上。

经验分享：实现教师与家长的分享。如老师的教育笔记、观察记录、教育故事等文章。实现家长与家长之间的分享，如育儿实践中的经验、好的育儿方法等文章。

请您关注：可将班中最新的通知及动态信息及时传递给家长。

家长服务措施：本学期针对家长的服务内容。如保育的护理：服药、体弱儿、肥胖儿、个人卫生等，日常服务如家园沟通形式的选择、班中网络课堂、微信群的密码等长久的服务项目，注意在尊重家长意见、满足家长需求的基础上制定服务措施。

快乐的幼儿园生活：将幼儿近期活动重点内容，如幼儿学会的本领、园内活动、亲子活动等运用多种形式如照片、绘画、实物等展现在专栏中，注意附上文字说明。

保教干部引导教师在选择板块内容时可随时增减和调整，因为家长专栏的空间有限，所以要让教师结合班中幼儿的需要、家长的需求精选内容，可运用学期初发放家长调查问卷的形式了解家长的需求后选择栏目内容，充分发挥专栏内容的针对性和实效性。

3. 保教干部指导教师创设家长园地表现的形式

保教干部指导教师进行家长园地创设时要注意在形式上体现新颖、独特、创新，做到既吸引家长的眼光，又体现教师的专业水平及能力。

（1）多样性。栏目名称及别致的形式会使家长倍感温馨，改变呆板缺乏生机的形式，使家长有耳目一新的感觉。如，在名称上我们可选择家园快递、家园之窗、家园直通车、爸爸妈妈过来看、亲子乐园、家园有约、爱心园地、连心桥等等新颖贴心的名称。专栏中不光以文字表现，还要以多样化的形式展现在专栏中。如照片、图片、手工作品等多种形式，其中的内容不是教师从网下载直接用的，而是老师要根据需求自己改编或创编的文章，这样的文章更有针对性、实效性，利于家长从中不断获取新观念，引发新思考，并能直接在幼儿生活中尝试运用。

（2）**精美性**。教师要选择每周最经典的幼儿活动内容展现在专栏中，如体现幼儿发展的教育故事、体现幼儿能力的活动内容、体现幼儿成长过程的图片和照片，这些既能吸引家长的眼光，又能充分体现出教师的能力、教学态度及教学观念。

（3）**互动性**。体现教师与家长的互动，家长与家长的互动。早晨是教师接待幼儿来园最忙的时间，同样也是家长急于送孩子来园后上班最紧张的时间段，常常有些家长顾不上和老师沟通就匆匆离开，为此我们可在专栏中建立留言板，记录家长当天要交代教师的事情，或教师需要交代家长的事情。还可在专栏中建立家长建议箱，家长有任何建议，均可以书面方式表达并投入建议箱中。这样既节省了时间还能有效地促进家园沟通，为做好班级工作提供了有效的帮助。

4. 保教干部指导教师创设家长园地应注意的事项

（1）教师要注意定期更换专栏内容。

（2）利用学期家长会做好宣传工作。

（3）经常打扫尘土，保持专栏干净。

（4）检查文章内容，减少错字发生，字号要偏大一些，方便老年家长阅读。

（5）避免标题过长，要突出重点，提高文字的表达水平。

（6）发挥家长代表的作用，可定期推荐家长写保育教育经验文章。

（7）指导家庭教育的文章要考虑实用性、可借鉴性。

（8）展现形式不仅是汇报，还要体现家园互动。

家长园地是家园合作的重要形式之一，是幼儿园和家庭联系的纽带，是教师与家长沟通的桥梁。保教干部担负着指导班中教师向家长宣传科学育儿理念、提高家长育儿水平的职责，要做到：勤检查、多指导、听反馈、多反思。定期检查班中家长园地内容的及时更换情况，以发放问卷调查和共同讨论的形式多倾听家长及班中老师的反馈意见，及时发现问题、分析原因、寻找有效措施，逐步完善家长园地内容。保教干部要鼓励教师根据本班幼儿的发展需要及家长的需求个性化地创设家长园地，做到充分利用家长园地有效及时地进行家园沟通，促进家园合作，使家长园地在家园沟通中发挥最大价值。

（四）如何发挥家委会的作用

2012年教育部下发了《教育部关于建立中小学幼儿园家长委员会的指导意见》，文件中充分认识建立家长委员会的重要意义，明确了家委会的基本职责，积极推进家长委员会的组建，强调了发挥好家长委员会支持学校工作的积极作用。

《纲要》中明确提出"家庭是幼儿园重要的合作伙伴。应本着尊重、平等、合作的原则，争取家长的理解、支持和主动参与，并积极支持、帮助家长提高教育能力。"《规程》也明确规定"幼儿园应成立家长委员会。"同时指出家长委员会的主要任务是帮助家长了解幼儿园工作计划和要求，协助幼儿园工作；反映家长对幼儿园工作的意见和建议；协助幼儿园组织交流家庭教育经验。

家长委员会是家长和班集体沟通的桥梁，是家长和教师交流的纽带。它是幼儿园教育、家庭教育与社会教育三者不可分割的重要组成部分。幼儿园可以通过家委会这一重要载体，加强幼儿园的教育管理及监督，增进家庭和幼儿园的信息传递，整合家、园、社区一体化的教育资源，促进三者之间的相互联系，使之形成教育合力，为幼儿健康快乐的成长起到积极的促进作用。

1. 家委会人选

家委会人选可采取家长自荐和教师推荐来构成，并在班级家长会上由老师向全班家长进行家委会的职责介绍，同时家委会成员进行自我介绍，园级家委会的成员幼儿园应在相应位置进行公示，让全园家长认识与了解，有利于增进家长间的沟通。

2. 家委会任职条件

首先热爱教育事业，热爱孩子，有时间和精力。其次要有较高的知识层次，较强的组织协调能力、乐于奉献、善于沟通、发挥自身优势，在配合幼儿园开展家长工作方面、宣传教育方针政策的方法和措施方面、在家长中多做正确的舆论引导，为幼儿园全面工作的顺利开展，起到积极的促进作用。

3. 家委会的作用

怎样发挥家委会的作用，使其能够积极参与到教育中，下面从四方面进行归纳。

（1）**建章立制，严格落实**。为保证家委会组织机构工作的顺利开展，提高工作质量，幼儿园应根据本园的实际需求，制定相关的《章程》《职责》《制度》，以此作为家长参与幼儿园管理的制度保障，提高家委会的时效性。

（2）**参与幼儿园管理，行使家委会权利**。幼儿园应每学期在学期初和学期末召开不少于两次的家委会，向家长介绍学期工作重点和工作总结，并在一些大的主题活动、开放活动和幼儿园建设方面，听取家长的建议和意见，家委会可以参与幼儿园的问卷调查、家长意见箱回收等调研工作，针对问题进行分析。同时幼儿园应设立园长接待日，为家长表达诉求、建言献策提供沟通与交流的平台，行使家委会的知情权、参与权、表达权、监督权。

（3）**相互信任，紧密联系**。家长委员会是家长和班集体沟通的桥梁，是家长和老师交流的纽带。在幼儿园的管理中，它起着上传下达的作用。在开展家园共育的工作中，应注重和家委会成员沟通，紧密联系。在达成共识的基础上，再向全体家长进行宣传及任务布置，一旦在家长中出现不同声音，家委会成员应在家长之间进行答疑解惑，表达正确的教育理念和观点，化解矛盾，并能及时向教师、幼儿园反映家长的情绪状态，保证了信息间的畅通，充分发挥家委会辅助教育的作用。

（4）**积极参与活动，贡献力量**。家委会成员应有乐于奉献精神，积极参与教育的意识。在幼儿园教育中，应充分发挥家委会作用，调动积极性，如参与幼儿园大型活动、亲子活动的志愿者服务，班级教育活动所需的助教、执教。集资募捐的倡议、发起与组织，幼儿园晚离园时安全巡视员等，都可参与其中。感受职责所在，为孩子的发展做出应有的贡献。

充分发挥家委会的作用，首先幼儿园应加强对家长工作的重视，让家长感受幼儿园对家委会参与教育的诚意，而不是浮于表面形式，让他们感到，家委会工作在促进幼儿园发展、幼儿健康快乐成长上的效果。感受到家委会工作是幼儿园管理与建设中不可缺失的组成部分。

（五）如何引领教师利用家长资源

家庭是幼儿园的重要合作伙伴，幼儿园教育应特别重视家庭教育资源的合理开发与利用，保教干部要引领教师让家长切实参与到幼儿园的教育活动中来，共同促进幼儿富有个性的发展。家长来自各行各业，人才济济，是一份丰厚、宝贵的教育资源，它很好地补充了幼儿园教育某些方面资源的空缺。在幼儿园教育中家园共育已成为幼儿教育的有效途径之一，充分利用家长这个幼儿教育的"活资源"使幼儿园家庭建立了一种合作互补的关系，在双向互动中，唤醒家长的主观意识，转变其教育观念，提升其教养水平，实现了家园携手共育幼儿健康成长。重视家庭教育资源的挖掘已成为保教干部引领教师开展家长工作的重要环节。充分利用家长资源不仅增进了亲子间的感情，而且在家长理解幼儿园教育的基础上达成共识，最终实现家园互动的双赢。

1. 保教干部引领教师发挥班级家长代表的作用

家长代表在班级工作中扮演重要角色，家长代表的充分利用，有利于家长和班级老师之间进行平等的、经常的、双向的沟通与交流，疏通了家园双方的信息通道，为全面做好班级工作提供了有效的支持与帮助。

（1）引领教师选择家长代表。保教干部引领教师以班级自愿报名及家长推荐的形式在班级选出 3 ~ 4 位家长代表，成员应是重视子女教育、有责任心、有时间、有兴趣、有一定组织能力和文化水平、沟通能力强的家长，协助班级做好家长工作。在选择上要注意人员组织的多类性，如年龄、性别、兴趣、特长等之间的平衡与互补。

（2）**引领教师做好家长代表的宣传工作**。保教干部引领教师充分利用家长会做好家长代表的班级宣传工作，学期初家长会给每个家长代表留有3～5分钟时间向班级家长进行自我介绍及相关宣传工作，在家长了解的基础上赢得班级全体家长的信任。引导教师根据班中的具体情况及需要制定家长代表职责及建立家长代表的宣传栏，粘贴在班中家长园地中获得班中家长的支持与配合。

（3）**引领教师发挥家长代表的作用**。保教干部引领教师让家长代表在决策层面上参与到班级的管理和教育中。任何家长对班级有什么要求、疑问、意见和建议都可以向班级家长代表反映，再由家长代表把这些信息及时、真实、全面地反馈给班级教师。同时监督老师在一定时间内回复。还要引导班级老师让家长代表参与到班中的大型活动和主题活动中与老师共同策划方案，完善活动内容，定期召开班级家长代表小型家长会，对班级工作提出意见建议，共同发现问题、解决问题，更好地完善班中工作。

2. 保教干部引领教师发挥家长执教、助教作用

保教干部要引领老师让家长做活动的参与者、组织者。家长职业特点、人生经历、个人爱好、特长等，是非常有用的教育资源，每位家长都有自己的优势、强项，教师要充分利用家长特点，邀请家长参与到教育活动中，直接作为幼儿园的参与者及组织者，扩大教育资源，为孩子的成长提供帮助。

（1）**家长执教、助教的选择**。保教干部引领教师根据班中需要制定班中执教、助教职责，让家长根据自己的特点、专长以及完成职责情况以自愿报名的形式参与到家长执教、助教活动中,教师要事先了解家长职业特点、充分征求家长的意见，邀请有一定沟通能力、组织能力的家长参与活动，为孩子的成长提供帮助。

（2）**与家长共同制定执教、助教方案**。保教干部引领教师在学期初召集自愿参加执教、助教的家长召开小型家长会，结合班级的需要及家长的特长制定活动方案，加强家园的密切沟通，了解每次活动的目的、意义。

一方面家长可以了解教师对活动的要求及幼儿的年龄特点及适宜接受的活动形式，另一方教师可了解家长的想法与活动方式，并对不适宜的方式加以指导，使活动正常开展。

（3）请家长协助教师一起组织教育活动，体验教师的角色。在家长逐渐接受认同的情况下，保教干部要引领教师开展"家长老师进课堂"活动。邀请"爸爸、妈妈及相关家庭成员"进课堂，组织教学活动，从而形成家园携手、共促发展的良性循环。如家长来自不同的职业，如果主题活动与家长职业有关联，就可以根据需求邀请家长讲讲自己的工作，可邀请医生、警察、教师等有职业特点的家长走进幼儿园进行相关内容的讲解，不仅可以为幼儿提供一个从另一角度认识父母的机会，培养他们尊重、热爱父母的情感，还可以增进他们对社会职业的认识，丰富其社会生活经验。"现身说法"会使教学更真实生动。还可引领班中家长中的长辈发挥特长，邀请奶奶、姥姥、爷爷传授中国的传统文化，如抖空竹、制作风筝、包粽子、编花绳等。

在利用家长资源中保教干部要引领老师充分认识到我们与家长密切联系和合作都是为了一个共同的目标——孩子健康地成长，我们与家长的关系应是合作的关系，而不是教师指挥家长做，其实有许多家长的素质相当高，有很丰富的专业知识，这是我们教师需要学习的，教师也要理解和体谅家长，要知道家长都有自己的工作，自己的生活，所以当要求家长配合教学工作时，要站在家长的立场考虑，学会虚心听取家长的意见和建议。与家长共同探讨好方法，使家长觉得教师对孩子是关爱的，这样才能换来家长的信任和支持。只要我们安排合理，不过分增加家长的负担，家长是非常愿意支持并积极参与到我们教育工作中的。

（六）如何针对青年教师开展家长工作时易出现的问题进行指导

1. 青年教师在开展家长工作中容易出现哪些问题

开展家长工作是青年教师一日活动中的重要组成部分，但是，青年教师往往忽视了家长工作在班级工作中的重要作用，从而影响班级家园共育的效果。青年教师在家长工作中容易出现的问题概括起来包含以下四个方面。

（1）**自卑心理，不敢面对家长**。现在的家长注重孩子的早期教育，并能通过多种渠道汲取国内外先进教育理念与教育方法，而且部分家长的学历水平达到硕士、博士。同时，在育儿方面还在不断学习，对自己的孩子能够付出所有的经历，陪伴孩子成长。青年教师由于专业知识有限，工作经验和社会经历不足，都是未成家的小老师，在开展家长工作中倍感自愧不如，在和家长探讨孩子教育的过程中，不敢面对家长，自卑心理突出。

（2）**沟通方式不恰当**。青年教师由于缺少工作经验和工作方法，不会和家长主动沟通，开展家长工作就事论事，方式方法简单直白，多以告状为主，不考虑家长的感受，使家长感受到，老师看不到孩子的进步，老师对孩子或对家长有偏见，另眼看待了孩子。解决问题方法简单，没有有效的指导建议。

（3）**日常关注、观察幼儿不够，不能准确回应家长的询问**。由于工作经验、工作能力欠缺，在日常工作中只注重全体，忽视了个体关注，在家长询问孩子的表现时，不能给予家长准确、满意的答复，而只是"挺好的"，草草地回答家长。家长得不到有价值的信息，久而久之会对教师的工作产生不满情绪。

2. 如何指导青年教师开展家长工作

指导青年教师开展家长工作应从以下几个方面入手。

（1）**加强师德教育，做有"心"教师**。幼儿园可以通过师德讲座、师德大讨论、师德演讲等形式，向青年教师进行师德教育，培养青年教师做一名有心教师。

①爱心　爱是教育的基础，教师在与家长沟通的过程中，应处处流露出对幼儿真诚的爱，以此赢得家长的信任，迅速而有效地缩短教师与家长之间的心理距离，表现出沟通的诚意。这样即使你有做得不周的地方，家长也会予以谅解。

②责任心　教师要有高度的责任心，不是空洞的说教，责任心是一种态度，它需要落实在工作的每一个细节中。日常活动中要仔细观察孩子的异常，如孩子们午睡时要注意多巡视，踢被、蒙头都要及时盖好，免得着凉生病；在饮水过程中注意观察每一名幼儿的饮水量，保证孩子的身体健康；在冬季户外活动中随时关注孩子的衣裤，发现露小肚皮现象及时提醒或帮助，做到环节有要求，幼儿行动有检查，用心工作，通过一点一滴的小事，取得家长的信赖。

③公平心　教师要公平地去爱每一个幼儿。不论孩子美与丑、听话与淘气。公平地对待每一位家长，不论家长的地位高于低。在开展家长工作中，让他们感受到教师一视同仁，对孩子无私的爱。

④包容心　家长的性格各异、千差万别。面对不同群体的家长，教师要有宽广的胸怀，用宽容的心去感化家长。晓之以理，动之以情。

⑤进取心　青年教师应不断提高自身素质和修养，提高自己的专业知识和水平，树立终身学习的思想，不断进取，在开展家长工作和家长沟通过程中，使家长感受到教师知识渊博，在教育孩子上能得到老师的指导，并在孩子身上看到孩子的进步。

⑥恒心　教育幼儿不是一朝一夕的事，家长工作的开展更不是一蹴而就的事。面对误会、埋怨和压力，教师要稳住情绪，先从自身找原因，进行自我分析，面对自己的失误或失策，要勇于承认、虚心请教、弥补不足。如果是家长的问题，教师要坚持原则、对家长进行耐心细致的引导，从一切为了孩子的角度，真诚地与家长进行沟通。作为教师，有责任、有义务帮助家长改变不正确的教育态度和教育方式，要求教师必须有持之以恒的精神。

（2）提倡并鼓励青年教师自学，丰富自身专业知识与专业技能，提高自身素质。青年教师对自身现状进行分析，找出家长工作中的不足，主动寻求帮助，如果是方法上的问题，可以请在家长工作中有经验的老师对自己进行指导。还可以直接观摩，看一看老师们是怎样开展家长工作的。如果是专业知识的问题，建议青年教师从观察孩子做起，在带班过程中由于种种原因，对孩子的表现、认识不是很清晰，可以利用自己的备课时间，进一步观察、了解，从孩子的个性特征、年龄特点、具体表现等方面结合《指南》《纲要》进行分析，并制定一个开展某某幼儿家长工作的实施方案，在准备充分的基础上，开展家长工作，势必能收到较好的效果。

（3）组织青年教师进行参与式培训活动。针对家长工作中的问题，组织青年教师进行参与式培训活动，还原场景，通过现场互动分析问题、归纳方法、形成对策，帮助青年教师提升开展家长工作的能力。

（4）指导青年教师学会倾听家长需求。指导青年教师在进行家长工作中学会耐心倾听，不抢话。在倾听家长的诉求中，学会进行分析判断，归纳问题要点，帮助青年教师提高分析问题、归纳问题、解决问题的能力。

（5）指导并参与班级家长会。保教干部要定期参与青年教师组织的家长会，做到会前和老师沟通，审阅家长会会议方案，听试讲，指导青年教师梳理会议重点，预测会议中可能出现的问题并预设相应的对策。家长会中要全程参与，家长会后和老师一起分析，最后给予点评，在指导与帮带中，提高家长会的质量，为青年教师在家长之间树立自信和威信。

（6）和青年教师一起共同面对问题幼儿、问题家长。在开展家长工作中，经常会碰到一些棘手的问题幼儿及家长，为了达到家园共育的教育效果，转变家长固有的、不适宜的教育行为，给予青年教师力量与支持，保教干部在适宜的时机可以介入班级家长工作，形成班、园两级合力，达到教育效果。

青年教师在开展家长工作中需要不断地学习与经验积累，保教干部要及时地给与适宜的指导和支持，在双方共同努力下，青年教师的家长工作必将能收到事半功倍的效果。

第四章

园本课程的开发与指导

　　幼儿园课程是实现幼儿园教育目的的手段，是帮助幼儿获得有益的学习经验，促进其身心全面和谐发展的各种活动的总和。我们将园本课程指向幼儿园一日生活的各项活动，其中包含生活活动、区域游戏、集体活动等组织形式，其内容包含健康、语言、社会、科学、艺术等五个方面。我国幼儿园课程不断改革发展，21世纪以来的课程类型多样，但编制方式主要有两种基本形态：领域课程和综合（主题）课程。各个幼儿园在课程的实施过程中，结合本园的实际情况以及本园幼儿的需要不断调整课程目标、内容，逐渐形成适合本园的园本课程，最终发展为最佳的课程体系。

幼儿园课程是幼儿园教育的核心，是实现幼儿园教育目标的重要保证。目前尚没有全国统一规定的幼儿园课程标准与实施模式，幼儿园园本课程的开发不仅是当前幼儿园课程研究的趋势，更是幼儿园生存发展的需要。园本课程开发实质上是一个以幼儿园为基地进行课程开发的开放民主的决策过程，即园长、教师、课程专家、幼儿及家长共同参与幼儿园课程计划的制定、实施和评价等活动。每个幼儿园所处的地域环境、幼儿园的特点、教师的发展状况等各不相同，因此，挖掘本地教育资源、结合本园特点和需求开发的园本课程必将实现教育的最优化。由此可见，幼儿园实施园本课程对于促进幼儿全面发展、创建幼儿园特色、提升教师专业化水平具有重要意义。

园本课程实施的关键在于教师，而为保证园本课程的质量，保教干部就要加强幼儿园的课程管理。因此，如何让教师理解基础的领域课程及园本课程实施的教育理念、灵活组织和驾驭课程中的具体活动，作为保教干部如何有针对性地引领指导在本章节中将有重点地进行阐述。

一、幼儿园领域课程的选择与建设

（一）幼儿园领域课程的特点

幼儿园课程的一种编制方式是依据学科领域的脉络编排，即领域课程。《纲要》中强调：幼儿园教育的内容是广泛的、启蒙性的，按照幼儿学习活动的范畴相对划分为健康、社会、科学、语言、艺术等五个方面。《指南》同样将幼儿园内容划分为：健康、语言、社会、科学、艺术五大领域。可见五大领域在幼儿园教育中成为极为重要的内容，它充分体现了幼儿发展的不同方面，充分体现了幼儿发展的全面性与整体性。

幼儿园领域课程是指教师依据《纲要》《指南》提出的幼儿园健康、语言、社会、科学和艺术这五大领域目标并结合幼儿的年龄特点、班级主题活动及幼儿感兴趣的事或物而组织的活动。幼儿园领域课程是幼儿园的基本课程，贯穿于一日生活之中，具有以下三个特点。

1. 目标性

领域课程是以目标为引领的，《指南》中目标部分分别对3 ~ 4、4 ~ 5、5 ~ 6岁三个年龄阶段末期幼儿应该知道什么、能做什么、大致可以达到什么发展水平提出了合理期望，没有目标就像是船失去舵手一样，没了方向。教师要依据目标制定计划、组织活动，用目标衡量幼儿发展的优势与缺失，这样才能有的放矢地实施教育。

2. 全面性

在实践过程中，多数领域课程是为了完成主题活动目标，但在完成主题活动目标的同时，难免有些目标会有所缺失，我们会将缺失的目标列为补充目标，通过集体、区域等不同形式活动来完成，从而促进幼儿全面发展。

3. 连续性

领域课程的实施是具有连续性的，因为幼儿认识事物本身和知识结构本身具有连续性，甚至幼儿习惯的养成也具有连续性，为此，教师要做好实施目标的计划，为幼儿的学习搭好阶梯。

（二）如何指导教师实施领域课程

我们可以把幼儿的全面和谐发展理解为全面、和谐、高质量、多角度、可持续的发展，而不是某一方面的发展。因此，有效地实施五大领域课程，是促进幼儿全面发展的重要途径。

首先，引导教师转变观念，确立生活化的课程观。一提到领域课程，教师的理解往往存在一些偏差，有的教师将领域课程单一地理解为学科教学、集体教育活动，认为上一节课就能完成一个领域目标。也有的教师认为综合课程能完成多个领域目标，这就造成了教师忽视开展领域课程的现象。但幼儿园课程是幼儿的课程，这就要求幼儿园课程必须贴近幼儿的生活。《规程》首次提出了要将幼儿园教育的各项内容"渗透于幼儿一日生活的各项活动之中"；2001 年的《纲要》重申了"幼儿园要通过环境实施教育，寓教育于生活、游戏之中"的要求，让幼儿在生活中发展，在发展中生活。目前的基本共识是幼儿园的课程指的是幼儿在园一日生活的的各个环节。因此，教师要有意识地选择多种渠道、组织多种多样的活动，渗透领域目标，促进幼儿全面发展。

其次，引领教师熟知各领域目标及核心价值，引领教师了解幼儿的年龄特点以及本班幼儿的认知水平与发展现状，科学地制定一日活动中制定适宜幼儿发展的目标。我们在解读《指南》中发现，不同年龄阶段幼儿的发展目标是不同的，是层层递进不断发展的，它遵循了人的发展规律，体现了由低向高发展的轨迹。从心理学的角度讲，幼儿的发展具有连续性与阶段性、稳定性与可变性、共同性与个别差异性等特点，因此，了解幼儿，了解领域目标对于很好地实施领域课程起着至关重要的作用。

再次，领域课程具有一定的专属性，它突出的是某个领域中的核心目标与核心价值。教师要把握好五大领域的核心价值，这是实施领域课程的关键，也是实现幼儿全面发展目标的关键。

下面将各领域核心价值概括如下：

1. 健康领域：身心健康、动作协调、习惯养成
2. 语言领域：交流表达、倾听习惯、阅读兴趣
3. 社会领域：情感适应、交往合作、规则意识
4. 科学领域：探索发现、探究兴趣、数学认知
5. 艺术领域：感受体验、欣赏想象、表现创造

由此不难看出，五大领域核心目标各有所别，侧重不同，但在课程实施过程中，又相互联系、相互渗透。如幼儿在建筑区搭建时，要学会与同伴相互商量、相互合作；摆放积木时，要掌握空间方位，合理布局；收积木时，要按照标记分类收放；搭建过程中，要学会与同伴商量与合作；游戏后回顾时，要学会用简短的语言表达等，可见，一次小小的建筑区游戏，就能渗透社会、科学、语言多个领域的目标。又如，语言领域目标中的核心目标之一是表达与倾听，这一目标不仅仅通过一个讲故事的活动就能完成，教师还要注重在生活环节中有意识地给予幼儿更多的表达机会，午餐前请幼儿讲一讲新闻，起床后幼儿自愿结伴自由的交流……这些环节活动都能促进幼儿语言表达能力的提高，促进语言领域目标的达成。

最后，领域课程内容的选择和确定要结合幼儿的发展水平和兴趣、需要，以幼儿为中心。领域课程围绕知识的逻辑顺序来组织内容，侧重知识的逻辑性和系统性。但想要让幼儿对课程感兴趣，教师就要发现幼儿的兴趣点，根据幼儿的需要确定课程内容。例如，教师发现幼儿近期对蝴蝶感兴趣，就可以蝴蝶的由来为课程内容设计开展一次科学领域的课程，让幼儿了解蝴蝶由茧化蝶的过程。再如，教师发现班中幼儿在游戏中经常违反游戏规则，有幼儿提出要重新制定规则，这时教师就可以抓住契机开展一次社会领域的课程，引导幼儿树立规则意识，互相监督。

案例1：

环节过渡游戏：拍拍小手踏踏脚

游戏目标：1.练习四二拍节奏。

2.幼儿能大胆地表现自己。

游戏时间：集体教育活动结束后，教师组织幼儿等待喝水的时候

游戏玩法：由一名幼儿带领边说儿歌边按节奏做动作，"我的小手拍拍拍，我的小脚踏一踏……"，幼儿可以按照节奏随意变换动作，其他幼儿跟做。这名幼儿可任意选择其他幼儿带动作。

点评：

这一游戏过程很短，只是一个小小的环节过渡，但教师把活动组织的权利交给了幼儿。幼儿自己组织、自己选择、自己创造，表演交流中培养了幼儿自信，培养了幼儿的音乐素养以及良好的学习品质，促进了幼儿间的相互交流。很显然，这个游戏中蕴含了很多发展目标，使幼儿在愉悦、自主的氛围中得到了发展。

案例2：

集体教育活动名称：好玩的彩绳

活动目标：

1.愿意探索尝试彩绳的粘贴方法，设计图案的彩绳作品。

2.幼儿之间学会交流。

3.知道做事要有始有终，遇到困难知道寻求帮助。

活动准备：彩色绳、胶棒、绘画纸、大班哥哥姐姐的作品。

活动形式：集体

活动过程：

（一）引发兴趣，教师请幼儿欣赏大班哥哥姐姐的作品，请幼儿观察作品图案。

（二）动手尝试，教师为幼儿提供示意图，幼儿间相互讨论。

1.制定计划，设计并画出图案。

2.幼儿尝试并提出问题。

（1）在制作过程中，幼儿遇到了哪些问题？

（2）有什么好办法解决。

3.幼儿继续尝试，教师给予帮助与支持。（材料、方法）

4.教师将幼儿作品用照相的方式记录，并循环播放。

5.幼儿相互欣赏作品。

以上两个案例是具体的教案，从教案中不难发现，案例1、案例2都是侧重于艺术领域目标，教师很巧妙地将艺术领域目标渗透于不同环节中。这样，不同的课程目标的实施和课程组织形式是符合幼儿当前需要的，是顺应幼儿发展需要的。

当然，不同渠道、不同形式的活动各自的作用有所不同，集体教学所

图4-1　社会实践活动　　　　　图4-2　节日课程

要解决的是幼儿出现的共性问题；区域游戏要满足幼儿个性探索和合作游戏的需要；生活活动要以培养幼儿良好生活习惯为主线，巧妙渗透相关领域目标……（图4-1，图4-2，图4-3，图4-4）只有这样，幼儿的一日生活才能丰富多彩，愉悦快乐！

图4-3　环境创设

图4-4　集体教育活动

（三）开展领域课程应注意的问题

（1）领域课程不仅仅是集体教育活动，它包括一日生活的各个活动。集体活动只是领域课程的一个主要组织形式，它主要解决幼儿在活动过程中的共性问题，比如，数学活动中教师要引导幼儿理解某个数学概念；幼儿在个体操作时有好的经验与大家分享等，这些活动一般要通过集体活动来完成。如小班健康领域目标中，"在教师引导下，不偏食、挑食"这一目标可以通过环节中的小故事以及进餐环节来完成。中班社会领域目标中"能主动使用礼貌用语，不说脏话、粗话"这一目标可以通过环节过渡时谈话、讲故事，也可以通过语言教育活动完成，这就要求教师心中有目标，了解本班幼儿的优势与问题，有针对性地开展多样活动，促进幼儿不断进步。

（2）教师要学习和把握各个领域核心目标，通过各种活动形式，并以知识为载体，在核心目标引领下，最大限度地挖掘幼儿的潜能，促进幼儿能力的提高，实现全面发展。把握领域目标的核心价值这一点尤为重要，它是实现幼儿和谐发展的关键之所在。幼儿在幼儿园学些什么、做些什么、怎样学、怎样做，这些都是学前教育的热点话题。《指南》中我们清晰地看到，每个领域中的目标是围绕幼儿发展的某个方面提出的。如前文提到艺术领域中侧重幼儿的表现美、创造美。社会领域中侧重幼儿良好情绪情感的培养，因此，教师把握各领域核心价值，有计划有目的地实施教育，并在活动中针对某个目标，通过环境感染幼儿、通过材料物化目标、通过语言引导幼儿等方法激发幼儿学习兴趣、探索欲望，从而挖掘幼儿的潜能，这样的教育才是最有价值的。同时，有时我们也不难看出，有的教师就因为不了解领域的核心价值，组织的活动令人摸不着头绪，如在语言活动中，幼儿还没有充分的表达，教师就组织幼儿去画画；数学活动中，教师组织幼儿拔完萝卜数数，幼儿没能充分的数数就变成了怎样跳着拔萝卜，教师目标不清晰，对此活动是语言活动还是绘画活动，是数学活动还是体育活动把握不好，这样的活动也就失去促进幼儿有效发展的意义。

（四）开展领域课程的原则

1. 整体性与全面性原则

幼儿园的教育任务是对幼儿实施体、智、德、美全面发展的教育，促进其和谐发展。全面发展的教育首先就要体现在全面发展的课程目标上，所以教师心中要形成大的课程观，在制定和设计领域课程时一定要做到课程目标涵盖尽量周全，一日生活各个环节相互融合、相互渗透。

如教师组织幼儿玩《小羊和狼》的体育游戏，当小羊被捉到时，就站在一旁等待羊妈妈。那么游戏结束时，教师可以让没被捉到的小羊数一数，几只小羊被老狼捉到。这样，幼儿边休息边数，不仅增加了游戏的兴趣性，又使孩子们在轻松愉悦的状态下练习了数数。游戏中教师还可以预设到，幼儿有可能会出现摔倒或小朋友之间互相帮助的现象，教师也可以抓住这一契机，鼓励孩子要勇敢，培养了幼儿良好的运动品质，从而也渗透了社会领域目标。又如，在区域活动中，教师引导幼儿将玩完的玩具放回原处，收拾整齐，区域活动中蕴含了好习惯的培养。以上例子中健康领域目标中巧妙地渗透了科学领域目标和社会领域目标……这正说明了五大领域目标不是割裂的，而是一个整体，教师在组织幼儿活动中要有意识地考虑到其他领域目标的有机渗透，抓住每个契机对幼儿实施有效的教育。

2. 连续性与一致性原则

五大领域总目标的实现要靠各个层次目标的层层落实才能实现。第一，幼儿各年龄阶段要相互衔接，体现心理发展的连续性与发展性。第二，下层目标要与上层目标相联系，体现目标制定的层次性。避免目标与目标之间脱节的现象。同时教师也要考虑幼儿年龄发展的阶段性。

这一原则的把握，一定是建立在教师熟知目标和了解幼儿年龄特点的基础之上。实践工作中有时我们会发现，教师在组织幼儿活动时不考虑幼儿的年龄特点，不考虑知识本身的连续性，盲目地设计活动内容，制定活动目标。如，4～5岁幼儿抽象逻辑思维正在发展，还没有建立数的概念，教师就将10以内加减法安排在中班的数学活动中，幼儿盲目的背诵结果，而不了解这个数是怎么来的，它的形成过程是什么，这样的教学活动就违背了幼儿的发展规律。对于这一数学知识，教师要组织中班阶段的幼儿通过操作或游戏活动了解一个数添上1是另一个数，自然数列中，后面的一个数要比前一个数多1，前面的一个数要比后一个数少1……幼儿初步知道了数形成的概念，到了大班，随着幼儿抽象思维能力的发展，10以内数的加减法，也就能理解了。通过这个实例能够看出，不仅知识本身有其内在联系，不同阶段幼儿认知行为也有着连续性，教师在遵循幼儿发展规律的同时，也要遵循知识本身的形成过程，要善于通过幼儿容易接受的教育对策引导、启发。要做到这一点，教师就要认真研究课程内容，研究幼儿的思维特点、学习方式及年龄特点等。

3. 生活化与游戏化原则

幼儿的一日生活是以游戏活动为主的，教师所设计的领域活动内容要贴近幼儿的生活，通过丰富的游戏活动，再现幼儿原有经验，形成新的经验。

幼儿园的活动主要是以游戏活动为主，这是幼儿园课程的特点，也是不同于中小学的地方。其次，游戏化的活动内容中不能脱离幼儿的生活，只有是幼儿熟悉的人或事，才能吸引幼儿，激发他们探索的欲望。如，有位教师组织幼儿开展认识《氢气》的科学活动，氢气对于幼儿来说看不见摸不着，离幼儿生活相之甚远，所以这个活动幼儿就不感兴趣，只能听教师一言堂。相反的一个例子，大班教师和幼儿一起玩儿"吹小球"的游戏，引导幼儿感受空气的流动，幼儿非常感兴趣，边吹动小球边和同伴交流："我的嘴里有空气，空气流动了所以小球儿就吹动了"。两节看似相似的活动，目标不同，教师所采用的载体不同，幼儿的兴趣就不同，达到的效果也就不尽相同。

二、幼儿园特色课程的开发与建设

（一）什么是幼儿园特色课程

所谓幼儿园特色课程，指的是以本地区及本园的实际发展特点或需求为基础，由幼儿园自主开发、选择和实施的、适宜儿童发展的、具有鲜明的个性特点的课程。特色课程是较成熟的园本课程，是指在园本课程的基础上，经过实践检验和修订，既符合本园幼儿的需要，又在幼儿的能力培养上有显著的效果。简而言之就是自己园独有的、区别于其他幼儿园同类型课程的课程，称其为"特色"。

不论是领域课程还是特色课程，其开设的根本目的都是一样的，即满足不同幼儿发展的需要，促进其健康快乐的成长，为他们的终身发展奠定良好基础。

好的幼儿园特色课程，不光是指在某特色领域教育突出，其他领域也应齐头并进，它应该具有以下几个特点：

独特性——既有区别于其他同类课程的特殊规律（地缘性、家长群体构成规律等），又有可以普遍运用的一般规律（幼儿年龄特点、发展规律等）的活动课程。

科学性——其课程的设计与实施符合幼儿身心发展规律，符合幼儿现阶段发展的兴趣需要，满足不同能力、不同水平、不同年龄幼儿的发展需求。

优质性——特色课程的开发和设计是经过反复调查研究、经过大量实践、经过筛选、总结汇集而成的，是经过实践检验获得幼儿的喜爱并取得显著效果的课程。

享誉世界的幼儿园特色课程有蒙台梭利课程、做中学课程、瑞吉欧课程、奥尔夫课程等，近一段时期内比较为大家所熟识的课程有高宽课程、新西兰学习故事课程等，这些特色课程均经过实践检验为大家所认同，并在一段时期内被广泛实施和运用，对我国学前教育事业的改革与发展起到了积极推动的作用。目前我国的幼儿园特色课程除了引进国外的特色课程之外，一部分是借鉴国外先进的课程理论与本园的特点进行有机结合的课程；一部分是根据本园特点和需求、由幼儿园自主开发的园本课程。总之，不管是哪一种，只要这个课程符合幼儿身心发展规律、能够促进幼儿快乐成长、能够形成本园区别于其他园所的特色就不失为一个好的特色课程。

案例：

特色课程（一）：北京市宣武回民幼儿园特色课程简介

回民幼儿园坐落在牛街少数民族聚集地区，这是一个回族人集中居住的地区，是首都民族团结进步先进示范窗口。幼儿园中的小朋友三分之二是少数民族，街道周围有带有明显伊斯兰风格的建筑，可以说幼儿园所处的地理位置、人员结构呈现出强烈的民族特点。

我国各民族优秀文化中蕴藏着独特而丰富的教育资源，如何将这些民族文化逐渐以多种形式引入到幼儿阶段的游戏、生活中，从而激发幼儿爱民族、爱国家的情感，同时我们始终在思索幼儿园的内涵发展道路在哪里？幼儿园的办园特色"特"在哪里？基于对以上问题的思考，我们确定了"多民族文化在幼儿园中和谐发展"的特色教育发展之路。

我们对于"和谐"有三个角度的理解：一是体现在幼儿园整体环境中，营造自然、温馨、愉悦、反映民族审美情趣的物质环境、精神环境及人文环境，为此我们成功打造了以爱育爱的管理文化、温馨挚爱的环境文化、激励人心的制度文化；二是体现在有差异性的不同事物的结合、统一、共存，反映人与人之间、人与事之间、人与物之间及人与环境之间的关系，为此我们倡导合作共赢的教师文化，尊重接纳的儿童文化，同心合力的家长文化；三是遵循人发展的客观规律，形成科学正确的教育理念、教育方法和教育途径，为此我们开发建设多民族文化教育课程。多民族文化课程目标及内容如下：

一、四项目标引路

寻找适宜幼儿发展的民族教育内容，形成具有民族教育特色的幼儿园园本课程。

打造快乐健康成长的儿童文化，实现"身心健康、习惯良好、聪慧好学、友善乐群"的幼儿园培养目标。

打造合作共赢的教师文化，提升教师队伍整体专业化水平，提高幼儿园教育品质。

打造同心协力的家长文化，实现幼儿、教师、家长三位一体教育下的共同成长、共同发展。

二、四条主线定位

始终围绕节日文化感受活动、民族体育活动、民族艺术活动、科学探索游戏四条主线构建园本课程。

三、十个主题领域展开

包括：开斋节主题实践活动、国庆节主题实践活动、三八节主题实践活动、端午节主题实践活动、民族体育主题活动、民族美术主题活动、民族舞蹈主题活动、幼儿戏剧表演主题活动、幼儿科普游戏主题活动、快乐阅读主题活动。

以上清晰地呈现出幼儿园的特色课程建设主要通过园所文化建设和园本课程开发两大途径实现，二者相辅相成、相互依托、相互促进，共同支撑起多民族文化教育在幼儿园中的和谐发展。

特色课程（二）：北京市西城区槐柏幼儿园特色课程简介

槐柏幼儿园"图画书引发的幼儿园多元表达课程"特色的形成经历了

5年多的课题研究过程，通过不断的实践研究，不但积累了大量的图画书引发的主题活动和领域活动，也梳理了通过图画故事书提高幼儿多元表达能力的支持策略和实施策略。通过园本特色课程的研究，幼儿爱表达、敢表达、会表达、创意表达的能力显著提升；教师教育教学和研究的能力获得快速发展；家长协同教育的意识和能力得到明显提高；进一步凸显了办园特色。

槐柏幼儿园的"图画书引发的幼儿园多元表达课程"，其独特性就体现在基于本幼儿园在"3～6岁幼儿图画书阅读策略的研究"基础上，充分分析利用图画书引发的课程与幼儿兴趣与学习发展的适宜性、教师的研究兴趣与基础以及此研究对于幼儿的终身发展的意义后，将研究继续传承与发扬，在研究中逐渐形成了具有本幼儿园特色的"以图画故事书为载体，提高幼儿的多元表达能力"的园本课程。

槐柏幼儿园园本课程的科学性体现在首先是具有科学的理论依据。《纲要》中明确提出：幼儿在阅读后的表达应该是多元化的，应该允许幼儿通过语言、艺术等形式表达自己内心的想法和创意。"图画书引发的多元表达课程"就是注重了为幼儿提供多渠道、多样化的表达情景氛围，允许幼儿用100种语言大胆表达自己的感受、意愿、想法。而且在课程实施的过程中，注重依据幼儿的兴趣需要和不同年龄幼儿的学习发展特点，生成课程内容。

🐌 点评：

以质量求生存、以特色求发展，已成为现今幼儿教育发展的趋向。幼儿园开发特色课程既是幼儿发展的需求又是家长选择幼儿园的重要考量之一。

众所周知，幼儿的成长和发展是存在差异性的，如何打破固有课程模式，灵活开发更符合幼儿发展需求、具有特色的课程是摆在我们面前的重要课题。幼儿的差异性表现在某些领域发展的快些而某些领域发展得慢些，开展特色课程恰恰可以帮助幼儿获得全面的发展。在特色课程中，发展快些的幼儿会更加自信，从而促进其以长带短，带动其他领域的发展；发展慢些的幼儿能够在特色课程的深化学习下弥补自己的弱项，使其各个领域能够达到均衡的发展。

特色即创新，它既是幼儿园发展的根本点又是生长点，因此，坚持幼儿园特色课程的开发与利用能够确保幼儿园科学持续的发展。

（二）为什么要建立幼儿园特色课程

首先，要清楚幼儿园特色课程与幼儿园特色之间的关系。幼儿园特色由多种因素构成，既有内涵又有外延；既展现理念层面又有实践相支撑，是一所幼儿园多年积淀形成的人文素质和教育教学独特理念等综合实力的体现。因此，特色幼儿园的形成不是一种"线性"的过程，而是多层面、多因素协同作用的结果。幼儿园特色课程作为幼儿园特色的重要组成部分，与其属于从属关系。有些幼儿园特色是以特色课程为主要表现形式来彰显其特色，而有些幼儿园特色更凸显其园所文化等特性，特色课程只作为幼儿园特色的一部分而存在。

其次，弄明白特色课程对幼儿园特色的形成与发展有何作用。幼儿园特色课程是幼儿园办园理念、办园思想的具体体现，是幼儿园发展思路、教育主张的诠释。幼儿园特色课程一定是基于本园实际、教师特点和幼儿发展的需要等条件而形成和建立的，幼儿园特色课程开发与利用的成功对幼儿园特色的形成与发展能够起到很好的推波助澜的作用。

（三）幼儿园特色课程与领域课程的关系

幼儿园的领域课程是幼儿园课程的基础，它的内容全面，涵盖五大领域，是促进幼儿全面均衡发展、达成教育目标非常直接、有效的途径。特色课程是幼儿园领域课程中某一领域课程的深化和发展，幼儿园领域课程与特色课程相结合是对园本课程的整合与完善。领域课程与特色课程相辅相成，互为补充，相得益彰，形成有机融合的课程体系。把它们对立起来或者顾此失彼都有失偏颇。

幼儿园既应该保持和保障幼儿园领域课程的实施，也应该有自己的特色课程的开发与利用，二者共同从属于一个目标:促进幼儿的全面发展，帮助幼儿丰富经验、增长见识，度过一个快乐而有意义的童年。因此，幼儿园应该一如既往地坚持领域课程，同时也应该恰当地开设特色课程，满足幼儿多方面的发展需求，提高教师队伍基本素质、更新教育理念，提升幼儿园的办园品质和竞争力。

案例：

学期教育教学活动计划表——九月

完成时间：9月1日—9月28日（西城区实验幼儿园）

大一班综合主题活动——我是大班哥哥姐姐

目　标	途　径				
	活动区活动	环境创设	集体活动	生活活动	家园共育
健康领域： 1. 引导幼儿遵守生活常规和秩序，情绪愉快、稳定，有规律的生活。 2. 引导幼儿进餐时举止文明，不暴饮暴食。 3. 引导幼儿初步了解身体主要部位的功能和保护方法。 4. 引导幼儿掌握基本的队列和队形变换动作，能动作到位，精神饱满地整齐地做简单的徒手操。 5. 引导幼儿走时时步幅较均匀，能有精神、有节奏地走。 6. 引导幼儿尝试多种跳跃活动动作灵敏协调。 社会领域： …… 语言领域： …… 艺术领域： …… 科学领域： ……	数学区： 1. 投放材料：作业单、带有数字的小草。 目标：练习50以内数数。 2. 投放材料：数、树叶及数字。 目标：学会按数取物。 3. 投放材料：鞋子、鞋盒卡片。 目标：能通过游戏活动，区分单双数。 4. 投放材料：豆子卡片、小盒、作业单。 ……	硬展板：我是大班哥哥姐姐 软展板：我长大了 小画廊：我的老师 ……	1. 开学典礼。 2. 仿编诗歌：我爱祖国。 3. 看图讲述：小红请客。 4. 谈话：我是大班哥哥姐姐。 5. 实践活动：认识新环境。 6. 综合活动：照顾弟弟妹妹。 7. 谈话：做个勤劳的好孩子。 8. 歌曲："我们的生活多么好"。 ……	完成健康领域 1. 餐前：阅读活动。 2. 生活活动中引导幼儿认识左右。 3. 谈话活动：保护自己。 4. 欣赏故事。 5. 谈话：快乐的国庆节。 ……	1. 发放家长致辞。 2. 发放家长调查表，了解家长对幼儿教育的认识及家长的主要需求。 3. 个别幼儿家长谈话。 4. 家长会。 5. 充分利用网站，与家长沟通。

特色课程：幼儿数学探究活动（一）——书写阿拉伯数字1、2、3……

（幼儿年龄：5～6岁）

目标		专门的数学探究活动				渗透性的数学活动			完成时间
总目标	认知水平	集体教育活动	数学区	数学游戏	墙饰	生活活动	游戏活动	其他教育活动	
1. 初步掌握阿拉伯数字的写法，能够较准确的确定数字落笔的起笔方位及落笔位置。 2. 培养幼儿分析、判断的能力。 3. 通过动手操作的活动培养幼儿手指小肌肉的灵活性。	初步掌握田字格，了解其构成及方位。	活动名称：学写数字1、2、3	1. 画格子 2. 连线游戏 3. 装饰数字画	游戏名称：跳房子	好玩的填空		桌面游戏：搭积木 体育游戏：占四角	美工活动：四格漫画	
	初步掌握数组书写的方法。		1. 田字格纸 2. 描摹数字纸		"我最喜欢的数字"排行榜		体育游戏：捉星星、狼和小羊等	语言活动：诗歌"数一数"	
	能够运用学会书写的数字进行生活中的标注等活动。	综合活动名称：编码专家	1. 各国数字大比拼 2. 大小数字变变变	游戏名称：数字变形记（身体）	数字联想（数字组合画）				

点评：

　　从实验幼儿园提供的两个课程计划中不难看出，幼儿园的领域课程与特色课程在内容设置上几乎没有重叠的部分，领域课程中五大领域的内容都有所涉及，内容更广泛全面，而特色课程只针对领域课程中没有涉及的科学领域中的数学内容设计，两方面的课程同步进行能够达到相互丰富、相互补充的目的。由此可见，特色课程与领域课程虽然是两条看似不相关的轨迹，但是他们互为补集、彼此搭档、恰到好处，从而形成了一套具有特色的、完整的园本课程。

（四）建立幼儿园特色课程的原则

1. 园本性原则

　　幼儿园特色课程的建立一定是以幼儿园历史和发展为依据，立足本园实际，以及教师特点、所处区域的地缘性等因素而开发与利用的课程，具有区别于其他课程的独有的园本特性。例如，北京市第一幼儿园的音乐特色课程、西城区实验幼儿园的数学特色课程等，均是在一定的历史传承下立足本园实际，历经数十年坚持不懈的研究和发展，其幼儿园的特色课程仍然在北京市独树一帜。

2. 兴趣性原则

　　遵循幼儿发展规律，以幼儿的发展需求与探索兴趣为出发点，课程实施中幼儿能够保持较高的参与热情并坚持始终。课程能够满足不同能力水平的幼儿进行活动。例如瑞吉欧特色课程、奥尔夫音乐课程等等深受孩子们的喜爱，吸引不同幼儿不断参与的关键就是其课程设置符合幼儿好奇心强、易被新奇事物所吸引、愿意探索的特点，因此为许多国家、幼儿园所接受。

3. 独特性原则

　　独特性是幼儿园特色课程的价值所在，同样的领域课程能够称其为特色的课程一定是那个内涵挖掘深刻、领域特点突出，具有与众不同的学科魅力的课程。即具有人无我有、人有我优、人有我独的特点。

4. 发展性原则

特色课程应该具有生长点和生命力，能够随着社会的变迁而变化，与时俱进适应时代的发展，展现其科学、系统、前瞻的特性。例如蒙台梭利特色课程，历经百年，无论世间如何变迁其课程始终为学前教育界所认同并被全世界许多国家借鉴和使用，其教育思想和理念始终保持其先进性。

（五）组织实施幼儿园特色课程的策略

1. 科学调研确定特色研究方向

首先要具体分析幼儿园的资源优势，如管理资源优势、教师资源优势、幼儿家长资源优势、社区文化资源优势、教科研资源优势等，哪些真能称得上是优势，真能成为自己的特色，这是解决问题最重要的前提。其次是弄清楚幼儿园的办园思想的核心理念，在育人目标上想突出什么特色，然后再确定开发什么样的特色课程。

2. 制定特色课程研究方案

成立特色课程研究核心小组，确立特色课程发展性目标和教育性目标，筛选特色课程内容、搭建框架结构，以研究核心小组为中心以点带面辐射到每一位教师，做到知情意行相统一。

3. 专项培训提升理念，提高教师驾驭课程的能力

进行课程理论等相关培训，引导教师广泛了解与本园特色课程有关的课程理念和内容，了解国内外先进的课程理念等，客观评估和找好目前自己的真实定位，为接下来的实践研究打下基础。

4. 坚持实践研究，不断总结提炼形成阶段成果

采取专家引领、资源利用、课程借鉴、同行交流等形式优化本园特色课程研究，立足实践不断改进和修正研究方向，确保课程研究顺利进行。坚持教研与实践、学习交流反思相结合，鼓励创新和尝试，使本园的特色课研究始终保持其先进性、独特性。

5. 坚持跟进评估评价，确保课程研究的方向

评价与课程管理相结合，评价范围包括教师、幼儿、课程等全方位，

评价维度分内部评价和外部评价；形成性评价和终结性评价；幼儿学习评价和课程本身评价等，全面监控和评估特色课程研究的科学性、合理性与规范性。

案例：西城区实验幼儿园数学课程的深入开发与利用
——幼儿数学探究主题活动的研究

我园自70年代末80年来初开始，一直从事幼儿数学教育的研究，先后获得了全国及市区等许多奖项与肯定。

近几年，在幼儿园园本课程的研究中，综合主题课程模式以其生活化、整合化等特点为大家所认同。在课程实施中我们发现，数学探究活动由于带有很强的学科特点，所以与幼儿园目前进行的主题活动课程很难融合，而《北京市贯彻〈幼儿园教育指导纲要（试行）〉实施细则》中强调"引导幼儿关注周围环境中的数、量、形、时间、空间关系，发现生活中的数学；在解决问题的过程中帮助幼儿理解基本的数学概念，发展思维能力……"。也就是说，抽象的数学知识只有与生活有机结合，才能为幼儿所理解，才能发挥其最大价值。那么，如何有效地把抽象的数学内容与幼儿的生活活动有效整合，在一日活动中提高幼儿探究数学、运用数学的能力是我们亟待研究的课题。

而我园之前开展的数学课程——"幼儿数学探究活动"主要针对幼儿园数学学科探究教育在集体教育活动中的运用进行了比较深入系统的研究，但是我们认为如何使幼儿园数学内容更生活化、游戏化，更贴近幼儿在一日活动中发现并解决数学问题应是我园目前深入研究的突破点。

一、研究内容

1. 筛选并确定适宜形成数学探究主题的内容，初步构建大、中、小班数学探究主题活动课程的基本框架。

2. 分别预设数、量、形、时间、空间等五方面数学探究内容的主题。

3. 研究每个数学主题内容的横向探究线索、纵向探究点和探究方法。

4. 研究形成幼儿数学探究主题活动的框架体系，包括框架结构和对应的主题案例。

二、研究过程

注重过程研究，体现研究育人。我园"十二五"课题研究核心组在成立之初就考虑到，目前幼儿园青年教师占大多数，参与课题研究起点低、经验少的特点，我园决定由三部分教师共同组成课题核心组，既有教科研经验丰富的老教师，也有业务精良的中年骨干教师，更有崭露头角的青年教师，以此带动全园各层面教师共同参与课题研究，使每位教师在课题研究中都获得专业发展。

1. 健全研究机制，以科学严谨的态度将课题引向深入

建立并坚持每周一次的研究活动，组织核心组教师带头开展的实验研究，并以此推进全园的"十二五"课题研究活动。并及时进行阶段总结，明确下一步的研究方向。

坚持每周三次的课题负责人深入班级调研，及时了解课题研究现状，并在教科研活动时进行反馈，以此把握研究的方向和进度。

坚持每月一次的与课题特聘专家的互动，把收集研究中的问题及时与专家沟通，并适时点拨。

2. 坚持立足实践，以问题驱动为焦点，切实增强课题研究的实效性

在课题研究中始终坚持"实践研究"这一根本，在不同形式的教科研活动中，问题驱动的焦点往往是科研的具体突破点，因此，活动前的汇集问题、筛选问题和过程中的对焦点问题碰撞，真正成为问题驱动研究的源泉。如：在各班开始进行第二个数学主题活动的实践中，逐渐显现出了新的问题：确定了数学内容后，各班进入主题的方式和方法习惯性地延续前一个数学主题的做法，不但班班几乎相似，毫无新意可言，而且拓展的内容和线索也少得可怜等。发现问题后，课题组及时与教师们进行沟通和交流，针对"如何挖掘主题线索""怎样导入主题更贴近幼儿"等问题进行教研。在研讨中，大家逐步认识到虽然数学主题表面看比较抽象、难于为幼

儿所理解，但是它来自于生活，是从生活中提炼概括出来的，因此只有在生活中挖掘相关的数学因素，才能引发幼儿的探究兴趣，从而使主题活动开展下去。教师逐渐能够进行换位思考，因而站在幼儿的角度思考可能出现的问题和引导的方法等。

3. 积极与专家互动，在思想碰撞中顿悟

当出现问题需要与专家互动时，教师们的准备很充分，积极主动发表自己的疑惑。如：如何把幼儿的数学守恒内容变通为幼儿喜欢的数学探究主题时，专家老师一语道破幼儿习得的守恒本质"其实没有变"，被教师采纳为主题活动的名称，并成为幼儿主动发现的体验主旨。又如，课题中期时，课题组对前一阶段的研究进行阶段小结，针对研究中出现的新困惑新问题，与专家交流，最终对主题框架结构进行了调整，增添了探究点和探究线索，使框架目标更明确，更突出探究特点。经过深入的思想碰撞，教师们统一了思想，对数学探究主题的研究有了更加深刻的理解，思路更开阔了。

三、研究成果及分析

（一）建立了一套针对在一日中开展幼儿园数学探究活动的课程

1. 筛选并确定了适宜形成数学探究主题的内容

各年龄班适宜开展主题活动的数学内容

	数	量	形	时间、空间	其他
小班	内容：认识1和许多 目标：1. 感知1和许多。 2. 认识1和许多。 3. 渗透"分""合"的方法。 4. 1和许多的相互转化。 主题：有趣的1和许多	内容：认识大、小 目标：1. 辨认同类物的大、小。 2. 辨认不同类物的大、小。 3. 学习"比较"的方法。 主题：大大小小我知道	内容：认识几何图形 目标：1. 感知正方形、圆形和三角形。 2. 辨认正方形、圆形和三角形。 主题：可爱的图形宝宝	内容：认识白天、晚上 目标：在日常生活中感知、认识白天、黑夜、早晨、晚上。 主题：太阳和月亮的故事	

（续）

	数	量	形	时间、空间	其他
小班	内容：数数 目标：1. 数1至5各数。 2. 初步认识"总数"。 3. 学习数数的方法。 主题：数数有多少	内容：比较2～3个不同物体的常见量 目标：通过感知操作比较2～3个物体间大小、长短、薄厚等的差别。 主题：比一比，玩一玩		内容：认识上、下 目标：1. 引导幼儿正确辨别上下等方位。 2. 学会运用表示空间的语言（在……上面）。 主题：动一动，变方位	
中班	……				
	……				

2. 形成了大、中、小班幼儿数学探究主题活动课程的基本框架

较之幼儿园一般性主题活动，幼儿数学探究主题活动着重突出了数学主题的科学性、严谨性和探究性。在主题开展过程中凸显探究线索和探究点，目的是使教师能够层次清楚、目标明确的引领幼儿在游戏活动中探究。

（1）明确表述主题横向线索下的纵向探究点，每一个探究点都是具有探究意义和发展价值的目标。

（2）主题活动探究线索紧紧围绕主题内容，遵循从生活中寻找、在生活中提炼、应用到生活中去的原则，充分体现《北京市贯彻〈幼儿园教育指导纲要（试行）〉实施细则》中所强调的"……发现生活中的数学；在解决问题的过程中帮助幼儿理解基本的数学概念，发展思维能力……"

（3）突出主题活动线索以及探究点的层层递进。同时，在每个主题线索中，各个教育活动的探究点同样是层层递进的关系。

（4）能够通过纵向探究点的实践，帮助幼儿经历在原有经验基础上"够一够"的探究过程，形成关键经验、促成发展。

数学探究主题活动"加加减减真有趣"（大班）4月9日—5月18日

数学探究主题活动目标

领域	科学	语言	健康	社会	艺术
与数学主题相关的目标	1. 通过照顾动植物的活动，培养幼儿的责任感，引导幼儿主动观察并记录动植物生长过程中的加和减。 2. 在操作活动中，引导幼儿感知、理解事物的整体与部分之间的关系，体会和理解加减的含义，并引导幼儿在日常生活中，运用加减方法尝试解决简单的问题。 3. 在日常生活和游戏中，引导幼儿根据生活情境进行简单的10以内口头加减运算。	1. 引导幼儿能围绕着"加和减"进行讨论，鼓励幼儿主动发现周围生活中的加和减。 2. 引导幼儿用"加减日记"的方式简单记录日常生活与加减有关的事物，并尝试用加减算式表示出来。 3. 通过自制数学练习册，培养幼儿正确的书写和阅读顺序。	1. 引导幼儿逐步学会根据气温的变化以及自己的冷热感觉主动增减衣服，发现衣服添减中的加和减。 2. 引导幼儿根据活动场地和运动器材的特点，恰当地选择运动方式，主动探索多种玩法，并记录各种游戏材料玩法中的加和减。 3. 引导幼儿巩固正确的刷牙和漱口的方法，关注恒牙、乳牙的增加和减少的变化。	1. 通过组织幼儿访问幼儿园的各个部门，了解其中与加减有关的事物，进而帮助幼儿认识各个部门为自己服务的人，懂得尊重他们及他们的劳动。 2. 引导幼儿将自己的电话号码编成相应数量的加减算式题，并主动计算同伴的电话，与其进行电话交流。 3. 引导幼儿总结自己的优点及不足，并通过制定行动计划，让自己的优点逐渐增加缺点逐渐减少。 4. 引导幼儿在买卖游戏中明确自己的角色，做到做事认真、有始有终。	1. 支持、鼓励幼儿将生活中与加减有关的活动运用表演的形式表现出来，感受创造、表现和合作的乐趣。 2. 提供各种美术材料和工具，引导幼儿感受它们的特性，尝试自主选择，并利用它们的形状与质地等特点大胆修改、添加、组合，设计和制作表演加减故事道具、服装等。
补充目标	在各种活动中，支持、鼓励幼儿感知和主动探索可接触的简单的物理现象，喜欢玩声、光、电、磁、物体沉浮等的游戏，体会周围事物、现象的特点和变化规律，发现事物之间的关系。	通过多种活动发展幼儿精细动作，帮助幼儿逐渐增强手对笔的控制能力，学习正确使用。	与家庭密切配合，教育幼儿遵守交通规则，行路时要走人行道或靠路边行走，乘车时不把头、臂伸出窗外。	通过不同层次的团体活动，培养幼儿的集体荣誉感。	

数学探究主题活动框架

探究线索	教育活动	探究点	区域活动	探究点	生活活动	探究点	墙饰	家园共育
我身边的加和减	1.综合活动：我心中的加和减	①体会和理解加减的含义。②鼓励幼儿用绘画的方式，表达、记录自己对加减的理解。	数学区：豆豆店 材料：各种豆子、电子秤、标签纸、笔、塑料袋。 科学区：好玩的镜子 材料：双面镜、小动物玩具、大小不同的角、加减记录单。	探究随着豆子增加和减少其重量的变化。 探索双面镜的角度与物体数量增加或减少之间的关系。	通过照顾动植物的活动，培养幼儿的责任感，引导幼儿主动观察并记录动植物生长过程中的加和减。	①记植物生长观察记录 ②观察蝌蚪变青蛙的过程以及蚕宝宝的成长变化。	"加减减减在哪里？" ①我心中的加和减 ②我找到的加和减 ③访问知道的加和减 ④我的加减日记	①通过家长会向家长介绍此主题的目标、主要内容及需要家长配合的事情，争取家长的配合与支持。 ②请家长指导幼儿观察生活中增加和减少的事物，记录"加减日记"。
……	……	……	……	……	……	……	……	……

3. 设计并形成了包括数、量、形、时间、空间等五方面数学探究内容的主题活动案例

到目前为止，所有的数学内容已经实践完毕，并从中筛选出了小班7个、中班12个、大班10个适宜的数学探究主题内容，已形成经典主题案例。

（二）在数学探究主题的研究中，使我园的数学特色更鲜明

1. 主题环境的创设

彰显数学特色，更突出主题线索，过程中展现幼儿与主题内容、周围环境的互动。如：中班设计的数学探究主题"数的秘密我知道"，主要的数学内容都与认识10以内的数有关。其中有认识10以内序数的内容，教师设计了"大家来寻宝"这个游戏，并把它作为环境创设的一部分布置在墙

面上，区域活动时幼儿可以直接在墙上进行游戏，并且游戏的过程与结果都能在这个情景中展现出来，这块墙面，既美化了环境，又展现了主题内容，还变成了游戏活动区，幼儿可以随时与之互动，获得知识经验，而且墙上的内容是可以根据幼儿的需要及时调整更新的，因此充分发挥了环境的教育作用。

2. 区域材料的投放

更注重数学内容与各领域游戏区的巧妙结合与渗透，突出生活化与游戏性。如，大班的"滴答滴答王国"主题，是围绕时间开展的数学探究主题活动。由于时间非常抽象，没有具体形象作为支柱，因此，教师一直在探索如何将认识时间与幼儿熟悉的、感兴趣的事件联系在一起，使幼儿认识时间，感知时间的特性以及时间的珍贵，进而学会有计划的利用时间，珍惜时间。在主题开展之初，教师通过在图书区投放一本有趣的绘本——《喜欢钟表的国王》，激发幼儿探究时间的兴趣。在这个过程中，幼儿了解到沙漏、水漏是可以计时的，并且对如何制作沙漏，探究其计时的功能产生了浓厚的兴趣。因此，教师又在科学区开展了自制沙漏水漏的游戏活动。在时间主题开展过程中，幼儿还进行了统计天气的变化情况、记录自然角植物的生长变化、认养小动物、一日生活作息安排、叮铃铃时间到比赛、课间十分钟等游戏活动，通过这一系列各领域游戏区的活动，使幼儿充分感受到生活中的一切事件都与时间有密切关系，进而学会计划自己的时间。

3. 与日常生活的结合

深度挖掘过渡环节、生活活动以及早来园、晚离园等日常活动中较分散的时段，渗透数学内容，突出数学无处不在的特性。最终形成三围立体式全方位的数学氛围，使幼儿逐步形成用数学的眼光看待周围事物的能力。如：小班的数学探究主题是"数一数有多少"，是以数数为主要内容的一个主题活动。"快乐宝宝有多少"是教师为日常生活中幼儿练习数数专门设计的一个活动，探究点是知道各桌的人数，目标是通过比较知道多、少和一样多。在这个活动中孩子们都关注自己桌的人数，来园就数。以前班上的幼儿出勤不太好，自从有了这个活动，出勤率一下子就高了，因为哪个桌的幼儿都不愿意比别的桌人少。在这个生活活动中孩子们的数数能力得到了锻炼和提高。

（三）在研究中促进师幼共同发展

1.促进幼儿思维品格的形成

通过开展幼儿园数学探究主题活动，培养了幼儿对探究的浓厚兴趣，提高了幼儿探究的能力，使幼儿不仅在数学活动中，且在其他活动中，同样喜欢探究、愿意探究。初步形成遇到困难不放弃，想办法克服困难，直至成功的探究品格。在主题活动中，幼儿会积极主动发现问题并从多方面寻找答案，灵活地运用数学方法解决问题。能利用原有经验，在探究活动中主动与同伴、教师交流合作，同时虚心倾听别人的意见，并能运用简练的数学语言表达自己新的发现，具备初步的数学能力。幼儿在日常生活和游戏活动时能感受到数学无处不在，用数学的眼光观察、分析周围的事物，并能从生活和游戏中感受事物的数量关系并体验到数学的重要和有趣。如：在"认识高矮"的游戏情境中，小朋友做"小钉子"牢牢钉在地板上，然后够垂挂在头顶上方的气球，有的小朋友能够到，有的小朋友够不到。教师问"为什么有的小朋友能够到，有的小朋友够不到？"幼儿回答"有的小朋友高，有的小朋友矮"。师："为什么小朋友要做'小钉子'牢牢钉在地板上去够气球呢？"幼儿："因为要一边对齐，以前比长短的时候就是这样比的。"显然幼儿能迁移已有经验、利用已有经验帮助形成新经验了。诸如此类的案例，使我们体验到了生活游戏中的探究教育对幼儿发展的魅力。

2.促进教师研究能力的提升

在直接参与"幼儿园数学探究主题活动的研究"的过程中，教师的科研能力有很大的提高，尤其是助力青年教师的成长作用明显。教师逐步能够围绕数学探究内容，整合游戏、生活以及各领域设计主题活动，并主动发掘一日生活中的数学主题线索、挖掘探究点，激发了自己设计主题活动的创新意识和能力。同时在活动中能尊重、了解幼儿，保护幼儿的探究兴趣和愿望，并能根据幼儿的需要改变调整环境。

幼儿园解决未知领域问题的科研活动和解决当前问题的教研活动并不矛盾，是有机的结合过程。如常态教研活动，我们经常从"问题"出发，研讨"如何挖掘主题线索"和找准"探究点"等问题，以园教研组、或各年领班研究小组的方式，通过研讨，验证活动解决问题。结合数学课题研究，我园尝试进行围绕数学主题开展环境创设及区域活动的探索研究，在课题研究期间，我园共有10余篇科研论文在全国及市区论文评选中获奖。

四、后续改进和研究

1. 有些较抽象的数学内容，如认识几何图形等，在主题设计中如何在其他领域拓展线索巧妙渗透，是我们需要进一步深入细致研究的。

2. 数学探究主题开展中如何利用家长资源，充分调动家长积极参与班级数学探究主题活动的开展，以此为突破点帮助家长转变育儿观念，是我们下一步要研究的课题。

点评：

西城区实验幼儿园始终立足数学课程实践研究，在幼儿园全面发展中迁移其探究教育的思想，促进幼儿园内涵发展。构建的不仅是幼儿数学教育乐园的品牌、影响力较大的特色课程，而且是幼儿全面和谐、健康发展的高品质幼儿园。

三、幼儿园主题活动课程的开展与建设

主题活动课程是幼儿园目前普遍开展的课程，也可称为综合课程，是另外一种基本的课程编制方式。综合课程围绕主题或话题来组织内容，侧重知识的情境性和综合性。在课程实施过程中，教师会遇到一系列的困惑：如何选择主题内容？如何制定主题活动方案？如何深入开展主题活动……这些问题阻碍和影响着班级主题活动的开展。作为幼儿园业务管理者，保教干部要充分发挥参与者和引领者的作用，引领教师具有正确的儿童观和教育观，在互动研究中了解与掌握主题活动前的选题、制定内容与方案；

主题中将活动引向深入以及主题活动后进行反思评价的方法与策略，从而提升幼儿园主题活动课程的质量，提高教师的教育教学水平，以最大限度地促进幼儿的发展。

（一）为什么要开展主题活动课程

明确主题活动课程的概念，以及开展主题活动课程的意义是主题活动课程开展的前提。幼儿园主题活动课程是指在一段时间内围绕一个中心内容（即主题）来组织开展的教育教学活动。主题活动课程与学科或领域课程的最大区别在于：主题的展开并不遵循学科的线索，它具有多层次的综合功能，追求的是教育内容的整合。

引领教师学习《纲要》和《指南》，可以找寻到主题活动课程对于幼儿的适宜性的理论基础。《纲要》明确提出了课程要突出体现整体性、主动性、活动性、发展性的原则。教育思想中也提到了要让每一名幼儿在一日生活及有准备的环境中获得主动的发展。如何体现这种理念呢？保教干部可以和教师一起分析孩子的心理特点和认知特点，了解幼儿心理发展水平决定了幼儿对事物的理解往往是粗浅的、表面的，幼儿概括能力还很低，对幼儿进行教育不能过分分化。此外，从幼儿的学习特点看，出现在孩子面前的各种事物不是分门别类的呈现，孩子并不会分门别类的去认识事物，绝对的分科教学会与孩子的认知特点发生冲突。综合教育与学科规律并不矛盾，是可以有机融合的。通过分析，使教师理解幼儿园的课程应是以主题活动为主的综合课程。并了解主题活动课程四方面的教育价值，即：

1. 主题活动符合幼儿整体认识事物的特点，能较好地使"五大领域"的内容有机联系，相互渗透，形成整体,培养幼儿多角度思维的习惯。

2. 主题活动可以使幼儿在一段时间内关注认识一个事物，并以不同的角度、不同的方式来探索和学习同一个概念，从而对这一事物获得比较深刻的印象及大量的相关经验。

3. 主题活动可以培养幼儿对事物深入探究的态度。

4. 主题活动的内容是师生共同建构的，它能充分发挥幼儿的主体性，促进幼儿主动的发展。

（二）指导教师开展主题活动的原则

1. 整合性原则

这是主题活动的基本原则。整合是贯穿主题课程的重要理念。幼儿具有整体认识事物的特点，主题活动的内容安排要注重五大领域的有机联系，相互渗透，形成整体，培养幼儿多角度思维的习惯。

2. 兴趣性原则

选择主题活动的内容时，一定要充分了解幼儿的需求，选择幼儿感兴趣的内容，才能调动幼儿参与的主动性、积极性，才能更好地完成主题活动目标，达到好的教育效果。

3. 生活化原则

幼儿具有直观形象的认知特点，所以，主题活动内容的选择应贴近幼儿的生活，这样才能充分调动幼儿的生活经验，才会让幼儿感兴趣、能够理解并积极参与。

4. 活动性原则

幼儿具有认知靠行动的特点。只有在活动中的学习，才是幼儿有意义的学习。教师应为幼儿提供活动机会和材料，使幼儿通过直接感知、动手操作和体验，与环境发生交互作用，从而获得经验，得到发展。

5. 开放性原则

幼儿教育是开放的教育。态度的开放，鼓励幼儿主动参与自己的学习活动；环境的开放，创设互动的环境，开放性的材料，支持幼儿在与环境材料的相互作用中发展；时间空间的开放，以幼儿的学习兴趣为前提，灵活掌握游戏时间，鼓励幼儿不仅在幼儿园学习，还在要在家庭、大自然、社会中学习；课程内容与组织方式的开放，强调对儿童兴趣需要的关注，追随并遵循幼儿的学习发展需要，根据具体情况变换课程内容及组织方式。

（三）如何指导教师了解主题活动课程的内容与要求

1. 分析幼儿经验、兴趣与需求，明确主题价值

开展什么样的主题才是适合本班幼儿的呢？能否延伸出幼儿喜欢的并促进幼儿发展的活动呢？这时就需要保教干部引领教师考虑几个问题并进行价值判断。

（1）符合幼儿的兴趣和需要吗？

（2）可能有助于达成哪些教育目标？

（3）它能够涵盖哪些教育内容？

第一个问题，需要教师分析本班幼儿的原有经验与发展需求，判断是否适宜；第二个问题需要教师依据《纲要》和《指南》，了解本年龄阶段幼儿发展的目标与要求，判断是否适宜；第三个问题需要从五大领域或八大智能的角度进行主题价值的挖掘和判断。

教师对主题价值的把握直接影响着课程实施的质量。对主题进行价值判断的过程，就是管理者和教师共同研究主题内容、环境、资源对幼儿发展适宜性和有效性的过程。在这一过程中保教干部可以通过互动、对话、共同研讨等方式帮助教师再一次清晰主题价值与幼儿发展之间的关联，为主题稳步开展奠定基础。

2. 引导教师从六个方面考虑选题

主题活动课程的来源有很多，可以根据幼儿感兴趣的事物选题，如食物、动物等；可以根据幼儿存在的问题选题，如动作慢、规则意识缺乏等；可以根据节日选题，如六一儿童节、环境保护日等；还可以根据幼儿发展阶段的任务选题，如要上小学了、我是大班的哥哥姐姐；以及根据季节、突发事件、自然现象等都可以生成相应的主题活动。保教干部首先要做的就是引领教师回顾开展过的主题活动并进行分类梳理，引领教师从以下六方面考虑选题，从而减少教师选题的盲目性，增强选题的针对性和目的性。

（1）需求——幼儿成长的需求

（2）兴趣——幼儿感兴趣的事物

（3）任务——幼儿发展阶段的任务

（4）问题——幼儿发现并想探寻的问题或幼儿存在的问题

（5）变化——幼儿自己、所处环境、季节、大事等变化

（6）课题——幼儿园课题、专题研究的内容等

3. 归纳适宜小、中、大班开展的主题活动内容

在选择主题活动的过程中，保教干部还需要引领教师整理归纳做过的主题活动，并在此基础上提取出一般规律，使教师更加明晰选题的方向。

如：

小　班	中　班	大　班
感知操作、生活学习、自理能力、情感体验、生活习惯养成等	操作探索、发现变化、做事能力、集体意识、学习习惯养成等	探究创造、欣赏表现、整合经验、合作学习、行为习惯养成等

教师们的经验在研究中汇集成有效的方法，并回归到教师的实践工作中，指引教师继续选择出适宜幼儿、符合幼儿兴趣和发展需要的新主题。如小班"我吃了""穿穿戴戴"、中班的"变变变""勇气"、大班的"一寸虫"引发的测量主题活动和时间主题活动又应运而生了。

（四）如何指导教师掌握并确定主题活动目标

目标的制定与实施在幼儿园每个活动中显得尤为重要，它是活动中的精髓也是主线。课程目标是教育价值的具体体现。《规程》非常明确地提出了幼儿园的教育目标，即"对幼儿实施体、智、德、美诸方面的教育，促进其身心和谐发展"这一教育的总目标，是在确定幼儿园课程目标时必须考虑的第一个层次。要将教育目标转化为明确的课程目标，首先要对教育目标做出正确的解读。我们应根据《指南》阐述的各领域目标（第二层次），制定出具体的处于第三个层次的操作性课程目标，用于指导自己的课程实施过程。目标的制定要建立在深入分析活动对于幼儿的发展价值和幼儿原有经验的基础上。可以从知识、技能、情感三方面表述，也可以从五

大领域确定目标。

例1：

《跳蚤书市》主题活动总目标的制定，就是在贯彻《规程》，以促进幼儿身心和谐发展为最终目标的基础上，结合《指南》提出的5～6岁幼儿在五大领域的学习与发展目标和幼儿实际水平及具体的主题活动内容，确定为：

1. 能够将自己喜欢的、看过的图画书拿出来与别人交换，换回自己喜欢的图画书，体验"你有一本书，我有一本书，我们来交换，那每人就看过两本书！"的快乐。（社会领域）

2. 在活动中，通过与小组成员分工合作、共同协商、解决问题，提高交往能力。（社会领域）

3. 能用较完整的语言大胆地向别人介绍和推荐自己的图画书，提高语言表达能力。（语言领域）

4. 懂得取舍，学会购物常识。（科学领域）

5. 通过买书、卖书的亲身实践活动，进行简单的货币交换，练习20以内的加减法运算，并了解几种简单的统计方法。（科学领域）

6. 在设计海报的过程中了解海报的特点，尝试用不同的方式设计"图书推荐"海报，提高美术表达能力。（艺术领域）

7. 学习处理交往中遇到的问题，提高对情绪的自我调节能力。（健康领域）

例2：

《勇气》主题活动总目标，也同样是在《规程》和《指南》的指导下，并分析幼儿现有水平后，从知识、技能、情感三方面表述为：

1. 喜欢参与绘本《勇气》等书籍的阅读活动，理解勇气的丰富内涵，并能结合自身表达对勇气的理解。（知识）

2. 积极主动与同伴交往，尝试解决与他人交往中的问题。（技能）

3. 积极勇敢地参与各项活动，在活动中勇于挑战自己，不怕困难不怕

失败，有坚持性。（情感）

4. 有控制、调节自己的情绪的意识和办法，进一步理解克制自己的情绪、行为也是勇气的一种表现。（技能、情感）

（五）如何指导教师设计主题系列活动的内容

合理编排活动内容，能够保证幼儿获得经验的整合性。保教干部需要引领教师进行主题网络的架构，使主题能够沿一定的线索有序开展，还需引领教师依据主题核心价值和五大领域构建活动内容，保证活动区活动、集体活动、小组活动等不同类型的活动内容之间有效整合。

1. 拟定主题网络图

在设计主题网络图的过程中，业务管理者要引领教师注重网络的结构、网络的设计角度和预成与生成的关系。

主题网络的结构既要有横向的推进，又要有明确表述主题横向线索下的纵向探索点，每一个探索点都是具有探索意义和发展价值的具体教育内容。主题网络设计角度既可以以知识点为线索也可以以活动为线索。主题网络的预成不是一成不变的，应该是随着主题活动的开展以及新活动的生成有增有减的。

例1：以五大领域为线索设计的主题网络

主题网络的建构过程：

《好饿的毛毛虫》一书情节简单、色彩鲜艳、富有情境，是小班幼儿很喜欢的图画书。为了让新入园的小班幼儿喜欢幼儿园，爱上幼儿园的生活，养成良好的生活、学习和游戏的习惯，教师充分挖掘图画书中蕴含的教育价值，并结合小班幼儿的学习特点和发展需要，设计了五大领域的相关活动。如在健康领域，利用毛毛虫的生动形象，用"我和毛毛虫比吃饭"的活动培养幼儿好的饮食习惯；在语言领域，利用师幼共同制作的《好饿的毛毛虫》大书，讲故事并续编；科学领域涉及了"水果"、从"1"到"5"的数的概念和毛毛虫变成蝴蝶的生长过程等；艺术领域运用多种材料制作

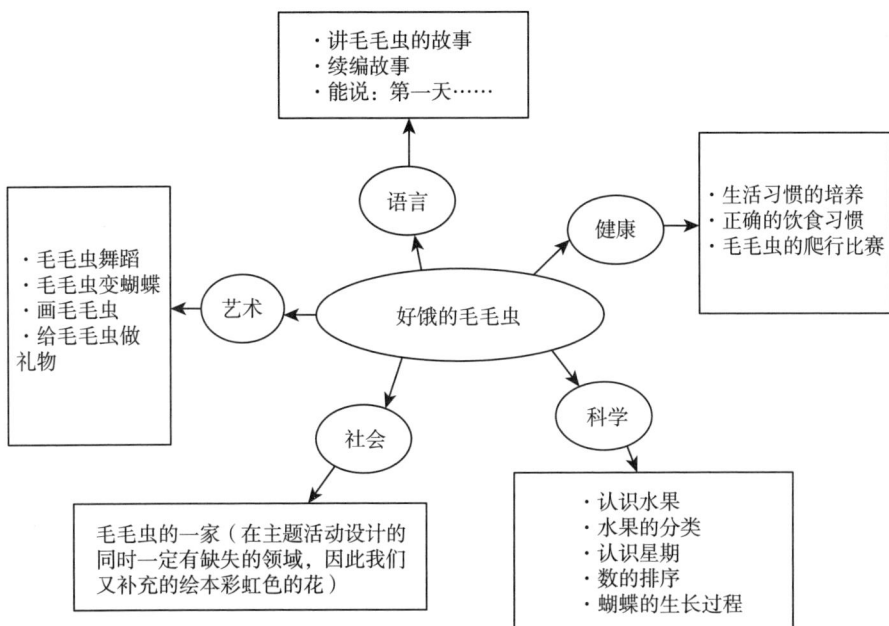

毛毛虫，并将自己打扮成毛毛虫进行表演；比较其他领域，这一主题设计社会领域的活动较少，于是教师拓宽思路，需找到另一本毛毛虫的动物朋友较多的《彩虹色的花》，引发适合小班的好朋友的话题，补充了社会领域的相关内容。

例2：以活动为线索设计的主题网络

主题网络的建构过程：

对于刚升入中班的孩子幼儿来说，他们对于周围变化的新环境、新老师、新朋友非常好奇；对于自己能成为幼儿园里的哥哥姐姐而感到兴奋和自豪，自己长大了的感觉十分强烈。中班幼儿的年龄特点是活泼好动，规则意识淡薄，同时这个年龄也是各种行为习惯养成的最佳时期。培养幼儿的规则意识，让他们初步形成良好的行为习惯是引领幼儿成为"社会人"的必要过程。随着季节的变化，我们周围的自然环境变化非常明显，有利于成人引导幼儿体验、探索周围环境的变化。幼儿对变化明显的事物最感兴趣，变化立竿见影的小实验，是吸引孩子探索事物变化的最佳方式。

```
                            ┌─────────────────────────┐
                            │ 1. 怕浪费婆婆（绘本阅读）    │
        ┌──────────────┐    │ 2. 我不浪费（谈话）        │
        │ 1. 我长大了    │    │ 3. 家中不浪费（亲子活动）    │
        │ 2. 我爱我班    │    │ 4. 大卫，不可以（绘本阅读）  │
        │ 3. 多变的大自然 │    │ 5. 我可以（谈话）          │
        └──────────────┘    │ 6. 天干多喝水；天冷多穿衣   │
              ⬆              └─────────────────────────┘
                                      ⬆
        ┌──────────────┐          ┌──────────────┐
        │  身边的变化    │          │  养成好习惯    │
        └──────────────┘          └──────────────┘
              ⬉                        ⬈
                   ┌──────────────┐
                   │  有趣的变变变  │
                   └──────────────┘
              ⬋                        ⬊
        ┌──────────────┐          ┌──────────────┐
        │  我的小实验    │          │  变废为宝     │
        └──────────────┘          └──────────────┘
              ⬇                        ⬇
```

我的小实验	变废为宝
1. 制作山楂酱、山楂干 2. 树叶怎样保鲜 3. 颜色变变变（美工：小手搓） 4. 染纸 5. 一张纸变变变（撕纸 剪纸） 6. 制作冰花 7. 彩泥变变变	1. 爷爷一定有办法（绘本） 2. 装饰购物袋（送给餐厅组） 3. 制作小汽车（送给建筑组） 4. 制作头饰、项链等（送给音乐组） 5. 报纸真好玩 6. 引导幼儿废旧材料的巧妙利用

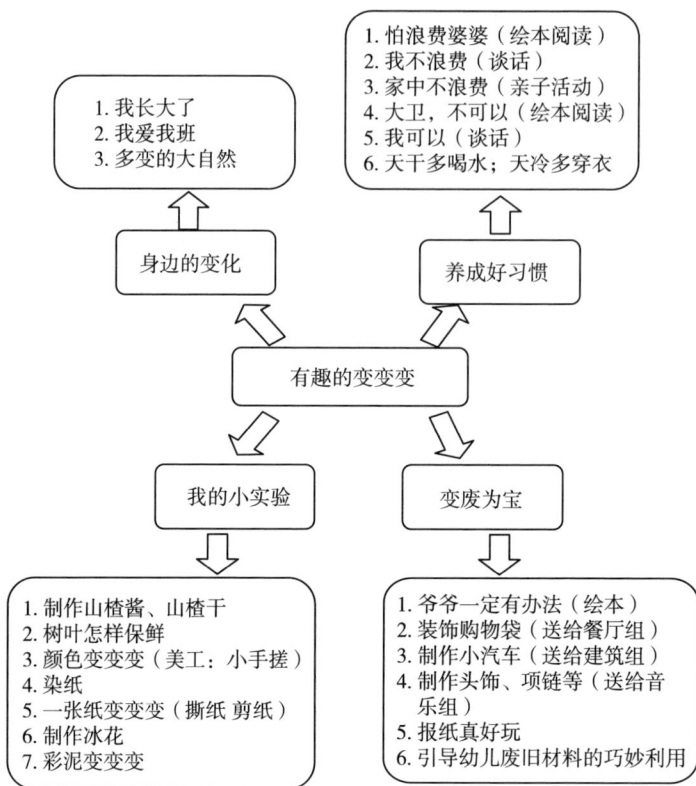

于是，《有趣的变变变》主题应运而生。通过"身边的变化""养成好习惯""我的小实验""变废为宝"四个话题展开活动，让幼儿体验周围事物的变化，并获得发展。

2. 编制主题活动计划表

主题内容的制定可以运用"主题活动计划表"，更为全面细化。其中补充内容很重要，如果某一领域活动有缺失时，如主题中没有涉及数学活动，就可以加以补充，补充内容还可以是园本课程的相关活动等。

主题活动计划表

主题目标	主要活动	活动区活动	环境创设	生活活动	户外活动	家园共育
补充目标	补充内容					

（六）如何指导教师依据幼儿的特点，把握主题活动的走向与进程

幼儿园的主题活动大多源自于与儿童息息相关的生活经历，是儿童有感知经验和情感认知的内容，有共同兴趣形成共鸣的，有共同关注的话题或事物。一个好的主题活动一定是教师建立在倾听儿童心声、关注儿童言行、尊重儿童探索方式的基础上的。由此可见，主题活动的发起人，可以是儿童，也可以是教师。

教师发起的主题活动大多建立在预设、组织、全面、计划的基础上，儿童发起的主题活动可能相对简单、途径单一，甚至会"头重脚轻""虎头蛇尾"，就是开始时轰轰烈烈，慢慢地就兴趣减弱或走向一条发展途径了。但如果把视角定位在3～6岁儿童的经验和知识技能上，做出准确分析和判断，再加上教师具有前瞻性的建构意识和计划性，会帮助儿童把自己感兴趣的主题逐步走向辉煌，获得整体发展。

这时对教师的考验就是两个意识：发展意识和课程意识。发展意识指教师对儿童的日常生活行为所体现的发展水平和发展需要能够做出准确的分析和判断；课程意识指教师在日常生活中能够随时发现和利用可以影响幼儿发展的教育因素。这段话就指向教师既要有尊重儿童兴趣的儿童观，又要有整合相关资源、支持激励儿童全面学习的课程观。

1. 主题活动中的儿童具有哪些学习特点

儿童发起的主题活动一定是基于生活、游戏的，是最贴近儿童、最能调动儿童经验的，因此这时儿童的学习是兴趣高涨、内驱力强、积极主动的，会表现在目标多、变化快，行动多过思考。所以这时教师要敏锐地观察和准确地解读，用各种观察和记录手段，了解儿童的兴趣、需要，并就儿童正在进行哪些方面、领域的学习做出准确判断。

如某园中二班儿童对大炮感兴趣，很多儿童在看书、交流后，勇敢尝试，探究大炮的各种功能、作用，也用搭建、绘画的方式表达表现进行创造（图4-5）。这时教师用图文并茂的《学习故事》记录出一个儿童、几个

儿童、全体儿童的学习过程，并借助《指南》和《微课程日志》做出分析，判断出儿童此时的发展以科学领域、艺术领域、健康领域为主，但同时也发现在艺术领域、语言领域方面发展的不足，为教师如何支持、发起挑战、促进整体发展提供了依据。

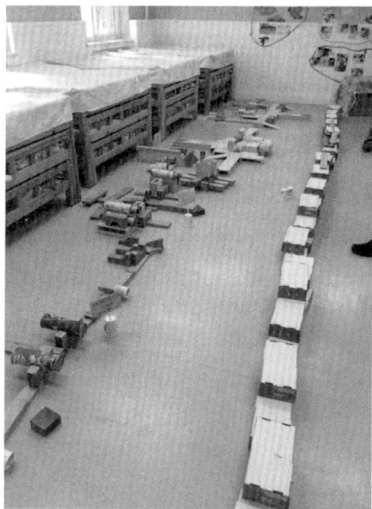

图4-5

2. 如何依据儿童学习特点进行陪伴与支持

儿童是以游戏为主要学习方式的，在游戏中延续自己的兴趣和学习方式，勇敢探索和表达，这是让儿童建立强有力的思维的过程，也是让儿童积累学习方式和解决问题的策略的过程。所以在儿童发起的主题活动中，发现儿童发展的特点和缺失，可以把有针对性的激励和挑战直接归还到游戏现场中，教师巧妙地在陪伴游戏、共同学习中，发起话题讨论和挑战激励。如在"大炮"微课程，教师发现儿童对自己热爱的大炮进行了长时间的探索和创造，但由于大多以搭建、绘画为主要表达方式，探究大炮的弹道、射程、命名、连发炮弹、长短炮筒、支架、瞄准镜、角度、距离、测量、统计、抛物线、移动大炮、力量、炮筒直径、助推器、发射法、引导线、目标、最佳射手、小型制作等内容，可以看出明显偏重于科学领域、健康领域、艺术领域，而激励儿童向多种表达、整体发展则是教师的课程意识，教师此时要思考："还可以有哪些手段和机会，去挑战儿童向语言领域、社会领域发展呢？"于是教师在充分满足儿童"我们还想搭建大炮"的愿望上，让这一主题继续进行，但同时也发挥教师作用向儿童挑战："你们可以搭建出更多大炮吗？大炮的功能可以更多吗？你可以给别人介绍吗？"这三问既满足儿童对"大炮"这一主题的热爱，又巧妙地引向语言领域和社会领域的发展目标。于是，围绕这三个挑战性问题，开展了搭建大炮博物馆、参观军事博物馆、了解解说员的工作、学做解说员、制订参观规则等活动。

在这里，我们看到儿童在挑战问题的激励下，搭建了属于自己的大炮博物馆，而要求"借一下老师的小麦克风给大家讲讲"，从而锻炼语言和社会交往（图4-6）。更多的儿童也尝试这样的学习，所以大家很快发现新问题："怎样能说清楚？当大家都来听时怎么办？"于是，教师果断地组织儿童走出幼儿园、参观军事博物馆（图4-7）。

图4-6

图4-7

这种走进社会的活动深深震撼了所有儿童，每个儿童带着自己关心的问题在真实的现场里寻找答案。

回到幼儿园，儿童的搭建、游戏、学习更有目标性了，大家形成团队，一起建造大炮博物馆（图4-8），分派角色，有负责安检的，有负责讲解的，有负责维修的，有负责检票的，各司其职，自然而然地发展了语言领域和社会领域目标（图4-9，图4-10）。

图4-8

图4-9

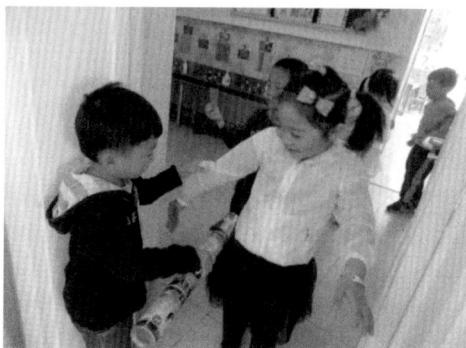

图4-10

3. 主题活动中教师的角色

在主题活动中,教师发现儿童的学习特点、尊重儿童兴趣,树立课程意识,促进儿童整体发展的过程中,教师始终有正确的儿童观、教育观和学习与发展观。这些观念是通过教师随时转换的角色来实现的。

(1)**当儿童投入游戏时,教师是观察者**。在主题活动初期,也正是倾听儿童声音、了解儿童经验、记录儿童想法的时候,所以这时教师可以运用各种观察方法和手段,去了解儿童对主题活动的真实想法。

(2)**当儿童产生计划时,教师是同行者**。在主题活动处在感知阶段时,教师所做的更多是和儿童一起做事,甚至效仿儿童的做法,这样可以感受儿童的感受,发现儿童的需求,进而调整环境、材料、时间、空间,以为儿童创设更富激发作用的学习环境。

(3)**当儿童表达表现时,教师是记录者**。这时主题活动也进入到操作阶段了,儿童会有很多独特的探索与学习方式,也会有初期的表达与表现,此时的教师及时充当记录者,记录下儿童的学习方式和创造性表达,为进一步了解儿童行为背后的思维提供依据。

(4)**当儿童需要欣赏时,教师是赞美者**。儿童有了自己的表达与创造,会迫不及待地说出想法,也许此时儿童的想法尚不完善,甚至有明显的问题,但只要是不影响他人、不违反规则、不给自己带来伤害,教师都可以尽量先满足儿童的表达表现的需求,赞美儿童的创意和独特的做法,但也要善于运用反问法、试验法、重复法,让儿童自己发现步骤中的问题或隐患，从而主动做出调整。

（5）当儿童敢想敢做时，教师是支持者。在儿童热爱的主题活动中，很多儿童会表现得无畏无惧、勇敢担当，所以教师尽量放心放松放手，支持儿童的做法。

（6）当儿童投入角色时，教师是游戏者。儿童沉浸在热爱的游戏与学习中，会像带着神圣使命的使者一样，全力以赴、充满力量，所以这时，教师也尽情享受游戏的快乐吧，和儿童一起游戏，感受快乐学习的美好。

（7）当儿童产生冲突时，教师是斡旋者。当儿童自主学习、在主题中探究时，会有不同方法和想法表达出来，此时教师的发展意识和课程意识要非常强烈并且敏锐，及时判断儿童是否处在危险中，是否在个体探究中遇到困难而产生焦虑、烦躁的情绪，是否会用不安全、不恰当的方法，是否会因为过度勇敢而给别人造成伤害……如果教师果断识别出以上情况，就一定要发出声音，帮助儿童组织与输导，甚至承担问题、困难、冲突、矛盾的斡旋者，从而避免不愉快事件的发生。

（8）当儿童需要评价时，教师是激励者。主题活动经历感知阶段、操作阶段后，会进入到创造阶段。此时的儿童会很乐于展示自己的成果、发表自己的想法、介绍自己的创造，同时教师也会发现大多数儿童会寻求教师、成人的肯定，常常听到的话就是"老师，我做得好吗？""老师，我做得对吗？"这时，教师就可以意识到儿童的自我评价意识还不够强大，依赖于成人的肯定。所以，教师要发挥激励者作用，激励儿童向同伴表达、向集体介绍，用作品展示、照片说明、角色扮演等方式，来给儿童创造更多自我评价的机会。同时也要注意，激励者不是以"你真棒、你真好、你真聪明"为口头禅去应付每个独一无二的儿童，而应该发挥专业素养，迅速识别出来表达表现的儿童是哪个领域、哪个目标、哪个水平层次表现得好，给出的激励语越具体越好，可以围绕学习品质、知识、技能来说。如"你在书里找到认识的汉字了？你真会看书，你怎么那么有方法呢？你就是想找找书里面认识的汉字吧？好有目标啊！"长此以往，儿童就会理解什么叫有方法、什么叫解决困难、什么叫创造……

（9）**当儿童疑惑不前时，教师是计划者。**主题活动进行到此时，儿童在丰富的感知中找到兴趣，大胆进行操作、探究，形成经验和方法，再运用方法勇敢创造，这时团队、集体的学习力量会非常强大。当大家达成共识要轰轰烈烈地干一场时，难免会众说纷纭，不知道到底干什么好？所以，教师的计划者角色必须发挥作用，这也是体现教师专业素养的时候，要充分发挥预见学习的能力，以及对《指南》目标的准确解读，与儿童的学习建立连接，迅速帮助儿童组织起更有整合性、挑战性的活动，使学习向深度、广度发展，使学习逐步走向精深奥妙。

（七）如何指导教师解决开展主题活动时容易出现的问题

在主题活动课程的开展过程中，教师除了对于把握主题活动的走向，将活动引向深入的困惑，还会遇到或出现各种问题，这需要保教干部采取适宜的方式，引导教师在学习与研究中解决问题。

1. 如何做到活动区与主题活动的有机融合

针对"如何做到活动区与主题活动的有机融合？"这一问题，以一个班级为例，共同走入小班，观摩班级"蚂蚁和西瓜"的主题下的区域活动。观摩过程中，教师们看到班级的幼儿在绘画区的"蚂蚁工厂"为小蚂蚁涂涂画画了很多食品，并自己剪剪贴贴，丰富着互动墙饰；看到美工区的幼儿"在蚂蚁生日会"用彩泥塑造了可爱的蚂蚁形象，并制作了造型各异的蛋糕，还有在"蚂蚁乐园"中用各种果核粘贴出蚂蚁跷跷板、小蚂蚁秋千等；在"蚂蚁大舞台"中表演着蚂蚁和西瓜的故事；在"给蚂蚁送礼物"的活动中幼儿将不同形状的礼物一一对应到相应形状的房子里……在现场观摩与研讨活动中，老师们理解了如何将主题目标以及五大领域的活动渗透到相关的操作区域活动中。了解了如何在区域中完成主题活动、在活动区扩展主题以及在活动区补充主题。更加使教师们认识到区域游戏活动可以为幼儿提供更宽松的活动氛围、更自由的探索空间、更多样的活动形式、更开放的选择机会、更自主的同伴交往、更适宜的个别指导，从而满足不同幼儿的需要，促进幼儿富有个性地发展，推进主题的不断深入，是实现主题核心教育目标的重要途径和辅助手段。

在观摩活动后，通过进一步研讨，教师们认识到主题教育背景下的区域活动不同于一般的区域活动，特指幼儿教师依据主题教育活动目标，有目的地引领幼儿共同创设与主题相关联的区域活动环境，让幼儿在区域中按照自己的意愿和能力，以操作摆弄为主要方式进行自主学习，实现主题活动预设目标的一种活动。并共同提取出主题下区域游戏的开展要做到：

（1）区域活动目标制定：紧扣主题教育目标。

（2）区域环境的创设：以主题目标和区域活动目标为背景。

（3）区域活动内容设置：注重预设与生成相结合，支持幼儿的活动探索与延伸。

2. 如何创设与主题相关的环境

针对"如何创设与主题相关的环境？"这一问题，可以采取学做结合的方式，首先通过学习使教师们认识到："环境生成课程，课程主题来源于幼儿与环境的互动作用。"《纲要》中提出："环境是重要的教育资源，应通过环境的创设与利用，有效地促进幼儿的发展"，良好的环境创设与利用能使幼儿在与环境的互动中获得各方面能力的发展。所以，要注重在主题活动中创设良好的环境，让环境活起来，发挥孩子与环境的互动作用，让环境与孩子对话，充分发展孩子所想、所知、所做。

通过学习，让教师们认识到在主题环境的创设中需要教师和幼儿共同走进主题，环境的创设不仅要随着主题活动的开展而进行，而且应根据幼儿的兴趣需要来进行，以幼儿的发展需求为目的，紧紧围绕教学目标和教学内容，充分调动孩子参与的积极性，发挥孩子的主体作用，让幼儿成为环境创设的主人，让环境真正为幼儿服务。

和教师们共同梳理所做过的主题活动案例，通过案例分析，引领教师从以下几方面考虑主题环境的创设。

（1）让环境调动起幼儿的活动热情。在《我爱吃我会吃》主题活动中，幼儿每天和墙饰上面的大碗互动，吃完水果，会挑选出所吃的水果图片，贴到有自己张开大嘴照片的大碗中。吃饭后，更是挑选主食、蔬菜肉类的图片，贴到自己碗里。当发现没有所吃的食物图片后，幼儿还会到美工区找一找，涂色或是自己画一画。这件事成为孩子们乐此不疲的事情，也激发了幼儿"我爱吃我会吃"（图4-11）。

图4-11

（2）让环境为幼儿表达自己的认识提供场所。在大班《我要上学了》主题活动中，幼儿参观小学后，自发地当起了小老师，于是，教师针对幼儿这一兴趣需要，和幼儿共同商议，开辟了"小课堂"这一区域，在这里，孩子们轮流当小老师，幼儿讲恐龙知识、幼儿教剪纸、幼儿教跆拳道，在活动中幼儿增强了自信，增进了交往，也提高了语言、动手操作等多方面的能力（图4-12）。

图4-12

（3）让环境帮助幼儿记忆和回忆经验。随着主题活动的开展逐渐丰满的主题墙饰，能够帮助幼儿记忆和回忆出在《神奇的绳子》主题中，都和绳子玩了哪些游戏。从大家搜集了各种各样的绳子开始，结合日常生活和操作活动，幼儿了解了绳子的不同作用。接下来计划和实施了利用绳子做了哪些事情、完成了哪些游戏。还用绳子玩起了体育游戏，并开展了跳绳比赛，绳子真是有用又好玩（图4-13）。

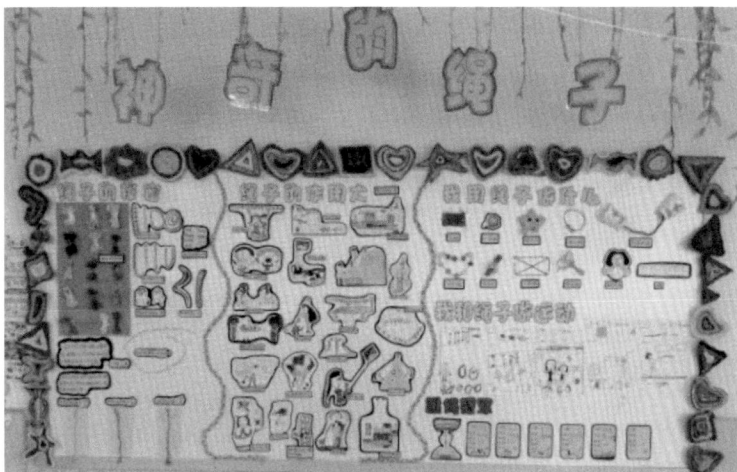

图4-13

（4）让环境帮助幼儿自我整合经验和集体建构经验。在《我要上学了》的主题活动中，从参观小学，引发了幼儿对小学生活的疑问、兴趣和开展的相关活动，通过幼儿与环境的互动，总结梳理了相关经验。

首先，在参观小学前做了较充分的准备。教师先和幼儿一起讨论参观小学前想知道的事情。孩子们能从自己内心需要出发去思考问题，提出问题，从而加强了幼儿参观活动的计划性、目的性（图4-14）。

图4-14

讨论完参观小学前想知道的事情后，班里幼儿开始分组承担任务，并设计计划书（图4-15，图4-16）。最后一共分为了4组。提出了各组需要了解的问题，如1.一节课有多长时间？ 2.吃饭的时候是自己去取饭吗？3.操场上有什么运动器械……

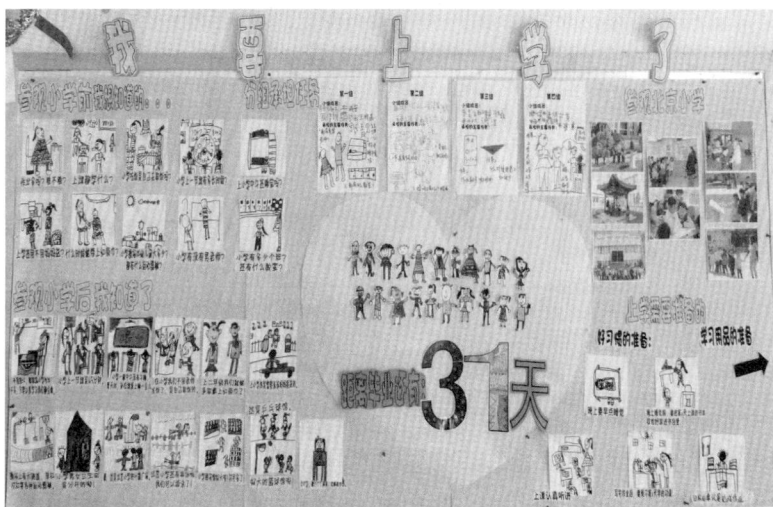

图4-15

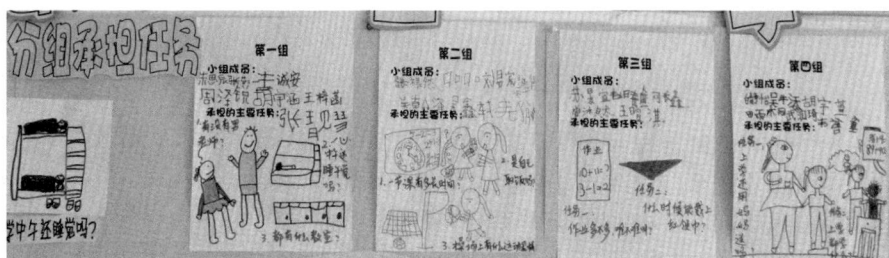

图4-16

带着这些问题，孩子们来到小学。他们很是激动，在参观的过程中，孩子们一直向哥哥姐姐们询问着自己想知道的问题，小组同伴之间还互相商量着自己小组的问题（图4-17）！

通过参观小学，孩子们自己总结出了幼儿园与小学的不同（图4-18）。

接下来教师针对孩子们的兴趣，引导幼儿计划并开展了"小学"的多种活动。

图4-17

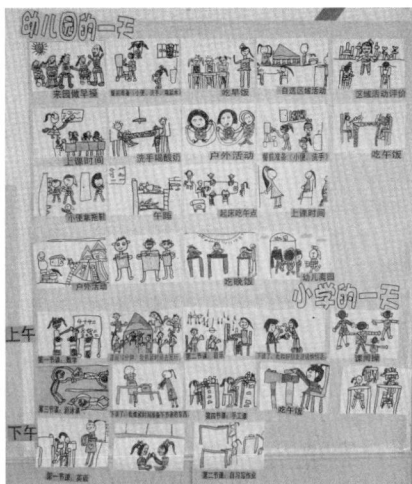

图4-18

孩子们计划开展"小课堂"，并讨论小学生应该做好的上学准备（图4-19）。如好习惯的准备需要：1.上课要认真听讲。2.写完作业后，要预习第二天学的功课。3.回家要认真完成作业。4.晚上早点睡觉。5.睡觉前，要把第二天上课的书本收拾好放进书包里……

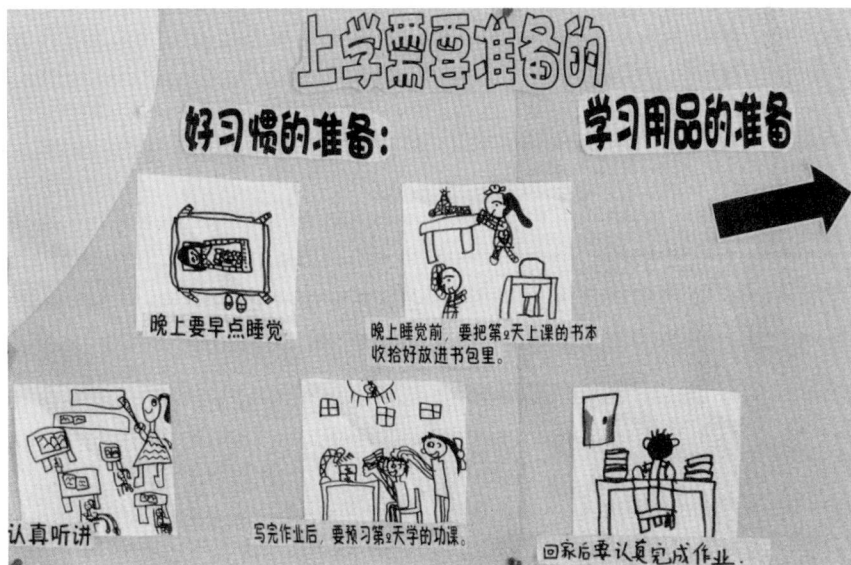

图4-19

第二项学习用品的准备。孩子们一起讨论出要准备：尺子、铅笔、课本、铅笔盒、橡皮、作业本、书包。 通过讨论学习用品准备这一环节，孩子变为了小小设计师，画出自己最想要的书包的样子（图4-20）。

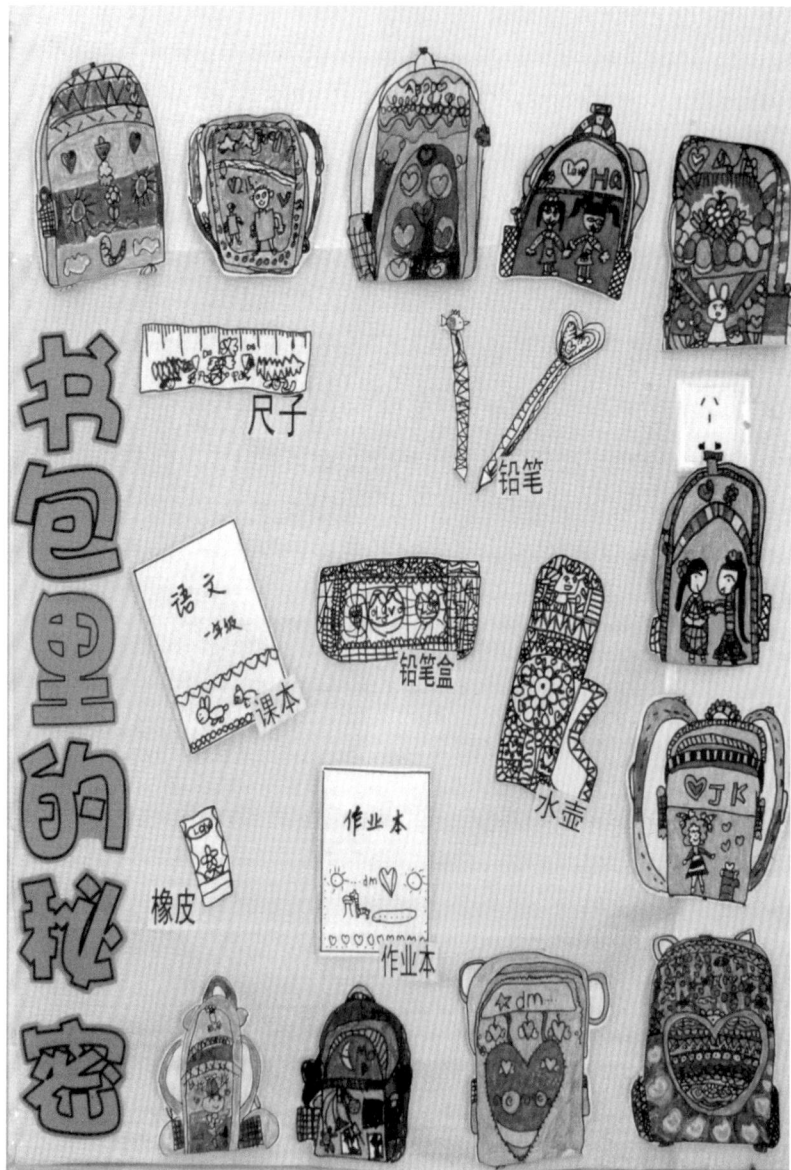

图4-20

参观小学后，孩子们知道了课间休息时间为10分钟。为了帮助幼儿充分利用并安排好这短短的10分钟时间，大家一起讨论了十分钟能做的事情（图4-21）。

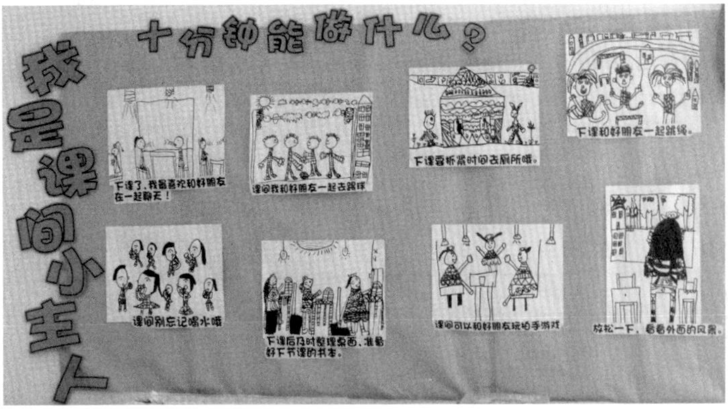

图4-21

（5）让环境使家长了解孩子，了解主题活动，了解幼儿园。

大班跳蚤书市主题活动：

大班主题活动的展板，向家长展示了幼儿从选书、标价、填表、统计等对图书的准备，到家长参与的购物体验，再到小组的选设计海报和活动前的模拟买卖，使家长了解了孩子所经历的活动过程，体会孩子在活动中的收获和发展（图4-22，图4-23）。

图4-22

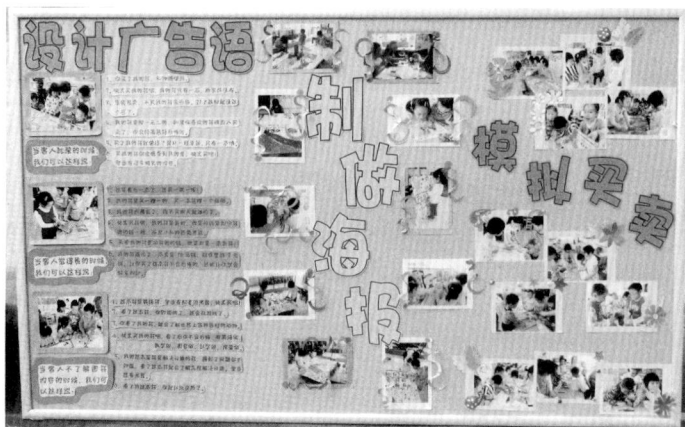

图4-23

3. 如何引领教师转变教育观念

当发现教师们在主题引发的戏剧表演活动初期，认为戏剧表演就是教师选一个经典故事，然后带领幼儿排练节目。存在着儿童观不正确，对于幼儿的能力不信任的问题后，没有跳出戏剧表演，就是指导幼儿出一台节目的认知，保教干部从推荐文章让教师自主学习开始，并通过不断跟进的学习，引领教师转变教育观念，并不断向教育行为转化。首先为每位教师提供了张金梅教授编写的《幼儿园戏剧综合课程研究》一书，又复印了《幼儿教育》杂志中刊登的许卓娅教授的"创意戏剧教育的理论与实践探索"等文章。经过四次研讨和实践，最终呈现的是全园教师将戏剧表演作为了一项综合性的探索课程，充满创意的戏剧课程。从跟着教师走到跟着幼儿需要走，在活动中，让幼儿真正成为活动的主人，师生、家园共同感受、创编、准备、表达，并在这一过程中，达到促进幼儿主动学习，全面发展的目标。

保教干部对教师的引领不只是教育技能方面的，更为重要是观念的引领，在课程实施过程中一定要遵循生活即教育思想、环境育人的思想、主动建构的思想、多元智能理论的教育思想。教师要为幼儿提供适宜幼儿主动学习的环境，支持幼儿在生活中学习，在与环境和材料的互动中学习，富有个性的创造性的学习。

（八）如何评价教师开展的主题活动

1. 引导教师了解评价的功能，注重主题活动后的评价

主题活动开展后就结束了吗？保教干部要从引领教师了解评价的功能入手，使教师充分认识到评价对于课程的推进，对于教师业务水平提高的意义。

主题活动后反思与评价的意义在于：

（1）**反馈调节**。即通过干部、教师们给以的反馈意见，使班级教师了解到这一主题活动的开展有哪些可以改进的地方，可以通过后期的调整，使主题活动内容更加丰富、完善。

（2）**展示激励**。学期末的主题交流与展示，不但可以提高教师的梳理总结能力，而且在相互的交流中，可以使教师们汲取有益的经验，通过业务干部引领教师们的激励性评价，也会使教师增强工作积极性，找到努力方向，在主题课程的开展中做得更好。

（3）**反思总结**。主题活动评价的过程也是教师们反思总结的过程，教师在主题总结中需要梳理经验、自我反思。在互动教研中的交流，又是教师相互补充、完善、提升经验的过程，通过反思总结有助于提升教师的课程实施能力。

2. 运用多种评价方式提高教师实施主题课程的能力

主题活动后的评价可以采取以下几种方式：

（1）**主题PPT交流**。每学期主题活动开展后，教师们以PPT的方式将主题活动过程图文并茂地进行总结。保教干部可以组织教师们进行PPT的交流，在PPT的交流中，教师们分享经验、找寻不足，交流也使教师了解了如何将这一主题活动做得更好。

（2）**主题总结交流**。主题总结交流是教师将主题从由来、目标、网络、表格、教案等方面进行完整的汇总，这样的交流还有助于汇集研究成果，形成园本课程。

（3）**学习故事交流**。学习故事是教师在主题活动中对幼儿游戏过程的

观察和分析，注重挖掘幼儿良好的学习品质并为幼儿提供机会与可能，促进幼儿个性的成长。学习故事的交流是非常好的实践研究途径，通过真实的案例，可以引领教师从关注什么，研究什么的角度进行分析，促进教师树立正确的儿童学习观，明确"教"与"学"的关系，使教师能够将教育观念转化为适宜的教育行为，并在这一过程中与幼儿共同成长。

（4）**互动研讨**。主题活动后的互动研讨更多地起到总结提升的作用。例如在幼儿园开展的"大班跳蚤书市"主题活动后，开展了"提取主题活动对幼儿的发展价值"的互动研讨，在保教干部的引领下教师们提取出这一活动所包含的五大领域的目标内容。并结合幼儿园的课题研究，找寻到活动中促进幼儿多元表达能力发展的内容。通过活动对幼儿的发展价值的提取，使教师更加注重挖掘活动的教育价值，以最大限度地促进幼儿的发展。

3. 依照"主题活动评价标准"进行评价

"主题活动评价标准"是由区教研室带领各幼儿园共同编制的。评价标准不但可以用于检验主题活动开展的情况，还可以用于指导主题活动的开展。在主题活动前，可以组织教师共同学习标准，包括主题活动缘由、主题活动目标、主题活动框架、主题活动线索、主题活动方式、主题活动组织、主题活动墙饰的具体要求，并以此来指引主题活动的开展。

主题活动的始终都应伴随着学习与研究，从活动前的打开思路到活动中的不断调整以及活动后的反思跟进，学习与研究的过程就是发现问题、提出问题、解决问题的过程。每一次的学习、观摩等活动后，应该跟进的是经验的整合、方法的提炼、观点的形成等方面的互动式研讨。保教干部也同样在这一过程与师幼共同成长。

第五章

对教师的指导与培养

　　教师是幼儿园保育与教育的实施者，因此对教师的指导与培养是保教干部不可缺少的一项任务。保教干部要针对不同发展水平的教师给予针对性的指导，帮助教师不断掌握最新的教育理念，学习新的技能和方法，提升幼儿园教师的整体水平。

作为一名保教干部，急需帮助教师围绕幼教改革的理念和目标，不断地构建新知识体系，更新教育观念，掌握新的技能和方法，提升幼儿园教师的整体水平。因此，保教干部如何对教师队伍进行指导与培养，如何使各类型教师更快更好得将教育改革的新信息、新理念与教育实践结合起来，从而全面提高幼儿园的教育教学质量，是我们应该深入思考的一个问题。

一、对骨干教师的指导与培养

幼儿园的骨干教师是"在一定的幼儿教师群体中，被大家公认的、具有较为丰富的幼儿教育经验，并对一般教师具有一定示范作用和带头作用的幼儿园优秀教师代表。"她们是幼儿园教育工作认真的探路者、默默的铺路石、反思的先行者、主动的实践者、不倦的学习者。

骨干教师顾名思义是幼儿园的中坚力量，在幼儿园的工作中起到示范引领的作用。作为一名骨干教师首先应该具备高尚的职业道德、坚实的科学文化素养、严谨的学习态度、良好的能力素质、强烈的创新意识。骨干教师由于其年龄层次、性格特点、成长经历等因素，呈现出了不同的特点，但她们也存在着相似的特点。保教干部可以在分析和了解的基础上，对骨干教师进行有针对性的支持和引领。

（一）骨干教师有哪些特点

1. 师德高尚

学高为师，身正为范——这句话是对骨干教师最好的诠释。她们将"爱幼儿"作为一种有感染力的品行，高水准地完成自己本职工作，同时将这样的品行变为自身自觉内化的高尚情操。骨干教师既是一名优秀的幼儿教师，同时还是幼儿真正意义上的启蒙者。她们的一言一行、一举一动不仅影响着孩子们，也在潜移默化地影响着身边的每一位教师，是幼儿园全体教师的榜样和楷模。

骨干教师在工作中表里如一，无论在任何时候、发生任何情况都能以一名"优秀教师"的标准要求自己。无论幼儿是否发生了一些特殊的问题，她们都能不急不躁，动之以情，以情育人；晓之以理，以理塑人。爱岗敬业、热爱幼儿，是这类教师工作的核心；以身作则，为人师表是这类教师的人格力量；提升修养，不断进取是这类教师品德的升华。

2. 学术引领

术业有专攻是所有骨干教师成长和发展的目标。骨干教师的核心素养、专业知识构成等方面在本职岗位的成就较高，教学风格鲜明，善于自我发现、提出问题，不断开展教育教学专业研究，并在学前领域取得了较有影响的教育教学成果。她们不仅能对自身的教育实践进行反思，而且对身边的其他教师产生正能量的影响，是幼儿园最高层次的教师。

骨干教师不仅自身的教育教学水平较高，她们还是引领幼儿园工作的风向标。在做好本职工作之余，她们无私地将自己的所学知识与实践经验传授给其他教师，从基础的一日工作准则、如何面对问题幼儿到日常经验梳理、教育研究方法等方面，起到引领示范的作用。

3. 智慧创新

智慧创新是骨干教师所具有的特点之一，她们对教育教学工作有一种规律性的把握，能够创造性地面对每天的新挑战，能深刻洞悉、敏锐反应及灵活机智地应对各种幼儿学习生活及成长中的各种问题。

骨干教师长期在幼儿教育一线实践，她们愿意积极动脑并能不断有灵感产生，积极响应新的思想，在与新理念的碰撞过程中敢于创新，并将"创新"渗透于教育目标、教育过程、教育环境和教育价值中。她们不易受传统学前教育观念的束缚，用批判性的思维审慎看待学前教育的发展，并能够热情地参与到幼儿教育改革和教育科研中，取得有突破性的实践研究成果。

4. 认真敬业

认真敬业是骨干教师极强的责任感与敬业精神的体现。她们对自己的工作尽职尽责，认真对待工作中的每一个细节，这些都来自于她们对工作高度的责任心。她们通过认真敬业的态度，完美地诠释自身的能力与价值。

无论是幼儿的学习与生活，她们都绝不马虎对待，从不吝啬对幼儿的付出，能够赢得家长的赞誉和好评。就是由于这份认真和敬业，使她们在教职工中脱颖而出，成为非常优秀的教师；这份认真和敬业，承载着幼儿教师这个职业所赋予的职业精神；这份认真和敬业，使她们在履行自己职责的过程中展现着自身的人格魅力，深深地影响着身边的每一位老师。

师德高尚、学术引领、智慧创新、认真敬业是骨干教师的共有特征，也是所有骨干教师应有的追求。

（二）如何更好地发挥骨干教师的作用

1. 从深层次发挥自身作用，扩大师德影响力

作为保教干部应该帮助骨干教师分析自己师德闪光的点和面，帮助她们梳理出自己高素质高素养的一些事例，然后从理性的角度概括出自己在工作中体现师德的方面。这样可以帮助教师将自己做得好的地方总结成规律，更好地传递给幼儿园其他的教师。

在幼儿园里，作为保教干部应该为骨干教师创设展现自我的机会，让越来越多的老师感受到其身上体现的高尚师德。体现师德的高尚不是一节活动或者一个观摩就能够深刻领悟的，园里可以采用半日跟班式的形式，让年轻老师更近距离地接触我们的骨干教师，感受她们是如何尊重家长、如何爱每一个孩子、如何面对淘气捣蛋的孩子……通过接触，让老师们也写下自己的心得体会。除此之外，幼儿园还可以为骨干教师开办报告会，在宣传弘扬师德精神的同时，让每位教师都深刻地感受到"爱孩子"是我们工作永恒的主题。

2. 参与幼儿园教育研究，做到专业引领

作为业务园长应该将骨干教师列为幼儿园教育研究的重要人选。因为她们往往经验丰富，具备一定的研究能力。所以应该鼓励其加入到幼儿园的科研中心小组中来，加强科研的交流与合作，无论是分散型或集中型的教育研究，都可以作为教育一线实践的研究形式。使这些教师在研究中以个体带动群体，充分发挥个人特长。在研究中，这类型教师能够做到多看

多听多结合实践，积极地开展专业性的行动研究，以《指南》和先进的教育理念作为依托，能够科学地探索和解决教育中出现的一些问题，创造性地寻求或形成新的教育经验和方法，从而带动其他教师的专业水平，提高园所教育教学质量。

3. 搭建学习共同体（师带徒），做到专业引领

上文中提到的集中型教育研究即一种有质量的学习共同体，为了加快教师的专业化发展，幼儿园可以通过成立共同体，以骨干教师为共同体的组长，以己之长带领大家进行某一领域或者某一问题的研究，形成相互学习和进步的共同体。幼儿园也可以通过师徒结对的形式，将骨干教师与青年教师相互结对，师傅对徒弟一对一的指导，使各层面的教师队伍得到进步与提高。

4. 与全园教师分享教育过程与评价

教育中的智慧之于教师是一种内驱力行使下的知识和经验的外显。骨干教师在工作中的"智慧"已经不是一种简单的知识，而是自身将教育的规律性与优化的教育理念的一种融合。作为保教干部首先要认识到她们智慧教育中的闪光点，并逐渐帮助教师提炼出标志性的智慧行为。教师在一日的带班工作中经常疲于梳理，以至于工作中很多智慧点都遗失了，保教干部应该鼓励她们不仅要将智慧教育变为一种内在的品质，更应该真正意义上成为尊重生命、关注个性、崇尚智慧、追求幸福的"智慧教师"，这就离不开有意识地在教育过程、教育评价等方面注重幼儿的表现，发挥自己语言和行为上的魅力，深层次地影响幼儿的发展，并把这些过程记录整理下来，作为幼儿园业务学习中交流的范例。

5. 保护创新精神，助力成长

对教育规律的把握、不断地进行改进与创新，这些特质都不是一朝一夕就能够做到的。这是对教育的更深层次的理解，是智慧的高度体现。为了骨干教师得到更好更快的发展，我们首先要保持她们工作的积极性，充分肯定她们在教育中有价值的创新行为，并作为幼儿园园本研究的示范性人物，作为走在科研前端的领路人，帮助其他教师更加深刻、大胆地思考和实践。其次，为了保证骨干教师创新的思考更具有持续性，作为保教干

部更应该在保护创新的基础上，未雨绸缪地想在前，帮助教师获取更多源源不绝的思路和灵感。这就需要通过高阶的知识充电、多角度的内涵提升、从情感的角度提升师爱的重要性等方面，使骨干教师从"小聪明"型的智慧教师发展为"大智慧"型的创新教师。

6. 搭建向青年教师展示的平台，弘扬认真敬业精神

为弘扬认真敬业的工作精神，保教干部在发现骨干教师闪光点的基础上，找到班级工作认真踏实的原因，并帮助每位骨干教师进行分析，确立每日认真对待每一件事和每一个环节的闪光之处。这种精神特别值得青年教师学习，青年教师往往思路新、反应快，但是身上也存在着浮躁和容易散漫的特质，保教干部可以组织青年教师观摩骨干教师的工作过程，现场与青年教师进行分析与记录，寻找骨干教师身上的优秀品质，作为青年教师工作的榜样。

（三）如何培养骨干教师

1. 创造学习机会，使骨干教师从思想观念上时刻保持先进性

作为保教干部应该有意识地督促骨干教师加强幼教新理念和改革知识的学习，只有这样，才能使骨干教师在思想上把握《指南》的整体思路，在教学实践中全面贯彻改革精神。在学习新的理念和知识的基础上，保教干部还要鼓励骨干教师将新理念与自己的实践工作相结合，成为幼儿园创新改革的先驱。

保教干部有意识地为骨干教师创造外出学习和观摩的机会，因为骨干教师的经验较为丰富，理解和领悟能力较强，能够对新生事物有更加深刻和丰富的体会。业务园长可以给骨干教师在培训后留有任务，让她们在学习后，结合自己的工作和体会与园内的其他教师进行分享，一方面使骨干教师在学习的过程中思考的更多，另一方面也可以带动大部分教师学习的积极性，从而提升骨干教师在幼儿园的威信。

2. 帮助骨干教师悟"名师之道"，鼓励其从"骨干"走向"名师"

保教干部可以组织骨干教师与名师"面对面"，"一对一"深入交流的

活动，让骨干教师与名师近距离的沟通和了解。

保教干部可以将名师请到幼儿园，组织教师观摩名师的教学活动，亲身感受名师与幼儿沟通的艺术性，在活动中组织幼儿的感染力，等待幼儿自主发现与创造的观察力。观摩后可组织名师与骨干教师之间有针对性的座谈，交流自己在工作中的瓶颈和困惑，通过与名师的对话找到今后工作的突破口。通过这类活动使骨干教师寻找自身与名师之间的差距，感受"名师"的风范与魅力。保教干部也可以为骨干教师创造"走出去"的机会，鼓励骨干教师参加"名师工作室"，在工作室科学化系统化的活动中借名师引领，不断实现自己的专业成长。

3. 帮助骨干教师树立自我专业发展的意识

在骨干教师中，自我专业意识发展强烈的人，会用积极的方式看待工作和自己所处的环境，能够认同自己的角色和身份，对幼儿有极大的爱心和耐心，从中获得强烈的自我认同感和价值感。如何使骨干教师树立自我发展的意识呢？

（1）树立职业理想，溯本求源，多问几个为什么。自我专业发展意识保证了教师在工作岗位上自觉地促进自我的成长与发展。在这个方面，业务园长要激励骨干教师具备自我发展的意识——内在驱动力。

骨干教师在职业生涯的发展中，应该树立自我专业发展的意识。但是由于工作时间的推移，容易不重视专业发展的需要。为了激发骨干教师重新树立专业发展的责任感，保教干部可以组织骨干教师共同思考几个问题，"什么是骨干教师？""我现在还需要改变吗？""我在哪些地方还需要改变？""我要怎样改变？""我的未来应该是什么样的？"通过这些问题，鼓励骨干教师重新思考自己的教育过程和教育行为，反思自己现实工作中需要进步和成长的地方，和骨干教师一起分析其优势与不足，推动其使自己始终处于持续发展和不断完善的状态中。

（2）指导骨干教师制定"职业发展规划"。制定自我职业发展规划，是骨干教师自我专业发展意识培养与提升的必然要求。全面的设计、科学的目标，对于骨干教师的成长与发展是十分必要的，也是有重要意义的。

业务园长应帮助教师首先认识自我，分析自己优势与不足，根据的特点和自身潜能、学历条件等做好自我分析。其次要帮助骨干教师确立好发展的目标，总体目标、中期目标、短期目标。并从教育教学的能力、教育方法的调整、教育教学的研究、工作中的开发和创新等方面制定切实可行的各方面详细目标。如骨干教师兼任教研组长、主任等职务，还应该帮助她们在全面审视自己发展空间的基础上，确立在幼儿园管理和发挥作用方面的目标。

（3）定期评价骨干教师自我发展规划，发现问题及时调整。业务园长在指导其制定自我发展规划的基础上，还要定期对规划进行评价和反馈，通过各种形式的评估，了解骨干教师是否达到了预定的发展目标，是否存在不理想的地方。然后针对问题鼓励其加以反思，并根据发展过程及时调整规划，使其更有效率地完成规划的内容。

骨干教师是幼儿园业务工作的顶梁柱。保教干部应有意识地培养骨干教师，鼓励其发挥辐射和示范的能力，为其创造机会和空间，将其所学所教带给幼儿园的每一位教师，为幼儿园教育质量的提升贡献力量。

二、对青年教师的培养

（一）青年教师有哪些特点

1. 青年教师喜欢孩子，富有个性

大多数青年幼儿教师都是根据自己的兴趣和能力选择了幼儿教育事业，所以他们喜欢孩子，喜欢与孩子们共同游戏、共同学习。初入职场的他们多报以工作热情，像一只刚跑入草原的小鹿，在广阔的天地驰骋，有着大展宏图的信心。现在的青年教师多是"90后"，激发个性的时代使得他们常常有着自己的想法，他们与时俱进，追随潮流，善于表现，思维敏捷，信息来源广泛，容易接受新鲜事物，有新鲜想法，且敢于尝试，甚至把新潮事物带入教室带给幼儿。他们可以和孩子们一同在操场上打水仗、可以支持孩子们大胆制作露营帐篷飞机大炮、蚕宝宝出生了他们甚至比孩子们还

要兴奋、他们更知道孩子们喜欢的动画片和动画人物……活脱脱就是一个个"孩子王"。正是这种敢想敢做敢于接受新鲜事物的个性，使得他们喜欢有挑战性的工作，不断建立、健全着自己个性的儿童观、教育观、发展观和课程观。

2. 青年教师潜力无限，犹如海绵一般吸收知识

近些年来，青年教师们的学历层次有所提高，理论知识水平有所增强。以北京为例，基本的职前培训与实习使得他们对于幼儿课程的特点、一日生活基本教法、保育教育要求和工作流程、基本护理和保教知识、基本的"三学"（教育学、心理学、卫生学）知识、信息技术知识、通识知识等有了基本了解，一些较高学历的青年教师能参与到教育教学研究及科学研究中。但与此同时，我们发现青年教师在职前培训和实践中接触较少的专业知识，比如教育相关政策法规、幼儿意外伤害的基本知识等。另外，初为人师的他们，教育教学经验尚浅，对专业知识深入的理解、内化的程度较浅，这导致了他们理论与实践还不能很好地有机结合，比如在实践教学中对孩子的作品和行为分析理解缺乏理论知识的支撑，对幼儿个性特征的知识还不能与实际中的幼儿相联系，特别是对游戏的价值和组织方法的知识浅薄等，对每个领域的教学法和核心价值把握不到位，尤其是在幼儿年龄特点的把握和家长工作的知识和方法上存在难处……但这些由于理论与实践的脱节、经验缺乏导致的知识储备不足，在他们最初踏入实践教学的几年当中会大量、快速的积累，他们会如同海绵一般吸收着来自同行、幼儿、家长给予他们的专业知识。

3. 青年教师各有所长，各方面能力均有待提高

不同学历的青年教师有着不同的特长，比如大专大本以上的老师写作、梳理、科研能力比较强，能比较快地参与到教研和科研中，而幼师中专的老师在技能技巧基本功上更胜一筹。总体来说，青年老师都各有所长，且在踏入工作岗位后，在理论向实践转化的过渡时期中，保持精力充沛，适应较快，喜欢钻研，具备了基本的专业能力。比如在环境创设中，青年教师有一定的想法，并能协助完成，比如他们能有一些保教结合的意识，能

按照教参或模仿课开展教育教学活动等，并且随着他们的不断适应，不断提升自己的专业能力。

理想很丰满，但现实中在理论转化为实践的阶段往往让青年教师们措手不及，他们缺乏工作经验，缺少做事的方法，新老师在一日生活中时常会"眼中无孩子"——为了顺利走下一日生活流程不落下环节，"照本宣科、走教案"——为了顺利上好一节完整的活动或上好模仿的教案，"不会叠被子、不会说孩子的话、不会观察孩子……"这样一来使得他们往往更重视教师的教而不重视孩子的学。总体来说，青年教师们在观察了解幼儿的能力、保教结合的能力、开展课程的能力、经验梳理写作能力、开展家长工作的能力、沟通、协调的能力、反思的能力、评价能力、研究能力、学习能力等方面较弱（图5-1），这是由于青年教师经验不足、理论与实践的转化还不完善、以及教师个人自身的特点所致，这就需要干部们了解青年教师们的特点，并及时根据每位教师的长处和不足给予指导。

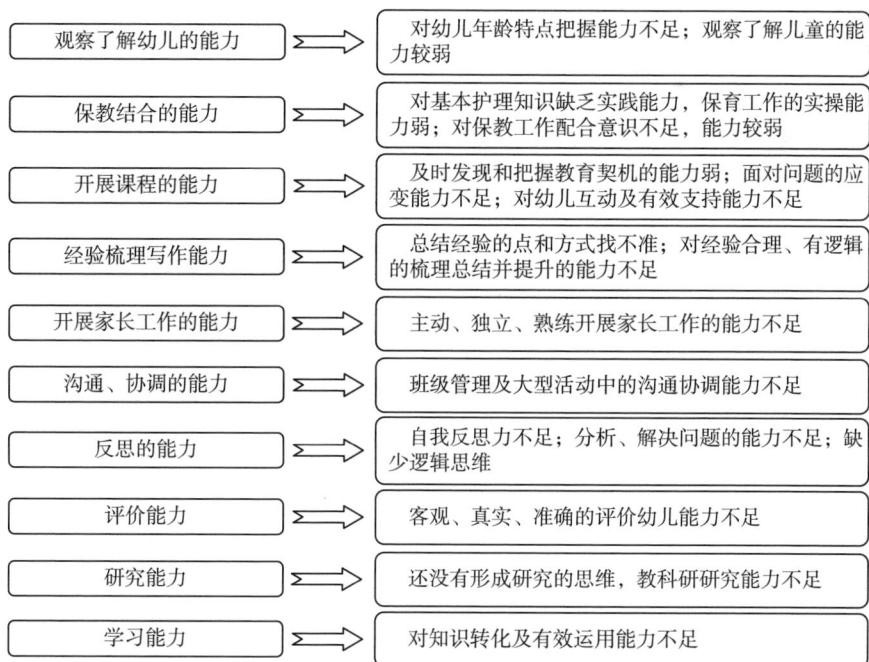

观察了解幼儿的能力	⇒	对幼儿年龄特点把握能力不足；观察了解儿童的能力较弱
保教结合的能力	⇒	对基本护理知识缺乏实践能力，保育工作的实操能力弱；对保教工作配合意识不足，能力较弱
开展课程的能力	⇒	及时发现和把握教育契机的能力弱；面对问题的应变能力不足；对幼儿互动及有效支持能力不足
经验梳理写作能力	⇒	总结经验的点和方式找不准；对经验合理、有逻辑的梳理总结并提升的能力不足
开展家长工作的能力	⇒	主动、独立、熟练开展家长工作的能力不足
沟通、协调的能力	⇒	班级管理及大型活动中的沟通协调能力不足
反思的能力	⇒	自我反思不足；分析、解决问题的能力不足；缺少逻辑思维
评价能力	⇒	客观、真实、准确的评价幼儿能力不足
研究能力	⇒	还没有形成研究的思维，教科研研究能力不足
学习能力	⇒	对知识转化及有效运用能力不足

图5-1　幼儿园青年教师有待提高的专业能力

（二）如何能让青年教师成长得更快

1. 文化润泽入人心，师德根正第一位

树人先树德，对新走入工作岗位青年教师的思想引领尤为重要，帮助新教师理解园所的历史文化和加强师德建设是必不可少的一课。几种"师德建设"的形式供参考。

（1）园长宣讲园所文化。 园所文化涵盖着园所的发展愿景、培养人的价值取向等，园领导是青年老师的榜样，是青年教师模仿的对象。教师如何培养幼儿，园领导便如何培养教师，我们对教师的尊重、民主、宽容，教师会体会到然后传递给幼儿。可以尝试利用园长宣讲、教师座谈等方式将园所的历史背景、发展理念、教育目标等传递给新教师们，帮助新教师较深入地了解幼儿园的历史，使得新教师快速融入集体，有归属感，打下职业发展良好的基础。

（2）师德榜样讲述师德故事。 邀请师德典范的前辈教师讲述自己和孩子们的故事，他们身上表现出的师爱精神和人格魅力，尊重接纳幼儿的爱心、耐心会感染着每一名新教师。还可以启发新教师们观察寻找身边的师德榜样，用一颗真诚的心去发现身边的典范，并学习和反思自己的行为态度。

（3）道德规范学习。 树立"师德为先"的理念，组织教师学习《教师职业道德规范》一书以及《幼儿园教师专业标准解读》，学习本园的《师德行为准则》等，用标准去规范教师的行为，用师德建设去引领教师的专业发展。

（4）师德研讨和座谈交流。 可以定期组织一些师德建设相关的培训和交流，比如"最美教师"礼仪讲座、"颂师德——我的美德故事"演讲比赛、"我心中的好老师"交流等，将严肃的师德建设与轻松的活动形式相结合，在不断加强师德建设的基础上，以轻松愉悦的身心更好地投入到工作和生活中。

2. 人文关怀有归属，尊重包容常幸福

初入职场的青年教师一般年龄较小，甚至十八九岁的年纪，他们还没

有走出过家门进入到社会，还是爸爸妈妈悉心照顾的宝贝，还是一个孩子，如何适应纷繁复杂的社会，如何摆脱稚嫩走向独立自主等，这些都是新老师们心中的疑问和困惑。美国心理学家马斯洛提出的需要层次理论，认为"归属与爱的需要"是人的重要心理需要，只有满足了这一需要，才有可能达到"自我实现"。缺乏归属感的人会对工作失去热情，因此一个人第一次走进陌生的工作环境，最需要的是团队的归属感，是周围人的关心和关怀。

作为保教干部，要为新教师创造一个宽松、民主的精神环境，比如有的新老师是学生干部，自身带有优越感，有时认为简单的事情努力去做却事与愿违，几次下来，新老师会怀疑自己的能力，使得情绪紧张焦虑，这时候我们就可以以朋友的身份和口吻和他们聊聊天，了解他们的想法，或者将自身的成长经历与他们分享，彼此交流学习，共同解决工作中的困惑。我们要包容每个人的想法，尊重每个人的成长经历，让每一名新教师感受到家的温暖。

另一方面，我们还要在日常多了解和关心每位教师的生活，创造展示才华的机会。比如，户外拓展、唱歌、聚餐、轻松的茶话会、联欢会、联谊等，或者开展一些插花艺术、茶艺鉴赏、红酒品鉴、咖啡、瑜伽、礼仪、烘焙等提高生活品位的培训……在轻松的环境中开心放松的同时，不仅丰富了课余生活，彼此的心也拉近了距离。

3. 角色转换定位准，职业规划明前路

从学生转变为教师的角色转换过程难免会让有些新老师手足无措，一部分老师会认为自己还是个学生不知道如何树立威信，一部分老师则觉得自己作为老师就要高高在上引领威慑，角色的转换和定位如何把握好"度"是新教师的难处，而且，刚踏入社会的他们二十上下的年纪，不仅是一个老师还是父母宠溺的孩子，尤其是第一年的新教师，他们怕不被孩子们接受、怕孩子们不喜欢自己，也怕孩子们不听自己的从而没有威信。

作为干部，我们要换位思考，将心比心，帮助新老师找准角色定位，比如帮助新教师了解教师的职责、规范，帮助他们树立正确科学的儿童观、教育观、教师观、课程观等；比如引导他们在园中找准自己的位置并制定个人职业规划，可以参考园所教师培养规划，从分析自己的成长背景、性格特点、环境、优势、不足入手，从专业理念与师德、专业知识、专业能力等三个维度制定具体的短期目标和长期目标，从而消除"茫然"和"恐惧"，使得专业成长道路明亮而宽敞；比如举办座谈会，畅谈新教师心中的困惑与希望，保教干部和骨干教师则可以站在"过来人"的角度正面解释和疏导，帮助新教师顺利度过角色转换期，并树立正确科学的观念。

4. 手把手式师带徒，专门指导见效快

师带徒是培养青年教师成长见效最快的重要途径之一。青年教师"拜师学艺"，夯实基本功，而师傅履行职责，把青年教师扶上马、送一程。

（1）**师带徒**。根据成熟教师的特长和比例进行分配，有一带一或者一带多，甚至多带一的组合。具体内容和方式可以根据园所和教师需求和实际情况制定，最常见的是将成熟教师与青年教师搭班的情况，这样，青年教师在日常带班中，能随时向成熟教师请教，成熟教师也能随时看到青年教师的优势和不足随时指导。除了日常性的指导，还有定期的培养机制，比如青年教师每月看师傅一次教育活动（生活活动、集体教学、区域活动、户外活动等），请师傅看评一次教育活动，每学期做一次汇报观摩活动等。师傅不仅在教育教学、常规培养、班级管理等专业上进行引领，还要在师德方面做出榜样，这种"手把手式"的指导方式，能快速帮助青年教师夯实基本功。如果是青年教师新任班长，搭班的成熟教师同样可以作为"师傅"指导新班长，更快速适应角色，获得专业成长。

（2）**导师制**。这种形式主要是针对新入职的青年教师，以及园内教师，在原有3名教师基础上，增加一名富有经验的老教师以跟班的形式对新教师给予一对一的每日指导，并定期为新教师进行示范，或者针对某一个专门问题进行研究和交流。如果园里教师轮流不开，可以老教师轮流到几个新教师班级进行定期指导。与师带徒相比，这名跟班的"导师"不带班，是以旁观的视角指导青年教师，所以能全身心地进行指导，更能发现新教师带班中的细节。

（3）**教研组**。全园大教研的基础上，成立青年教师教研组，针对青年教师的需求和困惑，以骨干教师帮带引领的方式开展定期的教研活动和有针对性的学习。专门性的教研组更加贴近青年教师，且有共同困惑的老师可以定期共同交流。

（4）**业务干部进班指导**。业务干部深入到青年教师班级，比如"推门课"的形式，在最真实的教学实践现场，获得最直接的一手资料。比如业务干部在进班过程中，发现新教师保育员不会叠被子，业务干部现场操作示范，在发现这是普遍问题后，业务干部征集全园教师及青年教师需求，将叠被子等保育工作重新梳理，帮助青年教师明确要点，规范操作。这种进班指导的形式可以发现真实情况，并将发现的亮点和问题直接反馈给青年教师，直接帮助青年教师获取有意义的信息。

（5）**出师课**。出师课一般是在师傅的指导下进行的教育教学活动，这对于新教师来说极为重要，是第一年努力的结果检验，具有里程碑式的意义。新教师的出师课一般是优秀教育活动的改编，也可以是根据幼儿需要自己创编的活动，经过了设计、展示、重新设计、优化再展示的研磨过程。出师课不仅是对徒弟的考核，也是对师傅的检验，具有积极的促进作用。

需要注意的是，无论是何种形式的指导，都是要根据实际情况开展的。另外，业务干部和师傅要注意多用积极正面的语言行为鼓励引导青年教师，保护青年教师的自尊心、自信心和职业幸福感。

5. 搭台激励多动力，研训一体巧引领

青年教师思维敏捷、敢于尝试，保教干部为他们搭建展示自我的平台，用研训一体的形式引领提升，用激励的方式帮助他们提高自信、获得发展。

（1）**杯赛为台**。每次评优活动都是青年教师成长的契机，依靠区级评优，举办园内评优，搭建展示自己的舞台。结合听课评课、基本功练兵、才艺展示、综合考评等，给青年教师创设展示才华的机会，提高业务水平。

（2）**观摩**。经常组织园内的观摩，互相学习提升的良好机会；还要把握住园所对外开放的机会，同时重视去外园观摩的机会，多看多想多反思，多关注专家的引领。

（3）**教研和培训**。使用通识培训和体验式小班培训相结合的新教师入

339

职培训模式，内容包括教师职业规划、师德建设、教育形势等通识课程，还包括五大领域教学、《小人国》电影解读儿童、主题活动、区域游戏、学习故事、家园共育、环境创设、保育保健等专业课程，园内对青年教师的培训可以依靠或参考区级培训。保教干部组织的培训在内容上可以分为专业培训（请相关领域的专家进行讲座、请外出学习的老师进行分享培训等）和通识培训（拓展培训、心理健康培训、礼仪培训等，提高教师的知识储备和人文修养），拓展思路，更新观念；培训方式可以采用研训一体的形式，培训、教研、梳理提升相结合，青年教师经验少、有活力，体验式（老师当孩子，体验孩子们的学习过程、体验操作材料玩教具的多种玩法、体验家长工作等）和情景式（在班级实践中进行培训和研讨，使得教师进一步了解幼儿的学习方式）更加适合，培训和教研相结合的方式，研中有学、学中有研，整体提升。

（4）**外出比赛和学习**。要多走出去，积极参加市区、全国性的论文比赛、基本功比赛、专家讲座、专业会议、培训课程等，开阔眼界，增长见识。

（5）**加强读书**。新教师每学期研读一本书，定期开展"读书沙龙"活动，大家交流读书心得体会，分享最新的理论前沿。除了专业书籍，还可以交流通识书籍，比如文学、社科、历史等，增加知识，培养兴趣。

（6）**团队激励**。给予青年教师展示的机会，让青年教师感受到自己的重要。比如在教研和培训活动前请青年教师带领大家玩个小游戏；请青年教师当培训者，开展青年教师大讲堂、"今天我开讲"活动；按照爱好举办社团，摄影、健身、舞蹈、瑜伽、烘焙等，促进团队合作。

总之，这些方式方法都是我们可以想到做到的外驱力，是推动青年教师专业快速发展的助推器，但是更为重要的是青年教师自身内驱力，内外驱力同增进，帮助教师完善自我成长机制，变"让我做"为"我要做"，变"让我说"为"我要说"，这样青年教师的专业成长会更快速更顺利。

（三）指导青年教师时应注意哪些问题

保教干部在指导青年教师时，可能会有以下疑问：

"我们之间有代沟？"

"我说的他们怎么听不懂？"

"说了这么多次，怎么还不会做？"

"教研中好安静，老师们都不敢说？"

"同样是青年人，怎么差距这么大？"

……

教师如何培养幼儿，保教干部就如何培养教师，这些需要保教干部在指导青年教师时，应注意如下问题：

1. 不要脱离青年人的生活——要换位思考，与时俱进

如果想深入地了解青年教师，也许最好的方法就是和他们打成一片，进入到他们的生活：关注青年教师交流的话题，了解他们的生活日常，看看他们追的电影韩剧……有了共同语言，就完成了心与心贴近的第一步。在日常工作中，看一看青年教师的行为语言是否有当年自己带班的影子，想一想他们的困惑是否以前自己也曾遇到过，换位思考，将心比心，如果指导青年教师，那么，就把自己也当作青年教师吧！

2. 不要高高在上高屋建瓴——要民主平等，深入浅出

一方面，业务干部是幼儿园中的领导，难免会给新入职的青年教师以威严，虽然威严是必不可少的，但把握不好"度"会拉远彼此距离。在日常工作指导中，我们要倾听青年教师的想法，互相学习，创设民主的氛围。另一方面，业务干部业务工作扎实，尤其是一些高学历的干部理论功底深厚，有时在指导青年教师时容易"不接地气"，因此指导时一定要以小见大，深入浅出，用事实和案例让老师们听得懂。

3. 不要用一把尺子衡量教师——要关注共性，追求个性

我们都知道，优秀的老师会有一些共同的特征，这是我们可以共同学习、模仿、思考的，但是"世界上没有完全一样的两片叶子"，每位教师又有其独特的个性特点，这就需要业务干部们在日常要观察每位教师的特点，走进班中去了解每一名教师的实际水平，根据每人的优势和不足有针对性的指导，不要主观地去比较和评价。

4. 不要"一棍子打死"——要正面引领，真心帮助

初入职场，来到陌生环境，青年教师难免会犯错误，不要因为一次犯错就终身"受罚"。这时就需要业务干部们用包容积极的心态面对，有策略地去批评帮助，多鼓励多引导。这样既能保护青年教师的自尊心、自信心，又能让老师认识到自己的错误，进一步改正。

5. 不要"人云亦云"——要智慧抉择，英明判断

如今各种理论学说盛行，但是任何事物都有两面性，因此任何的方式方法、前沿理论等都要经过思考和判断，选择符合本园青年教师需求的理论进行学习，不能盲目索取、人云亦云、照搬经验，要学习领悟在前，抉择判断在后，具有"拿来主义"精神，有选择的"拿"，"拿来"有益的、符合自己实际情况的。

6. 不要揠苗助长——要合理期待，静待花开

维果斯基提出的"最近发展区"不仅适用于幼儿发展，同样适用于教师的发展。每名青年教师的起点不同、经历不同，这就需要我们用理解与包容的心态因人施教。既不能期待过高，盲目地急于求成，也不能有过低期待，失望放弃。青年教师需要提高很多方面的能力，而是先要踏实打好基础，小步迈进的积累成就，静待花开。

三、对成熟期教师的培养

（一）成熟期教师有哪些特点

教师在不同的职业发展阶段，其教学动机、教学经验及教育教学能力均表现出不同的特点。

幼儿园成熟期教师，是指具有较高的学历水平和较丰富的专业理论知识，实践经验丰富，能充分认识并肯定自己的能力及角色，有足够的见解去探索实践中遇到的问题，基本已经形成了自己教学风格的除骨干教师以外的教师群体。成熟期教师一般具有十年左右的教龄，年龄在35岁以上。随着年龄和阅历的增长，他们学历达标了，教学业务地位在园内也比较稳固，于是开始安于现状，专业发展意识薄弱，受习惯性行为方式制约，他们接受外界信息的能力下降。成熟期教师容易进入教师生涯的高原期、瓶颈期，多数存在职业倦怠现象，并表现出以下的特点。

1. 职业理想淡化

不同年龄的教师其成长的速度是不同的。成熟期教师要应付来自家庭生活，甚至经济上的压力，一些成熟期教师不能安心工作，无心钻研业务，面对现实的生活状况有的还比较消沉，抱着当一天和尚撞一天钟的心态工作，职业热情和敬业精神有所降低。

2. 职业倦怠现象比较普遍，缺乏自我提高的动力

成熟期教师要面对日常教学、教科研工作、职务晋升、评优评先，过多的投入和过高的期望往往容易导致理想与现实的落差，从而产生职业倦怠，主要表现为：工作热情降低；感觉工作枯燥单调，缺乏成就感；不愿意与幼儿交流；对教科研等活动不感兴趣；经常感觉身体和心理压力大，不堪重负等。

3. 专业敏感度降低，实践创新能力较差

虽然具有较高的学历层次，理论知识也算扎实，还有一定的实践工作经验，但由于专业敏感性降低，关注自身教育行为多，关注幼儿的实际需求少，无法及时捕捉到转瞬即逝的有价值的教育信息，影响了实践工作的有效性。

4. 教育观念滞后，普遍存在重研轻教的情况

受到反思意识和能力的影响，成熟期教师教育观念停滞在已有经验的基础之上，实践工作中容易忽视幼儿教育的特点、教育目标和幼儿培养目标，同时，在日常工作中，重视教科研工作，而忽视教学实践水平的提高。

基于对成熟期教师专业发展的现实困境的了解，我们认为成熟期教师在专业发展上需要更多的支持、更大的空间。

（二）指导成熟期教师的工作中会遇到哪些问题

在教师专业成长中，其自身的主观能动性、自我发展的意识和要求起

着不可替代的作用。成熟期教师专业发展的意识日渐薄弱、发展动力不足，对于这部分教师的管理和指导问题成为幼儿园急需解决的难题。

成熟期教师的后续发展是内在专业结构的不断丰富和完善的过程。影响成熟期教师发展的最大阻力是教师自身的动力问题。

1. 激活成熟期教师发展的内驱力

指导成熟期教师的专业成长要注意增强教师自我发展的内驱力，需要强调的是成熟期教师的主观能动性。"内驱力"是教师后续发展的动力，只有激活了这一动力，后续发展才能成为可能。

2. 关注成熟期教师的个性化

在以往的教师培养工作中，对教师整体的要求较为明确，而对教师个性化需要有所忽略，容易造成成熟期教师出现成长困惑，导致部分成熟期教师发展目标迷失，从而也就根本谈不上后续发展的问题。因此，要加强对成熟期教师个性化发展需要的关注，为成熟期教师提供个性化发展的专业支持。

3. 挖掘成熟期教师发展的潜力

这是对成熟期教师日常生活、工作经历及后续发展关系的关注，强调发展的多种可能性，充分调动并发挥其多方面的潜能。

4. 强调成熟期教师培养的人本化

这是把成熟期教师作为一个富有生命力的人来看待。强调成熟期教师"人本化"的培养思路，给成熟期教师带来成功的体验和专业的满足感，不断增强其对专业的执着和热爱之情，进一步推动成熟期教师自觉的专业发展。

（三）培养成熟期教师的策略

成熟期教师是教师队伍的重要组成部分。根据幼儿园发展目标和教师队伍现状以及成熟期教师特点，积极建立成熟期教师培养机制，明确"更新教育观念、提升专业能力、注重实践效果、形成自身特色"的培养目标，帮助处于职业瓶颈期，容易出现职业倦怠的成熟期教师在原有基础上获得提升，建设一支职业道德优秀、业务素质优良、富有活力和创新精神的成熟期教师队伍，将为提高园所的保教质量奠定更为坚实的基础。

有计划、有目的地提高成熟期教师自我管理的能力和自我发展的意识，将有效促进成熟期教师的成长和成才。

1. 具体培养目标

（1）加强职业道德和敬业精神。

（2）精通常规教学各项工作，能将正确的教育观念转变成教育行为，自身教学形成一定的特色。

（3）潜心进行教学研究，积极将成果转化为教育实践，在教育实践方面取得一定的成绩。

（4）主动承担对入门期、成长期教师日常指导的任务，促进其专业成长。

2. 培养途径和策略

（1）**师德教育提高素养**。教育实践表明，教育的成败很大程度上取决于教师的师德修养。师德建设是一个系统工程，幼儿园应建立调控机制，立足幼儿园实际，营造良好的园所环境。构建科学的管理制度，加强师德监控，在教师考核、晋升、评优等活动中最大限度地发挥职业道德评价机制的激励督促作用。其次，要稳步推进成熟期教师的师德教育工作，通过师德讲座、观摩优秀教师活动，加强对成熟期教师思想政治教育工作，帮助他们掌握教育规律、更新教育观念，在潜移默化之中不断提高成熟期教师的职业素养。

（2）**职业规划明确方向**。有合理的规划才有长远的发展，有了切合教师实际的规划才有实现的可能。幼儿园应高度关注成熟期教师这一教师群体，帮助他们科学设计和有效管理自己的职业生涯，使他们的知识水平、教学能力、研究能力在成熟的基础上，形成自身的特色，向骨干教师的方向努力。

（3）**教学实践培养能力**。依托"师徒结对"活动，组织成熟期教师与其他发展阶段教师建立师徒结对关系，双向选择结对指导，发挥传帮带作用。要求成熟期教师从师德、工作态度、工作方法、业务素养上对其他发展阶段教师进行全方位的指导，提高其他发展时期教师的教育教学水平，使其尽早进入角色。开展"与名园、名师结对"活动，利用各种资源的优势，推荐教学有特色的成熟期教师向上建立结对师傅，促使其在教学实践与教学理论上不断进步。积极组织成熟期教师参加园内外开放活动，组织观摩课、研究课，量化开放的次数，积极听取不同层面教师的意见和建议。通过教学比赛，给成熟期教师创造公平竞争机会，为之提供施展才华的"舞台"。鼓励他们各显其能，加大鼓励和宣传推广的力度。多管齐下为成熟期教师提高专业水平和教科研能力创造条件，使之适应新时期教育发展的形势。

（4）**管理机制激励需求。**只有科学合理的监控评价机制才能对成熟期教师的业绩做成正确的评价，从而使激励措施真正达到调动和保持成熟期教师工作积极性的效果。科学的评价体系要根据园所实际，通过问卷调查、内部评议、家长座谈等多种形式不断调整这种机制，并将这种机制制度化、长期化、规范化。对于业绩优秀的成熟期教师要给予一定的奖励，除了给予经济奖励外，还可以为表现出色的成熟期教师提供进修培训、参与重要学术交流活动等机会，满足他们的创新需求与成就需求。

（5）**和谐环境促进进取。**园所文化作为一种环境教育力量，对成熟期教师也同样有着巨大的影响。因此要为成熟期教师营造一个公开有序、公平合理、积极向上的园所氛围。幼儿园要秉承"以人为本"的理念，重视成熟期教师的求知欲、进取心、创造性和成就感，为其成长提供良好的研究、教学环境，使成熟期教师置身园所能感受到来自领导的重视、同事的关怀，从而产生归属感，心情愉悦、全力以赴地投身工作中。

四、对保育教师的培养

（一）如何激发保育教师的工作热情

"振兴民族的希望在教育，振兴教育的关键是教师"。建设一支素质优良、结构合理、相对稳定的教师队伍，是教育改革和发展的根本大计。幼儿园教育一直是保教并重，只有保育、教育工作完整的教育才能促进幼儿更好的发展。

然而，保育教师的位置一般是由老教师、刚入职青年教师或是不能够胜任教育工作的教师组成的。这样一支队伍带领起来有相当的难度。有的教师是不愿意干，有的教师不会干。所以，首先我们要激发保育教师的工作热情。

1. 健全有关保育教师的评价制度

幼儿园要建立有关保育教师的评价制度。评价不是为了证明结果，而是为了改进过程。这样，使保育教师在工作中感受到重视，对于树立积极向上的工作作风有着重要作用。这些制度能使教师明确工作方向，主动完成各项工作，提高组织纪律、工作效率，使教师不断尝到成功的喜悦，保持最佳的工作状态。相反，如果没有明确的评价制度可循，教师的工作积极性就得不到正常发挥和提高。

2. 建立精神和物质的激励机制

人的需求是多方面的，只讲奉献，完全不计个人得失是不现实的。一所好的幼儿园既要发扬奉献精神，又要有好的激励政策，两者相得益彰，不可缺少。管理者要学会运用赏识的眼光激励教师，要不断对教师取得的成绩给予肯定。教师节时给教师发些福利，对优秀教师进行公开表彰，尤其不同岗位的教师，不可忽视保育教师的群体。全方位激发教师的工作干劲，促使学校形成勇挑重担、争先创优的良好氛围。

3. 对于保育教师给予更多的关心

由于保育教师人员组成的特殊性，更加需要领导的关心与重视。领导要经常了解教师的工作状况、需求等。对于老保育教师、青年保育教师不同的困难进行分析。帮助他们解决工作中，乃至生活中的问题。同时要相信教师愿意，并能够将工作做好。总之，幼儿园管理者只有恰当地关心教师，才能赢得教师对你的尊重和信任，才能培养和造就出优秀的教师。

（二）如何指导保育教师规范化的工作

1. 通过制度建设规范保育教师的工作内容及要求

保育教师在幼儿的发展中扮演着照顾者、教育者等多种角色，对幼儿的身心健康、行为习惯以及个性、情感等各方面均产生着深刻的影响。所以对于保育教师的工作内容和要求，需要规范、切实可行的管理。保教干部要与保健老师及保育组长共同商讨制定相关制度，根据各年龄班保育教师的工作内容及要求，制定《保育教师一日工作细则及要求》《保育教师一日卫生工作细则》和《保育教师一日工作配班细则》。

保教干部要认真落实幼儿园保育工作的相关制度，不断提高保育教师工作的意识，增强保育教师的责任感。保教干部和保育组长及保健医，要根据幼儿园《保育教师一日工作细则》抓好各项措施的落实，从各自分管工作的范畴，检查、督促、指导保育教师调整改善保育工作，确保保育工作的落实。

保育教师一日工作细则及要求

时　间	内　容	要　求
7：30	1. 7：30前开窗通风 2. 摆放水杯、干净毛巾 3. 洗毛巾（前一天的脏毛巾） 4. 擦活动室、睡眠室、门口卫生区，孩子衣柜上面等大面卫生及窗台、钢琴、玩具柜等物品，同时规整物品	1. 保持室内清洁、卫生、空气新鲜 2. 毛巾、水杯摆放在固定的位置，便于孩子拿取 3. 大面卫生干净整洁，无卫生死角、尘土、污垢
7：45	1. 做开饭前的准备，戴好帽子、穿好工作服 2. 消毒桌面；清-消-清由保育员老师完成 3. 大班指导值日生穿戴服装	1. 幼儿桌面、开饭桌要做到清--消--清；擦桌子的方法：按顺序上下擦，最后擦桌子边儿 2. 第三遍清水，取完餐后再擦桌面与桌边儿，与之前清—消间隔五分钟
7：50	1. 去食梯取早餐和餐具 2. 清水擦幼儿桌面、开饭桌	指导大班值日生工作：发餐具、摆椅子、帮助洗完手的幼儿放下袖子
7：55	分发早餐：按基本量分发完早餐，早餐按一份一份摆放好，例如：豆制品加干的	先发主食，注意照顾个别儿童

（续）

时　间	内　容	要　求
8：00	早餐：照顾幼儿进早餐	1.教师或值日生（大班）介绍菜品 2.主食和辅食人手一份，稀饭根据孩子的进食量、身体状况，在保证孩子的基本饭量的基础上灵活掌握 3.鼓励幼儿吃进基本饭量；不挑食 4.提醒吃饭时边吃边玩的孩子注意力集中地吃饭，一口接着一口吃，吃饱吃好 5.注意提醒幼儿干稀搭配 6.教师注意轻声细语、提醒幼儿 7.再次给幼儿添饭时，餐车在固定位置不动，严格遵守进餐常规
8：20	1.做幼儿进餐后的室内卫生工作 2.报幼儿人数，拿加餐午点 3.做好上午加餐准备	1.擦桌子：无油腻、残渣 2.及时将地面清扫干净，无残渣 3.送餐具 4.搓洗、消毒擦桌布，收起多余的水杯 5.擦卫生间和盥洗室的地台面，做好保洁 6.酸奶、吸管摆放好，孩子自己插吸管 7.喝奶时须温热奶 8.将洗好的毛巾，晾晒到户外
8：35	进区指导幼儿区域游戏	1.配合带班教师，指导幼儿区域游戏 2.区域游戏配班期间，不能离开孩子
9：10	配合集体教育活动	1.与老师密切配合，帮助分发教具、学具；参与指导孩子的活动 2.帮助组织课堂纪律；对幼儿个别指导到位
9:40	提前准备好加餐，照顾幼儿加餐	1.配合教师组织幼儿取加餐 2.指导幼儿清理自己加餐后的垃圾 3.清理盥洗室、卫生间地面，并保持干爽
10:00—11:00 户外活动	1.配合教师开展户外活动 2.倾倒加餐垃圾	1.帮助幼儿整理衣服，穿外衣（尤其冬天） 2.帮助准备户外体育器械和玩具，协助老师示范游戏玩法，发放玩具 3.协助老师照看孩子们安全地上下楼 4.注意幼儿安全，保证幼儿在老师的视线范围之内，发现不安全因素及时排除 5.照顾需要小便的幼儿和体弱儿
11:00	拉窗帘、铺床	拉开被子，掀起被子一角

（续）

时　间	内　容	要　求
11：15	1. 做开饭前的准备，戴好帽子、穿好工作服 2. 消毒桌面；清-消-清由保育员老师完成 3. 中、大班指导值日生穿戴服装	1. 幼儿桌面、开饭桌要做到清-- 消--清；擦桌子的方法：按顺序上下擦，最后擦桌子边儿 2. 第三遍清水，取完餐后再擦桌面与桌边儿，与之前清—消间隔五分钟
11：20	1. 去食梯取午餐和餐具 2. 清水擦幼儿桌面、开饭桌	1. 指导中、大班值日生工作：发餐具、摆椅子 2. 帮助洗完手的幼儿放下袖子
11：25	分发午餐：按要求盛饭、配餐（按幼儿年龄择鱼、剥虾）	1. 小班：随发主食，随发菜 2. 中、大班：先发主食（把饭盛到碗里，放到分餐桌上），后发菜（菜分到幼儿桌面的盘子里），注意照顾个别儿童 3. 教师分餐速度适中，与幼儿间隔不超过一桌
11：30—12：00	1. 午餐：照顾幼儿进餐，按基本量分发完餐食 2. 餐后整理活动室，扫地、擦地 3. 整理盥洗室，卫生间	1. 介绍菜名，引发孩子食欲 2. 及时为幼儿添饭、盛汤 3. 提醒吃饭时边吃边玩的孩子注意力集中地吃饭，一口接着一口吃，保证幼儿吃饱、吃好 4. 照顾体弱儿，及时清理洒、吐物 5. 教师注意轻声细语提醒幼儿 6. 再次给幼儿添饭时，餐车在固定位置不动，严格遵守进餐常规 餐后卫生： 1. 进餐桌面擦干净无油腻；搓洗干净擦桌布 2. 地面清扫干净无残渣 3. 用湿墩布擦拭地面一遍，无污垢 4. 便池冲刷干净，用墩布擦拭盥洗室和卫生间地面
2：30	1. 由主班教师将切好的水果，分到水果盘中，盖好餐布 2. 周一、周五拿营养水，大班幼儿自己盛、小中班带班教师盛 3. 协助起床	1. 起床前，保育员用清水擦一遍幼儿餐桌桌面 2. 帮助有困难的幼儿穿衣服（尤其小班） 3. 协助教师检查，秋裤是否漏穿，以及上衣应塞到裤子里，裤腿塞到袜子里 4. 协助教师检查衣服、鞋袜是否穿对（正反面）
2：40	1. 配班起床收拾睡眠室卫生，整理幼儿床铺 2. 用潮湿墩布擦睡眠室地面 3. 清理盥洗室、卫生间大面卫生 4. 清洗水果盆、盘、营养水锅，并消毒	1. 幼儿被子叠整齐，摆放方向一致，床单铺平、并清扫干净 2. 睡眠室地面用墩布擦干净，每日顺手擦床下地面 3. 提醒老师物品摆放整齐，无杂物堆放 4. 擦睡眠室地面 5. 清理盥洗室、卫生间地面、洗手台面，并保持干爽

350

（续）

时　间	内　容	要　求
3：00	配合班上教学活动	同上午
3：40	1. 幼儿户外活动 2. 倾倒午点垃圾（如果果皮多）	1. 同上午 2. 收毛巾
4：25	1. 做开饭前的准备，戴好帽子、穿好工作服 2. 消毒桌面；清-消-清 3. 中、大班指导值日生穿戴服装	1. 幼儿桌面、开饭桌要做到清-- 消--清；擦桌子的方法：按顺序上下擦，最后擦桌子边儿 2. 第三遍清水，取完餐后再擦桌面与桌边儿，与之前清—消间隔五分钟
4：40—5：10	晚餐： 1. 照顾幼儿进餐，按基本量分发完餐食 2. 教师或值日生，介绍菜品	1. 主食和辅食人手一份，稀饭根据孩子的进食量、身体状况，在保证孩子的基本饭量的基础上灵活掌握 2. 鼓励幼儿吃进基本饭量；不挑食 3. 提醒吃饭时边吃边玩的孩子注意力集中地吃饭，一口接着一口吃，吃饱吃好 4. 注意提醒幼儿干稀搭配 5. 教师注意轻声细语提醒幼儿 6. 再次给幼儿添饭时，餐车在固定位置不动，严格遵守进餐常规
5:10-5:20	1. 餐后活动室卫生工作 2. 刷水杯 3. 整理盥洗室，卫生间	1. 餐后桌面、地面干净（同午餐） 2. 水杯没有油渍、奶渍，用清水冲干净并及时消毒 3. 盥洗室台面、水龙头、镜子、地面擦干净 4. 便池用洁厕灵、冲刷干净，用湿墩布擦拭活动室、盥洗室和卫生间地面
5：20	1. 关紧水龙头，拔掉所有电源，关好门窗锁好门 2. 倾倒班内及卫生间垃圾（如有食物残渣，必须倾倒）	1. 清卫生间、活动室纸篓，扔垃圾 2. 仔细检查室内的一切门窗、水电、设备，确保安全，方能下班

保育教师一日卫生工作细则

内　容	要　求
擦玩具柜里面、晒图书	1. 窗框干净，窗槽无尘土、渍泥；纱窗无灰尘 2. 擦玩具柜里面，无尘土、渍泥

（续）

内　容	要　求
整理睡眠室（床下、床栏）	1. 擦床栏杆，床铺干净整洁，挪动床清床下地面，没有灰尘 2. 提醒教师物品摆放整齐；指导教师收好个人物品
擦餐桌、擦幼儿椅子	桌椅用洗衣粉擦拭，保持无油渍（不能用钢丝球）
卫生间、墙面、洁具等所有用品的清洁	瓷砖干净透亮、用洁厕灵将洁具擦干净、无尿碱无水锈印，水池便池里外干净，地面冲刷干净；笤帚、土簸箕随时保持干净，无渍泥
消毒玩具、抠水杯边隔周刷拖鞋，并消毒	1. 清洗可水洗的玩具，并用稀释后的消毒水（1：200）浸泡玩具，摊开晾晒 2. 用洗涤灵刷洗水杯和水杯边儿，并用清水冲洗干净，水杯边无油渍

保育教师一日工作配班细则

环节	配班内容	配班要求
来园	配合带班教师接待来园幼儿 例如： 1. 关注个别需要帮助的幼儿（哭闹） 2. 配合老师进行晨检 3. 提醒幼儿洗手放毛巾、放水杯，检查幼儿洗手常规 4. 带班教师与家长长时间沟通时，配班老师要关注到所有孩子情况	1. 尽快完成自己本职工作内容，根据情况灵活配合带班教师工作 2. 与主班教师互相配合、相互补位，保证全部幼儿在教师范围内（教师站位无死角）
早餐前准备	配合教师开展值日生服务工作 *关注各区幼儿个别情况（幼儿出现争执）	1. 用引导性的语言鼓励孩子为他人服务 2. 指导幼儿穿戴好值日生服装
早餐	1. 做好幼儿进餐教育工作 2. 洒汤、洒饭，及时处理 3. 送完餐具，检查药箱，按时拿到班中交给带班教师	1. 创设良好的用餐环境（轻声说话，个别提醒，不处理个别问题） 2. 掌控幼儿进食量，培养幼儿良好的用餐习惯（安静用餐，坐姿端正，不影响他人，不挑食，不浪费，干稀搭配，细嚼慢咽）
活动区游戏（8:35开始进区）	1. 根据各班班长要求，进区进行游戏指导（商讨确定进区时间、有检查） 2. 区域游戏结束后，引导幼儿及时收放好游戏材料	深入活动区，培养幼儿活动常规，观察幼儿游戏，了解幼儿的想法与做法，支持幼儿游戏

（续）

环节	配班内容	配班要求
喝水（第一次）	1. 提醒幼儿小便、洗手、接水，检查幼儿喝水量 2. 检查幼儿洗手常规 3. 检查幼儿挽袖子、衣裤是否塞好 4. 关注个别幼儿多喝水，保证充足的喝水量	站位：盥洗室与厕所中间眼中关注所有孩子
教育活动	1. 根据带班教师要求，配合发放材料（提前与老师沟通需要配合哪些；美术提前铺桌布） 2. 带班教师活动中，配班关注个别幼儿，引导幼儿参与活动，提醒幼儿坐姿，关注学习习惯，用眼卫生，自身卫生习惯（抠鼻子，吃手，揉眼睛） 3. 每个活动中给予适当的指导 4. 参与活动中，扮演一定的角色	不离开活动教室，配合老师开展活动
洗手如厕	幼儿如厕洗手后，检查幼儿衣裤、袖子，配班站位	1. 提醒幼儿如厕、洗手、喝奶，喝奶后涮杯子，漱口，喝水 2. 检查幼儿是否挽袖子 3. 提醒幼儿用杯子前要洗手
户外活动	1. 根据带班教师要求，提前摆放好户外玩具材料 2. 协助带班老师检查场地的安全性 3. 一同参与准备活动与集体游戏活动，兼顾个别幼儿（如：生病、体弱、肥胖、有特殊需要，例如：大一李）。（准备活动一起做动作）一起游戏，扮演角色，鼓励个别幼儿积极参与 4. 分散活动后与带班老师一起关注幼儿游戏的安全 5. 老师要有预见性，哪些地方不能去，关注到滑梯后的石灰路，滑梯下 6. 集合后，引导幼儿有序收放玩具，协助老师集合幼儿	1. 始终参与到活动中，发挥自己的配班作用 2. 不扎堆聊天，始终高度关注幼儿安全 3. 眼中一定要有孩子 4. 出去、回来各清数一次幼儿人数（出现过幼儿走错班）
喝水（第二次）	1. 提醒幼儿小便、洗手、接水，检查幼儿喝水量 2. 检查幼儿洗手常规 3. 检查幼儿挽袖子、衣裤是否塞好 4. 关注个别幼儿多喝水，保证充足的喝水量	站位：盥洗室与厕所中间，眼中关注所有孩子

（续）

环节	配班内容	配班要求
午餐前准备	同早餐	同早餐
午餐	同早餐	同早餐
睡前准备	1. 做好卫生工作 2. 小班需要帮助幼儿脱衣服	做自己工作同时也要关注到个别幼儿的需要
起床	1. 做好午点的准备工作 2. 提醒睡眠室内拖拉的幼儿起床做事情 3. 小班需要帮助个别幼儿穿衣服	1. 为幼儿整理衣服，梳头，检查幼儿的精神状况、体温情况等 2. 照顾个别幼儿，保证每日水果营养的摄入
教育活动	要求同上午	要求同上午
户外活动	要求同上午	要求同上午
晚餐前活动	同早餐	同早餐
洗手如厕	幼儿如厕洗手后、检查幼儿衣裤、袖子，配班站位	1. 提醒幼儿如厕、洗手、喝奶，喝奶后涮杯子，漱口，喝水 2. 检查幼儿是否挽袖子 3. 提醒幼儿用杯子前要洗手
晚餐	同早餐	同早餐
离园	1. 做完本职工作，协助教师做好幼儿离园前工作 2. 检查幼儿服装是否整洁，幼儿正反鞋、女孩的头发，年龄弱幼儿袖口、内裤 3. 离园时，关注所有未接幼儿的安全 4. 幼儿在园出现特殊情况（吐了、吃得少、吃得多、磕碰的、尿的、拉裤子的、身体不舒服的）的要与带班老师提前进行反馈，以便及时与家长沟通 5. 检查门窗、水电	站在能够关注到大面孩子的位置，时刻关注幼儿安全

2. 建立完善园本保育教师培训体系，提高保育教师工作质量

（1）知识储备，提高认识。开展专业培训时，主要是针对保育教师一日工作细则中的内容和要求进行学习。如：如何根据大中小班幼儿年龄的特点进行分餐、进餐，纠正幼儿不良的进餐习惯等。

（2）**实际操作、观摩交流。**要组织保育教师根据不同生活环节的内容，实际操作、现场观摩，以半日观摩为手段，采用反思研讨、同伴经验交流、保教干部专业引领、集体充电等多元的形式进行学习，进一步提高保育教师实际操作能力及与带班教师的配合意识，力求保教队伍共同发展。

（3）**开展保育教师技能比赛，提高保教质量。**幼儿园要定期开展技能比赛。技能比赛的意义在于完善保育员的日常保育工作，检查保育知识是否清楚、规范、到位；通过技能比赛可以检验每个保育员的技能和技巧是否娴熟，以提高保育员的工作效率，保证保育工作的质量。

（三）指导保育教师工作的策略

随着《纲要》《指南》和新《规程》的颁布，加快了幼教改革的步伐。《纲要》指出：幼儿园教育必须"保教并重，寓教育于生活及各项活动之中"，"保育员也是教育工作者，其行为同样对幼儿具有潜移默化的影响。"这就为幼儿园"保教结合"的工作原则提供了明确的方向性指导。但长期以来，幼儿园管理工作的重心是教育教学，对于保育队伍的成长关注不够，对于保育工作的研究也是少之又少，这就造成了保教并重的原则很难真正落实，保育员队伍成长和专业发展需要之间也存在着诸多的不协调。

保育工作是幼儿园工作重要的组成部分，保育工作对幼儿的健康成长有着不可低估的作用，而保育员是实施幼儿园保育工作的重要人员，也是影响保育工作发展的最重要的因素。因此，结合不同发展阶段和不同特点保育员的状况，探索有效的培养培训方式，具有十分重要的意义。

1. 保育教师培养中面临的困难和冲突

（1）**年龄结构和知识结构造成了保育教师在自身角色认知方面有缺失。**根据调研，当前保育教师年龄的构成以中年教师为主、部分新教师为辅。很多老保育教师不具备幼师的专业学历，年龄也偏大，这样的学习经历、知识结构和年龄特点削弱了保育教师在职自学和自我提高的能力。尤其是一些保育教师因种种原因常面临较重的家庭负担，对学习、工作容易产生心理压力，造成紧张和厌倦的情绪。部分新保育教师入职后首先要接受老保育教师的培训，一定程度上，老保育教师的自我认知、工作学习的方式和态度会直接影响新保育教师对自身角色的定位。

（2）固有的传统观念妨碍了保育教师工作职能和作用的发挥。固有的传统观念使保育教师认为其主要的工作内容是卫生消毒、幼儿生活护理等幼儿日常生活中很具体、琐碎的事和物，如每天负责打水、开饭、做卫生，关注的对象更多的是那些干活的工具，很少关注孩子，有着这样潜意识的认知，在幼儿的一日生活中，尤其是生活环节中一些教育契机的把握以及保育教师的教育角色的体现就比较容易被忽视。

（3）现有的培养、培训不能满足保育教师知识和能力的提升。就目前情况来看，对于保育教师的培养、培训，结合新理念下的实践研究很少。虽然一些基础较好的幼儿园也在通过课题研究来促进保育教师专业成长，并取得了一定的成效，但其覆盖的保育教师群体是有限的，所涉及的内容也有一定的局限性。总之，目前缺乏系统、有效的保育教师培养、培训的内容和方式。

2. 培养保育教师的途径和策略

幼儿园保育质量的提高，与保育队伍的整体素质有着密不可分的关系。围绕新理念下保育教师的专业素养、专业能力的提升，我们应注意做到：

（1）注重提高保育教师的师德修养，保证幼儿身心和谐发展。保育工作无小事，事事关系着幼儿的健康和成长。具体到一日生活中，幼儿的发展离不开保育教师的辅助，保育工作的每一道程序、每一个环节，都有科学、规范的要求，保育教师执行的程度不仅关系着幼儿的身体健康，还关系着幼儿心理的健康，这就更要求保育教师需要具备高尚的师德修养，在工作中全身心的投入，才能顺利高效地完成保育工作的任务。因此，保教干部应注重通过多种活动提高保育教师的师德修养。

（2）建立适应保育教师发展的园本培养和培训机制。专业化的保育教师队伍是实现现代保育的保证，随着保育工作广度和难度增加，以及保育工作质量要求的提高，保育教师也需要参与科学的园本研究和培训，使保育教师能全面系统地掌握适应新理念下保育工作的相关知识和技能，以适应幼儿园的工作及发展的需求。因此，幼儿园要建立符合保育教师实际需要的培养和培训机制，以保证保育队伍的健康有序发展。

（3）逐步调整并转变班级工作运转的模式。若是要使得保育工作发生转变，就要对保育教师队伍这样的年龄结构、知识结构进行调整，注入新生力量，这也是保育质量提升的关键所在。因此，在工作中可以逐步引进竞争机制，采取协调互补等手段，优化保育教师队伍。由原有的两教一保的班级人员配备模式向每班配备三名教师的模式转变，逐渐使班上三位教师同为教师身份，都具有学前教育专业的学习背景，采用教师轮流上午班、下午班和保育班的工作运转模式。全体教师站在同一起跑线上，改变原来"教师重教轻保，保育员重保轻教"的现状，使保育员在锻炼中逐步转换身份、转换角色，把保教结合工作落到实处，全面提高教师保育、教育工作的协调能力。

（4）建立健全评估体系，规范保育教师的管理。目前，许多幼儿园对于教学观摩的评价主要是体现在对教学实践的评价，对保育的分析和评价不够，对保育教师工作要求还不够重视，造成保育工作随意性大、效率低、效果差，一定程度上影响了保育工作的质量。因此，加强保育员管理，健全保育措施，规范保育员行为，建立科学合理的评估体系，是提高保育质量的有效手段。

首先要制定保育教师一日工作流程及要求，明确工作的内容和标准。通过采取"定时、定点、定事、定标准"的方法，使保育教师工作有章可循。改变保育工作盲目、随意和无序的状态，提高工作的实效。其次要开展专项评估。通过评估考核对保育教师管理、保育教师工作成效进行判断，为日后工作提供反馈信息，进行合理调控。建立评估体系，为保育教师评优评先提供有效证据。

总之，保教管理者要为保育教师开展工作创设条件、提供机会，鼓励保育教师形成各自鲜明的保育特色，在保育领域中充分展示她们的特长。不断使保育工作管理的过程成为保育教师学习、提高与成长的过程。

附　　录

附录1：幼儿园业务工作评价标准

幼儿园业务工作评价标准

评价项目	评价标准
1. 教育环境巡导	1.1提示教师精神饱满，能为幼儿创设有归属感和发展性的精神氛围
	1.2巡导班级公共环境的内容要生动、醒目。内容有月计划、周安排、家园共育、温馨提示等，体现班级活动的针对性、即时性、互动性和实效性
	1.3巡导班级活动区创设时，关注场地的合理布局(保证幼儿的用眼卫生和用耳卫生)、区域数量（有6~8个活动区）、方便游戏材料的取放，利于幼儿游戏
	1.4巡导班级活动区选择的游戏玩具材料时，关注两点：其一种类多样（有自然物、废旧物）、可玩性强，丰富而又层次；其二、游戏材料与近期目标的匹配，有适度挑战性
	1.5玩具材料是教师和幼儿共同准备的，并能体现幼儿的意愿和想法
	1.6环境及材料能体现本班近期的目标和教育内容
	1.7墙面环境体现对幼儿经验的梳理和提示幼儿活动的互动作用
2. 观察记录批阅	2.1教师能对幼儿细致、客观的观察，并用文字、照片、视频等多种方式进行记录
	2.2教师对幼儿的观察记录能根据幼儿的年龄特点和个体特点进行客观、科学的分析，了解幼儿的兴趣、意图和发展需求
3. 教育计划调整与指导	3.1月计划能根据本班幼儿的发展状况，制定有明确发展目标（可按领域写）和本月开展的主要活动
	3.2周安排应体现促幼儿发展的目标，新的生活及环节活动、互动墙饰、重点区域活动、集体活动（主题、领域）户外活动（集体、分散）家园共育的工作
	3.3日工作可有预设的教学活动方案、活动后反思或生成活动的追记
4. 一日生活常规管理	4.1熟悉本园的保教细则要求，深入班级，观察发现问题，及时引导各班常规走向，朝着利于培养幼儿良好的生活卫生习惯，幼儿生活自主、有序的方向发展
	4.2指导教师能根据天气情况合理安排好室内外活动，满足幼儿的发展需求

（续）

评价项目	评 价 标 准
5. 区域游戏活动的指导	5.1指导教师在活动区的创设中能体现幼儿的发展需要
	5.2指导教师关注幼儿自主游戏且专注、投入、愉快，教师对幼儿的支持能符合其特点和发展需要
6. 教育活动指导	6.1指导教师组织教学活动能做到目标、内容适宜，落实目标的过程符合幼儿兴趣，有一定的挑战性、层次性
6. 教育活动指导	6.2指导教师组织集体活动的形式要符合教育内容，方法适宜本班幼儿的年龄特点（感知、操作、体验）
	6.3指导教师关注幼儿在活动中积极、主动、思维活跃，过程中有发展，对幼儿学习品质有培养
7. 户外活动指导	7.1保证幼儿园各班每天有户外活动2小时，指导教师能合理安排做操、集体游戏、自由游戏、器械、材料数量充足、种类多样
	7.2指导教师能组织幼儿喜欢参加各种户外活动，幼儿情绪愉快，体能达标

附录2：幼儿园主题活动评价标准

幼儿园主题活动评价标准

评价项目	评 价 标 准
1. 主题来源	1.1源于幼儿成长需求、问题，是幼儿近期发展阶段的任务
2. 主题名称	2.1使主题思想一目了然，幼儿能懂、会认、喜欢
3. 主题目标	3.1能够指向五大领域核心目标，转化为与主题对应的操作目标
	3.2指向三个维度—知识与能力、过程与方法、情感态度价值观，转化为与主题对应的发展性目标
4. 主题框架	4.1框架结构由主题名称、活动线索、切入点、探索点和适应活动形式构成
	4.2框架体系呈现层层递进、对应合理适宜
	4.3框架要素能充分考虑五大领域的发展需求和有机联系
5. 主题线索	5.1线索清晰，突出主要线索（横向）和深入线索（纵向）
	5.2每个线索都有探索点，具有探索意义和发展价值，帮助幼儿形成关键经验、促成发展
6. 活动方式	6.1主题内容与活动方式要适宜，融入生活、游戏、集体教学、家园共育等活动方式之中
	6.2体现探索点的具体内容，注重五大领域之间的相互联系和相互作用

（续）

评价项目	评　价　标　准
7.活动组织	7.1教师思路清晰、活动有序，能根据需要适时调整，能将目标巧妙有效地落实在各项教育活动之中
	7.2开展过程中尊重幼儿意愿，关注幼儿的兴趣和发展需要，共同探索、解决问题。师幼之间、幼儿和同伴之间关系和谐、融洽
	7.3教师能够面向全体并关注个体差异，并有针对性地互动
7.活动组织	7.4游戏材料随主题活动开展不断丰富，材料物化目标，具有层次性、实用性、操作性、探索性，能够吸引幼儿主动、专注活动，起到支持幼儿主动发展的作用
	7.5教师能够充分利用多种形式的主题分享环节，帮助幼儿整合梳理经验，体会进步、挑战、合作和创造的快乐
8.主题墙饰	8.1墙饰设计突出主题发展线索，体现儿童化过程
	8.2能够支持幼儿主动学习，内容互动性较强，吸引幼儿不断地探索新的问题
	8.3墙饰要提炼整合幼儿在主题活动中的表达表现，帮助幼儿获得新经验、新方法
9.幼儿表现	9.1幼儿喜欢主题，对主题内容感兴趣，有不断探索的积极主动性
	9.2幼儿能主动发现问题、探索问题，在解决问题的实践过程中，形成经验、不断产生新的探索愿望
备注	

附录3：幼儿园教师半日工作评价标准

幼儿园教师半日工作评价标准

评价内容	评　价　标　准
1.教育环境	1.1班级氛围民主、和谐，师生之间、幼儿之间关系平等、友好
	1.2以幼儿为主体，因地制宜、安全、科学合理地创设环境，能体现幼儿想法、意愿和创造
	1.3教师充分利用各种资源，为幼儿在生活和游戏中学习与发展提供有效支持
	幼儿参与环境创设，是环境的主人，并在与环境互动中获得积极发展
2.生活活动	2.1有符合幼儿年龄特点的、科学合理的生活常规，各环节过渡自然
	2.2保教结合，关注幼儿生理、心理需求和个体差异，并给予必要的呵护和支持

（续）

评价内容	评 价 标 准
2. 生活活动	2.3给幼儿提供生活自理和参与劳动的机会，支持幼儿在生活中自然学习
	2.4幼儿生活愉快、轻松、自主、有序，有良好的生活卫生习惯和基本的自理能力
3. 活动区活动	3.1给幼儿充分的自发、自主游戏时间和空间，并依据实际灵活调整
	3.2活动区设置科学合理，能够满足幼儿全面发展的需要
3. 活动区活动	3.3材料符合幼儿年龄特点，具有趣味性、丰富性、开放性、挑战性、能满足不同幼儿的游戏需要
	3.4教师注意观察、发现幼儿的兴趣、已有经验、想法和需要，给予适时适度、多种形式的支持和引导
	3.5灵活运用多种形式，鼓励幼儿分享游戏的感受和经验
	3.6幼儿游戏时积极、主动、专注，情绪愉快，能遵守共同约定的游戏规则
4. 学与教活动	4.1全面分析本班幼儿学情，生成或确立适宜的目标和内容，自然整合和渗透多方面发展
	4.2把握幼儿的学习方式和个体差异，发挥幼儿在活动中的主体性，采取适宜、有效的支持策略，灵活开展多种形式的活动
	4.3关注幼儿的学习过程，把握各领域核心价值，解决学习重点、难点
	4.4合理利用资源，提供适宜环境，支持幼儿在与环境相互作用中主动学习与探索
	4.5幼儿积极、主动，思维活跃，在学习过程中有收获
5. 户外活动	5.1能够针对本班幼儿现状，开展丰富多样，适合幼儿身心发展特点的各种活动
	5.2因地制宜地创设安全、合理的活动场地，活动材料丰富，具有趣味性、层次性、挑战性
	5.3活动安排科学合理，符合季节和天气特点，强度、密度适宜
	5.4教师观察幼儿的活动情况，有针对性地进行支持和引导
	5.5幼儿在活动中积极、愉快，有安全自护意识，动作发展符合本年龄段应有的水平
6. 综合评价	6.1半日活动的设计与实施科学合理，符合《纲要》《指南》精神
	6.2各领域之间、目标之间相互渗透、整合，促进幼儿身心全面协调发展
	6.3教师与幼儿关系自然，双方相互关爱、相互信任、相互支持和鼓励
	6.4关注幼儿的个体差异，因人施教
	6.5注重幼儿学习品质培养，支持幼儿积极、主动、有意义地学习
	6.6幼儿快乐主动、乐群友好、富有个性，敢于大胆表达和表现
	6.7教师能巧妙的利用和挖掘生活契机，寓教于一日生活之中，体现较高的教育智慧
	6.8教师能从幼儿学习角度对自身实践进行有效反思，能把握活动的关键点

附录4：幼儿园区域活动评价标准

幼儿园区域活动评价标准

评价项目	评　价　标　准
1. 区域环境创设	1.1主题鲜明，凸显本区域教育特点
	1.2有动态的活动记录，能够反映幼儿探究发现的学习过程
	1.3能体现幼儿主体参与的操作过程（发现、操作、表达等），促进幼儿在区域活动中的自主学习和有效发展
2. 区域材料提供	2.1近期教育目标自然渗透在活动区，符合幼儿发展需要
	2.2有目的地投放游戏材料，材料丰富有层次。益智游戏自制玩具不少于5种
3. 师幼互动指导	3.1教师观察幼儿的游戏情况，发现幼儿的需要，给予适时适度、灵活多样的支持和引导
	3.2班级教师均参与游戏活动，有重点指导内容，配合默契、融洽
4. 幼儿表现	4.1幼儿游戏时自主、专注，情绪愉快，能遵守必要的常规，会自己整理收放游戏材料
	4.2师幼关系平等，氛围宽松、和谐，师生、幼儿之间相互交往以积极交往为主，能够有效沟通
5. 区域评价	5.1能围绕活动中的经验和要解决的问题结合适宜的方式展开分享讨论评价，重点突出，有实效性。
	5.2评价注重幼儿表达能力的培养，幼儿有良好的倾听习惯
备注	

幼儿园表演体验区评价标准

评价项目	评　价　标　准
1. 环境创设	1.1有一个较大的空间，视线比较开阔，利于孩子们又唱又跳
	1.2动静分开，音乐角避免干扰其它角的活动
	1.3标志明显、色彩鲜艳、富有童趣，年龄特点和领域特点突出
	1.4背景的装饰能衬托音乐活动区的气氛
2. 材料投放	2.1放置头饰、各类材料的橱柜高度适中，便于幼儿取放
	2.2各类材料有固定的摆放位置，一目了然，幼儿需要时可以随时取放，以保证活动的秩序和便于幼儿良好行为习惯的形成

（续）

评价项目	评 价 标 准
2. 材料投放	2.3为幼儿准备的互动材料符合幼儿的年龄特点和实际发展水平，如中班的节奏型卡是四分音符和八分音符的练习；为幼儿准备的表演材料，能供自由灵活的表现音乐形象
	2.4为幼儿提供安全卫生的与音乐去活动相适应的废旧材料，在活动中引导幼儿发现适宜做歌舞表演、戏剧道具或乐器的材料，鼓励幼儿向美工区提出要求，完成相关的制作
	2.5根据幼儿的年龄特点、最近教育目标及幼儿的实际发展水平投放材料。材料的投入有计划、有目的，结合月计划、周计划中音乐活动的重点、材料不断更新，吸引幼儿主动参与活动的兴趣，使他们有新鲜感
3. 教师指导	3.1能照顾观察到音乐区中每个幼儿的活动，倾听幼儿的想法与意见，尊重幼儿的想法，用眼神、笑容、身体接触、动作等，鼓励幼儿积极的尝试
	3.2教师能观察幼儿，并适时地介入，能在指导中丰富幼儿舞蹈音乐语汇，能引导幼儿感知音乐作品的特点、情绪或主题。鼓励幼儿大胆表现自己对音乐的感受，丰富表现力。鼓励支持幼儿通过探索自制小乐器等表演材料的要求，并及时给予幼儿适当的帮助
	3.3充分肯定每个幼儿的进步与努力，教师对幼儿形成良好的行为和健康的态度能起到榜样的作用
	3.4能根据安排有重点地，有针对性地指导幼儿认识乐器、正确敲击乐器，感受不同乐器的声音效果，了解它们的音色、特点；鼓励引导幼儿根据这些乐器的特色尝试为乐曲配器
	3.5引导幼儿与小朋友之间友好合作等，教师既做指导者又做参与者
	3.6教师的启发适合幼儿现有水平，并能激发幼儿新的需要
4. 幼儿表现	4.1在活动区情绪积极愉快。中大班幼儿能自己开关录音机。幼儿有使用材料的良好常规
	4.2能够根据音乐的性质、节奏、情绪积极进行表演尝试
	4.3幼儿间能够进行分工合作，中大班幼儿在演出活动前，能讨论计划，并在音乐区实施活动计划
	4.4能够根据活动需要，向教师提出自己的要求，如创造新的乐器、服装、道具等
5. 活动评价	5.1鼓励幼儿能够积极参与活动评价，包括自评、互评、个别评、小组评
	5.2能够让幼儿直观感受活动的图片、道具、音乐、动作表演等，说明评价内容，在幼儿理解的前提下进行评价
	5.3能够引发幼儿下一次游戏活动有新的想法和表现的内容

幼儿园美术活动区评价标准

评价项目	评　价　标　准
1. 环境创设	1.1区域设置受光好，除了固定的位置，还具有根据活动需要拓展的空间，利于幼儿充分活动
	1.2有和区域设置对应的美术区域主题墙饰或美工作品小展台
	1.3美术区域主题墙饰主要有表现近期主题活动的绘画作品或幼儿在本领域选择材料、探索操作方法等方面的经验整合图示等
	1.4可根据需要，创设幼儿美工作品小展台，随时展出、适时更换幼儿创作的美工作品
	1.5可以有反映年龄特点、区域特点的标识，也可采用幼儿喜欢的区域特有名称
	1.6放置各类美术材料的柜子高度适中，便于幼儿取放
2. 材料投放	2.1投放的各类材料有固定的摆放位置，中大班可以由幼儿自行分类并图示，幼儿取放自由
	2.2材料的准备包括三个方面：一是由班级老师提出、幼儿园提供；二是由师幼共同商量，有目的有计划的收集环保废旧材料；三是根据本班幼儿的实际情况，可以自带自用部分工具材料
	2.3材料的收集要制定出"收集什么、用于什么"的具体计划。选择收集的材料要安全卫生，符合本班幼儿有效利用的经验水平
	2.4投放的材料要物本班月计划、周计划中美术活动的目标，还要顾及到相关区域活动需要支持的活动目标。活动区要不断丰富目标化、层次化的各类材料
	2.5投放的材料，特别是收集的环保废旧材料能吸引幼儿主动选择、探索运用的兴趣
3.教师指导	3.1教师能照顾观察到在美术区中每个幼儿的活动，鼓励幼儿大胆的选择材料，用自己喜欢的方式进行绘画、制作等活动
	3.2教师能根据本班月计划、周计划中美术活动的目标安排，有重点、针对性地指导幼儿观察投放材料的特性、明确近期活动的内容
	3.3教师能注意观察幼儿的现场活动需求和问题，适时地介入其中，通过形象语言暗示、形体语言暗示、材料比较暗示等方式，指导幼儿克服困难、解决问题
	3.4教师能引导幼儿根据相关区域活动的需求，在美工区进行的绘制方面的活动内容。如为社会性区域活动（为娃娃家绘制全家福、为小医院绘制治疗程序图示、为小超市绘制示意图、为音乐区制作乐器等）绘制相关材料等
	3.5教师能充分肯定每个幼儿的进步与努力，教师对幼儿形成良好的行为和健康的态度能起到榜样的作用
	3.6教师能在活动中因势利导，引导幼儿之间礼貌谦让、友好合作；引导幼儿尝试发现并运用新的方法用于绘画和美工活动。教师既做指导者又做参与者

（续）

评价项目	评 价 标 准
3. 教师指导	3.7教师的引导适合幼儿的已有经验水平、并借助已有经验获得新的经验，不断能激发幼儿产生新的需要
4. 幼儿表现	4.1在美术活动区活动过程中情绪稳定，心情愉悦
	4.2能大胆的选择美术材料和工具进行创作和探索，知道自己要表现的内容，并选择用自己喜欢的方式进行表现
	4.3中大班幼儿能根据美术活动的需要进行分工合作
	4.4中大班幼儿能够根据相关区域活动的需求，绘画主题内容，制作服装道具、新的乐器、游戏玩学具等
	4.5幼儿在本区域游戏评价环节中，能专注被评价的作品的特点、方法等。大胆表达自己的想法和愿望
	4.6活动过程中取放、运用材料常规好
5. 活动评价	5.1幼儿能够积极参与活动评价。包括自评、互评、个别评、小组评
	5.2幼儿能直接观察到在美术区域活动中创作的作品，引导幼儿充分发现每个被评价作品的优点，鼓励幼儿新的选择、新的尝试、新的表现、新的作用
	5.3每次活动后评价的内容1~4个比较适宜，能够引发幼儿下一次游戏活动有新的想法、新的内容

幼儿园自然观察区评价标准

评价项目	评 价 标 准
1. 区域目标	1.1培养孩子有好奇心，求知欲，喜欢爱护小动物
	1.2亲近自然喜欢动植物，乐于观察，学做观察记录
	1.3了解季节、气候与动植物生长变化的关系
	1.4通过照顾动植物，培养幼儿的爱心和责任心
	1.5探究植物生长与生长条件、生长环境的关系
2. 环境创设	2.1根据动植物数量设计自然角的大小，采光好
	2.2摆放的动植物整洁、美观、安全
	2.3动植物摆放高低位置有利于幼儿观察、照顾
	2.4区域标志色彩鲜艳，符合年龄特点，富有童趣
3. 材料投放	3.1选择幼儿熟悉、常见的、取材方便、易于成活和生长较快的动植物
	3.2有饲养的小动物、提供养殖的器具、动植物的标本或图片

（续）

评价项目	评　价　标　准
3. 材料投放	3.3 有照顾动植物所需的材料工具：饲料、喷壶、小铲、小耙子
	3.4 有幼儿观察所需的工具：放大镜、观察记录表（本）、尺子、温度计、笔照片
	3.5 有整理自然角所需的工具：小筐、小簸箕、布
	3.6 根据季节、幼儿认知水平，提供可供幼儿观赏的植物作品
4. 教师指导	4.1 鼓励幼儿主动的到自然角活动，引导幼儿学会照顾动植物，尝试分工合作，能与同伴分享自己的收获
	4.2 指导幼儿照顾、观察动植物的方法，中大班鼓励幼儿尝试做观察记录
	4.3 及时肯定孩子的发现和良好行为
	4.4 及时捕捉教育契机，开展个别或集体教育
	4.5 在图书角提供与自然角内容相关的书籍
5. 幼儿表现	5.1 在自然角情绪积极愉快
	5.2 能够主动照顾动植物，与同伴能够进行分工，会使用工具
	5.3 能主动观察动植物，正确使用观察工具。能把自己观察到的现象与同伴分享或做好观察记录
	5.4 用自己喜欢的方式分享。中大班做好观察记录

附录5：幼儿园集体教学活动评价标准

幼儿园集体教学活动评价标准

评价项目		评　价　标　准
项目	指标	
一、预设部分	1. 学情分析	1.1 了解幼儿的兴趣、已有的相关经验、能力水平
		1.2 了解幼儿发展阶段的年龄特点和思维方式
	2. 内容选择	2.1 选择源于幼儿的当前需要和发展需要，符合幼儿的年龄特点、贴近幼儿生活的活动内容
		2.2 选择利于幼儿通过已有经验建构新经验、并能拓展经验的内容（是不是能在游戏和日常中进行，不能的则进行集体教学）
		2.3 会生成和分析教材（会站在孩子的角度）

（续）

评价项目		评　价　标　准
项目	指标	
一（略）	3. 活动目标	3.1 目标的确定源于幼儿的发展需要和《纲要》《指南》的要求
		3.2 目标的定位体现发展性，能自然融合相关领域的教育要求
		3.3 目标的表述为发展性目标，涵盖情感态度、过程方法、知识技能，可查可检
	4. 过程设计	4.1 能依据幼儿的学习特点、领域核心价值、学科教学特点和对活动重点、难点的准确分析来设计活动
		4.2 教学步骤结构层次清晰，合理递进
		4.3 设计能支持幼儿主动学习的提问，倡导启发性、开放性、挑战性、有探索空间的问题
		4.4 尊重幼儿学习方式，注重在直接感知、实际操作、亲身体验中获取经验
	5. 环境支持	5.1 思考与活动内容相适宜的精神氛围、活动状态
		5.2 场地安全，利于幼儿积极主动参与及互动，利于实现目标
		5.3 提供幼儿喜欢、能物化目标的材料（教具、学具），具有安全性、层次性、实用性、适宜性
		5.4 材料备齐后要试用、进行细节检查
二、实施部分	6. 活动导入	6.1 采用自然形象生动的语言、情节等多元适宜的方式导入活动
		6.2 在短时间内能集中幼儿的注意，进入主题，能有效对接幼儿的兴趣和需求
	7. 活动结构	7.1 围绕目标，整体连贯的把握教学内容
		7.2 结构清晰，能根据幼儿的现场表现做适当调整
		7.3 能支持幼儿在活动中主动发现问题、解决问题，并将趣味性、挑战性贯穿于教学过程的始终
		7.4 活动过程层层递进，语言简明清晰，有自然巧妙的内在联系
	8. 方式方法	8.1 针对教学内容选择的方式方法适宜、有新意，能为达成发展目标服务（多媒体运用适宜）
		8.2 提供适宜幼儿体验、尝试和发现等重要的学习方式；尊重并鼓励幼儿喜欢的个性表达方式和方法
	9. 重点难点	9.1 突破重点难点，有适宜的策略并把握好节奏
		9.2 注重适时点拨、梳理、提升、总结，形成关键经验

（续）

评价项目		评　价　标　准
项目	指标	
二、实施部分	10. 互动状态	10.1有效地保持人与环境（人、事、物）的互动过程。体现产生问题、引发互动、感受挑战的有效互动特征
		10.2善于观察幼儿活动情况，用简练生动的语言进行有针对性地互动
		10.3有调动幼儿已有经验，形成新经验、新认识、新方法的分享互动（小结或总结）
		10.4能选择利用现场教学资源，把握时机积极引导，应答幼儿的发展需要，有一定随机教育的应变互动
	11. 活动效果	11.1幼儿喜欢并积极投入到活动之中，敢于大胆的表达表现自己的想法和做法
		11.2活动过程中幼儿有良好的活动常规，能表现出良好的学习品质
		11.3全班80%的幼儿能达到本次活动的发展目标
		11.4整体和谐，师幼、幼幼关系融洽
三、反思部分	12. 说思路	12.1对本班幼儿相关发展现状和特点分析准确
		12.2对选择活动的原因表述清楚，有说服力
		12.3对活动目标和整体设计表述简洁准确，重点、难点突出
	13. 说经验	13.1准确分析活动的特点及体会
		13.2准确分析活动的亮点及体会
	14. 说调整	14.1准确分析活动的问题及原因
		14.2能根据问题提出后续跟进的设想

附录6：幼儿园体育教学活动评价标准

幼儿园体育教学活动评价标准

评价指标		评　价　标　准
指标	分项	
目标内容	1. 发展目标	1.1发展目标与活动内容有机结合，能自然融合相关领域的教育，满足幼儿身心（体能、社会适应性等）发展需要
		1.2发展目标明确、具体，符合本班幼儿实际发展水平，针对性、操作行强

（续）

评价指标		评　价　标　准
指标	分项	
目标内容	1. 发展目标	1.3体现三个维度（情感态度价值观、知识与能力、过程与方法）的方向及相应的具体活动指向
	2. 内容结构	2.1活动内容的选择符合本年龄班幼儿体能（基本动作、身体素质）发展需要。有反映体育特质（运动密度、运动强度）的预想
		2.2活动结构清晰，层层递进，用有趣的教学内容情节贯穿始终。导入有相关的基本动作练习、过程有适宜的运动量把握、结束有平缓的放松活动
活动准备	3. 场地设计	3.1因地制宜，充分利用现有场地，设计合理的运动程序、场地布局和幼儿站位，利于活动顺畅、紧凑的进行
	4. 材料准备	4.1根据目标要求选择器械材料，准备材料与场地设计相适应，思考材料与幼儿身体相互作用的运动价值；玩具材料充足、实用、耐用，有层次性和探索空间，吸引幼儿，能满足不同幼儿的发展需要
	5. 经验准备	5.1与本次活动相关的经验准备（规则、运动安全，情节经验等）
	6. 安全准备	6.1做好场地、器械、材料及幼儿身体状态、幼儿服装、鞋等方面的安全检查
活动过程	7. 重点难点	7.1突出重点难点需要在整体把握节奏的基础上适当放缓活动节奏，通过形象示范、适时点拨等，形成关键经验，并注重适当的重复巩固
	8. 环节过渡	8.1环节过渡自然巧妙、方法适宜、环环相扣。每个过渡环节的语言提示简明清晰，适当运用肢体语言进行辅助
	9. 过程引领	9.1科学的安排运动密度和运动强度。运动曲线呈现低——高——低的形态。能根据幼儿的体征变化，进行运动强度的调节。小班15～20分钟，中班20～25分钟，大班30～35分钟
		9.2根据天气变化调节适宜的活动内容，并关注到个体幼儿的特殊需要
		9.3有目标、结构意识，有能引导启发深入活动的预设储备和现场运用的技巧。善于发现和充分利用现场资源解决现场出现的共性问题
		9.4善于观察幼儿活动情况，根据需要进行有针对性的互动，能根据个性差异进行随机引导，调动幼儿主动活动的积极性、创造性
		9.5根据活动内容适时做帮助幼儿提升经验、规范动作的小结
	10. 师幼表现	10.1教师精神饱满，能用简练、生动的语言引导幼儿明确活动的内容和要求；教师的示范动作规范有力，口令洪亮清楚
		10.2幼儿喜欢并积极投入到体育活动之中，有良好的活动常规和友好合作、克服困难等良好行为

（续）

评价指标		评　价　标　准
指标	分项	
活动效果	11. 活动效果	11.1全班幼儿能充分利用运动场地、器械和玩具材料主动参与活动、情绪愉快、面色红润、微微出汗。有条件时，测量脉搏一分钟140下左右
		11.2全班80%的幼儿基本动作和身体素质有发展，能达到本次活动的发展目标
		11.3整体和谐，师幼关系融洽

附录7：幼儿园阳光体育活动方案评价标准

幼儿园阳光体育活动方案评价标准

主题词：阳光沐浴、阳光心态、阳光释放

一、原则

1.安全性：场地、运动量、运动的形式、玩具材料、设施设备。

2.适宜性：目标、内容，教师的指导等。

3.愉悦性：心理状态积极。

4.发展性：体能（基本动作、身体素质）还有其他领域促进幼儿全面、和谐发展的内容。

5.创新性：活动形式、内容的创新。自由分散活动中，看民间的元素、探究的空间、材料，一物多玩等玩法、材料的创新。

二、标准

1.时间：小班20～25分钟

中班25～35分钟

大班35～40分钟

2.主要环节和内容标准：

（1）集体活动（主要环节）、分散活动（辅助环节5分钟）

（2）说课（课后环节）：说思路、说目标、说反思

幼儿教师阳光体育活动（做课）评价标准

时间：_____ 单位：_____ 被评教师：_____ 班级：_____ 评定者：_____

评价指标	评价标准（优秀）	分值	得分
目标内容 20	1.发展目标与活动内容有机联系，能融合相关领域的教育，满足幼儿身心（体能、社会适应性等）发展需要。	8分	
	2.活动计划规范，发展目标明确、具体，符合本班幼儿实际发展水平，针对性、操作性强。	7分	
	3.活动内容的选择符合本年龄班幼儿体能（基本动作、身体素质）发展的需要，趣味性、创新性强。	5分	
活动准备 20	4.根据活动内容和形式，选择适宜的活动场地，并能充分的合理安排。	6分	
	5.根据目标要求选择器械材料，玩具材料充足、实用，有层次性和探索空间，能满足不同儿童的发展需要。	10分	
	6.适时对儿童进行安全教育，并做好场地、器械及幼儿服装等方面的安全检查。	4分	
活动过程 45	7.教师精神饱满，能用简练、生动的语言引导幼儿明确活动内容和要求；老师的示范动作准确有力、口令洪亮清楚。	8分	
	8.灵活运用适当的组织形式与方法进行活动，活动过渡安全、自然、巧妙。	6分	
	9.能科学的安排运动负荷、运动强度和密度适宜，活动强度做到由小——大——小。能根据幼儿的体征变化，进行有效的调节。	8分	
	10.善于观察幼儿活动情况，并能进行有针对性地互动，能对个性差异进行随机引导，调动幼儿主动活动的积极性、创造性。	8分	
	11.幼儿有良好的活动常规和友好合作、克服困难等良好行为。	6分	
	12.能够根据天气变化调节适宜的活动内容，并关注到个体幼儿的特殊需求。	4分	
	13.集体与分散活动的时间适度。幼儿在分散活动时能自由自主、创造性的选择、使用玩具材料。	5分	
活动效果 15	14.全体幼儿能充分利用运动场地、器械和玩具材料主动参与活动，情绪愉快，对体育活动有浓厚兴趣。	8分	
	15.组织全班性的集体活动有80%的幼儿基本动作和身体素质有发展，能达到本次活动的发展目标。	7分	
定性评价			
总分			

幼儿教师阳光体育活动（说课）评价标准

时间：_____　单位：_____　被评教师：_____　班级：_____　评定者：_____

评价指标	评价标准（优秀）	分值	得分
说思路	1.对本班幼儿相关发展现状的分析准确。 2.对选择活动的原因表述清楚，有说服力。 3.对设计活动的合理性、情趣性表述清晰，有独到之处。	4分	
说目标	1.活动目标的表述清楚、明确。 2.重点、难点突出。	2分	
说反思	1.对目标的完成及幼儿的发展状况有比较概括、准确的提炼。 2.对活动过程的成功之处和不足之处均有"知其然，知其所以然"的思考和分析。（如1.重点、难点突破的策略。2.对活动组织的方式和方法有合适与否的分析。3.对师幼互动的效果有真实准确的分析等。）	4分	

参 考 文 献

1. 李季湄，冯晓霞.《3-6岁儿童学习与发展指南》解读[M].人民教育出版社，2013.

2.（美）安·爱泼斯坦(Ann S.Epstein)，霍力岩，郭珺等译.学前教育中的主动学习精
   要——认识高宽课程模式［M］.北京:北京教育科学出版社，2011.

3. Sharman,C.&W.Cross.观察儿童：实践操作指南[M].单敏月，王晓平译.上海：华东师
   范大学出版社，2008.

4. 吴彩霞.幼儿作品展示的方式与思考[J].早期教育(教师版)，2016（02）:50-51.

5. 吕丽.幼儿美术作品展示方式的探索[J].早期教育(美术版)，2014（09）:6-7.

6. 翟理红.学前儿童游戏教程［M］.上海:上海复旦大学出版社，2013.

7. 刘晓颖.发现儿童的力量［M］.北京：北京少年儿童出版社，2015.

8. 罗洁.幼儿园计划管理实用手册[M].同心出版社，2016.

9. 国家体育总局.国民体质测定标准手册（幼儿部分）[M].人民体育出版社，2003.

10. 线亚威，李云翔.幼儿园活动区课程实施指南［M］.北京：北京高等教育出版社，
    2011.

后记

本书是西城区《西城区优秀人才培养专项课题——幼儿园业务工作管理标准的研究》的研究成果，研究的实施和成果的出版经历了三年多的时间。研究的过程是艰难的，因而难以忘怀三义里第一幼儿园的刘晓颖园长从课题初期将她担当保教工作的宝贵经验毫无保留地奉献到课题研究中，对课题起到了强有力的引领作用，之后在课题进行的始终用自己丰厚的研究能力使课题不断地深入，最终使更加科学有效的教育管理经验融入到成果之中。

研究的过程是快乐的，非常感谢胡贵平、张静、米娜、冯静、姜素琴、陈冠楠、陈琳、杜陈、褚京宏、李静、赵颖、孙洁、胡燕、杨东红、吴丽娟、于月波等编委会的老师们，能有机会和她们一起度过工作的美好时光是我此生的荣幸，是她们认真严谨地研究幼儿园业务管理工作方面的种种问题，梳理以往的优秀经验，在智慧碰撞中解决新问题，使得我们有了今天这样一个丰富并能有效指导实践工作的成果。

研究的过程是暂短的，有多位作者与我们共同梳理，在此感谢她们的辛勤奉献！非常感谢我区33所幼儿园中的36名保教干部和我们一起研究、提高。

也特别感谢学前教研室付雁、白戈老师的共同付出。更感谢西城区教育顾问、我的师傅郎明琪老师前期带领全区业务干部所做的研究，并在后续的研究过程中知我懂我，对我一如既往地大力支持。在此我还要感谢西城区教委、宣武分院的各级领导、西城区学前科和西城区各个幼儿园给予的大力支持，特别是很多园长还为我们这项工作提出的具体可行的宝贵建议，使得这项工作成果圆满完成！

北京教育学院宣武分院学前教研室　刘亚明